《韦卓民全集》编委会

湖北省学术著作出版专项资金资助项目

韦卓民全集

第十一卷

宗教文化研究

马敏　刘家峰　整理

韦卓民　著

華中師範大学出版社

图书在版编目(CIP)数据

韦卓民全集·第十一卷/韦卓民著;马敏,刘家峰整理 —武汉:华中师范大学出版社,2016.7

ISBN 978-7-5622-7228-1

Ⅰ.①韦… Ⅱ.①韦… ②马… ③刘… Ⅲ.①韦卓民(1888～1976)—全集 Ⅳ.①C52

中国版本图书馆 CIP 数据核字(2015)第 317851 号

韦卓民全集·第十一卷

责任编辑:古 沁　　**责任校对:**肖绪旭

编辑室:学术出版中心　　**电话:**027－67863220

出版发行:华中师范大学出版社　　**社址:**湖北省武汉市珞喻路 152 号

电话:027－67863426/3280(发行)　027－67861321(邮购)

传真:027－67863291

网址:http://www.ccnupress.com　　**电子信箱:**press@mail.ccnu.edu.cn

印刷:湖北恒泰印务有限公司　　**督印:**王兴平

字数:562 千字　　**封面设计:**甘 英

开本:710mm×1000mm 1/16　　**印张:**37.75

版次:2016 年 7 月第 1 版　　**印次:**2016 年 7 月第 1 次印刷

定价:110.00 元

欢迎上网查询、购书

总 序

历经20年以上两代华师相关学者曹方久、高新民诸教授的辛勤搜集、整理、校订、编辑,《韦卓民全集》终于出版问世。这是华中师范大学出版社的又一壮举,也是这位前辈大家给我们留下的一笔丰厚学术文化遗产。

韦卓民先生不仅是一位卓越的大学校长,还是一位学贯中西、博古通今的杰出学者,其重要业绩在于中西文化之沟通。他毕业于华大前身文华大学,并曾先后就读于哈佛、伦敦、牛津、柏林等世界著名大学。他以毕生精力营造中西文化交流的桥梁。正如年轻一代学者王宏维所描述的那样:"集翻译、研究、教学于一体,熔'三大批判'于一炉,风雨如磐,运动迭起。精译、深耕、勤教,始终无怨无悔。"1915年,韦先生以英文撰写《孟子之政治思想》,取得文华大学文学硕士学位,可以看作是其学术生涯的发端。随后陆续发表的《佛教净土宗以信得救的教义及其与基督教之比较》(1920)、《孔门伦理》(1929,博士论文)、《中国文化之精神》(1947)等论著,则是这一事业的继续发展。上个世纪50年代中期以后,他身处逆境,而沟通中西文化致力更勤,译著笔耕始终未辍,如《康德哲学介绍》(1956)、《亚里士多德逻辑》(1957)、《培根与其〈新工具〉》(1956)、《康德哲学浅说》(1972)、《黑格尔〈小逻辑〉讲稿》(年代不详)等。这些学术业绩多侧重于介绍西方传统文化的精华,特别是对亚里士多德、培根、康德、黑格尔等人哲学名著的翻译、阐释与导读。早在1928年他就说过:"有机体须从其环境吸收并同化一些要素,而且只有在吸收及同化的过程不断的情况下,才可能有生命。'综合'一词是很重要的。它意指我们须对我们要综合的文化有完整的分析,比较其优缺点,然后造成一个有机体的整体,以保存两种文化的优点。我们必须这样做,而且必须以母体系统为新结构的间架。这是精神创新的工作……又是多么伟大的工作。"(《东西文化之综合问题》,据台北韦卓民纪念馆译文)这些话陈义甚高。他是这样说的,也是这样做的,而且是以自己的全部生命投入这项伟大工作。或许可以说,不理解这一点就不懂得真正的韦卓民。

诚然,韦卓民是一个虔诚的基督徒,但他信仰而非偏执,更没有流于浅薄的迷信。其根本原因就在于他是一个真正的哲学家,在精神世界更着重于理性的超越,既超越世俗,也超越宗教。正如香港年轻一代学者陈广培所曾指出:韦卓民眼中的基督教与中国社会文化的关系,“隐含着‘他者’的伦理视野”,其终极探究乃是整个宇宙与人类文明的存在与变化。但他并非沉溺于幻想,而是立足现实,关切现实,理解现实。所以他在基督教对华传播问题上,极力主张必须根植于中华文化土壤。用我自己的话来表述,就是“主归中华应该先于中华归主”。作为基督徒,他当然希望“将远东拥有世界最悠久历史的这个国家的优良文化,带到主的神坛前,作为对主的奉献”。因此,他自己坦然承认:“我毕生研究,都在导致去发现怎样使中国文化基督教化。”但他毕竟又是一个经过长期科学训练的现代哲学家,他对基督教的信仰,虔诚而非迷信,从不认为任何经典就是绝对真理,而多数传教士与基督徒信奉与传播的也不一定就是真正的教义真谛。所以,他摒弃西方中心主义,特别是许多欧美差会在华传播基督教过程中所拘守的专断与偏执。我认为,他在学术上致力更多的还是对西方近代哲学名著的译介与诠释。即使是在神学方面,也是反复强调并致力于基督教的中国化,即根植于中华文化。

韦卓民一生最为辉煌的时期是1945—1947年。抗战胜利后,华中大学返回昙华林,重整家园,百废待兴,并且雄心勃勃制订十年发展计划。在此期间,他曾应邀赴美讲学,先是作为鲁斯世界基督教讲座教授(The Henry W. Luce Visiting Professorship of World Christianity),发表题为“让基督教在中国土地上生长”(Rooting the Christian Church in Chinese Soil)的系统演讲。随后,又应Hewell基金会邀请,在Andoer-Newton以及波士顿的圣公会多次演讲,主题是“中国文化之精神”(The Spirit of Chinese Culture)。这些系列演讲,均于1947年在美国结集出版。

这次讲学,规格甚高,声誉颇隆。韦卓民以前在耶鲁大学的老同事,曾任美国历史学会与美国教会史学会会长的赖德烈教授(Kenneth Scott Latourette),为其演讲文集撰写序言,高度评价说:“韦博士了解中国文化的精神,有同情而深度的睿智,同时他又是一位基督徒,在向英语世界里,阐述中国文化之深处，实在罕与其比。”赖德烈 1910—1917 年曾在中国雅礼学院任教，是上个世纪 30—40 年代美国中国史与教会史研究的领军人物，他对韦卓民的评价绝非礼仪性的客套，而是由衷的倾服。韦卓民虽然专攻西方哲学，但其中国文化根底甚深，长期教授逻辑学、代数与几何、政治学、哲学、神学等课程，早已具备中西跨文化研究（他自己称为“综合”）的坚实基础，即使对欧洲早期汉学大家也不盲目崇信。韦卓民曾指出：“由于不够严谨地解释中国文字中若干名词，或是无意地把若干我们自己的意见掺杂到中国哲学宗教文献之中，我们假中国文化之名，表达我们自己的思想。……如此我们犯了理解上的谬误，翻译上的谬误，这尤其是在引用上最恶劣的谬误，因为在翻译原著时，你等于有效地告诉读者，这是原作者的意思。……最著名的汉学家，往往是最大的罪人。但是谁肯带头来批评呢？”他只有自己带头来批判，并且指名道姓地以这些“饱学之士”为例，如“19 世纪的 Legge（理雅各）与 Ross（罗约翰），20 世纪的 Bruce（卜道成）和 Rawlinson（乐灵生）”。他有意不提当时仍然在世的某些“饱学之士”的名字，算是给他们留点面子。

韦卓民在对外文化交流过程中显示出可贵的自觉与自信，他有足够的底气向西方学界挑战，因为他中文底子极好，熟读四书五经；又精通英、德、法、俄、希腊、拉丁等文字，不仅对西方相关经典著作钻研颇深，而且阅读涉猎甚广。例如，英国史学大师汤因比的巨著《历史研究》尚在陆续撰写出版之中，他就在演讲涉及人类文明兴衰时多次引用其论述，而当时中国史学界研究汤因比者还寥若晨星。韦卓民对西方“饱学之士”的批评，并非局限于经典中个别词语翻译的考订纠误。他特别强调：“我要指出的，不只是语言文字而已。整个的文化背景，必须也要加以考虑，诸如思想形式、思想规则、研究方法、哲学、宗教、艺术及社会结构等。”（以上引文均据老校友沈宝寰译文）因此，这种批评就不是口舌之争，更不是意气之争，而是力图实现层次更高而收效更为深远的东西文化高层交流。韦卓民的演讲不仅面对美国，而且面对世界；不仅面对基督徒，而且面对全人类。

韦卓民虽然是基督徒，但也是教育家与哲学家，他投入精力与思考更多的毕竟还是学校教育与哲学研究。教育使他进入世俗，哲学使他超越宗教;他追求美好的理想,但始终立足于现实,立足于中国的土地,厕身于中国的人民。因此,不像那些专业的神学家与偏执的布道者,他公开而真诚地履行现实社会的公民承担。抗战爆发后,他不断以英文撰写时评文章,向全世界介绍中国人民团结抗击日本疯狂侵略的真实情况,勇敢地表明反对法西斯主义的政治立场,比如1938年6月在美国《耶鲁评论》(Yale Reviews)上发表《抗战初期中国的若干问题》(Questions about China),1940年于重庆发表的长篇英文通讯稿《抗战时期中国的教育》(Education in Wartime China),1941年春发表于《基督王国》(Christendom)杂志的《中国战争对中国文化的影响》(Cultural Effects of the Present War in China),1941年3月在中国广播电台发表的广播词《学者在战争中的任务》(The Role of Scholars in the War)等。特别是这篇向美国人民发表的广播词,再次重申:"在中国所发生的战争,只是极权与民主间大战的先锋。过去一年半来的事实,证实了我的看法,中国正在作战,而且决心继续作战,直至正义和世界道德得到维护为止。"作为一所西迁云南大理的大学之校长,他还自豪地向世界宣布:"透过坚持不懈的努力,中国的高等教育,不仅在战时得以维持,而且在一些重要方面还获得了显著进步,特别是许多研究所和高等学府向大后方落后地区的转移,产生了很好的影响,使得过惯了沿海各地生活的师生们,有机会熟识内地的生活。这种情形本身就是一种具有深远意义的教育,文化得以广泛散布,现代思想得以传播,水准较低的学校,在和进步的省份迁来的大学接触后,也因此提高了程度和效能,其结果将是战后会出现一个更教育化的中国。"在这些平实而又恳挚的话语中,我们可以看到一个真正的爱国者,一个终生奉献教育的老校长,一个胸怀世界的卓越中国公民。

但是抗战结束以后,人们还没有从胜利的喜悦中醒悟过来,国民党反动派就发动了史无前例的大规模内战,而政府腐败与战祸绵延,迅速使广大民众再次陷入痛苦深渊。韦卓民与成千上万善良的知识精英一样,逐步放弃了对于国民党政府的幻想,同情民主运动,保护进步学生,并且毅然拒绝国民政府迁校台湾的指令。他与华中大学广大师生一起,迎接了新中国的诞生,并且接受人民政府的命令,断绝与外国差会的联系,把学校由私立改为公立,以后又顺应全国性院系调整,与中华大学、中原大学等校合并，改制建立华中师范学院。他确实自觉地努力适应新社会，新政府也确曾给予重视并委以领导建校的重任。但是由于朝鲜战争爆发，美国成为敌国，而中国选择“一面倒”的亲苏外交政策。在抗美援朝热潮中，教会大学被定位为“美帝侵华文化堡垒”，其校长也相应被定格为“帝国主义文化侵略代理人”。在肃清“亲美”、“崇美”、“恐美”思想运动的高潮中，韦卓民成为理所当然且火力集中的靶子，并且从此离开学校领导岗位，成为一般教师。1957 年他被错划为“右派”以后，在政治上更受歧视，“十年动乱”期间亦为当然的批斗对象，直至 1976 年以后才经过平反恢复名誉。但好景确实不长，不过两年，这一代学术宗师就溘然与世长辞。

应该承认，韦卓民 1949 年以后这将近 30 年之久的漫长岁月确实是一个悲剧，但悲剧并非个人原因造成。根据我个人亲自接触与文献检索两方面的了解，过去无论如何屈辱痛苦，俨然成为众矢之的，他都能以平和的心态、超脱的胸怀，似乎顺应而又有内在定力地坦然应对。他天性幽默，语言风趣。记得“文革”时期，他作为“批斗对象”每天都要挤公交车从昙华林到南湖校本部“集中学习”。吃中饭排长队时，有人好心提醒他的铝制饭盒已被挤扁，他微笑轻声回应：“人都扁了，何况饭盒？”这就是真实的韦卓民，一位伟大的哲学家、教育家。在那种是非颠倒、蒙冤受屈的岁月，仍然保持着学者的尊严与人格魅力，甚至在集中学习的“牛棚”里仍然照常写作不辍。

俱往矣，过往的岁月，已逝的往事！大江东去，浪淘尽千古风流人物。刘知几云：披沙拣金，时有获宝。评文如此，评人亦然，只要是真金，迟早总会闪耀炫目光芒。出版社领导嘱我作序，哲学与神学浅薄如我，何必贻佛头著粪之讥。但曾忝任后辈校长，毕竟有所相知，于公于私，义不容辞。感慨万端，直抒胸臆而已。不当之处，尚祈多界贤达不吝批评教正。

章开沅

乙未初冬　年方九十

于南湖实斋

韦卓民引领我们走向康德
——代出版前言

在中国,伟大哲学家康德的著作和思想正在被越来越多的人所熟悉、所掌握,他那博大精深的思想在中华民族精神进程中的魅力已逐步展现。

韦卓民先生对康德哲学在中国的传播起到了巨大的作用,他在康德哲学“东渐”过程中的关键性地位是不可磨灭的。

20 世纪甫始,梁启超发表《近世第一大哲康德之学说》一文,首次向中国人系统地介绍了康德。

“五四”新文化运动前后,张颐先生率先将康德和黑格尔的哲学带进了中国大学的课堂,张铭鼎等许多老一辈的学者致力于康德哲学的介绍和传播,在文化理论界掀起了一个热潮。

20 世纪 30 年代以后,国内陆续翻译出版了康德的一些原著,它们是:《纯粹理性批判》(胡仁源译,1931 年,商务印书馆)、《实践理性批判》(张铭鼎译,1936 年,商务印书馆)、《道德形而上学探本》(唐钺译,1937 年,商务印书馆)。与此同时,也出现了一些有价值的研究专著和论文,如郑昕先生的《康德学述》(1946 年,商务印书馆)。

从“五四”到中华人民共和国成立前,尽管康德哲学得到了一定传播,但正如贺麟先生所评论的:成效不大,深度不够,范围狭小,“以致最后谈康德的仅有学术界为数极少的几个人”①。这种情况之所以产生,恐怕与学术界对康德哲学原著的系统翻译和介绍工作做得不够有莫大关系。

20 世纪 60 年代,这种情况得到了很大改善。康德的三大批判中译本陆续出版:《纯粹理性批判》(蓝公武译,1960 年)、《实践理性批判》(关文运译,1960 年)、《判断力批判》(宗白华、韦卓民译,1964 年)。中国人终于可以用中文一窥康德批判哲学体系的全豹了。接着,商务印书馆又出

---

① 贺麟:《康德、黑格尔哲学在中国的传播》,见《贺麟选集》,吉林人民出版社,2005 年,第 461 页。

版了三本解释康德原著的译作。即是韦卓民先生翻译的《康德〈纯粹理性批判〉解义》([英]斯密著,1964 年)、《康德哲学著作选译》([加拿大]华特生编选,1963 年)和《康德哲学讲解》([加拿大]华特生著,1963 年)。

《纯粹理性批判》是批判哲学的根基,是康德的扛鼎之作。尘封 20 多年的蓝译《纯粹理性批判》的问世,对想学习康德而又无条件直接阅读原文的莘莘学子,就像久旱后之甘露①,它成了哲学系学生和哲学研究者案头必备之书。读懂康德,特别是他的《纯粹理性批判》,是十分艰难之事。入门需要引领,康蒲·斯密的《康德〈纯粹理性批判〉解义》,像他英译的康德原著一样,是一本国际公认的权威著作,近一个世纪以来,广泛流传,经久不衰。这一著作汉译本的出版,对康德哲学的传播,无疑又是一场及时雨。试问,有志于研究康德的学者,有几位没有读过这本《解义》的呢? 这本书当时"内部"出版,印数很少,可谓洛阳纸贵,得之者将它作为珍品收藏。直到 20 世纪 90 年代,有的学校因难觅此书,为教学需要,不得不内部翻印,可见它的价值和作用。

同期出版的其他两本华特生讲解康德的译作,也是对学习、研究康德极具参考价值的读物。《康德哲学原著选读》(原书 1888 年出版)编选了"三大批判"和《道德形而上学基础》四本原著中的若干章节。作者认为这些包括了康德系统思想的一切要点,对初学康德哲学的人很有帮助,可以为进一步研究康德哲学作好充分准备。这本书曾作为加拿大的大学教材,美国的大学也采用过。《康德哲学讲解》(原书 1908 年出版)是作者用前书作为基本教材向大学生讲的讲稿,积 20 年的教学经验整理而成。作者认为把这两本书结合起来向学生传授康德哲学,是"比较成功的一种试验结果"。韦卓民教授也正是用过华特生的教本和经验讲授康德哲学的。

以《解义》为标志的上述三本讲解康德哲学的著作,对促进康德哲学的教学、研究的重要意义,是显而易见的。它们的翻译出版,在康德哲学东渐史中,如果不能说"不亚于",那也是"仅次于"康德原著翻译出版的一件大事。在短短的两三年内,韦卓民先生向世人贡献了包括《判断力批判》(下册)在内的四本有关康德的译作,这在当时无人能出其右,可以说,

① 20 世纪 30 年代出版的胡仁源的译本是公认读不懂的。

解放后国内引进康德哲学最早、最多、最有力者，实应首属韦卓民先生。这些事实已然可以确定：在康德哲学在中国传播的第三个阶段[①]中，韦先生起到了发端奠基的重要历史作用。

但韦卓民先生所从事的康德哲学的传播、研究工作远远不止于此，人们以前知道得太少了。

韦卓民先生是一位学贯中西、融汇古今的大学者。他在中外哲学史、逻辑、教育和宗教神学等领域中均有很深的造诣与丰硕的建树。在西方哲学史领域，韦先生着重研究了四个人，即亚里士多德、培根、康德和黑格尔。关于这四位哲人，他均有遗著留下，但花时间最长、耗精力最多的乃是康德。在他留下近百部(篇)达七八百万字的中英文遗稿中，关于康德哲学的竟占了二分之一左右。这些足以证明，20 世纪中期，国内关于康德哲学的传播和研究，韦先生确实是首屈一指的。

韦先生之所以花大力从事康德哲学的传播和研究，是因为，他把康德看作西方哲学思想发展中承前启后的最关键人物。他认为，研究西方近代哲学中的人不管谈什么哲学问题，都必须追踪到康德。在他讲授康德、黑格尔哲学时，讲到康德，不时会流露出一种激情，这是他讲黑格尔时所没有的。他曾向王元化先生讲过，他对康德的评价远远超过黑格尔。当然，在那极“左”的年代里，他在称颂康德的同时也不得不从政治角度斥责过康德几句，这是可以理解的。

韦先生在 1957 年突遭厄运后，从居住几十年的校长楼移居一间斗室，工资陡降，生活条件急剧变差，但他从容对待，一心扑到对康德等人的研究上，到“文革”前，数年内以惊人的速度译出有关康德的专著竟达 10 部，300 余万字(同一时期，韦先生还撰写和翻译了 4 本关于黑格尔哲学和逻辑学等方面的著作达 100 万字左右)。这个时期，是中国最需要理性和人性的时期，也是他在康德的研究中成就最多的时期，也许这并不是偶然的。商务印书馆慕其名向他约稿，由于“文革”爆发，只出版了 4 部，这可以说是学界的一大损失。此后 10 年，这位耄耋老人在蹲牛棚、下农村、

---

① 贺麟先生在《康德、黑格尔哲学在中国的传播》中把康德、黑格尔哲学在中国的传播分为三个时期：早期为从变法运动到五四运动，中期为从五四运动到全国解放，后期为中华人民共和国成立之后到现在。

挨批斗、受凌辱等更为恶劣的境遇中仍念念不忘康德、黑格尔，笔耕不辍。在那令知识分子濒于崩溃绝望的岁月，他鼓励难友说："要有信心，做学问不能停下来！"像其他中国学者一样，韦卓民先生也以自己的人格谱写了康德、黑格尔东渐史上悲壮的一幕。

我们看到，韦先生关于康德研究的遗著中，绝大部分是译著，是康德的原著和对原著解读的著作。他认为，要真正认识康德哲学一定要读原著，特别是他的"三大批判"，这是康德哲学思想的精髓。韦先生曾著文专门分析"三大批判"的前提、基础和背景，提出了独到的见解。他认为"三大批判"中的《纯粹理性批判》是重中之重，代表了康德在哲学史上的地位。五六十年代，他在"康德哲学讲座"上，主要讲的是《纯粹理性批判》。他着重分析了该书的主题思想"验前综合判断怎样成为可能的?"这一课题的理论来源、内容实质和解决途径。正是因为想要帮助国内学子更好、更深入地学习这部名著，才知难而进，重新翻译这本最难读的书，以克服当时已有译本中的缺陷。在此前后，他还翻译了两位英国学者讲解《纯粹理性批判》的两本专著(即《康德〈纯粹理性批判〉解义》和《康德的经验形而上学》)；特别在"文革"前夕，又翻译了康德为《纯粹理性批判》所撰的简写本《一切未来形而上学导论》。这些都说明了他对这一名著的异常重视。

但是韦先生并不是单纯为翻译而翻译，而是把研究寓于翻译之中，翻译的过程也就是他的研究过程。当年他讲康德、黑格尔哲学时，对一些重要概念、词语，总是反复地从结构、词根讲到语义，从英文、德文追溯到拉丁文，给人的感觉似乎有点"咬文嚼字"、"烦琐考证"，但只要用心体会，就会领略到其中的奥妙和深刻。

下面仅举两例：

例一，"a priori"一词，国内一般都译为"先天"，韦先生认为是错误的，因为"a priori"在拉丁文中并无"与生俱来"之意，康德用这个词更无此意。韦先生在译此词时，先译为"先验"，后一再琢磨，觉得也不妥当。因为在康德著作里多年来已用"先验"来译德文的"transzendental"，如果再用它来译"a priori"，就混淆不清了。于是他反复推敲，最后决定创造一个崭新的词语"验前"来译"a priori"。从字面上看，二者似无甚区别，实际上意思却大不相同，"验前"更符合康德的原意。韦先生在"文革"中还专为此写过一篇文稿。韦先生的这一翻译，目前已得到许多学者的认同。例如中国人民大学的钟宇人教授在来信中写道："康德所用'a priori'一词，蓝译本译为'先天的'，影响很大，其实是不确切的。韦先生根据原拉丁文与对康德用意的深入研究，创译为'验前的'，很符合康德所说'绝对不依赖于经验的'原意。"

例二，《纯粹理性批判》第二版序言中康德有一句名言：Ich musste also das Wissen aufheben, um zum Glauben Platz zu bekommen。20 世纪的五六十年代，国内都把它译成"我否定知识，以便给信仰扫清地盘"，并据此认定康德是个反对科学知识的信仰主义者。韦先生说，这根本不是康德的原意，是英译者错误地把"aufheben"译为"deny"，国内有人据英文而译为"否定"，是跟着别人犯错误。因此韦先生根据对德文"aufheben"与"Glaube"词义的考察，及对康德思想主旨的理解，把这句话译为"我要扬弃知识，以便替信念留有余地"。近年来，随着对康德哲学研究的深入，学术界对把"aufheben"译为"扬弃"，把"Glaube"译为"信念"尚有不同的意见。但若留意到当年韦先生这样译，至少表达了康德既未否定知识，又给信仰扫清地盘的意蕴，从而为康德在中国的"错案"平了反，也就不难体会他的苦心了。

对康德哲学中的概念、术语，乃至重要句子，像这样苦心推敲、决不含糊的例子还有很多很多。正如韦先生说的，他在翻译时"以信为主"，用尽心思忠实于原著，不能为了追求"达"、"雅"而损伤原著本意。为了更忠实于原著，他始终不断地修订自己的译文，刻苦钻研、精益求精，正如他所说的，做学问一定要有一种"主见不可无，成见不可有"的独立与创新精神。这种精神在当今弥漫着浮躁、浮夸气氛的学术界，尤其值得提倡，值得推崇。

韦卓民先生在康德哲学研究领域卓有成效的工作，辉煌的成就，是他一生事业的重要组成部分。韦卓民先生乃是为了一个宏伟的工程而奋斗终生的。这个工程就是营造一座宽广而坚实的融通中西文化的桥梁。早在 70 年前，他已明确了这一奋斗目标。1928 年他在伦敦所作的一篇演讲中声称，融合异质文化是各民族文化发展的规律，而在当时的我国，"融合中西文化则是中国走向现代化而必需的、富有挑战性的工作"。他还旗帜鲜明地申明：在吸收西方文化时，我们反对妄自尊大的“保守派”，也要反对崇洋媚外的“洋化派”。如果说，解放前他在融合中西文化方面所做的工作主要是通过在国内办教会大学、宣讲基督教神学和在国外讲解与介绍中国传统优秀文化的话，那么，解放后他就把主要精力放在西方哲学史的译介上来了。原来，他研究、译介康德哲学正是站在这个高度来进行的！他常说：我们要在学习西方哲学时做到取长补短，以便更好地发展中国的哲学。他在上世纪50年代就曾多次说过：在欧洲，有些小国都翻译、出版了柏拉图、亚里士多德、康德、黑格尔等哲学大师的“全集”，而我们至今还没有一套，这同我们这个文明古国的地位是极不相称的。他立志要弥补这一缺陷。本来他已具备优越的主观条件，既“通晓古今”，又“学贯中西”，仅外语就精通英、德、法、俄、拉丁文等七八种。可他并不满足，仍自谦说“差距很大”。其实，他是在鼓励我们努力奠定扎实的功底，以铺设他理想中的“桥梁”。他还认为，在介绍西方文化、西方哲学时，要避免把西方的观念“解说成中国的观念”，过分追求中国化、通俗化，以致把人家的文化变质变味。我们体会他的意思是，在学习康德这样的西方哲学时，一定要力争学到原汁原味的康德思想；要努力体验领会德国语言的特征及其文化背景；设法逐渐领会康德的思维方式从而弄懂其实质，真正做到沟通中西，优势互补。

在这方面，韦先生开了先河，做了榜样，引领我们走近了康德，也引领我们走上了民族文化复兴的宽广大道。

唐有伯　曹方久

2006年6月24日

目　录

一

二

三

一

古代中国人之宗教信仰及其对中国民族性之影响*

古代宗教之研究，不仅是一种好奇。对研究比较宗教的人来说，这是一个很重要的领域，因为，除非把宗教的发展与生长的历史，追溯到它的存有之原始阶段，任何现代宗教系统，都不可能充份地得以了解。但这种研究，并非专为神学家之事。这种研究兴趣，正好由历史学家或政治学家参与，因为这对阐明一个民族的历史与特质，都有莫大帮助。英儒喀莱尔(Carlyle)说："一个人的宗教，就是关系到他本人的主要事实。一个人的抑或这一个人的国家。因之，吾人首先要问，一个人或一个人的国家，他们是什么宗教？解答这个问题，就不啻提供吾人关于一个人或一个人的国家的历史之灵魂。他们所作所为的，都孕育于他们的所思所想，而他们的所思所想，复孕育于他们的感受与情怀，就是这种不可见的精神的力量寄寓其中，来决定外在而真实的行为；所以我说，他们的宗教，是对他们的一种主要事实。"我就在证验喀莱尔这一说明的真实性的目标之下，来从事古代中国宗教之研究，至若本研究之其它方面，有时亦受到重视，乃是由于在研究中之目的的需要。

本研究决非易事。若干民俗，即是存在于古中国文献之中，而我们所需求的大部份资讯，早经散失。这散失的原因或由于孔子删订五经所致。我们现行研究的唯一来源，唯有就现有之经典，因之，在本文中之各种阐释，亦唯有依据诸经典之权威注疏。

首先，我们可以确认在经典里，我们找不到有关古中国任何有组织的宗教制度或任何具体僧侣之类的资料。在经典之外，也没有任何"神典"(sacred book)，只有经典中涵摄着中华民族的古代宗教思想与信仰。古中国，有没有过积极的宗教？对于这一问题，我们可以毫不迟疑地同答说

* 原文为英文，由华中大学校友万先法先生翻译成中文，刊于华中大学韦卓民纪念馆编印的《韦卓民博士教育文化宗教论文集》，台北，一九八〇年。——编者注

没有。但是当我们把宗教意味着“一种事物,为人们实际上所信类,所全力以赴,所了解对于神秘宇宙于他有重要的关连,抑且为其责任与命运之所系”,那末,在古代中国文献中,尤其是在《书经》与《诗经》里,也有不少指证,很显明地表明中国人的古代宗教。

对这一广泛论题,予以反复论证,将超出我这篇短小论文范围之外。充份地讨论,很容易地占有相当的巨帙,而且非数年之钻研莫办。本文将仅就两点予以探讨。此即:一,上帝的观念。二,祖先崇拜。

一、上帝的观念

我们要对古中国上帝(Shangte or Supreme Lord)观念的源起,有一种相当的认识途径,就必须简略地检讨一下古代中国的地理环境。史家们大体上都相信中国民族之祖先是乌拉阿尔泰语系(Turanian)之一支,这一支和它在西方的主干分离,移殖到黄河流域。这一群阿尔泰人,在多年游牧以后,最后定居在今河南省附近,在那里形成中华民族的核心。这很容易看到该区域地理和气候的特质,早期吸引起那原始的中国人的探奇心灵,去探究这奥妙宇宙的意义。在他们目所见的,处处都是雄伟的山脉,那山脉提供他们燃料和田猎;处处都是肥沃的土壤,那土壤虽不能像热带森林,不耕而能供应他们水果和栗类,但也能保证他们,只要劳作,就有适当的报酬;黄河之水天上来,怒吼着流注于海,有时吞没无数的生命和两岸无数的财产;这些都必定感映于古中国人之心灵深处。不仅如此,这一地域的气候,是这样一种特质,天体的观察,很早便引起了黄河一带古代居民的凝神倾注。太阳给予以温暖,并使果实成熟;当他们坐在茅屋前聊天,享受一日劳动后之悠闲,月亮照耀着他们;而且我们须记着,在火把尚未发明之前,当黑夜来临,这是光之唯一重要的来源,最后,星辰在天空散布闪烁,吐出奇异神秘之光;这些更强烈地吸引原始之心灵,好像这样多的力量之泉源。然后四季代序,含笑的阳春,花开鸟鸣,有活力的炎夏,酷热而阳光普照,肃穆的清秋,风声萧飒,以及可怖的严冬,满面凛烈,这些景象也都以一种新奇的意象敲击他们。因此,古代中国人崇拜这些自然物体,是不用惊奇的。我们可以在《礼记》中找到先民供祭山川、日月、星辰、河流、林谷、气候及季节。

崇拜自然物体，其意义何在？此一问题，我们必须加以回答。我们不大同意这种意见，说这些是对上帝的供奉(a service of God)。当古中国人埋少牢于泰昭，或当古中国人奉祭于王宫或夜明的时候(译注，参见《礼记·祭法》第廿三，有谓“王宫、祭日也，夜明、祭月也”)，说这些都是为了供奉上帝，未免有些牵强。但我们于此需要公平地指出，古中国之祭日与月，并不像迦南族之奉太阳神与月神。当他们崇拜自然物体的时候，亦仅当作物体而崇拜而已，并没有当作许多个人神，有如其它民族，设想这些自然物体之有主宰权。《礼记》中有一段可把这种情况予以厘清。“及夫日月星辰，民所瞻仰也。山林川谷丘陵，民所取财用也”(《礼记·祭法》第廿三)。

但是，为了获致先民崇拜自然物之真实解释，我们还须深一层渗入古中国人的心灵情绪。在经典里有好多例证，他们有感于超越力量之存在，他们应对之崇敬与感恩，崇敬者，他们仰观俯察这种自然力运行于宇宙之中，感恩者，自然物在各种方式之下，使他们获致幸福，如太阳之热，明月之光，以及山河大地之财富。但是他们的想像力，还不能强烈地带得他们更进一步，俾能用一个很明确的观念，去认识这种超越力量。因此，他们乃停留于崇拜自然物体上，这些自然物体，固感映了他们的心灵，但这些自然物体，在他们内在感觉中，仅是在神秘宇宙运行中一种力量的媒介，还不是真正的泉源。

这种从超越力量存有的模糊与不甚清晰的观念，进而具有一种人格与精神存有的概念是由一种不同的途径而形成，其形成，并非来自想像或理性，乃来自常识。古中国人缺乏希腊人心灵的想像力，但具有罗马人相当的秩序意识和法律观念。季节的顺序运行，天体有秩序的运动，以及宇宙间的大和谐——这些都无法说明，除非有一种控制力量的存有，这种力量为万物之主宰。这样便产生了上帝的观念。上帝之名，常用之于古代经典，虽说在后代的文献中，罕见其辞。依照《礼记》，“是月也，天子乃以元月祈谷于上帝”。这是非常具有说明性的辞句。雨水与土壤，在中国都为丰收的重要因素。但经典资料，都说古中国人祈于上帝，而非“雨神”，或“土壤神”。山川灾祸，在中国历史上当纪载为一种灾异。但并未解释为山川之神之愤怒，而视为上帝之天心示警。

然则古中国这种上帝的性质如何？是不是一种人格神有如耶和华

(Jehovah)或者他仅被视为与自然相等,有如一个泛神论者看他的神性呢? 对这个问题的回答,要在古经典中。在我们讨论之前,我们必须审慎地把在古中国文献中所使用"天"字的各种意义予以区别,俾以获致古代中国人对于上帝的一种确切而清楚的观念。

首先,"天"表识着散布地球上可以看得见的苍苍者天,譬如《中庸》上有一段:"今夫天斯昭昭之多,及其无穷也,日月星辰系焉,万物覆焉。"(第廿六章)其次,用以表示自然本身。《易经》上说"天生万物,圣人则之"(《系辞上》)。第三,用以表示命运,有如孔子所宣称"天丧予"(《先进》)。最后,用着超越存有之代表,如孔子之友人所说:"天将以夫子为木铎。"(《八佾》)圣人自己也用这一语辞表示同样的意思,当他忍不住地对他一个爱好虚荣的门弟子说"吾谁欺,斯天乎"(《子罕》)。

由此显然可知,菲博(Dr. Faber)以为中国"天"字,完全不允许具有一种人格神之含义的说法,是没有好多根据的。中国人没有用清晰的思想,予以识别。他们既不习于确切而断然的观念,也没有对那些用以表示各种意义的名辞,予以特殊化。所以当"天"字,用在经典中具有许多不同意义的时候,对于一位这样幸运地拥有希腊人心灵的西方学者,那也是西方的共同传统,在他初次接触中国文献,要他来下结论说古中国人对上帝的观念,是不具有人格神,而只是泛神的或自然神的,那是不用惊讶的。我们必须摆脱文字字面的桎梏。文字常常误引人。我们要尝试,在每个例证上,要去获得那些字所欲表达的真正意念,而不是造成那些字的本身。把这点牢记于心,我们然后才能毫无偏见地进而追询什么是应归于古代中国人之对上帝,他们崇拜之并事之若宇宙之主。

使得学习中国经典的人第一个印象,就是古代中国人把上帝看成一位完全不可见的存在。在经典里,上帝很少有人形的迹象。这是一个很好的说明,在古代中国文献里,较之其他民族的宗教典籍,人神同形论(anthropomorphism)很少,希伯来人也不例外。幻想经常是人神同形论的根源。中国经典中缺少人神同形论,部份地可归因于古代中国人较少想像力。这种想像力之缺乏,也是中国艺术迟缓发展的原因。但这也不过是一部份解释而已。要是不承认中国人有一个信仰上帝的高贵观念,那是不公道的,这个观念,于初民中,是不常见的。

但上帝纵不可见,也并非“无限的空白”,也并非全然不可思议,有如新柏拉图主义者。古代中国人不是神秘者。他们心灵,不趋向于那个方向。上帝虽然不可见,但并非不可思议。上帝被视为庄严光耀。在《诗经·大雅·皇矣》篇里,上帝被描述其伟大与显赫。“皇矣上帝,临下有赫。”同书,《周颂·臣工》之什,又有数行:“明昭上帝,迄用康年。”

抑且,在现代科学家之间,也常有一种思想——都说上帝是机械律的主人,他做完他的工作,而且用许多力量,把必要的弹簧配置于机械之中,使工作妥适地运转,然后上帝远离于这世界,再不关怀世人——这类说法,在古代中国人找不出一样。照古中国人想法,上帝是“临上有赫”的。

“上帝临汝,无贰尔心”(《大雅·大明》篇)。这又是在《诗经》里两句最显著的词句。综上所述,可以显知上帝是不可见的、庄严的、荣耀的和无所不能的。但有些人并不满意以为中国对上帝是泛神的观念。我们怎样把泛神论中之神与上帝加以区别?抑上帝是否人格神或仅仅是一种非人格的盲目力量?简言之,从“上帝”这个名词之称呼,就显明可对其问题之回答,上帝一辞,对中国人来说,便是至高的存有。“帝”(te)很显明地含有人格意义。所以这并不需要展开辩论,来说明中国一神论,是十分摆脱任何泛神论的痕迹。虽然已有显著的证明,而为了有些人仍持异议,我们仅需引述《书经》中的一段,让他们自作判断。《书经》上云“闻于上帝,帝休”。这能说有任何泛神之神吗?

至如上帝之性质,古代中国人特别强调他的公正无私。“惟上帝不常,作善,降之百祥。作不善,降之百殃。”(《伊训》) 但上帝之慈爱,也未有漏。上帝爱民。《书经》上说“惟天惠民”(《泰誓》)。同书又说“天矜于民,民之所欲,天必从之” (《泰誓上》)。

最值得注意的,便是中国人观念中之上帝,从未代表报复。他是准备惩恶。但他之所以如此做,他全在奉行道德律。《诗经》上诗句“匪上帝不时,殷不用旧”(《大雅·荡之什》)。上帝是公正,是无私。但想像上帝会因激怒而报复,想像上帝会由于具有破坏性的情欲,显示出人类弱点而遭降贬,以及这情欲会带来这世界灾难的毁灭,这些都远不在古代中国人的心灵之中。

于今,述及另一点——上帝与人民之关系——我们开始可引述《汤诰》,这是商朝第一位君王,《书经》有如是之记载:“惟皇上帝,降衷下民,若有恒性。”《诗经》中也表达了同样的观念。“天生烝民,有物有则。”(《大雅·烝民》)这同样的观念,我们也一再见之于《中庸》首章:“天命之谓性,率性之谓道,修道之谓教。”所以天或上帝是人道德意识的泉源。天以性,命之于人,人率性而行,但是尽天之命。《尚书》把这个道理更加引申。有谓“天叙有典,勅我五典五惇哉。天秩有礼,自我五礼有庸哉。同寅协恭和衷哉。天命有德,五服五章哉。天讨有罪,五刑五用哉。政事懋哉懋哉”(《皋陶谟》)。最后,上帝是人类的君王,有如《诗经》上说“荡荡上帝,下民之辟”(《大雅·荡》)。在古中国人心目中,就上帝这名词之字义来说,上帝便是人类之统治者。实际上政府被认为由上帝而来。国家之最高领导是构设实操之于上帝之手。在世间,君王不过是被派为上帝之代理人。所以周朝开国之主的武王说“作之君,作之师,惟其克相上帝,宠绥四方”(《泰誓上》)。这使得我们对于上帝之与统治者之关系,需有一较为详细的讨论,这一观念,在中国历史上颇有份量,因而值得我们密切地考察。

古中国的统治者,用神权来治国。他之得其位,完全由于上帝之派命。既没有所谓社会契约说,也没有任何政府乃是使被统治者成为统治者之主人的说法,这些学说,都和古中国人的观念毫无渊源。但是我们必须不要误于“神权”一词,了解它,有如英国斯图亚特王室(Stuart Kings)所竭力主张,把它当成具有毒素的学说,使得查里斯第一(Charles Ⅰ)送命,使得在第十七世纪初叶英国人民与国王之间冲突无已。古中国人的神权真实意义,理雅各布(Legge)教授把它表达得很好,有谓“统治者之职位,并没其它之神权,有之,厥为尽其职责。某一朝代之统治,不能获致人民之幸福,即失其王位之权利”。“惟天惠民,惟辟奉天。”(《泰誓中》)这是统治者最适当之功能。只要他一旦在职位上失去其功能,他即失去为人民之统治者。“四海困穷,天禄永终。”这是记载于《书经》中,对帝王们的训诫(《大禹谟》)。夏之亡,可供作一个具体史例。“夏王有罪,矫诬上天,以布命于下,帝用不臧,式商受命。”(《仲虺之诰》)当天命之下达,顺从天意,乃变为新统治者之职责。所以商汤说“夏氏有罪,予畏上帝,不敢不正”(《汤誓》)。同样情况,也见之于武王伐纣,会诸侯于孟津,武王誓师,有云“商罪贯盈,天命诛之,予弗顺天,厥罪惟钧”(《泰誓上》)。

关于中国人的上帝观念，尚有一点，颇堪一提。中国人之上帝，不是一族或一部落之上帝。古中国人视上帝为其统治者，但他的统治领域，远由中国达于四裔。他不属一个地域之主，乃人类共主。他惩罚苗族，有如惩罚夏代帝王一样。大禹征苗之时，誓师时便谓“济济有众，咸听朕命。蠢兹有苗，昏迷不恭，侮慢自贤，反道败德，君子在野，小人在位，民弃不保，天降之咎”(《大禹谟》)。

这就是古代中国人在经典里所提供的上帝观念。即使在本文篇幅里予以简略省察，已足够表明中国人曾一度有过宇宙中之上帝的高贵观念。这观念并不完善，缺点亦多。但在大体上，作为一个初民状态，以及在若干方面，跟世界上有宗教系统的上帝的高级观念相较，古代中国人，仍是有足称者。所以不怪一些人，当他们一方面从经典中研究上帝的观念，另一方面转而研究现在的迷信与偶像的状态的时候，觉得惊奇甚至厌恶。这种宗教退化的原因何在？确是一个饶有趣味的问题。

或者我们应该说，上帝这观念，开始时就太模糊与太深奥。不管这观念对古代中国人是真的太模糊难以把握，或者太深奥难以了解，这不是一时可以解决的微妙问题。无论如何，这需要一种高层次的宗教心灵去把握它或培养它。我们试把三千年前中国人对这一观念的性质与发展予以省察，我们可确知这个上帝观念之发展，不出两种途径之一。要就发展而为神人同形，以适应那仍在发展的萌芽时代的人民，或者就此更为模糊，从缺乏灵感中逐渐消逝。中国人发生在后一途径。究竟在何种情况之下以及这种变迁发生，经过了好多阶段，我们不拟闻说，因为此一时期文献阙乏，不足以提供我们易于追索中国神学的历史。但也不难想像那时中国人对自古相传下来上帝观念的态度。上帝对他们，仍是宇宙之主宰与人性之给与者。但是上帝所要求于“下民”者，仅在个人德性之诚挚的修养。“天命之谓性，率性之谓道，修道之谓教。”因之，人之止于至善，系由于顺天命而率性。不必追求有关上帝的太多知识，因为既不可能，也不必要。在皇朝下，做一个善良老百姓，并不需要熟识北京的天子。同样，做一个君子或过着有德性的生活，也不需要有对上帝太多的知识，虽然上帝为人之道德意识之泉源。这种精神，在孔子时代即已流行，这位至圣本身，便是他时代的范型。有如《论语》所载，有一项为孔子所不语者即为神怪(《述而》)。所以,在中国人中间,伦理替代了宗教。在孔子以后的载籍,我们很少找到上帝一辞。但是人总是宗教动物。因之,当他们古宗教荡然无存的时候,中国人很自然地群而沉溺于道教与佛教的迷信,用以适应他们的宗教本能的需要。

但是,虽说上帝的观念,注定了不能在中国有充份的发展,而在镕塑民族性方面,仍有其地位。当孔子开始其志业,作为一位道德大师的时候,上帝观念已不存在,或即使存在,也是批判地予以修正。纵然如此,但这种中国民族性的标记,早经烙印,历许多世纪而不磨灭。虽然自这位至圣之逝,经二千四百多年,而其痕迹,在今日中国仍可找到。在约莫十六年之前,博尔格(Boulger)著《中国历史》(History of China)一书,他说:"今日之中国,在许多要点方面,仍和孔子时代相同,我们没有理由去怀疑,在孔子以前,中国民族性,即已完全塑成现在的型态。"只要粗浅地研讨中国人的性格,即可确认这种说法。或者考察若干发源自上帝古代观念而来的中国人的主要性格,是颇有兴趣的。

我们已经说明古代中国人视上帝为仁慈、公平与无私之神,上帝爱民,没有他事,只为着人民的幸福。从这种对善良上帝的信赖,产生一种知足的心理,知足就是中华民族性。乐天知命,被视为一种美德。怨尤命运与生活烦躁,都不能成其为君子。与命运委蛇,也就是乐意工作并乐意承当为生活的每一困苦,这主要地是由于完全信任上帝之善意,这位宇宙间的舵手。

从社会观点看,古代上帝观念的影响,也同样值得注意。上帝既为全人类之主宰,所以在上帝之前,人人平等。我们不能于此宣称,人类全体同胞爱,在这个国度里,已有充份发展。但这个观念,决非外来,确是中国人自有的。"四海之内,皆兄弟也"(《论语·颜渊》篇),常常被指责为在应用上有些狭隘。但是试察那时地理知识的茫昧,以及说出那类观念那时文明的一般情状,我们必须断定,有其值得赞美之处。另一方面,我们可以确说,在中国,从没有类似令人可厌的卡斯特阶级(Caste system)之组织,这种卡斯特组织,以一种或他种方式,几乎存在于每个其他原始民族之间,构成他们历史上之污点。在华族历史上,不知有所谓既得利益阶级。每个人都有机会升迁。这些例证,对研究中国历史的人,太熟悉了,不必赘引。

我们转而探寻古代的上帝观念其对政治上的影响，有两大特色，可以勇敢地站在国史之前。

第一，是在早期帝国的建立。这一定很多可能藉助于这种深植于古代中国人的心灵信仰。那就是上帝不是部落之上帝，但扩大为全人类之上帝。这在拙文其它部份，已有充份的说明。这里须说明的事实，即是当统治者被视为上帝在人间的代理人的时候，自然有一种趋势，将所有居住在黄河流域的小村落联结而为一个政治体。记着宗教在团结人民方面所占的重要地位，在历史上屡见不鲜，我们可确切地了解，上帝崇拜的影响，所及于建立古代中华帝国的可能性。

其次，或者是在中国历史上最显明的特色之一，那就是中国人革命理论，远在三代的时候，就实现了。“汤放桀，武王伐纣。”（《孟子·梁惠王下》）假若《书经》上的纪载是真实的话，我们必须说，这些革命运动的发生，并不是由于汤武的野心，但他们是在现代意义下的真革命。确实，革命的精神弥漫于汤武出师誓词之中。这种精神，直接地源自统治者和上帝的关系的意识。“天命靡常”（《诗经·大雅·文王》篇）。他把他的代理人派在世间。当代理人不能顺从天意，他就丧失了神授的王位，一位新主，被派替代他。这就是孟子对齐宣王所讲的道理：“闻诛一夫纣耳，未闻弑君也。”（《梁惠王下》）在这后者的政治革命的例证，我们不能说那全是由于这种信仰的具体化，但是也很明显的，这种信仰给予每个政府很大的力量，诱使其推翻朝代，假若这朝代不能使人民获致幸福，因而丧失其王位的权利。

最后，在中国人心灵中，现世界的优越，也是上帝观念的结果，古代中国人的信念，有如今日中国人的信念，那就是善人，上帝降以百福，恶人，上帝则降以百殃。但是上帝只被视为这个世界的统治者。这也有这个观念的不好的一面，显出这观念的弱点。由于这一原因，祸福可降至作善者或作恶者本人，或他们的后代，再没有其它办法来显示这样判断。假若这报应不落在本人的生前，那对其本人将发生怎样情形呢？这个问题，中国人常找不着好的回答。这将导使我们走上中国人来生观念的讨论，那来生观念，便给予祖先崇拜的兴起。这次一点，在本文里，将予论述。

二、祖先崇拜

那末,祖先崇拜,是怎样由中国人来生观念转变而来呢?要回答,就须对来生观念本身以密切地省察。关于来生观念,中国古代文献,比较地沉默,缺乏纪载。仅仅民有少数地方,似乎接触到这点。在《诗经》中,文王的神灵,被描述列在帝左右。所以《大雅》首篇《文王之什》就咏到:"文王在上,于昭于天。周虽旧邦,其命维新。有周不显,帝命不时,文王陟降,在帝左右。"

再者,在《书经》里,我们也有一章,似乎命令有些殷代贤哲之君,可进入天国。"天既遐终大邦殷之命,兹殷多先哲王在天。"(《周书·召诰》)不过这些纪载,仅谈到一些贤哲之君在死后,拟想可进入天国,在帝左右,以作为他们在地上德性生活的报偿。但一般人民的灵魂归属情形怎样?或者当他们肉身已灭,而灵魂是否存在呢?这个问题,我们迄未讨论过。在经典里,没有任何死后赎罪与受难的描述,也没有地狱的任何迹象。古代中国人没有死后复活与末日审判的观念。但肉身毁灭后,灵魂继续存在,是相信的,不管是善魂或恶魂。它存在于奥秘处,称之为鬼。在《礼记》中,孔子关于鬼,对他的门弟子(译者按,指宰我)说:"众生必死,死必归土,此之谓鬼。骨肉毙于下,阴为野土,其气发扬于上,为昭明。"(《祭义》)"鬼有所归,乃不为厉。以其无归,或为人害。"《礼记》上又记载古之人供祭泰厉、公厉、族厉,以其死去无后(译者按,祭法,孔颖达疏:"泰厉者,谓古帝王无后者也。……公厉者谓古诸侯无后者,诸侯称公,其鬼为厉故曰公厉。……族厉者谓古大夫无后者鬼也。族,众也。大夫众多,其鬼无后者众,故言族厉。"故原作者英译为"the discontented ghosts of kings, princes, and ministers"极合古意)。因此,厉鬼不会安息,当他们没有后嗣,岁时供祀。

这是很自然地说明为什么祖先崇拜之实行,或者是由于肉体死后、灵魂的来生观念而来。简言之,灵魂是被信为是在鬼之状态下继续存在,而且具有较高的官能,以致能够意识到子孙的行动。不仅如此,它的安静,全赖于生者的岁时供祭。在这种信仰之下,一种纯粹的职责感,已足够导致古人供祭死者,作为一种对已去世的成员的家庭责任。因而我们可试说祖先崇拜的发源，在于对鬼的信仰，这种信仰通常盛行于初民之间，至今尤为迷信所支持。但仅仅鬼的信仰，尚不足以阐明祖先崇拜的整个系统，而且这也不是最主要的因素。中国人时常唾弃这种信仰。但这些人依然维持祖先崇拜。确实，受教育的人和饱学之士的祖先崇拜，确具有一种十分不同的情怀。《礼记》一书，一般认为汉代所出，在解释祭祀祖先的意义和目的方向，鬼的因素，很少有地位。这不需要太琐细来研讨该书，就可深信祖先崇拜，代表着两大情况：(一)作为生者怀念逝者的手段。(二)作为文母去世后，儿女孝心之表达。我们现即就此阐述。

一，祖先崇拜，为一种追思行为——在《礼记·祭义篇》第一章首节便显明地说“祭不欲数，数则烦，烦则不敬。祭不欲疏，疏则怠，怠则忘。是故君子合诸天道，春禘秋尝，雨露既降，君子履之，必有悽怆之心，非其寒之谓也。春，雨露既濡，君子履之，必有怵惕之心，如将见之”(《祭义》)。大体说来，中华民族是一个具有深挚感情的民族。季节的变换，最易于联想到死去的朋友。在中国诗里，我们可以找到这是一种最丰富而引人共鸣的题材。因之，春秋以时祭祀，这两个季节，一为正当严冬告退而为明朗的春天，一为正当骄阳隐藏而为萧飒秋风之再起。

二，祖先崇拜，为一种孝道——这是很明显的一点，因而有详细论证之必要。中国人以孝道著称。孝以事亲，是人生一大幸福与快乐。这种幸福，照孟子所说，君子有三乐之一，而王天下不与存焉。(译者按，《孟子·尽心上》原文谓“君子有三乐……而王天下不与存焉。父母俱存……一乐也”。)亲死，以祭祀来表达其孝思。《礼记》上说“夫祭者所追养继孝也”(《祭统》)。就因这一原由，你告诉中国人不要祭祖，那是何等地侮辱。在中国人想法里，对死后父母的祭祀与对他们生前的奉养，都是同样的尽孝。《礼记》又说“孝子之事亲也，有三道焉，生则养，没则丧，丧毕则祭”(《祭统》)。

考察一下这些论点，我们对祖先崇拜这一行为，究应属于伦理或宗教范围，亦殊难言。不过，有一件事可勿争论，那就是中国人之崇拜他们的祖先，是不与我们崇拜上帝同一意义。这是确实的，在祭礼进行时，表现出极大的孝敬，甚至极为过份。但我们必须牢记于心，在中国，孝敬视为大德，须经常由君子人来实践。“毋不敬”这是《礼记》的首章首句。由于如此着重敬之为德，所以中国人在祭祖方面，很自然地把这一德性，实行得淋漓尽致。《礼记》上把这一理想的祭祀，给予如下琐细的描述：

孝子将祭，虑事不可以不豫。比时具物不可以不备，虚中以治上。

宫室既修，墙屋既设，百物既备，夫妇齐戒，沐浴盛服，奉承而进之。洞洞乎，属属乎，如弗胜，如将失之，其孝敬之心至也与！荐其荐俎，序其礼乐，备其百官，奉承而进之。于是谕其志意，以其慌惚以与神明交，庶或飨之，庶或飨之，孝子之志也。（俱见《祭义》）

我们不惮烦地引录全段，用在说明，即使在这样一种繁细的理想祭祀或甚至正统祖先崇拜之中，还是找不出一点所供祭的祖先神化的迹象。祖先崇拜的目标，依照传统的中国人看法，一开始以及现在，都不在为生者求福，仅是对死者履行适当的责任。《礼记》上说“贤者之祭也，必受其福，非世所谓福也。福者备也，备者，百顺之名也。无所不顺者之谓备，言内尽于己，而外顺于道也”（《祭统》）。这就是中国人的祖先崇拜。它的来源，很清楚地是来自对鬼的信念，对正统中国人来说，这是一种追思行为，也是孝心的表现，但是这从不神化了祖先。这不是偶像崇拜，但对孝敬的夸大，是有的。

但在这世界上，无法免除腐败。今日中国人的祖先崇拜，已不是在经典中所代表的祖先崇拜。纯笃的孝思，诚挚的恭敬，再不多见于祭祀行为之中。没有什么，只有冗长而乏味的礼节。由于道教佛教的散布，已穿上可惊的迷信外衣，其真实意义，只有少数人所能知道。

这种祖先崇拜的退化型态，非本文范围，我们将转而检讨，除了后来发展的迷信以外，祖先崇拜所给予中国人民族性的影响。

祖先崇拜，经过多少年在这个国度存在之后，必定会使这个人民的民族性格烙上若干不可磨灭的标记。第一而且首要的，便是它对中国人的道德影响。它培养出这种孝敬和服从的习惯，无疑地，这些都是实践上最优良的德性。它赞助一个目的，使后嗣生活，可以荣宗耀祖。“君子生则敬养，死则敬享，思终身弗辱也。”（《祭义》）

最后，祖先崇拜，还有一种很大的影响，就是可以对过去维持相当程度的尊敬意识。这样说，不会离谱，就是藉此尊重过去的意识，使中国的制度,维持相当的稳定,但尊重过去的意识,也未免太夸大和过于发展。驯致中国的保守主义,多少世纪以来,遏制了国家的繁荣和进步。“三年不改于父之道,可谓孝矣”(《论语·学而》)。孔子这句话,经常被误用,给国家许多的伤害。直至最近,由于西方文明的冲入,保守主义的庞然大物,终于推翻。

从社会与政治的观点,祖先崇拜的影响,可进一步透过宗族制度来看。宗族判决,非中国人所独有。它以一种或他种方式,存于在其它民族之中,譬如说,北欧的萨克逊族以及古印度的部落。但中国人的宗族制度,都自有其特征。它不像存在于其它民族的,中国人的宗族制度,不是起于在战争时,联合力量的需要。它的发源,是在祖先崇拜。祖先崇拜,很显明地肇始于家庭。但家庭的生长和成员扩大,在实践过程中,发展而为宗族,宗族之祖,不是在某一特定的家里来祭祀,而是在那宗族的人,专为此祭祀目的而建立的祠堂。祠堂有如社会中心。它是全族的公所。有关族里一切事务或族人间的纷争,都提到祠堂来解决。有了血缘纽带的联络,很自然地聚族而居,形成村落,其村落名称,一般以宗族之姓命名。在这种方式之下,于是祖先崇拜,在中国社会结构里,自有其重要的地位。

还有宗族不仅是一个社会集团,也是一个政治单元。实际上几乎是一种地方自治的形式,施行于宗族之间。宗族中老者有权可以驱逐宗族中的成员,或者取消他为族人的权利,因为他的行为,玷辱了或伤害了宗族全体。政府也利用这种机构,来运行这种相互责任的原理。在若干事例上,近亲犯罪,分受其惩罚。假若是一件严重的案情,被判为牵连到祠堂有关,那祠堂之门也要遭政府封闭,那在中国被认为是对宗族的奇耻大辱。无疑地,在政府手中,这是一个非常有效的工具。

另外一种由于祖先崇拜而来的民族性,是国家的膨胀的人口。我们已经知道,祖先之鬼的安息,相信靠着后代子孙正常地供奉。死后无后代之鬼,易成厉鬼。基于这种心情,中国人视婚姻为一种义务。孟子说:“不孝有三,无后为大。”(《离娄上》)

基于同样原因,不育,为七出法条中之第一条。能够绵延祖先的祭祀,在中国人心灵中,是唯一重要的。不仅此也,一夫多妻,获得了认可。容许纳妾,就在延续家系。俗语说,一个人到了四十而无子,他有责任纳妾，这在中国许多省份，是相当普遍的。婚姻的唯一目的，是家族香火的继承不断。当这种意念再和祖先崇拜只能由男性后裔来行使的信仰相结合，那末自是坚强地趋于妇女地位的低落。

这些都是在中国祖先崇拜的主要结果。把这些和古代的上帝信仰的影响，合并以观，我们可易于了解前述喀莱尔所说关系一国的主要事实，便是它的宗教，去了解一个人民的宗教，便是开启了了解一个人民的历史之钥的话，是何等地确切。

现在，一个新宗教的时刻，即将降临于这一老大帝国。新宗教观念，正在涌进，新宗教力量，已经工作。这些迟早确将有它们的影响。不过同时，那样将是最睿智而最适当方式，以与古老宗教观念以及土生土长的信仰的人民相调适，这确是一个重大的问题。本题的讨论，过于复杂，乃正于此。这已足够说明，对一个国家古代宗教的同情而智慧的探讨，将可提供对问题的解决很多的真相。

上文英文原名为 Religious Beliefs of the Ancient Chinese and Their Influence on the National Character of the Chinese People，系武昌华中大学韦故校长卓民博士就读于文华大学(Boone University)时所撰之学士论文。先后发表于《文华评论》(Boone Review)，继由《教务杂志》(The Chinese Recorder)于一九一一年转载。韦氏依据古代经典，尤其是《礼记》、《书经》两书，就(一)上帝观念，(二)祖先崇拜两点，说明此种先民信仰给予民族的影响，剖析精实，语语有据，而祖先崇拜信仰之深远悠久，实具有伦理社会及宗教之多重意义。在世界文化前途迷失的今天，仍多参考之价值。爰经译出，以飨读者。又韦氏行文时，于所引经籍，并未注明篇章，亦经分别补注各篇篇名，以期取便读者稽考及进一步了解云。

译者　谨识于一九七九年八月

佛教净土宗以信得救的教义及其与基督教之比较*

前　言

净土宗是中国和日本最主要的大乘佛教宗派之一。对学术界和一丝不苟的人而言,其它大乘宗派的教理确实是浩翰大海,很可以满足人类喜欢形而上学的本性,这是其它宗教所办不到的。不过,佛教之所以吸引那么多的信徒,并不因为它的玄学思想,而是因为它引人入胜地暗示有一个西方极乐世界。统计数字也还显示不出净土宗在中、日盛行的真正情形。但我们应该记住,其它宗派对净土宗是采取完全容忍的态度;远东地区的每一所佛寺都供奉着净土宗的图像,只有少数日本佛寺是例外。在中国,人们延请佛教僧尼主持丧礼、中元节庆或其它宗教仪式,是因为他们被信为能够帮助生人或死者找到净土之路。

净土宗如何兴起?它经过哪几个不同的发展阶段?它的特殊教义是什么?这些是我们应该先予以回答的问题,然后才足以省察它与基督教关系的各种理论。

原始佛教与以善行得救

释迦牟尼佛教弟子要解脱生死,因为生死是永无止期的变迁之苦。得救的意思是:结束这一世的生死轮回。为了达到这一个目的,每一个人必须以持戒、苦修及最重要的禅观,来唤回及提升本具的自性。这就是“正道”。藉着虔修正道,就可以获得超越的德行和超越的智慧,而后能了

* 原文为英文,篇名为 The Doctrine of Salvation by Faith as Taught by the Buddhist Pure Land Sect and Its Alleged Relation to Christianity,刊于 The Chinese Recorder,卷五十一,一九二〇年六月、七月。本文由华中大学韦卓民纪念馆翻译,载《韦卓民博士教育文化宗教论文集》。——编者注

脱生死。这须要佛弟子勤奋不懈，同时须要三大阿僧祇劫的时间，费时之久，超乎我们的理解之外。

需要一条新的得教之道

净土宗的佛教徒指出，只有在释迦牟尼佛灭后的几个世纪，人们才能够因修行严格的入正道而圆证佛果。后代，则不可能以善行而得救。人是污秽，也生活在污秽的人们当中。这是一个堕落的年代，就是出家的僧侣，其德行也是可悲的。“他们住的是大庙，自称方丈。他们在外表上，表现得道貌岸然德行高超，可是内心却充满着贪婪和卑鄙。他们穿的是丝锻，坐的是豪华毛毯。他们把仪表装扮得冠冕堂皇，却自欺欺人。这种人怎能称为上人呢？他们虽然名为出家，却更像仍在家中。唷！他们喝酒，他们吃肉。他们怎么能说守戒了呢？”①

净土宗

因此，一条新的得救之道就越发有必要了，净土宗提供了最好的答案——藉信仰而得救。简单地说，其教义是这样的：“假如任何一个宇宙的生命——不管他们是在家俗人或出家的托钵僧、犯戒的人或还没发誓守戒的人、有妻子或没妻子、有孩子或没孩子、喝酒或不喝酒、吃肉或不吃肉、经商或务农——能够拿出信仰的心，依止于阿弥陀佛的吩咐，则佛陀将发出一道光芒，接纳他们。他们在临命终时，将可往生极乐世界，抵达涅槃彼岸。这不是无尽的大慈大悲吗？如果你想了解这种慈悲心，你必需称颂佛号。”②

阿弥陀佛的故事及其誓愿

阿弥陀佛的故事见于《阿弥陀经》③，记载的是阿弥陀佛的描述。八十一位佛一脉相承，以燃灯佛开始，以世尊作结。在世尊的时代，有一位

① James Troup, the Hibbert Journal, Vol. IV, p. 283.

② James Troup, the Hibbert Journal, Vol. IV, p. 283.

③ S. B. E., Vol. XIIX, p. 11.

法藏比丘信心坚定想成佛。他来到世尊面前,称佛功德,然后礼世尊为师,请求开示佛及佛国的真貌。世尊如其所愿,详加开示。法藏比丘听后,要求一旦成佛时,佛国的种种殊胜,都要集中在他身上。他于是向佛告辞,但在一段很长的禅定之后,他又带着四十八愿回来,发愿他成佛的唯一条件是:救度一切众生,并且建立一个极乐国土,让所有生物可以极其一生享受最高的幸福和智慧。在四十八愿中,最突出的是第十八愿,内容如下:

> 当我成佛时,我要让十方世界所有众生,对我保持可靠而喜悦的信仰,让他们的愿望凝结在往生我的乐土上;让他们念我的名号,虽然仅是十声甚或更少;然后,假如他们不是身犯五重罪、不杀生或不违背其宗教的话,这些众生往生我乐土的愿望,一定可以达成。若非如此,我绝不圆证佛智。

净土宗就是以这一愿为基础,宏扬以信得救的教义。中国人常吟南无阿弥陀佛,日本人常吟 Namu Amida,其来源也是这个故事。

念佛及其与信仰的关系

净土宗的教义说,念佛只是感激的象征。最重要的条件是要有信心,要相信阿弥陀佛的知识及其誓愿的功效。

信仰结合了三个要素——诚心、相信的喜悦及往生净土的热切欲望。一有这种信仰,其特征是忆念阿弥陀佛的名号。如此,信仰就与行持合而为一。

然而,这种信仰是阿弥陀佛所产生,不是个人所产生的。有一位学净土的佛弟子说:"由个人所产生的信仰并不坚定,因为容易起疑心。但藉他力所产生的信仰,则可信心坚固,永不退转。祈祷的力量支持着我,我确信可以得救。"不错,内心丝毫没有怀疑。

以信得救的教义

得救的过程如此简化以后,每一个人便力可企及。"虽然开悟之前,罪恶很多,但与阿弥陀佛的愿力比较之下,则只是沧海中的一粟。……开悟以前的罪恶很重；若放在三界，一定会重得往下沉；但如放在阿弥陀佛愿力的天平上，则轻如鸿毛。”

另一方面，只靠善行，是绝不能得救的，因为我们的好事再大，也是“有漏”的；而阿弥陀佛的国土，则是“无漏”的。不完美的事物，不能产生完美的事物。

因信仰阿弥陀佛而得救的人，将于死后立刻往生西方极乐世界，不再有生死轮回、不再有烦恼、不再有痛苦、不再有死、不再有苦工；相反的，都是随心所欲，永恒常乐，透彻了解所有事物，经常能随侍在阿弥陀佛及诸菩萨的左右。那些犯过“五重罪”和其它暴行以及在临终时无法集中思想于阿弥陀佛因而得救的人，必须经过很多的苦难，才能够赎罪。但即便是这些人，也不是完全无药可救。他们的惩罚，只是暂时性的。当他们的罪恶，经过一段时间的赎偿后，他们仍然可以因信仰佛的名号而被接引。

净土宗与原始佛教的比较

很显然地，净土宗否认释迦牟尼佛所教的，却肯定他所否认的。他（指释迦牟尼佛）说离世是必要的；它（指净土宗）却允许一切世俗关系、享受和活动。他禁止依靠别人，甚至连自己也不可依靠；它却宣称全心信仰阿弥陀佛就可得救，而且要得救也只有靠信仰阿弥陀佛。他贬斥礼敬任何一个上帝，也不可相信灵魂；它要求礼敬阿弥陀佛，并认为有必要为自己的灵魂，在净土寻觅快乐的庇护所。他把弟子们的注意力全部引到涅槃——一个存在或非存在的神秘境界，其真实性质，他拒绝揣测；反之，净土宗则对其信徒描绘一个实实在在的极乐世界，身心两方面都可以存在其中。在净土宗昌盛的地方，释迦牟尼的名字都被忘了。中日两国的在家居士，几乎都不知道佛教史上的教主是谁，他的头衔，常常被联想成另一个神话世界的人物。

总之，释迦牟尼所传授的佛教，与净土宗相去甚远；但在另一方面，现代基督教徒却承认净土宗的教义很像基督教，二者都有一个救世主，他不眠不休的目的，只为着把人类从罪恶或罪恶的果报中解救出来。二者都说人无法自己救自己；二者都为生存在这个世界的悲惨状况而怜悯;二者都指出另有比这一世还好的东西,二者都大声宣扬以信得救的福音。因此,那些粗心大意的观察家,就轻易相信这一个很诱人的理论:净土佛教既是后期的产物,它的某些教义一定是借自基督教,或至少会受过基督教的影响。不过,为了证明这一个理论,教义上即使再接近,也不足为训,我们必须先证实历史接触的几个疑点,才有把握说我们不是靠幻想,而是以理智来探讨这个问题。是故,让我们先简述净土宗的历史发展吧。

马鸣菩萨在《起信论》中所引述的净土宗教义

阿弥陀佛完全不为泰国、缅甸和锡兰的南传佛教所知。因为南传佛教,似乎比较能忠实地代表原始佛教,所以我们可以结论说,净土宗教义,并不构成释迦牟尼佛圆寂后几个世纪的佛教之一部份。但在马鸣菩萨的《起信论》中,我们可以发现这么一段话:"先考虑那些开始学习本章五种方法及希望获得正信,却又胆小懦弱的人。当他们活在这个极端痛苦的世界时,他们害怕不能时常接近佛和随侍左右,所以他们害怕不能获得这个完整的信仰,心里想放弃这种追寻。"

这些人应该知道如来有最好的方法,可以加强他们的信心。要想达到这个目的,只有靠专心佛事,并且希望往生佛的另一个世界与他常在。经上说:"如有一心只念着西方极乐国土的阿弥陀佛,其善行都是在正确的方向,并且希望往生那个快乐的乐园,他将可往生彼处;因为他经常与佛在一起,他将永不退转。"

"假如我们观想阿弥陀佛的终极本性,并经常练习这种方法,我们最后将可抵达未来智慧的所在。"①

今天,许多权威人士都同意马鸣菩萨是西元第一世纪的人物②。虽然,马鸣菩萨很可能早于耶稣,他引用的经典也许日期更早,但这已是我们能找到净土宗教义的最早日期了。

---

① "The Awakening of Faith", Chap. 4, trans. By T. Richard in "The New Testament of Higher Buddhism".

② Cf. Anesaki, article on "Asavaghosha" in "The Encyclopedia of Religion and Ethics".

净土宗经典及其译成中文的日期

净土教义的起源，从另一个角度来看就可一目了然。净土宗的教义见于下述三经：(一)《大无量寿经》；(二)《阿弥陀经》；(三)《观无量寿经》。这三部经目前都已经译成英文，载于《东方圣经》第四十九卷出版。这些经典原著的日期都已经不可考了。但中国记载则显示，《大无量寿经》是天竺三藏法师康僧铠于西元二五二年译成中文的；《阿弥陀经》则由另一个天竺三藏法师鸠摩罗什于西元四〇〇年译成中文；四分之一世纪以后的西元四二四年，良舍由天竺来到中国，将《观无量寿经》译成中文。

中国和日本的净土宗祖师

谈了这么多，都只是在追溯净土宗的教义发展。净土宗的信徒与其他宗派的信徒显然不同，其兴起是在西元第四世纪。根据中国佛教的记载，净土宗的第一祖是慧远，生于中国北部的山西，时为西元第四世纪，属晋朝。他勤研道家经典，创造东林寺，组织莲社，随众一百二十三人，都发愿往生极乐净土。传人中，昙鸾生于西元五〇二年，圆寂于五四九年；道绰圆寂于西元六四六年；善导圆寂于西元六八一年。

净土宗的兴盛期

不过，净土宗的影响力，一直要到很晚以后，才表现得声势浩大。唐代学者强烈反对佛教教义。佛经对他们，除了提供破坏性的批评之外，别无用处；他们读经，主要也是为了这个目的。宋代学者则反而很欣赏佛经，以朱熹集其大成的儒学复兴运动，就是一个很好的例证。纵使如此，从唐宋学者的著作中，我们也很难证明他们已经很注意净土宗，十二世纪初期的朱熹，博学多闻，其书流行很广，但也看不出他与净土宗有多大关系。几世纪以来，净土宗在中国一直都是默默无闻。

大约在西元十二世纪，净土宗才开始引起日本人的注意，创始人是法然(1133—1208)，据说他刚出家为僧时，走的是禅宗的路线。十八岁，闭关阅藏，五次读完《大藏经》五千卷，但未发现有什么可以满足他得救的饥竭。最后，他终于发现善导的经注上有这么一句话："一心不乱，诵念弥陀名号。"他深受启示之余，就放弃了修禅，每天念佛六万声。西元一一七五年，他的第一本书问世，这个掌故，当发生在此之前。

我们也许可以把这个日期当作是净土宗在远东盛行的开始，其原因如下：

一，假如净土宗在此之前就已经盛行于中国，则法然不必读过五遍《大藏经》之后，才受到以信得救这个福音的启示；我们知道当时有很多中国僧侣来到日本，也有很多日本学僧从中国学成归来，法然应该可以从净土宗的僧侣获知此事。

二，净土宗的发展很快，因此从它的第二代衍生另一新派。法然的弟子亲鸾认为，净土宗既提倡善行的功德，又提倡信仰的功德，实属矛盾。他就自己传布纯粹信仰的教义。他呵斥独身、苦行、斋戒、禁食、朝圣、离群、护身符和符咒。他本人结婚，相信只靠祈祷、纯净、生活诚挚及信赖阿弥陀佛就够了。这就是真宗，在亚洲大陆并无相似者。

佛教与基督教在日本的最早接触

我们现在将注意力转到基督教影响净土佛教兴起和发展的问题。

从历史年代看，在十二世纪后叶的日本，基督教不可能对净土宗发生任何直接的影响；因为我们可以肯定，基督教是在一五四九年才由法兰西斯·沙勿略(Francis Xavier)首先传到日本的，距离法然圆寂已经三又二分之一世纪了。

中国景教及其对佛教的所谓影响

赛基(P. Y. Saeki)一直在鼓吹这个理论：净土宗与基督教的关系，可以从中国的景教运动找出蛛丝马迹①。十七世纪初叶在中国西安府发现的景教石碑显示，景教徒是于第七世纪来到中国的，时为西元六三五

① P. Y. Saeki, the Nestorian Monument in China, pp. 118-161.

年,赛基先生说,因为他们变得越来越发达,因此一股强劲的对抗精神,就在佛教徒中产生,这就促成了净土宗的兴起。但赛基先生却误认善道是净土教义的主要宏扬人,殊不知他之前还有慧远、昙鸾和道绰。景教徒不可能对四纪的慧远学说发生任何影响。

我们可以因此说景教的昌盛,至少使净土教义在中国沉寂几世纪之后转为显眼吗? 为了回答这个问题,我们有三点要提出。

第一,假如景教徒在中国佛教徒中所引起的对抗精神,竟然会在当时尚不知景教徒为何人的日本开花结果,而不是在景教如此发达的中国落实生根,岂非怪事?

第二,景教发达的时期,一般认为是在第九和第十世纪;但据我们上面所说的,净土佛教要到十二世纪,才开始显示其重要性。

第三,目前还没有任何证据足以显示,净土佛教是为了对抗景教才成为独立宗派的,净土宗并没有将信徒引入宗教社会的洗礼仪式,它没有信徒必须全盘接收的正统教条,没有成立后绝不犯错的教会权威,也没有圣餐可以把不朽的种子注入寻求得救的人身上。我们很难解释:要与基督教相抗衡的佛教徒,为什么要去模仿细腻的教理(假如当时有这么一种教理可以模仿的话),而不模仿可以看到而且比较能引人注意的仪式呢? 假如净土佛教和基督教之间,确实有什么关联的话,应该是发生在更早的时期或中、日以外的国家。

这两个宗教经由波斯犹太人促成的所谓接触

这些考虑将本问题又推回印度,让我们面对艾肯(C. F. Aiken)的理论。艾肯认为,基督教对佛教的影响,不只是在净土宗,而且是整个佛教,这可从彼得在圣灵降临节使波斯犹太人改信基督教、圣汤玛斯(St. Thomas)及印度潘大尼斯 (Pantaenus)在布教上的努力,看出一点迹象来①。关于这点,我们也应检讨卡本托(J. E. Carkenter)及李提摩太(T. Richard)所

① C. F. Aiken, the Dhamma of Gotama the Buddha and the Gospel of Jesus the Christ, Chap. VII.

提出的理论[①]:新佛教和基督教都是同源于巴比伦和亚叙利亚[②]。

潘大尼斯在印度布教的故事,姑且不论它的历史价值如何,是绝对不可能影响到净土宗的;因为一般认为潘大尼斯是在二世纪才到印度,而净土宗的教义,在马鸣菩萨的《起信论》中就已提及,时为第一世纪。圣汤玛斯的传统,目前已被教会史学家所完全扬弃,斥为百分之百的神话,至于受彼得施洗和改信基督教的波斯犹太人,并没有证据足以显示,这些犹太人确实来自波斯,然后又带着基督教理论回到波斯,同时他们也不见得就来自当时佛教已经存在的那一部份波斯。为了争论起见,就让这一切都是真的吧。仍然疑问重重,净土宗以个人信仰得救的理论,是否可能袭自第一世纪的原始基督教呢? 让我们先简单探讨犹太人得救观念的发展情形,这个问题就可迎刃而解了。

《旧约》以信得救的教义

在大多数的《旧约》书籍中,得救是一个只在这一世有意义的观念。它通常意味着从束缚或目前的麻烦,尤其是战争的溃败中获得解脱。死后的存在是凄惨而不重要的,不能体验到上帝的慈悲和恩惠。"去死以后,不再记得你;在灵魂之中,谁将感谢你?"

弥赛亚预言的出现,对犹太人得救的态度,确实产生很大的改变。这个观念现在已经变得不那么对外了。道德更受强调,尤其是在《耶利米书》和《以西结书》二章。只有靠神的帮助,才可能有忏悔。"啊,上帝! 在我身上产生一个清洁心,在我心内重新产生正确的精神。不要把我从你面前抛开;不要把你的圣灵从我身上拿走。"弥赛亚又一次代表未来将降临的救世主。但他只是忠诚的犹太人之救世主,而不是每一个信仰他的人之救世主。这种观念与净土佛教并无相同之处,因此若说佛教和基督

① J. E. Carpenter,"Buddhist and Christian Parallels",载 Studies in the History of Religion, ed. by D. G. Lyou and G. F. Moore;以及 T. Richard, Awakening of Faith,"Preface"。

② J. E. Carpenter,"Buddhist and Christian Parallels",载 Studies in the History of Religion, ed. by D. G. Lyou and G. F. Moore;以及 T. Richard, Awakening of Faith,"Preface"。

教都是源自巴比伦，便毫无意义了。“巴比伦是犹太预言家描写上帝人间王国的荣耀景象的地方。”

对那些只喜欢寻找教义相抄袭的人来说，我们在基督的教训中，却可发现很令他们吃惊的事。在《路加福音》七章五十节中，耶稣曾告诉一位有罪的妇女：“你的信仰已经救了你；安详地走吧！”在《路加福音》十六章二十二节中，乞丐拉查路斯曾立刻晕去，倒入亚伯拉罕怀中。在《路加福音》二十三章四十三节中，忏悔的小偷，躺在十字路，奄奄一息，他却得到承诺，当天就可与主在天堂会合。这些片段，很类似净土宗以信得救的教义。

但我们应该牢记在心，每一个人不管他是犹太人或非犹太人，不必先成为犹太人，就可因信而得救的观念，对第一世纪的原始基督徒而言，是相当陌生的。而且，他们都相信耶稣将复活以审判活人和死人，把信仰他的人从不信仰他的人中分开来，这种教义是净土宗佛教所没有的。此外，施洗者圣约翰和基督本人所要求的得救，都不可缺少虔诚的忏悔。这也是净土宗所没有的观念。基于上述考虑，净土宗和原始基督教互相抄袭的理论，确实很难站得住脚，因此，我们可以下个结论：在这二个宗教体系之间，丝毫没有历史上的关联性。

结　论

但为什么这种抄袭的理论有其必要呢？佛教从一开始就自称为普世的宗教。它不能以几个信徒的忠心为满足。不过，一个绝对论的宗教，很难为一般人所理解。在它成长和发展的过程中，进行一系列的修正，不是很自然的事吗？

净土宗毕竟不很敌视佛训的精神。世界上最伟大的事，既不是形而上学，也不是禁欲主义，而是自我牺牲的爱心。这就是佛训的精神。

信仰一个全能的力量，它具有一般人认为不可能和荒谬的超自然成就，这是几乎每个宗教都有的观念。为什么我们硬要说佛教没有呢？

我们可以说极乐世界一定是由佛教抄袭来的观念吗？我们不必再拘泥于这个问题了。假如在这个例子中，抄袭是有必要的话，佛教大可从印度人本身或其他东方民族身上，发现极为壮阔的乐土观念。它并不急切需要跑得老远去抄袭基督教。

中国的本色教会*

今年一月，穆德博士(Dr. John R. Mott)来华，全国基督教协进会执行部，邀集在华教会中西领袖六十余人，在上海讨论中国教会前途之重要问题。卓民不敏，承该会干事之委托，介绍"中国的本色教会问题"于会众，以为讨论之出发点。爰为是文以塞责。集会时纯用英语，本文原稿亦系英文。嗣吾友程君湘帆索稿登诸《教育季刊》，以为同志讨论此问题之资料，遂直译成汉文，未暇修饰，读者谅之。

基督教可作两种讲法：一是渊源于耶稣的生活，而旁礴乎个人和社会的神秘生命；二是人们表扬这生命的形式。这两方面，是体用表里的关系，实际上和理想上，都不能分开。德国有一神学家说得好：从本体上说，耶稣的生命，不是人类演进的结果，乃是上帝赐与人的恩物；但从功用上说，耶稣的生命是人们的事功，人群的进步的标的。

由前一说言之，基督教不是中国的土产，它的本源出于上帝，而它的历史开端于犹太国；要它变成中国的土产，是不可能的。但由后一说言之，基督教的形式，倘要真正为中国人的生活，不得不有中国人本来的色彩。由前说，基督教既是人们和社会的神秘生命，是独一无二的，不能有犹太和外邦人，希腊和罗马，东方和西方的别异；凡是基督教，都同此一上帝、同此一基督、同此一信仰、同此一希望。但由后一说，基督教既是生命的形式，就不得不随地、随时、随人而变迁。圣保罗说过："不是我，乃是基督在我里面。"何以基督必须在我里面？这一层意思，是当注意的。

吾们个人都要按着所处的地位，而作吾们基督徒生活的任务。吾们的个性各不同，故生命的本体虽一，而形式则各异。若要形式规定划一，那末，生命就受摧残了。个人如是，民族亦莫不如是。民族的个性各有不同，他们的事功和生活的形式因之各异。倘使各民族生活的形式受限制，

---

* 原载于《教育季刊》，卷二，一九二六年第一期，上海：中华基督教教育会，页27-31。此文英文篇名为 Making Christianity Live in China，刊于 The Chinese Recorder，一九二六年二月，页118-121。——编者注

人类丰满的生活就觉欠缺了。因此，各民族须得自由本着他们各个历史的背景和特殊的本能，去发扬他们的生活。如此，才得各民族尽量地向人类作他们应作的贡献。现今基督教尚无美满的形式；各民族尚未尽量地向基督教作他们的贡献。他的形式如何能美满呢？

中国人如何能向基督教作这样的贡献呢？吾们应将基督介绍与中国人！他们的生命与基督的生命接触之后，就应任他们自由去发扬它。我今试将此意约略的解释如下：

中国人的思想注重道德，是吾们知道的；而儒教的道德大纲，载在《学》、《庸》两篇，尤以《中庸》为根本，因为《大学》多讲实行，而《中庸》则重理论。《中庸》的根本观念为一“诚”字。诚之在人为仁。仁之处事接物便发而为义。义者宜也，行而宜之之谓。而引之之方法是为礼。故诚而仁而义而礼，是连贯关系的。

诚的观念，向为西方学者误解。他们每每译为英文 sincerity，即信实的意思。但基本义当作“随顺物则，合乎天理”解。这样说来，中国人道德的根本观念为诚，而诚乃合乎天理，则天的观念如何，极关重要。愚见以为：中国人天的观念，根本上是自然派的，故中国人的道德亦以自然为根本。那么，基督教在华的工作，是要改变道德的根本观念，使原来的无意志、无我性的自然，变为有意志、有我性的上帝，就是耶稣和人们的父。换言之，这就是要使中国人的道德，换一个新的灵魂，使之精神焕然一新。倘使这一层工夫做到了，其余便不足虑，任中国人自由去发扬光大之，就够了。

基督教，即藉着耶稣而来的上帝的神秘生命，输入了中国人民与中国民族生命里之后，这生命自然由中国的家庭、中国的社会、中国的国家和中国的教会表显出来。它表显的形式，倘是中国的，基督教就成中国化了。如其表显得着充份的自由，形式也自然而然的是中国本色。

现在我们的问题就是：倘若吾们介绍基督教与中国人所用的形式，不是中国本色的，基督教如何得充份的输入中国人民和中国民族的生命里？反而言之，中国人民未曾接受基督教，基督教的形式又如何得成中国本色？此二者自为因果。中国本色的基督教问题应从中国本色的教会入手去解决；因为教会实系表显和宣传基督教的工具，而吾们之应注意中国本色的教会,亦职此之故。

教会果是何物?合何原素而成教会呢?吾们思想教会,势必联想到一自认为基督教徒的团体,有宣教师为之领袖,有一定共同的礼拜,共同作宗教生活之处所。因为要充份达到这种生活目的,尽量成就所有的事功,势不得不组织机关,利用工具,而经济问题因以发生。最之谓教会。而中国本色的教会,果是何物?这是我们不可不讨论的。

教会而为中国本色的,其教徒之大部份,自应系中国人,其领袖当系有中国国籍的,一切工作和机关之经费,应大半由中国人捐输。余如建筑和其他的美术,所以表显情感者,当系中国原来的色彩;诗歌仪序,当顺中国的国情;文字事业,宣教机关,当由中国人主持。这一切种种,都属中国本色教会所应尽有。此中更有一个重大问题,吾们亟宜注意者,即此一切事功之原动力,是否出自中国之教徒?一切的工作和机关,是否中国教徒宗教生活的自然而然表现的形式?如果不是,中国教会徒有外表;而精神上、生活上,仍然不是中国本色的教会。

管理方面,是否中国的呢?这层自不待言。倘若中国教会而不由中国人管理,则中国教徒宗教生活的表显,何得自然,而无窒碍?所以吾们要使在中国的基督教和教会变成中国化的大事业,当以使中国教徒着自由表显、自由试验为首务。

吾们切不要推诿说:时机成熟,自当给中国教会以自由。我以为这件事,实在是今日最要紧的问题,不容稍缓。今日穆德先生以时不我待,疾呼吾们直追急起。诚静怡先生也曾告诉我们今日教会在中国前途之困难。吾们是否抱持一种乘长风、破万里浪的态度,去利用这千载一时的机会,使中国变为基督化呢?果然,吾们须勉励中国教徒用他们本然的方法和形式,去表显他们基督的生命,庶那些非基督教的同胞得以充份了解,不生障碍。

我说到此点,请诸位外国的朋友们,不要误解,以为我不要你们,用你们的形式传基督教于中国人。你们尽可将欧美各教会丰富的遗传输入中国。凡你们的组织、信仰、仪序,我们相信是你们宗教阅历的结晶,也是你们表显宗教生活和信仰的最佳方法,这一切都可输入中国。惟要你们不武断地说,某种形式或方法是绝对一成不变的。诚能如是,则我们中国教徒都备极欢迎，并不拒绝。因为我们将来表显我们宗教生活的方式，或者是你们在外国已经用过的，亦未可量。中国教会成为中国本色的，并非不容假借或利用外国的形式。所应当注意的，是要由中国人去假借、去利用，而不可强其收容。

当此中国教会发育时期，外国教士，文化背景和所受淘溶，既与吾们中国人不同，亟应抱持一种最宽大而表同情的态度，与中国教徒相处。中国教会前途茫茫，吾们都不能预先测度。外国传教士，筚路蓝缕，经营于宣教事业，不下一百年——我并应说三百年——中国人接受基督的生命之后，如何表显之，殊难逆料。此问题之答复，舍冒险之试验无他途。而中国教会今日所亟需要的，亦不外试验的自由而已。

中国教会的试验，容或有失败的；然而吾们不可因失败而气馁。只要吾们的事业是奉上帝的名，本着耶稣的精神去进行的。上帝必与吾们同工；那么，赖上帝之灵，中国教会的试验，必有一部份要成功。其成功的程度容或出乎吾们奢望之外，亦未可知。

外国的朋友们！使中国教会成为本色的事业，不仅是吾们中国人的责任，实是中外教徒共同的工作。吾们中国人，赖上帝的引导，行使吾们的自由表显权的时候，希望你们尽量地表同情，尽量地协助。吾们得着表显的自由之后，渐渐时机成熟了，中国本色的教会就要实现；一切的工作、美术、神学、组织、机关都要完备。这一切的外形，必不为宗教生活的障碍，而为其延期的表现。吾们固无先见之明，去预测中国本色教会的究竟；让吾们凡相信上帝的，都相信中国教会前途发展之可能罢！

尚有一问题，愿与诸君讨论。今日教会的派别已经很多了。中国本色教会出现后，岂非又要增多一宗派吗？容或如此的。但复何伤？寓异于同，固不为害。中国教会的发展，或能做这条路的先锋，使普世教会知吾们凡与基督联合的，虽是形式不同，尽都是彼此精神上联合为一。

至于历史上的连续问题，中国教会将来仍是和世界的教会相连续的。吾们必不能否认这连续的关系。吾们所有的基督生活和精神，岂非各母会所遣派的千万宣教士传来的吗？这相传受的关系，便是生命的连续，是永存不可磨灭的。此其或毁，孰不可毁呢？

时局之我见*

——“国民革命”与基督教运动关系的几个方面

要我谈“国民革命”与基督教运动的关系，我首先得强调国民革命是一场革命的运动，而不仅仅是几个政党的事情。革命成功以前几乎无国家可言，故这种区分实为重要。所谓政党就是那些对宪法即国家的根本大法有不同释义的人所组成的不同组织。既然如此，革命运动不会容忍异己就是很自然的了。于是有了这样的革命口号：“以党治国。”

有人批评说由政党治国乃正确之举，但由一党专制就不对了。我想只有当国家政权建立并有了宪法之后这种批评方有道理。而在目前，在国民政府管辖区内，首要问题仍然是建立国家政权与制订宪法。对宪法的释义，只有在完成革命以后方有可能。所以我一直主张用另一个口号来代替我刚才提到的那个口号：“以政党建国。”既然革命运动仍在进行之中，使教育“政党化”就是很自然的结果了，使教育“政党化”正是国民政府的另一个口号。

综上所述我们可以得出这样一个结论，即基督教运动的成败取决于它对革命运动所采取的态度。几位著名的革命领导人曾明确地对我和本中心其它人申明过，只要拥护革命，那么基督教组织和基督教运动就将得到国民政府的保护。如果不赞成革命，那他们很自然地就要被视之为敌了。任何一个中国人都不能藉口对政治不感兴趣而采取不关心政治的态度，这点对于那些革命领导者来说几乎成了一条公理。他们申言任何基督教团体或机构若对革命采取中立的态度，他们就不应向国民政府寻求保护。我们有些外国友人或某种政治理论的信徒可能不会欣然同意这一点，但在目前环境下，我们可以把它作为在国民党影响占上风之地的一种

---

* 原文为英文，篇名为 Viewpoints on Present Situation：Some Aspects of the Relation of the “Peoples’ Revolution” to the Christian Movement，刊于 The Chinese Recorder，一九二七年三月，页 219-220。——编者注

政治现实主义来接受。

至于武汉的形势，在我看来最好的概括就是打个比方：我们，甚至就在此时此刻，正到了广州与长沙之间更倾向于长沙的某处。换句话说，激进派获胜的危险无时不在。我们也有充足的理由希望较为保守的势力能够控制局势。汉口英租界事务的处理方式可以作为是这种形势的一种标志。当然形势变化的最终结局目前尚不能确知。我们满怀关切之心等待着这种最终结局。

圣诞节那天在本中心发生了也许是义和团以来最为严重的煽动活动。但就总体来说，比起湖南发生的一切这里的活动又算不得什么了。特别是我们，在文华书院里，是最幸运的。在大街上，特别是在有教会学校和教堂的地方充斥着写有反基督教口号的标语牌和招贴，而我们院墙得以幸免。少数学生鼓动者，他们大都是原华中高等师范学校的学生，在圣诞节那天穿过我们书院大喊大叫，但没有造成任何破坏。后来的调查显示这些学生并未受政府或任何责任团体如学生会的指示来使我们难堪。那次行动只是他们自愿发起的一种自由出击。

总的说来，我们有幸与政府人士与当地学生会建立了一种诚挚的关系。这种对我有利的态度当然会随着下学期更多的学生返城而有所变化。但我们希望能有所改善，尽管那时环境条件更为困难。

我们已经接近期末放假日，即二月十八日，这比往年要晚好多天。这是因为我们想把武昌被围期间所损失的时间补回来。学生们的精神状态至今一直良好。过去三个月的艰难时期中我们立场坚定如初，也有他们一份功劳。有些朋友问我们是怎样坚持下来的，这是没有什么诀窍。我们一直尽可能地把学生当做知心朋友，他们也因此做出了响应。我让学生清楚地理解我们做的每一件事。结果每当他们采取什么行动之前总是来征询我们的意见与建议。

我们刚刚解决了一件劳资纠纷，而且是本着友好的精神解决的。

你们会明白我们的学校之所以能开办至今，正是因为我们对学生、对我们的工人、对革命运动采取一种合作的态度。这不仅仅是一项明智之举，这也是我们对基督的坚定信念所致。我们以人类一份子待他人，也期望他人待我亦如是。我们这种作法在那些困难的时日里尤为奏效。至于革命运动，我们相信只要不违背基督徒的良知就应当参加。基督徒是世界的模范与中坚。不管是好还是坏，这场革命将大大影响中国人民的生活。如果基督徒裹足不前，就会失去对这场具有重大而又深远意义的革命运动施加正面影响的难得机会。所以我们确信尽可能地投入其中。

至于我们在中国的人员与机构，我们已准备好到国民政府的有关部门进行登记。这当然免不了要经过不少繁文缛节。

最后，我想指出的是在判断政府（对某件事）的态度时要留心区分政府本身和鼓动者。前者倒还友好，后者不怎么令人愉快。根据我们的经验，与政府保持一种友好的关系，并消除与宣传鼓动者之间的误解是很有必要的。

一九二七年一月二十二日

展望中国未来的传教政策*

讲话要旨已于一九二八年一月五日陈述给主持主教和中华全国基督教协进会官员。

如果我说过去中国的传教政策是不明智的，那将是荒谬的，因为四分之三个世纪以来，美国热心的支持者和这一领域英勇的传教士们为之献身，使之成为神圣。

不过，适应能力是明智的标志，而要适应新时期、新情况以及当今中国迅速变化的环境并非易事。迷茫常导致再调整的失败，而最需要行动之时，谨慎等等常令不采取行动听起来顺理成章。

协进会副会长要求我不要详述过去，而是谈谈中国传教的未来。但你们为我们所做的一切令我非常感激，让我觉得应当多讲讲过去。当然，比起过去，谈论未来更容易些：因为后者不需要回忆，而且无论我的声明如何不切实际，都不会有任何抵触。不过，我仍愿保留权利，间或谈及过去，以便让我的观点清楚。毋容置疑，关于中国传教活动，我们现在最关注的是最近传教士的撤离。不管这事原本多么不幸，它并非没有补偿的。首先，为了不像回避国际纠纷那样回避个人危险，在诸多不便和花费巨大的情况下，外籍工作人员安静地撤离，毫无怨言（这确实是大多数传教士们离开这一领域岗位时的精神），这必然给中国人，无论信教的还是不信教的，留下深刻印象，即传教工作并非是别有用心的。

其二，传教士们必须面对真正危险的处境时，例如去年三月的南京事件期间，基督教徒们的祈求、努力，甚至是非基督教徒的左邻右舍的友好态度，明确证实了基督教的团契精神；另一方面也说明了这样的事实，近年来中国非基督教运动不过是场上演的闹剧，不能代表中国民众的真实感情。国民运动中显然没有一九〇〇年义和团运动中表现出的针对个人

---

* 原文为英文，刊于 The Spirit of Missions（《传教的精神》），一九二九年第九十三期，页141-144 。——编者注

的仇视。凡是对基督教的敌视都是由国际纠纷引起的。

其三,传教士们在岗位上的暂时空缺予以机会表明,只要环境需要,中国的教会人员是胜任工作的,并且能干得相当好。我们当然不该对此过份骄傲。不过,在考虑未来传教政策之时,我们难道不该牢记这一点么?

最后,被迫造成的传教士的缺乏,让更多的人认清了传教士提供的真正帮助和因此落在中国人身上的责任的严肃性。现在各处的中国基督教工作者都向传教士们发出返回的邀请。确实,中国的形势发生了变化。人们呼吁你们派遣传教士们返回这一领域。一月五日《纽约时报》上的一段摘录将证实我的观点。

> 上海,一月四日电——美国传教团体的领袖们今天发表了一项声明,反驳有关中国传教活动由于革命而失败的说法。他们宣称在中国的工作远未停止。声明声称至少足有二千五百名美国传教士已返回内地工作,这已超出了正常人数的一半,还有更多的传教士结束假期,陆续由美国返回。声明还说,反基督教运动已显著减少。传教士和中国人之间的相互了解正在良好发展。

就未来而言,我可否冒昧地提出一个大胆说法?中国的传教和政治密不可分。这并不是说,传教士们或者甚至是中国教会人员必须投身政治。因为政治常被证实是危险的。不过,当政治成为国家主要影响力时,传教士们不能与之疏远后却期待对民众生活发挥影响。在诸如不平等条约之类的问题为公众关注之所在时,基督教机构要是始终采取轻松的、不负责的不介入态度,是担负不起后果的。

接着,我将向你们提出这样的问题。在中国,外籍传教士们是否受欢迎?你们会看到这个问题和是否需要传教士的问题完全不同。我认为这样的会议上后者是被认为当然的。而关于前者,我想谈谈近来我参加的几个会议上所听到的某些说法,即在世上某些地区,传教士们受到甚至是非基督教徒的欢迎。恕我冒昧,我对这个说法的妥当性表示怀疑。西方文化和基督教福音应被仔细区分开。我乐于相信在世上某些地区,人们衷心欢迎西方文化及其带来的所有好处。但上帝决不会在对他陌生的地方受到允迎。耶稣也绝不会在未被恰当介绍和熟悉他的地方受人爱戴。

爱戴耶稣,欢迎他的福音的人自身已是基督教徒和传教士了。具有真挚的传教精神的传教士,绝不会选择最方便之时和最惬意之处去传教,而是投身到最需要他服务和最不熟悉耶稣的地区去工作。

当然,谁都想把自己的生命投入最有用的地方,但是,传教工作的成果不是用统计术语来计算的。只计算金钱和皈依宗教者的方式是一种糟糕的"传教审计"。做天堂的记帐员则是一种异教思想。上帝计算的方式决不是华尔街上流行的那种。上帝王国的到来方式完全不同于我们那过于俗气和粗劣的计算方式。我们完全同情焦急的传教士或差会。但不要忘了第一位到中国的新教传教士,马礼逊的适度期望。他所祈求的只是通过一个世纪的传教,发展一千名中国新教徒。

我们应当以什么样的精神到中国去?假如,我试图回答这个问题,而不再提及我因与中国传教工作的关系而取得的有限经历,那实在是冒昧的。工作最出色的传教士们是那些有服务意识而非成就意识的人。他们不是作为斯文的客人来到这里,在我们困难之际远远避开,而是投入我们的困难中,和我们一起解决问题,不论成败,都与我们荣辱与共。他们首先想到的问题,不是怎样去保护传教中已投入的利益,无论那是何种利益;也不是过份热衷考虑少数教会捐助者的微妙感情,那些人甚至为传教事务中股东和分红心理所困扰。他们尽全力表现替人受难的耶稣精神,向中国民众传达他们被派来讲道和代表的良好意愿。

我们未来政策的主旨是建造而非扩展,是基督教的培育而非"基督教的占领",是更多的基督教生活而非传教驻地。进一步的发展工作应留给中国教会而非差会去做。中国教会也许还没有对此做好准备。那么,培养中国教会的传教工作就失败了。因为它没有抓住最基本的一点,即在教会中培养一种传教精神。

为什么这种情况竟会在别的地方很快出现并遭到同样的失败?传教工作早已开始,超出了中国年轻教会多年后所能指望的处理能力。我们祈望你们能帮助加强我们已有的能力,而不是让我们负担更重。

现在传教领域里的一个热门话题是关于中国教会领导者的。我们不必把它看成新教条。推动中国人走得更远是可能的,不过,期待领导者像雨后春笋般成长起来是个大错误。目前,只有少数中国基督徒有能力担任领导职务。但是，半代人以前，我们未能促进领导人的培训，现在再对这个事实惋惜悲叹是无用的。甚至，这些少数领导人也必定会犯错误，让我们期待通过错误，他们会变得更智慧。

就资金而言，指望中国教会在目前初期阶段就实现自立，是不公平的。第一步，你们应当相信中国工作人员，让他们学习所有有关财政方面的事务。知晓了你们的困难，才会让他们有责任感。

还需要谈谈宗派主义。在中国的工作是不会由任何分宗派的教会完成的。差会和教会的密切合作是绝对必要的，另一方面，当我懂得去热爱自己的教会时，我愈来愈感到宗派主义在中国是行不通的。中国的土壤不会助它成长。对教会行政组织和教义进行区别的琐细分析，令你们西方人很感兴趣，但对我们而言，意义不大或根本就毫无意义。用你们丰富多样的经验来加深、增进我们的信仰吧，但不要分裂我们的团契。并不是非要放弃每一个宗派的主张不可，但每个宗派都应在传教领域中学会容忍其它派别。

摆在我们前面的工作将不会容易。批评和对立仍将存在，偏见和误解难以断根。新时代要求我们去适应、去调整。严格与急于求成的政策无疑会遭到挫折。但耶稣的追随者不会气馁屈服。他可能被打败，但永远不会被征服。不管困难重重，让我们前进吧，直到上帝的意志无所不在，耶稣的名字荣耀四方。这就是传教的精神。

中国文化改变中青年应有的态度*

我国自五四运动后，文化确实是大大地改变了，我现在不是要来讨论它的改变或是怎样地改变，乃是要和大家讨论："青年们对于这种大改变当抱什么样的态度?"站立在旧的观点上不动? 或是随着潮流作个"随波逐浪"的呐喊者? 我觉得这是值得我们研究的。

未讨论这个问题之前，让我们把什么叫做"文明"先弄清一下。"文明"这个名词不是代表许多飞机、战舰、大炮……的代名词，不是拥有无数的黄金就算文明的王国，也不是教育普及了就叫做文明，到底什么叫做文明? 文明的高低的标准是什么? 文明是人类拥有的支配自然界的能力。支配自然界的能力大，则文明的程度高，反之，支配自然界的能力低，则离开野蛮原始时代近。再换句话来说，文明是人类和自然界奋斗的结果，它能减少或消灭自然界给予人类偶有的灾害，如水、火、旱、涝、疫症等灾祸，而增加人类控制自然、支配自然的能力，享受在自然界中所取得之利益或幸福。这是一般学者公认的所谓文明。

科学确实是发达了，60 年来的科学发明比 60 年前数千年中所发明的还多，但是科学的结果是怎样? 是不是增加了人类的幸福? 是不是提高了人类的人格? 不幸得很，由观察所得的结果，科学发达而人类的痛苦也跟着增进，这无疑说明一切物质的文明倒是提高了人类的物质欲，而且是无穷的物质欲，而无穷的物质欲使人类沦于自私、阴险、奸诈、谋杀、战争等野蛮的行为，因此人类愈感痛苦了，人格也愈向下堕落了。可见科学发达的结果虽是增进了物质的文明，而物质的文明多半是直接或间接地引导人类走向野蛮的痛苦的国土里去。

我们中国人素以中国的精神文明自豪，许多外国的学者也多说中国是富有精神方面的文明的，而且我们中国的历史确实是一部精神文明史。

---

* 原载于《金陵神学志》，卷十四，南京，金陵神学志社，一九三二年。本文是韦卓民的演讲词，由黄敬三笔录而成。——编者注

不过，到了现在还保有精神文明的疆土没有？这不能不使我怀疑起来了，我国的精神文明跑到哪里去了？跑到坟墓去了吗？我们不再需要这骷髅了吗？今日的中国基督徒，实在是缺乏精神文明还是缺乏物质文明？我想恐怕还是缺乏精神文明的多些。为什么有这种出人意料的结果？为什么这么注重精神修养、精神文明的基督徒，又住在素以精神文明自豪的国土中，还会缺乏精神文明呢？原因是服务、贡献之类说得多，结果把自己忘却了。为了要服务、要贡献，而把自己的个人忘却，不知道还有一个自己是需要修养的。

说到修养个人心性，实在是不可轻视的，是一个关于个人一生的大事。试看古今之大宗教家的生平或伟人成功的历史，他们对于个人的修养是何等的重视。耶稣40昼夜的旷野生活，保罗在大马色的三年静默，是都无意义的吗？是徒耗光阴的吗？我们可以说耶稣之能完成十字架的伟功，保罗传道异域的成绩，都和他们的修养没有关系吗？

由此看来，我们都应该暂时离开繁冗复杂的社会，拨开簇拥着的人们，一登高山，凝神专注地看清楚应走的方向，尤其是预备将来肩任伟大事业的我们不能不这样，否则，盲从着潮流东游西撞是很危险的，从未有自己已是迷了方向，还能有什么成就！

人类的知识是否日增，也是一个疑问，科学影响我们的，是使我们容易失掉方向，使我们坠入五里雾中。这确是事实，为着五花八门同时并进的科学，使我们忘却自己，忘却自己是一个有人格的人，那是没有什么可希罕的了。我们由科学所得到的知识竟失掉了自己，这能说人类的知识随着科学的进步而增加了吗？

我们所有的一切物质的文明，是别人给予我们的，我们现在可以不用再点煤油灯了，更用不着燃烛或桐油灯了，因已有人给我们发明了电灯使我们可以享用，但是别人虽是给了我们这样那样的物质文明，而我们则失去了自己，把自己沉沦于物欲的深渊里。此为今日基督徒学生的最大危机。许多许多有用的青年基督徒这样被卷入漩涡里湮灭了，这是一个很可悲哀的事。

世界各国的青年学生，最忙不过的要算中国和德国的了。他们除了课务外，还有许多什么运动，什么组织，开什么会，结什么社，整天不是忙着这样就是忙着那样，对于他们个人的灵性的修养却没有空暇留意，甚至没有时间去想一想：除了服务和贡献之外，还有一个自己是需要修养的。

因此希望大学的职员们，当设法使学生每日有四分之一的时间可以拿来做修养的工夫。“到民间去”那口号确实是应当高呼的。不过个人还未有充分的力量，下到民间去，也是不会有多大的成就的。欲充实“到民间去”的力量，欲到民间去建设伟大的事业，那就不能不于未到民间去之前就作充分的准备，就进行个人长时间的修养。把自己的人格修养好了，到民间去干起事来才不至于偾事，才有真的成功。

虽是这么说，但我不是说人人都要上山学佛去。须知我之所谓修养，不是消极的为着自己去修养，或是消极的为修养而修养，我所说的修养是积极的修养，是为人类的幸福、世界的和平而努力的必须的修养，不是“各人自扫门前雪，莫管他人瓦上霜”的那种自私自利的修养，而是为着牺牲自己以谋国家社会的幸福的修养。

因此基督徒应该认清楚基督教运动在世界的地位，认识自己在基督教运动中所占的是一个什么位置，并须认清我个人在该运动中应当努力的是什么？为着我们所负的使命是整个运动中使命的一部分，我们所努力的工作是全体运动中的工作一部分，所以我们不能不和大家同向着一个目标跑去，使我们所努力的工作不是违背时代需要的工作，不至脱离时代而和时代需要相矛盾，真正使基督教整个的工作富有成就。

末后的话，我希望所有的青年基督徒，不要为了物质的文明失去自己，不要为着服务和贡献忘却自己的心灵的修养，在这科学发达物欲强盛的时代，尤当认识方向，认识基督教整个的运动，认识自己在这整个的运动中所占的地位和所负的使命，然而这都是个人有了相当的修养才可能做到的。

远东斗争和基督教面临的挑战[1]

面对极权主义的威胁，该是我们提出疑问的时候了，人类应当无限忠于上帝还是忠于人为制度？许多年来，在这个摩登世界，甚至在基督教国家里，我们对上帝只是回报口头上的服务。实际上，在日常生活中，我们崇拜金钱，并追随那些始终叫喊着“把他钉到十字架上去”的乌合之众。在对经济或政治，国际关系或战争问题做决定时，我们难道没有把他钉到十字架上吗？是的，无论政府因何种原因宣战，每个忠诚的公民都应给予支持，并为之战争。“不管对错，为我的国家而战！”不，“为我的国家而战”不存在对错的问题。我们崇拜国家。她要求指引并管理我们的全部生活，共同活动的一切。作为忠诚的公民，我们必须服从。但我们忠于了什么？我们忠于了国家。她要求我们的无限忠诚。我们屈从于这种忠心，放弃了自己的灵魂。

“你不得崇拜其他神。”可是我们难道不是活在自己的摩登世界里吗？这世上盛行的难道不是人为的思想，东西方的人们难道不是因崇拜神的制度而饱受挫折？不管何种原因，政府宣战时，我们敢不服从吗？国家需要我的灵魂时，我敢不像爱国者那样把它交出来？假如不得不真的面临这种处境，教会应该做些什么？就让教会坚定不移，一如既往，向世界宣布人类应当无限忠于上帝且仅忠于上帝。人们可以支持、忠于社会政治制度，但只有当它们执行的是上帝的意愿时。

这可能意味着不受欢迎、敌对、迫害，甚至殉难。而为了证明自己的作法，教会不得不正视这种处境。也许到了这一时刻，需要用殉难者的血来洗刷世界的罪过，使教会处于应有的位置。对我而言，这就是远东的斗争。若不受限制，对教会而言亦如此。

是否有强大的力量足以制止这场不宣而战的战争？除了交战国，我们无法找到。当某一强国违背反战条款时，国际联盟已被证实是无能为

① 原文为英文，刊于 The Chinese Recorder，一九三八年三月，页 122-125。——编者注

力的。布鲁塞尔会议已经举行,却毫无成果。不知怎么地,世界秩序被破坏了,逍遥法外的情况得不到制止。这就是为什么每个国家都不得不求助于疯狂的军备竞赛。强权即公理,给四分之一的人类留下鲜明的印象,教会能对此漠不关心吗? 有什么办法能纠正呢?

我相信,日本民众也是不想这样的。他们对中国人并无敌意。在中日往来的漫长历史中,中国士兵从未践踏过日本国士,文化方面的关系一直就是最好的。因此,尽管有冲突的报导,我仍愿意相信,在心灵深处,大部份的日本人并不愿支持这场侵略战争。谅必日本基督徒们也同我们一样极为痛苦。

新的国家意识激励着四亿六千五百万的多数民众,不以苦乐为意的传统宿命论令他们坚强,他们决心为独立抗战到底。这并非易事。这是个机械化时代,中国缺乏现代战争所需之精良设备。人的血肉无法抵御机械化的兵力。日本将打赢一场接一场的战争。也许日本可以打赢所有的战争,但抗战却不会停止。遍及全国的将是辛酸仇恨,游击战争。到处都会陷入混乱穷困、苦难不幸中。到处都是无尽的流血杀戮。四亿六千五百万的人们存亡攸关之时,基督教教会能袖手旁观吗?

假设日本因为政治或经济原因由内部分崩离析。这是可能发生的。这并非一名中国爱国者的愁闷想法,而是一个微不足道的基督教徒的担忧。到那时,你会发现幻灭、挫折、绝望遍及这个岛屿帝国,基督教能不给这个受伤的国家灵魂予以最好的安慰吗?

再假设这场旷日持久的战争结束前,两国都已力竭,中国和日本都会受到令世界饱受痛苦的最激进的思想影响,基督教教会将在远东放弃一切么?

不,就算战争无限地进行下去,教会在中国也不会失败。教会必须加强人员和力量,对付在中国和日本的前所未有的情况。

我担心的是,不论中国还是日本打赢战事,胜方都将面临法西斯独裁的危险,并趋向极权主义。而败方也一定变成激进国家。在任一种情况下,教会都将面临大问题。

正是因为这样,同战争相比,这类问题更值得我忧虑。不论现在还是将来,它都是不幸的。面临这种挑战,基督教教会将做些什么?

首先，它必须向中国和日本宣告，战争不能解决问题。解决中日问题的办法应基于这样的意愿：像亲兄弟般善待对方而非互相看作潜在的敌人，认识到建立在上帝父权基础上的人类间兄弟关系是指导国家、团体和个人之间关系的基本原则。

当人们陷入战争狂热时，教会必须宣告，即使是在交战国家，教会依然是教会。提醒中日基督徒们教会的危险，即教会比教徒更具爱国热忱。

世界各地的基督徒须尽力分担中日基督徒的苦难，与他们一起祈祷，让中日基督徒们能在苦难岁月中更深刻地感受到全世界教徒的友谊。

我们必须尽力、竭力地开展传教工作，加强日本基督教力量。它正在成长起来，但还不能发挥足够的影响。同样，我们必须尽力鼓励中国基督教力量振奋起来，它正困于危险和诱惑中，为苦难和困惑所累。让我们期望并祈祷中日基督徒发挥潜移默化的影响，为正在战争的国家带来新生，让人类的愤怒变成对主的赞美。

面临可怕的境况，我们基督徒们在远东、在全世界所做的一切都将是沧海一粟。但我向来坚信滴水可以穿石。因为这是上帝的意志。只要我们执行上帝的意志，他就会创造奇迹。

最难相信的是道成人身。但这正是我们信仰之所在。世界的悲哀是我们的十字架。我们能追随化身的上帝，走向十字架，以便制服罪孽，让主的王国到来，让主的意志实现么？只要我们相信就可以！“哦，主，我相信，请助我消除对你的怀疑！”

当世之传教*

今天我不仅作为中国教会的一员在此讲话，对美国教会在妇女救助会(The Woman's Auxiliary)的帮助下，为我们所做的一切深怀感激之情，而且也作为世界基督教传教运动的研究者在此发言，这个运动目前任重而道远。

传教之动因显而易见。作为基督徒我们都是传教者。在此让我引用耶路撒冷会议基督教训示中的一段话，该训示首次在奥利维特(Olivet)通过时我也曾签名赞同。“我们真正的不可抑制的动机存在于我们景仰的上帝。他的本质就是分享一切。基督就是永恒无私的天父的适时表现。成为基督徒使我们的内心产生了一种要与他和其他许多人分享一切的强烈冲动。基督的爱和他临终的启示驱使着我们。他成了我们的生命。我们要分享此生命。”

这就是我们传教的责任，我们向全世界传布基督启示的职责。

但一直有人反对说，代表一种文化模式的基督徒没有权力把他们自己的宗教与文化强加给其他文化模式的人民，那些人民在自己古老的宗教信仰与生活方式不受侵扰的情况下，生活得更为幸福，不论是好是坏，这些宗教信仰与生活方式千百年来满足了那里人民的需要，而在有些地区，尤其是文化尚不发达的地区，传教士成了文化分裂的根源，结果也成了社会混乱与冲突的根源。

我在此发言的目的并不是对不同时代、不同国家的传教士所采用的传教方式说三道四。传教士是人，是人就会犯错误。当然，我相信上面所提到的反对意见不是出自某些人的强烈愿望，即想看看保留在世界各地如博物馆里活的动物标本一样丰富多彩的不同种族；或是出于这样一种担心，即当文化不发达地区的人民更多地了解了外部世界之后，与他们做

---

* 原文为英文，篇名为 Missions in This Age，是作者于一九三九年在美国大西洋城全国协进会妇女救助会三周年大会上的演讲词。——编者注

生意就更为费力并难以获利。我想自问，同时也问我的基督教教友们，当我们自己对基督教信仰的普遍性产生动摇，以及对传教事业的热情减退之时，我们把自己隐藏在这些反对意见之后是否适当。中国人民仔细观察了传教士的行为，并决心在东方世界的激烈变化中保留自己文化之精华，在此，就我个人来说，我可以作为他们的代言人。

中国在历史上并非是一成不变的。现在发生的变化只不过比以往更为迅速和影响深远。把这些变化都归功于传教士的工作是歪曲事实的。贸易商和回国留学生对当前的形势发展不说起了更大的作用，也应有同等的功劳。十九世纪中叶，我们的国门被迫打开来进行国际通商。通商就意味着接触，而且在这种情形下，是伴随着西方物质文明进行的。一位国立大学里很有影响的社会学教授，曾留学国外但并不信基督教的人这样写道：如果说基督教传教士在一个多世纪以来，试图使中国人信仰基督教的努力失败了的话，那么那些有欧洲文化背景和各国工业企业主和贸易商却非常成功地使中国人转向他们所信奉的东西。只有在这种意义上我们才可以说欧洲文化取得了完全的胜利。具有讽刺意味的是在宗教失败的地方，工商业却取得了成功，对获利和发财的信条比仁爱具有更高的存在价值。

基督教传教士的努力并非枉然，对获利和发财信条的最终分析说明它们并不是比仁爱具有更高的存在价值。然而，上述引文清楚地表明，一位中国社会发展的细心研究者对中国形势发展的总趋势得出了多么惊人的印象。中国正走向现代化，这是任何人想阻挡也阻挡不了的潮流。

中国在过去一百年里被西方强迫进行接触的情形，使中国竭尽全力要得到西方科学和西方政治体制所能带来的技术与能力。新式学校不断建立，整个教育制度全部革命化，不断向国外派出留学生，每年都有成百上千的留学生回国，他们中间有些人在政界、工业界、教育界和商界担任重要职务。无疑中国文化正在不断取得变化。我们正在获得能给我们力量与技术的西方科学。我们也正在求得能给我们带来团结与国力的西方政治体制。同时新的观念也通过学校教育、翻译的书籍与报章不断介绍出来，所有这些都鼓励个人的创造力，并意味着社会的变化与传统的淡化。

这一切都不错。如果这些变化的方向正确，符合中国的利益并有助于它与其他国家友好关系的建立的话，任何人都不应指责这些变化。但世界上确有一些例证说明物质的发展，以及势力与技术的增强只意味着国家势力的强大，对他国构成威胁。

在这种情况下，对像中国这样一个国家的社会结构变化悲叹是毫无用处的。社会的分裂是不可避免的。这是否是社会走向新的融合的一个初步，亦或这仅是一个破坏的过程，取决于这个民族的精神是不是足够强大来导引和控制物质力量。

那么我们是否有理由相信中国古老文化与宗教足够其需用，应请基督教传教士离开中国呢？上个世纪基督教在西方是否成功地引导了物质文明的发展，的确是值得我们注意的一个问题，但我现在不想探究它。无论如何，基督教是坚持人性价值高于物质价值的重要力量，比起人与自然环境的关系来说，它更强调人与人之间关系的重要性。

通过精略的观察以后，我们东方有些人认为西方现在的大部份躁动不安都是因为这样一个事实，即在上个世纪你们的思想家与领袖们更多地注重了使物质世界来满足人类的欲求这个问题，而对人与日新月异的物质环境的关系问题，没有给予足够的注意。能力与技术得到了发展。个人从传统与社会约束中解放出来。一种强大的政治机制也演进成形。你们的社会失调与国际冲突正由此而产生。

在中国物质文明的发展刚刚起步，我们需要能更易于控制的发展计划。我们需要更强大的精神力量，使我们在倾泻而来的物质势力面前保持清醒。我国民众对能解决你们已经面临和我们即将面临的众多社会、政治和国际问题的任何办法都表示欢迎。实际上，我们现在已经面临那些问题。处在极其严重情况下的中国民众乐于接受任何一种灵丹妙药，只要它可望解决当今国家和社会的疾患，以及避免那些潜在的将要发生的问题。曾几何时我们乐于接受共产主义。即使是现在，每一种“主义”在中国都有倡导者。那么，谁有权剥夺中国人从传教士那里获得上帝的启示的权力呢？何况这启示又不是什么人自己的。中国人有权聆听福音书，传教士有责任向他们传布福音。任何有悖于此的主张都是对中国人极其不公正的。

不给中国人一个机会领受基督的启示，并依据他们自己民族智慧和社会遗产予以表述也是不公正的。很多人因其对人的生命与思想的表述不充份而对基督的启示有所挑剔。基督的启示至今还没有最完整的表述。在世界上所有的民族与种族做出自己的贡献以前，也不可能有什么完整的表述。这种想法使我们中国人既感到惭愧，又感到自豪。惭愧，是因为我们当代人从过去继承了丰富的遗产，并且历史教导我们，数世纪以来，我们的祖先把一切能使社会稳定和社会生活丰富的真知，融进了我们的文化传统，从而铸就了我们民族的文明，我们必须承担起责任，顺着真理指引的道路，不管这道路通向何方，在过去文明的基础上取得进步；自豪，是因为我们坚信我们的文化生存至今，我们民族的生命历经历史的兴衰与环境的沧桑延续下来不是没有目的的，而没有上帝的指引也是不可能的。潜心研究我们自己的文化结果，显示出我们过去的宗教发展是为接受基督教所作的最好准备。凡是了解中国人的人都会知道，如果以应有的方式把基督介绍给中国人，他们会成为天然的基督徒。构成中国社会结构基础的儒家制度似乎究尽了它最后的活力，正等待着基督教给它注入上帝的精神，以使它获得新的再生灵魂。基督教的启示将是中国社会遗产的圆满结局。中国人接受基督教后将给它以新的表述，而这种表述将无疑会使全世界更好地理解基督教。基督的启示是放之四海而皆准的。说中国人应该满足于自己的宗教，而不应有聆听基督的福音的机会，就等于不承认基督教的普世性。

这使我最后斗胆申言，如果不帮助中国人理解基督的启示，并以自己的文化方式予以表述，就是对整个世界的大逆不道。占全人类总数四分之一，且有四千多年历史的全民族的经验价值不可低估。基督教是人类历史上的一种巨大力量。但只有当中国人更加认真地对待基督教的时候，世人才能了解它真正的力量所在。对我们中国人来说宗教并不单列出来，像放在文件格架里的东西供适时参考。正因如此，我们甚至一直没有表示 religion 的词语，直到最近才组合了“宗教”一词。当中国人热忱接受基督教的时候，世人会看到基督教将会怎样地渗透到生活的各个方面。中国人接受基督教是关系到全世界的事情。

或许在贵国有人会说，那是你们中国人的事情。但它也是你们的任务，是我们共同的任务。中国的基督教传教工作是从贵国、加拿大和欧洲派的传教士开始的。那里的教会业已建立，但任务尚未完成。

中国的基督教工作最突出的成就之一表现在基督教育方面。在中国，在册中学生总数大约为五十万，其中百分之六点六就读于教会学校。大学生在册人数为四万四千，百分之十三点八的大学生是教会大学的。我们的教会学校受到中国政府和民众的高度赞扬。今年中央政府拨款相当于七十二万美元的资金以辅助私立高等教育，这在中国现代教育史上还属首次。教会学校得到该项资金的百分之四十三。

教会领导人，不管是外国的还是中国的，在各地都受到信任。在一九三一年史无前例的洪灾期间，政府拨出大笔资金以救济那些无家可归的贫苦灾民。当全国救灾委员会成立之时，我们华中地区有两名传教士被选为该委员会的成员。共产分子被赶出江西省，政府花费了相当于一百九十万美元的资金来进行原共产分子占据地区的恢复重建工作。有人向全国基督教委员会提议说这项工作应由基督教会来承担。

的确，基督教在中国的影响远比几个数字所显示的大得多。在中国有四十万新教徒和一百五十万天主教徒，这仅占中国人口的百分之零点五。但是担任政府和其他行业领导职务的基督徒数量却多得惊人。中国最有权势的军事将领和他的夫人都是基督徒，拿华中大学以及与之协办的文华书院所在的湖北为例，省长没有公言为基督徒，但他同情基督教，他的夫人是基督徒。省教育专员和他的夫人是基督徒。汉口的市长及其夫人也是基督徒。

但我们得记住在我们四亿六千万人口中，尚有百分之九十九点五的人不是基督徒。我国教会的力量还十分弱小，若没有其他的国家老教会的支持就难以担当重任。在没有外部援助的情况下，让年轻的中国教会面对如此严峻的形势很难说是公正合理的。对中国教会是如此，对远东其他年轻的教会也是如此。

当然经济衰退也给你们造成了值得密切注意的问题。但我们希望，衰退不久就将消失。为避免衰退的再次发生，就要使世界变得更具基督精神。你们过去没有去某传教地，因为你们认为那里的民众糟糕透顶且孤立无援。你们去了，因为他们也是世界的一部份，并与你们有着共同的人类需要。你们向外派遣传教士并不是因为你们国家不需要教会工作者,而是你们不忍心让世界上还有人在没有基督的情况下生活。你们还并未失去那种信念。这次经济衰退对你们的基督教信仰是一次考验,一次真正的挑战。我相信你们的精神力量必胜。

的确,在中国以及教会的人力财力不够强大的世界其他地方,在没有外援的情况下,传教的使命难以完成,它需要我们的共同努力。至于唤起我们共同的责任感,由于贵国的经济困难而对正在成长中的年轻教会的责任感反比从前下降了,本来你们应该满怀信心确保精神力量的全胜的,这或许可以解释为何丧失了对一项伟大事业的信心。

美国的经济衰退使得教会不得不削减传教工作各方面的开支,已经消减到最低限度了。中国以及其他地方的传教工作都减弱了。取得巨大胜利的机会隐约可见,但我们前进的步伐受到了阻碍。

就中国的传教工作为例,因我对那里的工作有切身的体验,可以满怀信心地讲一讲那里的情况。政治环境在进一步得到改善。现在我们很快就要建立一个二十多年来从未有过的强大的中央政府。该政府对基督教是同情的。前些年大家听到过不少的反基督教运动已了无声息了。很多的人都想听听福音书。教会学校里充满了勤奋好学的学生。这正是我们的工作取得进展的时机。这是有史以来我们得到的第一个机会,要为基督教在中国的发展史上赢得一席之地,从而在中国人的生活上打上它的烙印。但就在此关键时期,我们的工作受到了预算消减、节省开支的影响,让宝贵的机会白白溜掉。

令人高兴的是,在此特别之时,我来到了贵国并遇上"人人作贡献"的平民运动,从而吹响了"坚持下去"的号角。我有幸见到这个运动的几位领导人。他们的热情、勇气、对上帝的信念以及友爱精神使人感到欢欣鼓舞。他们号召"坚持下去"。与之相呼应的是各个传教地发出的声音:"继续前进!"现在决不是退却亦或原地踏步的时候。

我们在美国之外传教的人需要得到你们不仅是财力,而且是人力上的不断帮助。你们有着美国教会悠久的传统与成熟的经验。这种传统与经验当然是你们自己特有的,我们不能全盘照搬。但我们在拥有自己的传统与取得深刻的经验之前,可以从你们那里学到很多东西。所以我们欢迎你们派遣传教士到我们这里。中国需要这种帮助。

一九一九年我在哈佛大学做学生，有天晚上我去圣公会神学院的劳伦斯学堂看望我的一位朋友，他是自中国回国休假而在这个学院访问的。我的这位传教士朋友用他那惯常清晰而壮重的声音问我："弗朗西斯（韦卓民的英文名。——译注），十年前有一位中国留学生，他现在是中国教会的领导人物，就在这个堂里对我说过，不过十年时间中国就会不再需要美国的传教士了。现在，十年过去了，传教士还在不断地前往中国。试想一想，我再给你十年时间，到一九二九年中国仍然需要美国的传教士吗？"我也不是什么预言家，但还看得清时代的征兆，所以我毫不犹豫地给了他肯定的回答。那时我感觉到，现在我仍然这么觉得，在未来的很多年，中国教会将继续需要美国来的传教士。

我们需要美国的传教士，不仅仅是让他们帮助我们完成先驱者们开始的、目前尚未完成的艰巨工作，而且我们还需要通过他们来分享你们拥有的传统与经验。此外，试图由我们自己来建立一个中国国家教会也是危险的，尽管我们有财力和人力这么做。我们想有一个中国本土的教会，一个能通过中国人民自己的文化遗产来表述耶稣教诲的教会。但建立一个唯有中国人并持有狭隘民族观念的教会却不能代表基督精神。

当然，我们需要受过不同训练、有不同经验的传教士，特别是从那些有更悠久历史的老教会派来的，能帮助我们培养领导者的男女教士。年轻的中国教会所面临的问题极其严重，全国各地的任务都很艰巨。特别是在基督教教育方面，我们需要最优秀的男女人材。十五年前我曾试图让一位得了博士学位的人去中国一所教会大学执教。他对我说："不行，你们不需要受过某种专门训练的人材。"这差不多就是他的原话。他在那个时候说这样的话或许不无道理，尤其是就他的身份而言。但是中国现在的基督教教育用得上美国教会所能提供的最优秀的人材。我们中国人对教育看得极为认真，根据我们中国千百年来的传统，只有饱学之士方能得到大众的尊重。

在传教活动的其他方面，中国教会也期望能得到西方老教会派遣的优秀教士。我们需要你们派去的受过良好训练、有深厚同情心和道德、精神洞察力的人，以帮助我们面对最为复杂的问题，指导我们制订计划，为教会工作打下牢固的基础。

关于传教方针的正确性与传教方法的明智与否已有不少的言论。实际上没有哪一种方针可以适用于所有的传教地,也没有任何一种方法能够在所有的时期都产生好的效果。重要的是,要坚信这一远见,即凡是有人群之地,人的关系应表现出基督的精神。一个把一切都献给了上帝的传教士有着真正的传教动机,他们会很容易使自己的策略和方法来适应当时的环境和满足当地人民的需要。任何方针,不管多么好,都只是在一定形势下才成其为好的。

请允许我再次以中国的传教活动为例。中国教会的发展可以大致分为四个阶段。第一个是单个的传教士先行来到中国开辟新的传教地的阶段。他无方针可言,他首先得熟悉当地的人民,研究当地的形势环境。除了别的传教士在其他传教地用过的方法外,他没有任何新的方法。他心中真挚的动机就是要与他人共享他所了解的上帝。他热忱地向人介绍他为之奉献生命的上帝。或许一连数年他都没有赢得一个信徒。他的工作似乎毫无结果。但他坚信自己的事业。爱心终究要获胜。上帝是不会失败的。

然后进入第二阶段。在此阶段有些传教士取得了成功。工作开始有进展,也形成了一些策略。对一些方法进行了试验、修改、再试验,有一些颇为成功,另一些则不尽然。慢慢地也获得了一些作为传教活动基础的资产,也建立起了供人们做礼拜的教堂,也可作为传教活动的中心。招募了一些当地人参加变得日益艰巨的工作。这是一个建立传教基地的阶段。

随着时间的推移,第三阶段也随之到来。教会在此阶段已扎下根来,还成立了当地的管理机构。平教徒也得到了组织,相继建立了一个又一个中心教堂,组织机构日臻完善。基督教会也与其他“国家”教会一样取得了自己的位置。在此阶段,年轻的中国教会,已完全成长起来,准备承担责任,接受任务,但若没有其他国家教会的帮助,它在人力与财力上还难以接受如此严峻形势的挑战。在这一阶段教会还未自给自足,它也不可能达到那个程度,但它应该是自治的。自养与自治是否应并肩而行,是研究传教的哲学家考虑的问题。我个人怀疑对此问题轻易作出肯定回答是否明智。毫无疑问的是中国教会已进入了第三个发展阶段，认为那里的教会工作仍处于第二阶段是错误的；在传教基地建设的第三阶段，有关传教的方针与方法都是通过邮政从美国邮寄到中国的。

我们现在正朝着第四阶段迈进，离目标还相当遥远。当中国的教会完全能够自养，中国教会的领导层足够强大来施行教会的发展计划，教会活动的各个部门都有足够的人员，那么在上帝意旨的时间之内这一阶段一定会到来。如果让中国的教会在没有外援的情况下自我奋斗，将来有一天也会达到这个目标。但那将是一个漫长而沉闷的过程。中国正处于一种紧迫时期。在这个民族发展的关键时期，如果认为中国的时间还是以世纪来计算的话那就错了。现在每十年都有根本性的变化。教会必须抓住时机努力工作，并且我们需要美国教会所能提供的财力和人力援助，以使人们继续这项工作。

在中国教会的这个发展陪段，其它国家的教会应视中国教会如兄弟——尽管我现在是在对妇女救助会讲话，我还是喜欢用“兄弟教会”这个说法，因为它表达一种阳刚之气——其它国家的教会应待中国的教会如弟弟，完全长大，但没有其它远处兄弟的帮助、同情、支持和祝福的话，来承担全部的家务还显得不够强壮。但他必须被视为已经长大的弟弟，而不总是当成受人监护的男孩子。

愿美国教会人士能够领悟到中国教会乃“传教教会”以赢得“母会”(Mother Church)、全球的教会(Universal Church)以及成千上万的中国民众的支持，来完成由美国、英国、加拿大等国的老教会开创的伟大事业。这个任务应由中国的教会去完成。其它老教会应给予帮助，但必须记住，中国教会是完全成长起来了的教会，必须依此待之。我针对中国教会所讲的话作些必要的修改，也适用于其它国家的教会。

让基督教会在中国土地上生根*

在纽约联合基督教神学院成立世界基督教讲座的时候，正值第二次世界大战结束，这至少是一个很愉快的巧合。这一恐怖的战争使得我们将注意力重新转移到以必要的精神力量应付世界上邪恶的势力，而谁又能否认基督教就是这种精神力量的一面，可用来解决面对人类的日渐严重局面?

自从在一九一〇年举行的爱丁堡教会大会三分之一的世纪以来，全世界各地的基督徒对于世界基督教这个名词，已渐熟习，同时也对这个名词所代表的意义也有若干认识。基督教是世界性。不能达到这个程度，就违背了神创立基督教的本意。这就是过去一千九百年来，基督徒传教运动的动机。为了努力实践这种理想，使得传教士仆仆风尘世界每一角落，到辽远的地区和大洋中无数的岛屿。今日面对着教会的世界局势，使得我们必须要产生一种基督徒传教运动的通盘计划。我猜想这就是为什么要成立世界基督教讲座的动机，而我个人深以能为第一任讲座为荣。

同时这一讲座的设立，为了对已故亨利鲁斯会长的永恒怀念，也是极为适宜的，他在中国多年从事主的事工，并且在他的晚年，在这个国家里宣扬教会传教事业。我们希望在未来的岁月里，从那些年青教会地区所产生的讲座，能对了解基督教传教运动作为一种世界性运动，以及基督教会是为全世界人类设立的，也属于世界人类整体，有更多贡献。本人更希望未来讲座，用“世界基督”(Christendom)这个名词，含有修正的意思。无论是从整体方面来检讨或是从细节来检讨，不过是一个方法而已。

---

* 本文是韦卓民一九四五年应亨利鲁斯世界基督教客座讲座(The Henry W. Luce Visiting Professorship of World Christianity)之请，所发表的就职讲词，题目为 Rooting the Christian Church in Chinese Soil，由华中大学校友沈宝环先生翻译。译文曾发表于东海大学出版的《中国文化》月刊一九八〇年第六期，后编人《韦卓民博士教育文化宗教论文集》。——编者注

一　面对基督教的问题和基督徒的答案

让我们花一点时间来检讨当前世界的局势。我们面对着的严重选择,不是重整我们的文明,就是要完全丧失我们的文明。这是所有文明人类所遭遇的问题,不管是东方或西方。我无意考虑在哪些方面我们在中国比西方强,或是哪些地方不及西方,我们的困境,大体上是相同的。当我们在这次大战作战时,曾有高度希望,在胜利后会有一个良好的世界。现在已经获得胜利,想到"到和平的路将和得胜利的路同样艰辛"(《纽约时报》引用杜鲁门总统一九四五年十月八日讲话)使人颇不愉快。要这些战胜国能对主要国际问题采取同样的看法,不是容易的事。中国并不是受政治问题困扰的唯一国家。改进千万人民生活的新经济计划,迟迟不能实现。我不知道在世界上别的地域里,究竟是以演进或革命才能得到这种新经济秩序。在今天在场诸位面前,实无庸提及各地社会不安、种族问题、文化混乱,以及道德颓废等问题的严重性,而宗教方面的情势也不乐观。这些问题太具有挑战性而不能仅靠信心,认为一切困难最后终将获得解决。沃特(Walter Bagehot)告诉我们要记取有史以来进步之路,铺满了种种文化的残迹。汤因比(A. J. Toynbee)在其名著《历史的研究》中指出,历史上消失的国家民族的数字,远比仍然存在的国家民族为多。

对于这些困扰的问题,基督徒的答案是什么?在我们基督教教义之中,没有诊治这些病痛的妙药仙方,无论是为了个人或是为了社会,但是在我们信仰之中,有一种力量可以改良这个世界。我们承认基督教真理的本体是绝对的,但是基督教作用的显现或表达(expression)并不是最后的。一直要到所有各类型文化在吸收了大部份人类积累的精华之后,归向于主,才算最后的显现或表达。实际上,基督教的绝对真理不可能达到最后显现或表达的境界,除非人能够成长到神的地位。这一步不能速成,我们必须要等待到上帝的指定时间。但是我们要开始将世界所有有历史性的文化,带到神的面前。由于中国是世界上最伟大国家之一,拥有世界人口的四分之一,具有四千年悠久历史,更由于在世界上没有另外一个民族,能像中国这样能保留它的形式不变……发展一种独立不受外来影响的文明……宏扬它自己的理想,完全与外来的思想隔离,可否大胆地以一个中国人的立场，来建议我们以东方较为古老的文化来解释基督教，以中国文化作为实验的开始？

二　在中国的基督教

在中国基督教并不新奇。基督福音究竟何时传入中国，我不能讲出确实的日期。我也不打算请各位查考圣多玛斯(St. Thomas the Apostle)乃是第一位到达中国传教士的传说究竟有几分真实。对于这位圣品人传说甚多，我们只好姑妄言之。但根据在中国古都西安于一六二三或一六二五年所发现的景教碑，此一景教碑是在公元七八一年所建立的，景教传教士阿罗本(A-Lo-Pan)于公元六三五年到达中国首都，时在唐朝太宗之治。太宗对于景教甚为尊重，并且亲自予以研究，都对景教予以礼遇。中国档案显示曾有诏令准予传布。二百一十年后，即公元八四五年，武宗排斥佛教徒，而景教在当时中国人心目中无非佛教的旁支，因此亦遭波及。此后于短期内佛教在中国又兴起，但景教则一蹶不振。至公元九八七年，中华帝国内已无基督徒存在。基督教会在中国传教历史第一章至此结束。景教在中国被消灭，乃因与其它宗教混淆不清，这是失去本来真面目，而付出的痛苦代价。

在公元一二七九年，元朝开始建立，忽比烈汗于公元一二八九年在其政府中设立管理基督徒的行政单位。那时的基督徒是些什么人？估计有几千景教徒，显然他们不是早期遗留下来的。于十四世纪初期，他们出现于中国东部的杭州、镇江一带，甘肃的西北部，河北的北部以及云南的西南部，他们被称为也里可温教(Arkaqun)，全部为外国种族。他们怎样以及何时进入中国，迄无定论。很明显的这些景教徒随着蒙古征服者进入中国。蒙古人曾与回鹘人(Uighars)有所接触，他们是土耳其民族，而这些人称其中一部份为景教徒。

景教徒并非在蒙古人统治下中国唯一的基督教徒。当时也有罗马天主教教士。意大利商人波罗兄弟(Maffeo 与 Nicolo Polo 两兄弟)受忽比烈汗委托，从元廷带信教皇，要求“派一百名科学与宗教教师到中国，教导欧洲的学术与宗教”(见赖德烈[Latourette], History of Christian Missions in China，页六七)。自罗马派出的传教士姗姗来迟，而且人数不足百人。最早抵达中国的传士为圣方济各会主教约翰孟德高维诺(John Y. Montecorvino)。以后有不少圣方济各会教徒来参与他们,使他们的工作很成功。但在一三六八年,蒙古人不再统治中国,外国传教士也紧随……统治者离开中国。赖德烈教授指出:“大多数已信教的中国人大概都会叛教,一旦这些支持外国宗教的胡人统治者被排斥之后……在十六世纪后耶稣教会教士,找不到过去这一信仰的痕迹。”(见赖德烈[Latourette],History of Christian Missions in China,页七五。)在中国,基督教传教事工与政治力量过份密切,永远是件危险的事。中国基督教运动历史另一章至此结束,可能由于这个原因。

在中国基督教传教动动停止,约有两世纪之久。一五四九年里圣方济各沙勿略(Francis Xavier)至日本传教。他将中国也纳入传教范围之内。他于公元一五五一年到达广东南部一小岛,在那里他策划如何在中国传教事宜。但是好像摩西一样,他并没有达到圣地,因为第二年,他就在那小岛上死亡。以后,其他传教士陆续到达中国。那是一个神要占领的大土地。不过,这项工作是艰巨的。据说范礼安神父(Father Valigani,意大利耶稣教会传教士)有一天从澳门大学的窗户前面向大陆眺望……他的心中充满了感情,对着中国大声疾呼:“岩石!岩石!到什么时候,你才会裂开!岩石!”(见赖德烈[Latourette],History of Christian Missions in China,页九二。)

短短几年之内,这块坚固的岩石,居然裂开。耶稣会传教士进入了中国,其中包括了伟大的利玛窦(Matteo Ricci),除了是传教士之外,他还是一位数学家和天文学者。他和学者及政府高级官员建立了深厚的友谊。教会想和中国社会的高阶层接近的努力,做得相当成功。

很快的多米尼坚教会(Dominicans)与奥古斯丁教会(Augustinians)也先后到达中国。尽管有迫害情形,传教工作仍然进行而且颇有进展。第三期传教工作的尝试,正要开始作丰收准备的时候,在传教士各教会之中,对于上帝的中国名词应该是什么、中国基督徒是否可以参加祀祖典礼和中国基督徒是否可以参与若干节日庆典,发生争议。这些庆典,在传教士的立场认为是异端,而在他们心目中,不过是地方活动。这些问题都被转呈到中国皇帝那里请求裁决,他主张广义的解释,而且传教方式也该对年代悠久的中国人习惯有所适应，但是罗马教廷却有不同的意见，此一争端持续了一个世纪之久，圣方济各教会、奥古斯丁教会和耶稣教会(Jesuits)站在同一立场上，主张一种比较开放的政策，多米尼坚教会的观点，却完全相反，在一七四二年教廷指令支持多米尼坚教会的立场，而使争论告一结束，但是中国皇帝，怎能容忍在他的统治之下，出现外国人民把非中国人统治者的权力看得超过他自己的权力，尽管那一非中国人统治者的权力，是神学的而不是政治性的。这是在中国有治外法权以前的事。基督教传教教会几乎全遭取缔，对基督徒的迫害更形激烈。基督教社区在人数上和士气上，都大为减色，引用赖德烈教授的话："在十九世纪的前期，教会的前途实在非常黯淡。"(见赖德烈[Latourette]，History of Christian Missions in China，页一八一。)这是在十六、十七及十八世纪在中国基督教运动的情况。由于不同传教教会对不太重要问题的分裂，导致传教工作可悲地功亏一篑。

在十九世纪初叶，由马礼逊(Robert Morrison)传教士于一八〇七年来华，开始了基督教进入中国的第四次尝试。在这一新的运动中，基督教新教扮演了比较重要的角色。尽管过去一百三十八年中，传教士所作的努力已经有了丰富的收获，我们在此仍要稍停，以检讨在早期多次尝试的失败经验中能否学习到若干教训。

在唐朝的景教徒和蒙古人时代的基督教徒，在中国几乎没有遗留下来任何痕迹，除了在西安发现的一块碑石，敦煌石室所发掘出来的些许小册，以及中国档案中偶然出现的零星记录。就中国人的生活与思想而论，这些都没有什么深远的影响。从十六世纪中叶到十八世纪末，基督教在中国所作的努力，照讲应该有较为良好的表现。在最早两个阶段中，传教运动没有作到达民间的努力，甚至于没有将基督教义传播到少数民族之外，追随在沙勿略之后的传教士则和前两阶段不同，他们一开始就很明智地决策去接触社会中的高阶层人物，但也不忽略了贫苦的大众和没有接受教育的人民。他们取得教皇同意，至少耶稣教会曾经这样做过，让本地传教士在经文中，在公祷时，和在施行圣餐时，让本地传教士使用中文；他们强调基督教和中国信仰相同之点，他们仿照中国宗教礼仪。他们讲解基督教教义，施行圣餐，大量运用讨论神学、道德以及宗教美德的书籍，

《圣经》中的部份，尤其是福音经译为中文，并且授职中国圣品人，甚至中国主教。但是结果如何？自然若干人是得救了。在迫害之下，基督徒坚强地不为威武所屈。人民的道德与宗教生活也改善了。仍然引用赖德烈教授的话："在中国人生活中，教会要成为肯定的一部份，仍然为时尚早……对中国和中国文化整体，传教工作没有任何影响。基督教信仰，没有使这个国家的道德标准和宗教意向，有重大的改变，其社会与政治制度所受到影响的，除了只是居少数的基督徒外，也没有改变。"(见赖德烈[Latourette]，History of Christian Missions in China，页一九五至一九六。)

对于一个热心于传教活动和虔诚生活类型的运动，这是一个很苛严的控诉。自然这对自十九世纪以来在中国所作的传教运动，不能作同样的控拆，除了在中国的罗马天主教徒，统计数字人言人殊，估计约两百万人，今天非天主教的基督徒的数字不足五十五万人。二者合计，中国基督徒仅占全国人口千分之五，非天主教基督徒不过千分之一而已。我们对整个国家的影响，当然不是人口数字能表达的，不过，在中国的教会，我们的人数少得无法使我感觉满足。中国的人民，对于我们基督徒有什么看法？他们对我们的信仰采取什么态度？当然，这些问题，都是无法精确回答，而太笼统的说法，也会导致曲解。在战争岁月中，中国基督徒和传教士，都对中国人以从事于救济难民和振灾的工作，更是由于我们基督徒为了维护是非与真理，和正义必能得到最后胜利的基督徒信仰而遭受到苦难。我们已经表现出来，基督教义不仅没有使中国人丧失国家意识，相反地，更让他们成为不折不扣的爱国者。这种印象会维持很久吗？在过去不同时间里，以及不同团体，在某一时间内，人们对于基督信仰有各种各样不同的看法，一方面是经由怀疑好奇与坚决反对而漠不关心，消极不合作，另一方面则从表面接受转变为虔诚信仰。真的，在这方面，我们无法稳妥地作一结论。

三　基督教在中国被了解了吗？

比较重要的问题，是中国人已否了解基督徒。总有几个中国人是了解的。我不是特别指中国基督徒的殉道者，在以往不同时期的激烈迫害，一定有不少这类殉道者。我们尊敬他们。但是其它宗教信仰的狂热者，常常为了他们不甚了解的真理,以英雄姿态丧失了他们的生命,后来却发现是为了虚假的真理而牺牲。若干有智慧和有高度教育的中国人已经接受了基督教信仰,但是在某些特别行业有智慧,并不一定表示在宗教事务上也一定有智慧。在中国的传教士,对中国人传播基督佳音的时候,我们常听到不同的说法。有一次,某一国立大学校长问我有没有所有基督徒都会同意的基督教教义。将一切过失全归之于"教会宗派",当然是不公平的。假定在中国所有的基督教教派,我们有一个共同的信息,我们能否明智而有效地将它传达中国人民而不需要经神学训练的课程,而学习这种课程,当然首先需要精通西方语文,也需要对于西方历史与社会学有适当的知识,尤其是对西方物质要有相当了解? 请不要误会我的本意。我无意否定或低估在西方欧美教会丰富的基督教经验。相反地我极其珍惜这些经验,因为那是全球教会无价的产业,我们在中国亟愿分享。但是我们分享和充份利用这些产业,只有在我们充份了解,或是在能使用我们的语言表达之后。

请容我以一个事例作为说明。《使徒信经》中载有"上帝和右边"语句,这句话经译为中文。当然"右边"就是"右边",中国人懂得它。但是《使徒信经》片语中所谓的"右边"并不是在中国我们所谓的右边。在中国最高荣誉的位置,不在右边而在左边。或许各位认为这很简单,把《使徒信经》中的"右边"译为中文"左边"便好了。但这种翻译并不能真正沟通意见。这个例证不过是一件小事。还有许多更复杂而又更重要的事件,成了问题。

我要指出的,不只是语言方面而已。整个的文化背景,必须也要加以考虑,诸如思想形式、思想规则、研究方法、哲学、宗教、艺术及社会结构等等。我可以体会到你们中间有人说:"把那一切改变过来。"我希望只是极少数人有那种意见,其他还有若干人会不赞同我的意见。我们在中国的教会,到底是要把中国人带到上帝那里,让他们接近上帝,帮助他们领会,使他们爱上帝,更做上帝的事工,而不是教他们进餐时用刀叉来代替筷子。我们固然注重个人卫生,但就传播主的福音来说,那不是最重要的。在上帝面前,并没有刀叉和筷子的分别。

四　中国文化和基督教

请原谅我讲到题外，现在让我们回到主题。以中国思想方式，来解释基督教义，以中国文化来显现或表达基督教信仰是不是可能呢？答案是不太合适。我们既不能以其它人民的思想方式来适当地解释基督教义，也不能以其它文化来充份显现或表达基督教信仰。这就是我们所以现在解释基督教义和显现或表达基督信仰如此不合适和不完整的原因。我要重复地指出，除非所有有历史民族的文化，无论是在东方或在西方，能被带领到无所不能上帝的圣坛前，除非人能成长到上帝圣子的完满形态，我们对基督教义的解释和对基督信仰的显现或表达，注定了是不适宜和不完整的，因而使很多人不满意。我们必须祈求圣灵不断领导我们到达真理。甚至克雷默（Kraemer）不得不承认"实验性的基督教，在历史上不占地位"，因此不是绝对的，更谈不上最后的。

在我们企图以中国文化来解释基督教义之时，我们必须要避免两种可能发生的错误。

错误之一，是强调基督教与以儒家思想为主的中国文化之间的基本差异；儒家积年累月以来的发展是以人文为基础，儒家认为人由于他自己的努力，由于他内在的良能，他可以臻于至善。如果他愿意，他可以尽他的责任。由于努力，人皆可以为圣贤。这种以否认原罪承认自由意志的贝拉基主义（Pelagianism），不仅在儒家思想中可以找到，也可以从佛教、道教甚至大乘佛教的净土宗中找到，净土宗主张藉信仰而得救，一直到现在仍然有这类思想残余遗留下来。不管你是否强调人类的完全堕落与否，这种看法，和基督教以为人是倚靠上帝的教义，是相违背的。

这种想法，将讨论的实质趋于极端，让我们很快来检查它的真伪。为了免除口舌之争，我们姑且假定这种想法是正确的。以中国思想形式来解释基督教义，并不意味着有一种信念认为中国道德与宗教的理念，是内在地合乎基督教。假使中国文化中若干元素与基督教基本教义不能配合，设法代替它。但是基督不是到世上来毁灭，而是来成全的。将一幅图书中的缺失予以变动，使得这幅图书能够更为完美，乃是完成一种意愿，照着画家心中原有的美感而充实的。中国文化不是基督教的，但是它可以成为基督教化。我们的问题是怎样去做。

另外一个错误,就是在以中国文化的观点来尝试解释基督教义的时候,有些饱学之士纵是动机纯善,但把这教义解说成太多的中国理想,或者在引用若干中国名词上也过于宽松随便。我可以十九世纪的理雅各(Legge)与罗斯(Ross),二十世纪的布鲁斯(Bruce)和乐灵生(Rawlinson)为例,提及这些当今尚存的人物,是不礼貌的。

若干中国名词被不正确地引用,是众所周知的事。"天"字常译成英文的 Heaven 而将 H 字母大写,这个天字,仅多种意义中之一义而已。中国语文,是一种活的语文,至少有四千年历史。中国文学,也有悠久的历史。除非知道这个字的上下文义,除非我们知道用这个字的作者背景,我们对这一个字义,几可作不同的解释,至少我们认为应作的解释不一定和作者原意符合。这种情况,也可适用许多其他的字,而对这些字的正当解说,对于了解中国哲学宗教,都是极为重要的。对于此点,我不打算多列例证。

由于不够严谨地解释中国文字中若干名词,或是无意地把若干我们自己的意见夹杂到中国哲学宗教文献之中,我们假中国文化之名,表达自己的思想。这在把中国语文译成他国语文,尤其是译成欧洲语文时,最为确实。如此我们犯了理解上的谬误、翻译上的谬误,这尤是在此用上最恶劣的谬误,因为在翻译原作者时,你等于有效地告诉译者,这是原作者的意思。这样的翻译工作,真是卓越的原文校样。请留意翻译中国经典著作时,不要犯了上述的种种错误。著名的汉学家,在这一方面,往往是最大的罪人。但谁肯带头来批评呢?

一个预防被具有善意的译者把我们带到错误路上的方法,就是不要太相信字典或是经典注释。字典和经典注释都是为人准备的。它们只是工具而已,它们没有生命,不能讲话更不能回答问题。最重要的,乃在直探这一名词或这一章节文字的真正精神,以德文来说就是 Die Durchsichtigkeit des Ganzen,要想做到这点,唯有深入著者的精神。甚至在阅读原文的时候,应该紧记孟子的一段话,为了各位的方便,我不得不引用《孟子》原文:

故说诗者,不以文害辞,不以辞害志。以意逆志,是为得之。如

以辞而已矣,云汉之诗曰:“周馀黎民,靡有孑遗。”信期言也,是周无遗民也。(见《孟子·万章篇上》)

孟子于此使用逻辑上的归谬法(reductio ad absurdum),以示吾人不能坚持原文,以求直解。他所讨论到的,是中国古诗的解释。许多宗教的思想,也需要以诗的形式来表达。伟大的真理,都是散文式的。

五 体会其它一种文化的精神

以其他一种文化来解释基督教教义和制度,最重要的第一件事,就是体会那种文化的精神。那种文化愈复杂,历史愈悠久,这种了解,也就变得更重要。找出基督教和另外一种伦理宗教体系的同异,永远是可能的。对于一个研究宗教的人来讲说,从事这类探讨是极有兴趣的,而且他们也经常这样做。在前五十年与七十年间,就有很多先例。那时称为比较宗教学研究工作者的方法与技术。这在当时公认为科学性的方法。我们搜集资料、分类、比较,并找出同异之点再分类,由此得来的结论,称之为科学的法则、宗教的科学,这是科学方法吗? 这类结论,当然有用,如果我们把这些结论的限制牢记在心。但结论是人为的,而且是主观的。结论包含一种或多种的判断与评鉴的准则。在此地,我不认为主观的标准,是可以避免的。每一个人的心理,有其主观的一面。在每项研究,我们都要自然而然地作一番比较。人的心理,常常有强烈的倾向要如此去做。但是我们很容易只留心到异同方面,而在科学探讨中,我们必须要找寻其他的项目,否则这种研究就没有什么意义。但是比较,乃是属于抽象方法范围之内的。而在研究宗教与文化时,抽象方法很容易将我们带到错误的方向。文化是一种有机体,宗教之所以有意义,因为它是有生命的。我们不必和伯格森(Henri Bergson)完全一样去否定抽象事物。差不多每一个概念,都是抽象的。每一种科学,都是抽象的,因为科学方法,常常是属于概念方面。不满意我们自己的工具,有什么好处呢? 我们只要紧记不忘这些工具的限制性,也牢记我们研究的主体就好。我们比较树木,也比较动物,但我们所比较的树木和动物,都是死亡的,而不是成长在山丘之旁活的树木,也不是生活在他们自然出生环境中活生生的动物。宗教与文化必须要在它们自然产生的环境中去研究。宗教理想和文化因素必须要在它们原来的关联上去研究。譬如“饥渴”(thirst)一字,要去把佛学名词的 tanha,和《马太福音》在八福中(Beatitudes)所称“饥渴慕义”(Hunger and thirst after righteousness)的 thirst 来作比较,是注定失败了。因此我认为比较神学,不会比研究比较传记来得有结果。

在我们打算以中国文化来解释基督教时,我们要尽量避免使用比较方法,除非涉及枝节。我们宁可尽量深入中国文化的精神,以及多少世纪以来为中国文化所吸取的各种宗教、社会以及知识传统的精神,来看有没有和基督教生活观念能够配合的地方,在不抵触中国人观感情况下,有没有若干因素可以利用作为表达媒介和作为接触的交点,用以将基督教义和制度传播与中国人民。为了达到这种目的,我们要吸收中国文化的高层次,但也不要忘记中国文化中显已存在的黑暗部份。

六　基督教的世界性和对地方情况的适应

为了说明我们一般立场,让我们举出若干例证。

首先,崇拜在中国宗教中,无论是儒、佛或道,都还没有形成一种崇拜的方式。中国宗教的崇拜,是简单而庄严的。但是在变化和美感上甚少成就。在宗教生活中有所谓创造这一部份。自然,早期传教士已经介绍若干他们习以为常的崇拜方式到中国来,有好些方式,为中国人所喜爱,因此也可能保存下去,但也有若干在我们中国人礼节的意识中,认为有违背自然的。比如说当一个有文化的中国人对神祈祷时,应该采取什么姿态? 我们古老的文化,不容许我坐着对家父讲话,然而我的儿子可能躺在床上对我讲话,而我在站着。在中国,现在是一个新的时代,中国文化,慢慢在消逝,为了保存中国文化,我们要把它奉献与基督教。

那末我们在中国的基督教会是不是应该指派一个委员会,以中文形式来编印祈祷文,并附以详细的礼仪规范呢? 我们可以如此做,但只能作为过渡时期的措施。祈祷需要自然而然地成长。慢慢培养灵性精神与生活,中文祈祷文就会欣欣向荣,好似“一阵风卷来,来无影,去无踪”,那时祈祷文会自然地形成一种中国形式。一个百分之百以中国人组成的委员会,也比不上这样一个小组能够埋首俯案去编出赞美诗歌。委员会的工作,甚少富有诗意与灵感。

我无意讨论若干次要事件，例如经常在礼拜堂出出进进作礼拜，好像出入影院一样，或是在婚礼仪式开始时，当所有的贵宾被邀请参加这个愉快的场合时，牧师公开提出这样的问题："现在这两个人将要成亲，你们众人，若是晓得有什么妨碍，就应该立刻说明。"

这个问题，最好在婚礼举行前就提出。在神之前，要有更多的庄严与尊重。公开崇拜，并不是殖民时代的乡镇会议。

另一方面，我也不赞成基督徒崇拜时使用佛教念珠，和以佛教莲花来代替圣坛上的十字架。我很奇怪某一位在中国虔诚的佛教学者，也是一位作品常被引用的作者，竟然将莲花作为纯洁的象征，而忘记了在净土宗以莲花生育，对于女性是一种侮辱，在它的涵义里，完全是非基督教的。适应原则，有它的限度。那些非基督徒对我们崇拜有什么看法，譬如一首不大净化的民谣，改编成在礼拜堂演唱的圣诗？为艺术，并不永远是一个良好的座右铭，也适应不到教会。

现在让我们讨论教会的问题。讨论教会组织，是为了生活与事工，不是为了教会制度或教会行政，教堂与教区不一定能完全与中国社会结构配合，如亲族、社区、乡镇等。中国人是最具有社会性的人民。他们的社会单元，以及年代悠久的社合结构，不能不经过周详考虑，而由教会排除或漠视。基督教被看成为外国宗教，自不足怪。今天没有时间来说明我在中国建立四大中心教堂(four-center church)的理想。

谈到神学的重建，将它有效地介绍与中国知识份子，同时也为教化中国人民，我们仅有时间提出一两点意见。

我以沉重的心情，提到上帝的中国名词之争，在两百年之前，竟持续了一个世纪之外。对于这个问题有兴趣的人，不妨参考珍藏于哈佛大学魏德勒图书馆(Widener Library)的六百篇文件。不错，"上帝"是一个异教徒的名词，因为这个名词，在儒家经典中被引用。但"天主"字样，也不妥当，这是指小神的一个佛教名词。我们所关切的，倒不是这个被引用的名词，或是在中国宗教或哲学中所谓神的意义。在中国文学之中，你找不到基督教的上帝，但是你可到处找到若干对"神"的启示。中国人或者摸索不到上帝，甚至在千福年中，黑暗时，也没有上帝的一闪灵光的宠耀。但是我们并不在寻求共同之点。我们可找寻一个同体的神明(kindred spirit)，我们可以在中国人对宇宙的伦理观念中找到。这个世界，是适合一个道德斗争的舞台。当我们主张真、善、美时，我们不会有差错，当我们追随着我们看到的亮光时，我们一无所惧。这就是在历史里，在宇宙中的目的和方向。这并不一定就是基督教，但是那和再看道成肉身的问题。如果强调上帝假以人的形象在某些时间里在大地上行走，那是危险的看法。在中国人听来并不陌生，但是他们所听进去的，并不一定是基督教牧师所愿意讲的。我们不必要从“道成肉身”讲起，而应该在一世纪时奋斗的属于灵的知识的背景。中国人能够了解道成肉身的教义。他的文化已经教导他在天人之间没有不可跨越的鸿沟，但相反地是天人合一。再者，我们传播福音，用一种新的特有的教义，在一个完全能够契合的气氛下进行。不要在开始时就对中国人说道成肉身是一种神秘。这在圣诞节日证道，仅是一种没有充份准备的遁词而已。等到他们了解和接受基督之后，中国基督徒自然知道这是神秘。

教会神品和神学家们，曾经尝试以类推法来阐扬三位一体的思想，并未太成功。那我们也不要在中国宗教中以类推法来研究这种教义。这只是基督教的教义，它是独特的。因此一定教导、学习和了解。但是也没有必要，像过去常用的办法，把它编排在教义问答书的前面开始的部份。合乎逻辑的次序，不一定是自然的顺序。就把这点，作为在中国教会里，我们基督徒经验的完成。

七　信仰的探索

为了更有效地将基督教福音传播到中国人民，同时让基督教会在中国土地上生根，在前面我们简单提到的几个问题，和若干我们没有时间讨论的问题，必须要详加思考，同时更要采取若干勇敢的实验，以实施基督徒思想和生活。我并不是暗示教会永远不会在中国土地上生根。尽管我们有弱点，圣灵的显现，在很多方面超乎了我们理解能力之外。但是新中国对教会的要求和付予的任务，定是自康士坦丁皇帝接受基督教以来历史上从来没有的。而世界局势的严重，至少和过去基督徒所遭遇的相等，因此我们要在信仰上多加探索。我们深信真理在最后必然得到胜利，特别是在富有一般情理的中国。就中国人在过去和现在一直拥有文化传统而论，我们不能不深信他们会成为最自然的基督徒。但我们要把握时机。在这新的一天，我们再没有时间可以浪费。我们要使我们的事更有效，证道更能为听众了解。中国人需要基督教，而教会也需要中国人。当我们以中国文化来解释基督教义的时候，由于中国人的重视，我们宗教新展望，也会超于显赫。我们将会产生一个中国的神学，就像我们过去的希腊、拉丁和欧美的神学一样，不仅将在中国的教会和其他国别地区的教会分开，而且要将过去历史上所继承的精华，用以充实基督教的传统。为此教会可根据中国社会生活的方式，有一种新的形貌、一种新的显现或表现。在这方面，我不是指教会的体制。我只是讲到教会的组织。只要体制不变，是否保持原有教会组织不关重要。

一个新的光荣日子，已露曙光，特别是对中国而言。让我们振起精神，为神奉献，并且推动伟大的神的事工。当我们中国基督徒追怀年代渐远传教士光荣的成就时，我们充满感激之情。但是我们应召在他们过去建立良好基础上，展开新的事工，求神的保佑，我们能建立一个在他们那个时期里梦想不到的超级结构。因为他们虽从信仰方面颇有成就，但是他们并没有达到目的，容我来说，那就是将中国基督化，将远东拥有世界最悠久历史的这个伟大国家的优良文化……因之，见证重重，我们应和它契合。“让我们以耐心来跑这个为我们准备好的赛跑。”让我们为神和为神在中国的教会，多做些勇敢有为工罢。

中国与基督教*

自公元六三五年景教徒来到中国时算起的一千三百年间，基督教三次传到中国，然而三次均以失败告终。我们曾长时间地在各种情势下思考这一事实。特别是自一八〇七年马礼逊首次到中国以来，基督教成为一支愈来愈重要的社会力量。自那时起便开始出现了现代学校、医院、社会服务工作、福音堂与教会。

在中国人眼里基督教到底是什么样的宗教？这个问题目前尚无确定的答案。谁又能为中国和中国人讲清楚呢？但对于这个外国传教士一直努力宣扬的、有些中国人依此接受的宗教总还有一个大致的印象，一种总的感觉。起先是那些无足轻重的未受教育的中国人接受了它。最近甚至一些知识份子也接受了这种国外来的宗教。

基督教是一种宗教，只是宗教又是什么呢？在从日语中引进“宗教”一词之前，汉语中还没有与 religion 对应的词。在中国的古典文学中也找不到这个词语。但这并不意味着中国人没有宗教。宗教一直并未单列出来并给它一个专门名称，是因为它与日常生活密不可分。在中国，盐是在厨房里而决不是在餐桌上添进食物中的。同样地，刀从不在餐桌上使用，但它在准备菜肴时起作用。当一件事是具体的，那么中国人从不使它抽象化。宗教正是如此，因为它属于具体的生活本身，所以不需要使之抽象化并给它一个专门的名称。

在公元一世纪佛教来到中国和公元一世纪道教作为宗教开端以来，中国还没有独立的宗教组织。这两种宗教都把人从社会中分离出来而成为和尚、道士和尼姑。基督教也能起这种分离作用吗？

外来宗教

基督教是从国外传入中国的，所以得了一个有不好内涵意义的名

---

* 原文为英文，题目是 As China Regards Christianity，载 Anderson，William K. 编，Christian World Mission，Nashville，Tennessee，Parthenon Press，一九四六年。——编者注

字——洋教。因为它是外来的，所以激起了我们详细审查观察的愿望，看看它到底带来了什么。中国人是很讲求实际的。当外来的东西开始影响我们的家庭、社会、政治和经济生活时，我们就对它产生疑问。佛教之所以多次受到迫害，不是因为它是一种宗教，而是因为它影响了我们社会和经济生活，尽管这影响是微乎其微的。佛教用了几个世纪的时间才在中国文化上打上它的烙印。如果基督教完成它在中国的使命的话，它将大大影响整个中国人的生活。

基督教来自西方，但并不是伴随军队与炮弹而来。科学也来自西方，而它的一切对我们现在乃至将来都意味着原子能。随科学而来的是令人害怕的工业化，因为它带来了军国主义、经济与政治上的帝国主义。西方以武力强迫中国打开大门以进行国际贸易，多次在战争中击败中国，并吞中国的领土。它使我们看清战争是怎样一个恶魔，并向我们证明国防是必不可少的。这就是试图给我们传布基督教的那个西方吗？基督教怎么会是工业化、军国主义、帝国主义、家庭破裂和社会混乱呢？西方被称作是基督教的西方，然而几百年过去了，西方并不是信基督的。难道基督教在西方失败了吗？你可能会说还没有试验过。如果在你们自己的国家都还没有试验过，那你们何想叫我们在中国试验它呢？我们对此甚是疑惑。我们中国人生性保守。我们要求稳妥。我们不想尝试那些别人尚未成功地尝试过的东西。

有些说基督教实乃东方之宗教重返东方。但这种说法本身并不能使人信服。任何有影响的宗教都产生于东方。西方从未给世界带来任何大的宗教确是事实，而在东方则产生了基督教、摩尼教、佛教、伊斯兰教。但是基督教是以一种明显的欧洲神学的特征出现在我们面前，因为美洲神学尚未形成。正如在中国所显示的那样，基督教无疑是西方的，但通过仔细分析我们会发现西方文明并不是基督教的。基督教在西方是一支不小的社会力量，但教育、医疗、社会服务并不一定是基督教会的。政府机构办这些事业比教会办得更令人满意。

传教士能有何作为

那么基督教能为我们做些什么？当基督教在西方看起来如此无能之

时，你们把它传到中国来的动机是什么？讲究实际的中国人是根据结果实的情况来判断果树优劣的。这样全部的责任就落到了传教士与中国基督徒的身上。我们应完成的共同任务是把基督的训示传布给成千上万的中国人，并且帮助他们认识它的美、它的力量以及与现时代的意义。光靠我们是做不成这件事的，你们必须帮助我们来完成这项由你们的代表与先行者开始的艰巨任务。

作为西方文明的诠释者，你们应讲真实的情况——不仅仅是讲现代科学与管理给西方带来的福祉，也应该讲它们同时带来的弊端：失业、罢工、生活的不安全感、家庭破裂、大量的离婚、青少年犯罪、充斥报纸的谋杀案、学校里的“问题学生”、变态的人格、精神病。中国人会问：这些就是信奉基督教而给西方带来的结果吗？如果是的话，我们就不需要基督教。建筑你们的那些豪华的高楼大厦的钱来自何处？据说你们的牧师常常降低声调布道，以免冒犯那些富豪听众而使教会的收入受损。这就是美国教堂里的基督教吗？难道中国人需要这样一种信仰？

传教士们还得向西方介绍中国人——不仅仅是他们经济上、社会上和精神上的积弊，还应讲他们可望给世界做出的贡献。为此传教士们应该了解中国人的文化背景。在美国，那些培训传教士的人们应当想到这一点。我与他们已接触了四十二年。传教士新近出版的书大都没有价值，因为作者的了解并不全面。绝大多数传教士又太忙而写不出书来。作为牧师、教师、行管人员他们的日常工作非全神贯注不能为之。

然而，一本书到底有多大的恒久价值呢？介绍中国需要广博的见闻。像《大地》(The Good Earth)这样的书方能担当此任。介绍中国需要以同情的眼光观察了解，并以不偏不倚的态度进行介绍。都勒(Dole)的《中国迷信研究》一书简直就像是一个古玩店，不过它对那些没有时间收集此类资料的人还是有一定帮助的。

新教徒在华传教一百三十八年，收效甚微。许多所谓的基督教徒列入了中国“名人录”也是事实，但那又能说明什么呢？是谁编纂的“名人录”？在教会学校或机构呆上几年就能成为一名基督教徒吗？每个地方都有基督教徒位居要职。佛教在中国三百年方产生一个僧人，六百年时间才译出像样的佛教典籍。就是译著完成之后，也是既无人看，也无人懂。

使吾教活起来

能对中国人的生活产生持久影响的,是那些基督徒对非基督徒的中国人的真知灼见。怎样才能达到这一目标呢? 如下所述:

一,一种理智的虔诚。——相信上帝就在你的身旁并且依赖于他。——一位英美烟草公司代理人个人家庭生活与一位传教士个人家庭生活有什么区别吗? 我们似乎并不对自己的虔诚感到荣耀。我们并没有将它显耀于外,但我们一定要有这种虔诚,它终究会放出光芒。

二,要有崇高之价值观念。——我们追求耶稣所肯定的一切价值观念。这些价值观念也是中国人崇尚的:完善的品德、真诚的友谊、俭朴的生活情趣以及高远的精神境界。尽管饮食是最必需的东西,但它不是最重要的事情。注重真正的精神价值乃恒久之要务。

三,对社会公正的热切追求。——要显示传教士的博爱精神并非轻而易举之事。我并不是一个和平主义者,但一个在华的英国和平主义者在他自己的国家被进犯之后,变成了一个支持武力的人。最近又有一些传教士在自己的祖国卷入战争之时变为尚武之士。真正固守原则的立身之道应使言行始终如一。

"互爱"实行于道教徒与佛教徒之间实乃甚于圣公会教徒之间。我对新教会并不反感,但宗派主义却使我感到羞耻。单一化是致命的,但另一种极端也是致命的。中国的道教与佛教有比圣公会更多的派别。实际上,佛教正因其多派别而生存下来的。各新教会的教友之间不仅应该互相容忍,还应当互相尊重与关爱。

关于我的宗派背景,最近有一位我并不认识美国人问了我如下一些问题:

"你是圣公会教友吗?"

"不是,但我按圣公会的教义及礼拜方式行事。"

"那你是长老会教友吗?"

"不是,但我是长老。"

"那么,你就是浸信会教友吗?"

"我曾受洗,但不是浸水法那种方式。"

“那你是什么教会的教徒呢？——英国国教徒？”

“兄弟，一个中国人怎么可能是一个英国国教徒呢？”

我们所缺乏的基本东西是真正的兄弟般的爱。如果我们多进行一些教义交流，各新教会之间能更多地进行成员流动，我们就会更快一点取得全世界之友爱大同。世界友爱一旦建立，就会有更多的中国人加入到教会。

一旦中国人接受了基督教，他们就会用自己固有的文化模式来阐释它。这样基督教的遗产会得到丰富。

中国教会的四大中心*

——组建中国教会的一个建议

基督教在中国尚未得到很好的理解。它与中国民众的初次接触，是通过教会这一组织形式进行的。

基督教会具有丰富的传统，在礼拜、组织、信仰与仪式、生活与工作诸方面，形式多样，不拘一格。中国民众可以从中择其所需，根据其基督信仰的成长与发展的需要加以调整。中国民众的精神特质，将来作何走向，尚无法逆料。尽管如此，我们愿意提出一些方法，以期望中国的基督徒或能借此对其古老的社会结构的一些特征，对其宗教传统中的一些因素加以调整，以适应基督教的集体生活。

中国人的社会特质，体现在其小而紧凑的生活群体上，成员之间密切相关。正是这种密切的社会联系，蕴发了凝聚群体并赋之以一种团结精神的情感。这种群体有时是村庄，有时是家族，更普遍的则是邻里。

我们不可忘了，在一个非基督教的社区里，基督徒团体是属于少数派的。必须采取措施，确保基督徒团体的社会交往，尽可能多的围绕基督教礼拜这一中心。这种团体，我们称之为教会细胞。其成员不可过多，少则百余成年人，多则不过一百五十人，大约三十到五十户人家即可。

教堂是民众礼拜(上帝)的中心。教堂并非必有之物。每一团体均可能有一些较大的房舍，对其一间即可供基督徒礼拜和宗教集会之用。也可以利用祠堂或一些公共场所。教堂的建造，务必等到教会的足够的经济力量独力营造并维持之。这种教堂应当一如当地宗庙的建筑形式，营造和维修花费较小。它应当成为教会的社会中心和礼拜之地。成员们的一切社会活动均应集中于此。他们在此开展娱乐活动，自娱娱人。它既是教堂，又是俱乐部。里面当有一种家庭气氛。为人们所爱去、所常去。

---

* 原文原为英文，载于 International Review of Missions，一九四六年第三十五期，Geneva，Commission on World Mission and Evangelism of the World Council of Churches，页 271-277。——编者注

在那里，人们接触上帝，会见朋友。

教会是不应当有领薪牧师的。通常由牧师来做的工作，可由一些受过充份训练的成员承担。这些成员利用闲暇时间志愿为之。二三名志愿者即可分担这些工作。关于志愿者应受的训练，后面会详细谈及。为使细胞在宗教上和精神上充满活力，我们必须找到——而且相信能够找到办法，使尽可能多的成员获得必要的训练和经验，不是一次而止，而是要频繁的与更新的。

从事牧师工作的成员，有一部份是会寻求圣职的。圣职的任命，依循教会所属教会的惯例，从事志愿工作要征得教会成员的普遍同意，而牧师的身份，则由该教堂所属的教会组织决定。我们不应当反对拥有一位专职、领薪的牧师，若是确属必要而教会又能承担费用。不过这种现象应当是教会中的特例而非常规。对中国人来说，身为牧师而领取薪金，是一件新鲜的事。而且多年之内，中国年轻的教会也是无力负担这项支出的。

某一地域的数个教会，可以共同努力，设立一个基督教社会服务中心。这是我们希望看到的中国基督教生活的第二个中心。该中心超越教会组织的不同，各教派均可参与其中。中心向周边社区(多由非基督徒组成)提供服务，借此传播基督教生活，服务的形式，取决于社区的需要，可以是一间阅览室、一个民众教育中心、一间诊所、一所学校也可以兼而有之，旁及其他。工作人员应当付给酬金，尽管其中不乏志愿者和业余人员。中心的维系，不必拘于主持中心的诸教会。可以接受其它方面的捐助，前提是这些捐助不至于危及中心的基督教的动机与特色。也可以同邻近的同类中心协作。中心应当防止一些危险倾向、如墨守成规，死守一些教条而无视地方的需要，或者沦为某一复杂组织的点缀物，因为失去主动而丧失活力。中心必须真正体现出主办者的服务精神，急地方之所需。

中国办有一批教会大学，它们应当成为基督教的思想中心。这些教会大学在学术力量上不可逊于国内其它学府。在这里，基督教学者们，可以在愉快的气氛中，从事其共同的思考，思考教会的生存与工作问题，也思考关于社会、国家和世界的问题。教会大学面临的最大诱惑是世俗化，只关注一般学府关心的事物，且不知以基督教的观点去看问题。教会大学不可裹足于教会知识，它应当包容一切学识而突出教会知识。

教会知识中心，要同全国的基督教运动，特别是当地的基督教会，连接起来，扼守住基督徒的智识阵地，确保基督徒们始终保持活跃、敏锐的思想。中国基督教学府之于全国的基督教运动以及当地的教会，应如当代大学科研试验室之于一现代国家的工业企业。不仅如此，中国的教会大学就有负于其最重要的使用，即成为基督教的思想中心。

于是我们便有了三大中心。首先是教会教堂，礼拜上帝、培养基督精神的中心；其次是传播基督教生活的基督教社会服务中心；再次是教会学府，促使教徒保持活跃、敏锐思维的基督教思想中心。我们还须有第四大中心——基督教朝圣中心。

朝圣是一件宗教盛事，是东方人表达宗教倾向、排遣宗教情感的一种最佳、最自然的方式。中国的佛教、道教信徒都在名山胜地修建了各自的庙宇道观。教徒们纷至沓来，如归精神家国。在那里，他们获取宗教灵感，接受宗教教育，获得精神的满足与安宁。民众也常常不期而至，寻求消遣和娱乐，兴尽而归时，却悠然而对宗教有一些认识。

不仅僧侣、道士，即如入世的儒家学者也有其朝圣之地。除山东孔子诞生之地和孔陵而外，历代贤君明主、开国元勋的陵墓以及民族、地方英雄的纪念之地，均吸引着大批文化寻根的中国人。每个家族都有其祖坟、宗庙，虔诚的子孙后人，在客居他乡之后，都不忘归来祭祖扫墓，表达孝敬之心，感受生命的依托。

中国的基督徒不是也应当有自己的朝圣中心吗？我们何不建立这样一个中心，设若有足够的教徒维系之？这样一个中心接待前来朝圣抑或过往的异地基督徒。我们可以先建少许的中心，如果确属必要再增建，使之星布全国，每三四个行政区(相当于美国的县和英国的郡)建一个。最终中国就会有数以百计的朝圣中心了。

基督教朝圣中心的选址，当在茂林阴翳的山顶之上，或在相当闹市数英里的林地之中。选址之始，当以宽阔为要，以备城建侵地，确保其为宗教娱悦、僻静之地所当有的静谧与安宁。

整个地区最宏伟的教堂——主教堂应当建立在朝圣中心而非市区。主教堂的附近要设公墓，优秀的基督徒，经过四邻教会的代表认可，在此下葬。还应当设一座基督教旅馆，基督徒仅付出成本费用即可使用。此外还应在教会大学建一座图书馆，收藏基督教文献以及其它宗教书籍。最后，还需要有一座博物馆，收藏那些出生于斯地或为斯地的基督教生活作出贡献的著名男、女教徒的遗物。

我们希望，如此建立起来的基督教圣地，能够逐渐地把中国人的情感从目前的家族中心吸引过来，因为基督徒可以在这里纪念他们精神上的先祖。在盛大的基督教节日，如圣诞节和复活节里，或在一些由教会接管并已基督教化的节日里，可以上演宗教剧目，开展讲故事、展览、义卖、火炬游行之类的庆祝活动，招徕基督徒和非基督徒，寓教于乐。宗教聚会当然也在这里举行。圣地将成为一处宗教娱悦的僻静之地——借用印度教的术语，基督教的静修处。

主持主教堂及其附设机构的牧师，应当是一位中年以上的精神领袖。一位年轻人，遑论多么聪明睿智、富有学识，都不能充当此职。即便在今日的中国，年龄仍然是值得尊敬的资本。牧师应当有渊博的宗教学识，并且以灵修而有令名。他应当有几位敬业的助手帮助处理公务，以免耽于金融和日常公务，他应当不时举办一些短期的避静，以丰富那些曾在教会大学受过圣经、教会史、基督教教义等课程短期培训的世俗男女的灵修体验。这类避静和短训课程应当定期举办，以为教会培养领袖人物。这类人物中是会出现前面提及的志愿牧师和教会工作人员的。

我们希望，有了精神领袖的朝圣中心，能够招徕实业家、政治家和外交家，来此过几天宁静、安闲的灵修生活。在此静谧之地，在上帝的面前，在一位经验丰富的牧师的帮助下，我们可望引导各行各业的基督徒面对基督的责任，意识到他们肩负的公众责任，有祈祷者的支持和教友们的赞同，意识到他们都是教会之子。在这种环境中，一些在其办公室或者家里不便说出的严厉的话，可以比较轻松地说出来。教会的神圣职责之一，就是对他们提供慈父般的劝诫和朋友般的建议，以为讲坛上那些泛泛的布道之补充。这其中有些工作可以在教会里完成，因为那里有更为密切的私人关系，但另有一些事则必须在远离尘嚣之地方可进行。

就教派关系而言，我们设想这样一种可能性，即教会间保持一种对各派来说最为自然的联系。中国的教会组织决不可形成一种新的教派。基督教社会服务中心和教会大学必须超越教派的差异。各派基督徒均应在这两大中心里共同工作，学会互敬互爱。朝圣的中心，就其主教堂及主持牧师的任命来说，是可以忠于某一教派的。但其服务和设施应当对全体教徒开放。

这意味着所有教会应采取开放的原则。我们找不到任何反对这样做的理由，尤其是在中国。我们作为基督徒，能够忠于各自教会而又毫无偏见，能够客观地看待教会间的关系，我们可以将教会的两项特权和一国的公民权利、政治权利作一比较。试举一例，我作为中华民国的公民而暂时客居于另一文明国度，被赋予了种种关乎生存和舒适的公民权利：有权得到该国法律规定的一切公民自由，有权使用其邮政、电报、电话服务等诸般公共设施，有权使用其水、电和交通工具。然而，作为外人，我不能享有该国的政治权利，诸如就政府问题进行投票的权利以及选举和被选举权。同样，施洗乃一切基督徒精神生命的开端，圣餐礼又是其精神成长的要素，我们有何理由不去承认他们的这两项权利？教会应当彼此赋予对方成员这些权利，而仅仅将有关教会管理的权利保留给自身成员。布道交流顺理成章，但圣餐礼须由各教会或与其契合如一的教会的正式牧师主持。我们承认教会组织上的差别。在教会最终联合之前它们只能是分离的、有差别的，尽管它们礼拜同一上帝，追随同一救主，接受同一《圣经》作为权威，施行同一洗礼。文饰或者哀叹这种分离与差异均无济于事。走向教会团结的第一步，不应当是过早地将各教会赶到一起来，而是促其尽可能一起工作，在共同的工作中彼此理解，进而学会互敬互爱。唯有使诸派成员互敬互爱，教会联合方显其精神意义和久远价值。非基督徒世界不会因为我们有不同的礼拜形式和教会组织而诧异，差别乃人性使然。但如果我们这些追随同一救主的人在精神上不能合一，不能互爱乃至互敬，则必贻人以笑柄。

我们有小聚会所作为教会组织的最小单位，这种小而紧凑的团体有利于培养真正的团契精神。基督教的道义，当如儒家道义一样建立于人际关系上，但其根基更为广阔。因为教义以上帝为天父，则教徒皆为兄弟，而且我们生活的原则是彼此一体，理当互相帮助。一个小的基督教团体里彼此亲近的生活有助于培养和体现这种情感。

道德的教育当取私下劝诫之形式，而非公众布道的泛泛之论。倘若牧师年高德劭，经验丰富，而非仅因其专业训练和一纸文凭而获取圣职，则这种私下教诲就更为合宜了。

不过应当避免将这种团契和团结局限于某一教会聚会所。必须向教徒们说明，教会聚会所只是基督身体亦即基督教会的一个细胞，而教会是超越教派、阶级、种族以及时空限制的。中国人的家庭观念，是指由家庭纽带联结着的生者和死者。我们可以用上帝之家这一更广的概念来丰富它。圣徒相通的教义应当在中国教会里得到更多的关注，占据更显著的位置。

我们建立四大中心的教会，是为了向中国人宣扬基督教生活，以可感知的形式向其介绍基督教。多年以内，非基督徒仍将是中国人的主体，教会将侧身其间，作为基督教的见证。相对于基督徒个体的生活与思想而言，基督精神将更主要的彰显于教会的生命与工作。

《华大神学刊》发刊词*

基督教神学课程之设立，主旨有三，而学生之灵性修养，不属智识，故不与焉。三者曰培植教会工作人材；曰研究基督教文献与教义；曰融贯基督教与各地文化。此三者互相关联，莫容偏废。而基督教大学为教会最高学府，人材汇集，对于神学之研究，实责无旁贷。

据最近中国各教会之统计，教会工作人员年龄逾五十者，十之八九，三十岁以下者，寥若晨星。二十年后，继起无人，大道式微，令人危栗。故教会工作人材之培植，尚矣。但教会之进展，不仅赖于传道工作人员，必须有千百学理湛深、智识高尚之学人，以严谨缜密之方法，研究基督教之典籍，利用中国固有之文化，发扬基督教之教理，庶免教会俚俗肤浅之识，而臻神学于高深学科之域。然今日吾国同道，从事于斯者，尚不多见。

以言新旧约圣经之研讨，非断章取义，则囫囵吞枣。尔约之原文，何止于希伯来希腊，然多所未通，古昔抄本之文字，不一而足，更难明了；于是，说之者乏旁征博引之能，而听之者无举一反三之乐。以言教会历史，汗牛充栋之典籍杂志，类多格于文字，几若禁书，何能旁搜远绍，鉴古知今。以言系统神学，倘对欧亚之哲理不能探本求源，则无以张皇幽眇，透视其思想之来龙去脉；无中国文化湛深之素养，更不能运用固有之宗教文学，以为基督教神学之阶梯。更无怪乎景教传入近三百年后，国人仍以洋教目之，更无怪乎神学之不能与其它之大学学科并驾齐驱也。至于宗教教育之实施，教会组织之方，皆与国情柄鉴，故教会之工作，事倍而功半。凡此数事，执神学教鞭者，曾不虑及，责有攸归，可为太息。华中大学，嫌旧日神学教育之疏漏，设神学课程，分布于各院系，试用新法，作亡羊补牢之谋，试办四年，规模精具，惟是师资，极不易得也。

新旧两约，以古今语文之隔阂，非国人所能讲授，宗教教育两科，则专任本国师资，采用适合国情之教法；庶几比较理想之神学教育，实现于吾

* 原载《华大神学刊》，华中大学编，一九四九年第一期，武昌，页2。——编者注

校。然兹事体大，如此鹄的，非一蹴可几，当假以时日，逐渐推进。

然神学各科之师资固难，而有更难于此者，则如何以实际经验证明学理，又如何以新颖之学理，指导经验是也。在校员生，穷年度其智识之生涯，果于实际何用，未遑顾及，其蔽也罔；神学生毕业而后，工作繁多，席不暇暖，世界思潮，易于忽略，其蔽也固。罔则涉于迂阔，固则日益鄙陋。若求教会工作人员，来归学校，贡献其经验，接受新知识，于时于地，皆所未能。故有待于文字之传达，使工作者得知神学之新思潮，教学者明教会之真际遇。本刊之印行，良有以也。

本刊为不定期刊物，限于篇幅，每期仅载论文二篇，书评二篇，附以书报之简单介绍，都万余言，不局于任何神学家法，亦不拘于教会宗教派，校外投稿，并所欢迎，文字内容，概由作者个人负责，期于言论之交流，而收切磋之效益。创刊付梓有日矣，同人属以发刊词，仅述本刊之原意，而为之介绍。海内同道，有以教之，幸甚！

我若不传福音，我便有祸了！*

——圣保罗受感化日在汉口圣保罗座堂讲教会自养

一

“我若不传福音，我便有祸了”(《哥林多前书》9：16)这句话最能代表使徒保罗的人格和他的精神。

使徒保罗是使徒中最伟大的一个，值得世世代代的信徒来纪念、尊敬和景仰。努力于外邦布道的是使徒保罗；在地中海沿岸建立许多教会的是使徒保罗；以毕生精力为教会服务，至死不变，终之为道舍命的，是使徒保罗；遗留在今日基督教《新约》里很有价值的教训的，是使徒保罗。总而言之，使徒保罗是形成今日世界教会主要的一个人，谁也不能否认。

尤其是革新的教会是热烈推崇、尊敬使徒保罗，因为他是一个伟大的教会革新人物。当时的教会不是以耶路撒冷为中心吗？教会的领袖不是彼得·雅各吗？保罗是什么人？居然在大马色路上受感化之后，进行他传道的计划，不顾一切，贯彻他个人的主张，不只是说“我虽算不了什么，却没有一件事在那些最大的使徒以下”，并且公然指责使徒彼得，反抗耶路撒冷的教会，使徒保罗何止是一个革新教会的人，简直可以用现时的话语来说，他是一个自由教会的人。

不错的，使徒保罗是为着教会的自由而奋斗，为着要使活的、有生命的信仰，从死的、束缚人的律法得到解放而挣扎。这正是主耶稣的精神。主耶稣岂不是说过“安息日是为人而设立的”吗？割礼是最为犹太人所注重的，圣保罗在受感化之先，原是一个严谨的法利赛人，就律法的意义说，他的确是无可指责的，却是先前他以为有益的，现在因基督都当作有损，因为认识了基督耶稣为至宝，他已经丢弃一切，为得着基督里生命的自

* 原载《天风》周刊，卷十一，一九五一年第二期，上海，中国基督教“三自”爱国运动委员会，页 1-3。——编者注

由,所以拘束于法律的人,是与基督隔绝的。他说"若受割礼,基督与他们无益",因为"在基督耶稣里,受割礼不受割礼全无功效,惟独使人生发仁慈的信心,才有功效"。这是何等的自由精神,使我们两千载下做基督徒的人,何等兴奋快乐,何等的战战兢兢去作用我们从基督里得来的自由,并尽力去叫别人也要得着。这是使徒保罗,这是我们今天纪念的圣保罗!

二

我们应当以圣保罗为我们每个基督徒的模范,去得着他那种自由快乐的信仰。效法他那种自由快乐地跟从基督,服侍教会,并不断地传播那叫人自由快乐的福音。这自由快乐的福音,不是哪一个人传给圣保罗,而是他在受感化的时候,直接从救主耶稣得来的。他从前过法利赛人生活的时候,奉行律法,是他唯一最大的任务,以他一个严谨法利赛人的眼光来看,拿撒勒人耶稣是个犹太教的叛徒,拿撒勒的先知是假的,他所传的自由福音是欺骗人的;十字架正是上帝对于这个假先知,这种欺骗人的福音的审判和刑罚,因为使人得称为义的,只有摩西的律法,而未受感化以前的扫罗,是第八天就受了割礼的,是以色列族便雅悯支派的人,是希伯来人的希伯来人;就律法说,他是受过最严格训练的一个法利赛人;就热心说,他是忠于犹太教的一个人,因为卫道的缘故,他是不择手段多方逼迫那拿撒勒人耶稣的教会。所以他说,若是有人能靠着自身的努力而得到上帝的喜悦,内心的平安,他当然是可以得着的,却是宗教的经验告诉他,自力是不能更生的,律法是不能给人生命的。律法本是从上帝而来,但是人犯罪之后,受着罪的挟制,没有力量靠自己去达到上帝的律法所立定的标准,所以律法只能叫人更加受着罪的压迫,叫人更不自由、更加痛苦、更受束缚。《罗马人书》七章透露圣保罗的宗教经验,再清楚没有了。"法律是罪么? 断乎不是! 只是非因律法,我就不知何为罪……我以前没有律法是活着的,但是诫命来到,罪又活了,我就死了!"

这是何等痛心的话! 严谨守法的法利赛人扫罗,被罪压死了,而被钉在十字架上的耶稣复活了。宣传耶稣复活了的门徒得着一种威武不能屈的生命,凡接收这新生命的人,都是自由快乐地胜过一切困难,打破死的关头。逼迫教会的扫罗亲眼看见司提反,是抱着这种自由快活的精神而死的，是这种经验叫扫罗在大马色的路上受感化。经验是不能轻易否认的，哪可以轻易用脚踢刺呢？

许久才肯负罪的重担的扫罗挣扎着问："谁能把我从罪解放出来呢？"基督的门徒宣传救主的福音，向他答应说"凡背负重担的，都到我这里来，我给你们平安"。扫罗刚愎自用，坚持着说："那是假福音，是欺骗人的！"等到他再不能反抗用脚踢刺的时候，他对于犹太教的忠诚，就完全转移到基督的教会来了。

我们对于教会能效法圣保罗这种忠诚吗？圣保罗在大马色路上认识了救主，接收了基督的心传，得着了新的生命，于是同情所有受罪恶捆绑的人们，情不自禁地，要和他们分享他的新信仰，信为传福音是他责无旁贷的任务，毕生作一个不受酬的传道者，并不是为什么别的原因，实在是内心的驱使，他岂不是说过："我若不传福音，我便有祸了！"他又说："我虽是自由的，无人辖管，然而我甘心作了众人的仆人，为要多得人"，"凡我所行的，都是为福音的缘故，为要与人同得这福音的好处"(《哥林多前书》9)。

这是何等的热情，何等的宏愿！我们若要效法圣保罗服务教会，跟随救主，必先得学他那种坚定不移、亲切诚恳的信仰，这是丝毫不能出于勉强的。

三

效法圣保罗服务教会，宣传福音，更不能呆板拘泥地去学，不可拿他的书信里某章某句去学。圣保罗最伟大的，是他那种自由活泼的精神，这种精神不是他的书信里某章某节所能完全代表的，当求之于他整个活泼的人格。圣保罗遗留下来的书信，不是为今日的我们写的，乃是为应付当时某种情形之下的教会，解决当时某种具体的问题而写的。所以我们引用圣保罗的书信，万万不要呆板，呆板地引用圣保罗的书信，我们便是蹈法利赛人的覆辙，正如未受感化以前的扫罗一样，为呆板的成文律法所束缚。我们只拿教会自养一个问题来讲，圣保罗在哥林多前书说："我传福音的时候，叫人不花钱得福音。"(《哥林多前书》9)却是他没有说传福音不应该受酬，因为他写了刚才引用的一句话之后，接着就说，"免得用尽我传福音的权柄"，那权柄就是指着传福音应受的酬报，他固然有他另外谋生的职业，可以不受酬而传福音，却是在《哥林多后书》他明白地说：“我因为白白传神的福音给你们……别的教会，向他们取了工价来给你们效力。”(《哥林多后书》11)那就是圣保罗用一处教会的款子，在别处教会工作，和我们现在的情形，又有什么分别?

圣保罗传福音受薪不受薪，是一个问题，他们建立的教会自养又是一个问题，都和我们现在的教会自养问题无大关系。圣保罗无家室之累，凭他自己的自由职业，尽可以不需要教会的供养，却是我们今日并不主张传道人尽有家室，也不完全主张所有的传道人都有别的职业以维持生活。当圣保罗的时代，教会正在萌芽的时期，而工作蓬勃地展开，若是传道的人都需要教会供养，当然是做不到。今日在中国的教会，经济能力还很薄弱，我们教会若要应付面临的工作，若要以两三百万的基督徒的经济力量，若不算天主教徒的话，要以四五十万基督徒的经济力量传福音到四万万六千万的同胞，是做不到的。所以想到教会在中国的当前使命，教会一方面必须加强自养的能力，一方面要尽量提倡不受酬的工作人员，这两种的提倡，殊途而同归，都是为要亟亟推进传道事业。

我们不要把教会自养的一个问题看错了。我们亟亟提倡教会自养，乃是说本地方的教会，应该尽量地筹措本地方教会需用的款项，使别地方的教会多少年来，补助我们的款项和工作，可以见到成果。我们在这时候谈教会自养，并不是谈什么“应变”的方案，而是谈教会正常的成长。

四

我们认清楚教会自养并不是养圣品人、养牧师或者养其它的教会工作人员。一个教会只能供养自己的牧师，圣品人并不是自养。假使徒然要供养圣品人牧师的话，问题很简单，裁减教会的工作人员，岂不是最好的方法吗? 不然，降低圣品人和其它工作人员的程序，便可以减薪，使教会的担负轻松，岂不又是一种办法吗? 不然的话，挂起教会的招牌，做别的行当，不问教会前途和名誉，岂不又是一种办法? 却是很明显地，这些办法都是教会自杀的办法，不是教会自养的办法。教会自养一定是养教会，不是维持教会的人员。维持教会的人员，只是一种手段，使教会生气勃勃，向外膨涨，引人归主。改变人心社会才是教会自养的目标，养教会亦是培养教会每个人的灵性,使每个人效法圣保罗传道的精神。

认清这一点之后,我们就要强调的说,教会自养,乃是一种手段,不是一种目标;我们更要强调的说,教会自养,乃是一种结果,不是一种原因。若是我们把教会自养看为一种原因,一种目标,便是前后颠倒,缘木求鱼,终久要失败的。何以故呢? 明显地,有教会,然后有教会的自养;无教会,则根本没有教会自养的问题发生。教会是什么,教会不是一所礼拜堂,按时在堂举行礼拜,有多少教友在那里参加,奉行故事就算了的。教会的本质,在于一些得着了基督生命的人们,如同圣保罗得着了基督一样,被内心的驱使,逼不得已,要将这基督的生命分与别人,正如同一个害病的人,碰见一位名医,治好他的病,他就随时随地要向别人介绍这位医生一样。圣保罗说:“我若不传福音,我便有祸了!”我们教会的人,必须有这种经验,教会才是真正的教会。我们教会的工作就是要人得着这种的经验、这种的感觉。在教会里头,有多数的人得着这种经验和感觉,教会就成为一个自传的教会。教会能够自传,才成为一个教会。教会有了自传的生气,教会自然而然地会自养。没有一个生气勃勃的教会是不能自养的。所以我说,教会要能自传,然后能自养。不先讲自传而讲自养,是先后颠倒的。

教会工作的经费,尽量应该由教友去担任。犹太人十分献一分之办法,不容易实行,因为不但缺少这种训练,未曾养成这种习惯,同时在现时生活困难的时候,更不容易提倡。却是我们基督徒为教会所用的钱,比诸信神佛的社会一般人,为那些元宝蜡烛所用,是多些还是少一点? 我们宗教的开支,是应该列入家庭预算的。恐怕我们送一次人情,请一次客,所用的比一年为教会所用的还多! 这是我们基督徒所应反省的。许多人不是没有量力献捐,乃是不感觉到献捐的重要。“非不能也,是不为也!”不能自传的教会,一谈到自养,每每就想到基金那个办法。教会的基金是最容易使人忘记教会需要的。教会有了基金,是最容易掩蔽他的教友灵性的软弱。教会不是不可有少许的基金,却是我们要记着教会基金的危险。我们在中国的教会,不只自传的方法,要和中国的文化和社会的环境配合,自养的方法也要和中国的文化和环境配合。中国的教友一定不能养欧美式的教会。但是这个问题复杂了,我只能简单地提供各位注意,其详须俟诸异日,请诸位原谅。

总结一句:教会自养的问题,确是今日当务之急。大概为这缘故,张海松主教才叫我今天在纪念圣保罗受感化的礼拜时候,谈到这个问题,我将个人一得之愚,提供诸位同道参考。先要我们像圣保罗那样受感化,完全拜倒基督的脚下,归降于基督,各人认清传道是每个基督徒责无旁贷的任务,感觉到我若不传福音,便是有祸了,然后教会才能自传,自传的教会才能自养。自传是原因,自养是结果;自养是手段,传福音是目标。“物有本末,事有终始,知所先后,则近道矣。”愿感化圣保罗的基督,今天用他的大能,叫我们每个人也受感化,负起我们的责任,服侍我们的教会,推进天国的事工,归荣耀于我们在天上的父。我们常常要记着,福音是我们白白得来的,应该和别人分享。“我若不传福音,我便有祸了!”

《使徒信经》十讲*

第一讲　我信上帝，全能的父，是创造天地的

一　千余年来，基督教教会各宗派所共同承认的信经有两种：一种是《使徒信经》，一种是《尼西亚信经》。教会各宗派的分别虽然很多，然而信仰却是一致。所赖以维系一致信仰的，除一部《圣经》外，就是这两种信经。信经的各条文，各人解释当然多少有出处，而各人讲解《圣经》也不同，但《圣经》还一样是我们一致信仰的根据。所以，假使信经的条文各人不同，而大体上是相同的，这也不妨碍我们一致的信仰。

二　《使徒信经》和《尼西亚信经》的历史和来源，因为时间的限制，我不准备去讲。我只说：《使徒信经》虽不是第一代的使徒所手订，便也有了一千五六百年的历史；甚至可以说，它可以溯源到第二世纪的初期。其所以称为《使徒信经》者，乃是因为从很古老的时候，教会一致相信这信经是可以代表使徒的教训。

《尼西亚信经》确是起源于纪元三二五年尼西亚的教会大议会，以后文字略有修改，但大致相同，所以它的历史也有一千六百年了。这两种信经，都是远在教会未分裂以前，整个大公教会所承认的。《尼西亚信经》是教会正式议会通过，而《使徒信经》是由习惯所形成的。《尼西亚信经》是教会全体对于正宗教义之一种宣言，而《使徒信经》是个人在受洗时的一种信仰的表示。

虽然两种信经的来源不同，但内容是大体一样的；因为两种信经都是以信三位一体的上帝为其中心。简单地说，两种信经的内容，无非定信上帝全能的父，信我主耶稣基督是上帝的独生子，信上帝圣灵。相信这个，就是教会认为正宗的基督徒。我的这十次的演讲，只限于《使徒信经》，因时间的关系，只能作正面浅近的解释，并不涉及其它问题的争辩。

---

* 此书曾由香港基督教辅侨出版社于一九五五年作单行本出版。——编者注

三　《使徒信经》第一句是："我信上帝，全能的父，是创造天地的。"

基督徒的生活，是以信仰为其基础的，所以开宗明义就是"我信"两个字。什么是信呢？信不只是相信一样东西的存在，或者相信一件事是真的。宗教信仰的信，是感觉到人生有一种迫切的需要，并且知道要满足这种的需要，必定照着某种方法去行。因了人生需要的迫切，就知道照着这样去行，需要就得到满足。所以，信仰里边含着一种情感。用情感去推动信念，于是信仰就有力量，而能见之于实行。凡是不见之于实行的信念，都是因为这信念不和生命的需要发生密切的关系，因此只是一种冷酷的知识，没有什么力量。

基督徒感觉到人生需要二种归宿，生命必须有一个目标、一种方向、一种指导。这种生命的归宿、生命的目标、生命的方向和指导是什么呢？人家以为是功名利禄，是权力地位，而基督徒说：是犹太人自古就相信，创造天地的主宰，耶和华上帝和耶稣在福音书所讲的万人的父。基督徒是以这位上帝的意志为人生的归宿、为生命的目标。

四　人生若没有一定的目标，就会随风飘动，没有一定的方向，哪里会有他的归宿？哪里会有他的意义？这种人生不会有什么力量，不会有什么成功的。生命的力量，是在乎它的目标是否一致。生命的目标若不一致，生命必定有许多冲突。生命中有了冲突，当然是分散而减低了它的力量。生命要有一致的目标，才能有强大的力量。但是生命的力量强大到什么程度，那是要看它的目标伟大到什么地步。生命以整个宇宙的意志为目标的，目标也够伟大了。

五　基督徒继承犹太教，相信宇宙不是出于偶然，也不是自生自灭，而是想凭上帝的意志而有的。不只是凭着上帝而有，并且是凭着上帝的意志才能运动不息、生生不已。所以说，上帝是创造天地、维系天地的主宰。上帝起初怎样创造天地万物，在《旧约·创世记》里，只是凭着古代人的想象，而以诗词的话语去描写，和近人的思想当然不同。那是事实的问题，不关于宗教的信仰，基督教的信仰是：宇宙不是出于偶然，而是出于意志。

这个创造天地万物的意志是统一的。惟其是统一的，所以宇宙是个统一的系统，有条不紊，以其是有条不紊的，所以人的理智得以从事于其它各方面的探讨,而成为今日的科学。科学无非是上帝在宇宙中表现的各种专门的研究。因之科学愈昌明,上帝的意志就愈明显。

创造天地、维系天地的那位上帝,不只是意志,同时也有他的品格,如同我们人有品格一样。但是人的品格有限制,而上帝的品格没有限制。上帝既是宇宙间统一的意志,有什么可以限制他呢? 除非是他自己的本性。所以我们称上帝为全能。但是所谓全能,并不是什么都会做,而是说他照着他的本性,去无限制地表现他的意志。

最后,我们根据耶稣的经验和教训,知道这创造天地的全能主宰,对于我们人类,有父母对于自己子女的那副心肠,关系极其亲切,态度极其慈祥。假使我们真正相信,那创造天地、维系天地的万能主宰待我们人如同父亲待儿女一样,而我们也不断地去寻求他的意志,并且以他的意志为我们人生的归宿、生命的指导,这样,我们的生命当如何的伟大、如何的有力量。所以基督徒的信仰,当以信上帝为全能的父,创造天地的主宰为其起点。

第二讲　我信我主耶稣基督是上帝的独生子

一　基督徒若是以上帝的意志为人生的归宿,以上帝的生命为人们生命的引导,那末,我们就要寻求上帝的意志了。但是上帝的意志在哪里寻求呢? 耶稣说:“除了子和子所愿意指示的,没有人知道父。”又说:“你们不认识我,也不认识我的父,若是认识我,也就认识我的父。”“人看见了我,就是看见了父。”耶稣觉得他是和上帝同体的,他是上帝之子。《约翰福音》三章且说耶稣是上帝的独生子。什么叫做上帝的独生子呢? 德国十九世纪的大神学家哈纳克教授(Prof. Harnack)说:“子这个名称,是认识上帝的意思……耶稣确信他是认识上帝,是从前没有这样认识过的……在这种意识里,他知道他自己是……上帝的儿子,所以能说,我的上帝,我的父。”

二　相信耶稣是上帝的独生子,是主,是基督——这是基督徒特别的信仰。五旬节门徒受了圣灵的感动,彼得向众人宣讲的,是耶稣就是基督。腓力在路上遇见埃提阿伯的太监,只要那太监承认耶稣基督是上帝的儿子,腓力便替他施洗,让他加入教会为基督的门徒。大概在初期的教会，受洗的信条无非是承认耶稣是基督。所以《使徒信经》里面，最重要的一句是："我信我主耶稣基督，是上帝的独生子。"凡真心承认这个的，都是基督徒。

三　我们首先要注意"我主耶稣基督"这句话。什么叫做"主"？什么叫"基督"(christus)？"主"这个名称，就是英文的 Lord，意即生命所皈依的，他的命令是我们绝对服从的。犹太人称耶和华为主。纪元前后，在地中海沿岸有许多种的神秘宗教，每一种都崇拜一神，作为那种宗教信仰的对象。相信那宗教的人，都称这位神为主。所以从初期的教会起，门徒都称耶稣为主，那是很重要的一种表示，目的是承认耶稣为神。

什么叫基督呢？"基督"(christus)是一个希腊字，从希伯来文 messiah 那个字翻译过来的。弥赛亚就是受膏(头上抹膏)为王的意思。犹太人很久就希望有一位领袖在他们当中兴起，恢复他们以前黄金时代的繁荣，将他们民族的敌人赶出去。他们几百年来的先知们，都谈到这么一位领袖的兴起。他们中间的热心份子，天天在那里等待着那位救星的来临。后来耶稣来了，他们感觉到他就是那位弥赛亚，但不是一般犹太热心份子所盼望的弥赛亚。他们盼望弥赛亚是用武力的，而耶稣是用仁慈的；他们盼望弥赛亚是只救自己的本族脱离敌人的束缚，而耶稣所传的福音是叫整个人类回心转意，脱离罪恶的捆绑；他们盼望弥赛亚来复兴犹太人的王国，而耶稣建立的是上帝的国，就是上帝的权力实行于人间。因此，犹太人在当时不肯承认他是弥赛亚，不肯承认他是基督。他的门徒起初也不大明了基督是什么意思，一直到最后，彼得才承认耶稣是基督。那时离耶稣的受难已不远，但他总算是门徒中第一个觉悟的了。他承认耶稣是主，是基督，是上帝的独生子，是基督徒信仰的开端。

四　但是承认了耶稣是我们信仰所皈依的主，是拯救人们脱离罪恶的基督之外，何以又要承认他是上帝的独生子呢？上帝的独生子是什么意思？基督教岂不是说人们都是上帝的儿女吗？耶稣教门徒祈祷的话，第一句就是："我们在天上的父。"上帝既是众人的父，人常然都是上帝的儿女，何以耶稣是上帝的独生子呢？

首先，我们要知道信经的文字不是写实的，而是象征的。我们念信经，切不可以字害辞，以辞害意，而须揣摩辞句的意思。前面我们已讲过，哈纳克教授说:“子这个名称,是认识上帝的意思。”耶稣的意识里,确信他自己认识上帝,从来没有人那样认识过的,并且他认识上帝是他的父,他和上帝的关系,是父子的关系。我们原来是没有这样的认识,我们原来不知道上帝是我们的父。我们都是上帝的儿女,至少,我们没有照这样去做人。我们认识上帝是父,乃是因着耶稣而认识的。我们因着耶稣的力量,才开始去过上帝儿女的生活。如果不因着耶稣,我们和上帝还是隔绝的,我们还是不认识上帝,更不认识上帝是人类之父。没有别人可以叫我们认识上帝是父,只有耶稣从他自己的经验那样教训我们。所以,我们称耶稣为上帝的独生子。我们因着他而成为上帝的儿女,所以我们只是上帝的“义子”(adopted sons)。这当然是象征的话语,但这是有它的意义的。我们要承认这个,承认耶稣是上帝的独生子,我们才不找别的途径,只从耶稣的生活和教训里去寻求上帝的意志,只靠他而与上帝亲近,只靠他的意志去过我们作上帝儿女的生活。所以,我们要信耶稣是救人脱离罪恶的基督,是我们信仰所皈依,应该绝对服从的主,也是上帝的独生子。

第三讲　因圣灵降孕,为童贞女马利亚所生

一　耶稣是基督教信仰的中心,我们已说过了,但基督教所信的耶稣,和其它许多同样的宗教所信的神不同,例如 Mithraism(密特拉教)盛行于纪元前后的罗马帝国,他的神,他的救主是 Mithra(密特拉神),印度教很有势力的一派是信 Krishna(黑天)的,他是这派印度教崇拜的中心,正如耶稣是基督教崇拜的中心一样。但是 Krishna 和 Mithra 与耶稣不同的很重要一点,即耶稣是历史中的一个人,而我们对于 Mithra 和 Krishna 所知道的,无非是一套神话,完全没有历史的根据。所以我们说,基督教是历史的宗教。基督教是教理不论怎样高深,一旦离开历史的根据,就失掉它的意义了。

基督教中心的教义是“道成人身”,这不是理想,而是历史,历史中的一个人,名叫耶稣。他把上帝的道,在普通所谓人的生活中表现出来,使人们对于上帝的品格和意志,明白了解。而耶稣是一个人,是和我们人一样,也是一个女人所生的。他生活的环境,和我们的生活环境大致一样。我们所有的问题,也是他的问题。我们所遇见的困难和引诱,他也同样地

遇见过。他当日所过的生活,完全是人的生活,但他在他的生活里,却处处表现上帝的意志,好叫我们跟着他,也能努力表现上帝的意志。

二　但是《使徒信经》说"为童贞女马利亚所生",这话当作何解呢?耶稣是马利亚所生的儿子,那是很清楚的,历史上没有人否认过。请问没有丈夫的童贞女会生儿子吗?

我们不要把"童贞女"这名词看得太呆板。马利亚是否没有见过丈夫就生耶稣,这是一个事实的问题。这个问题不论用什么理论来争辩,在二千年后的今日是不能解答的。至于"童女"这个字原来是出于《以赛亚书》七章一四节:"因此,主自己要给你们一个兆头,必有童女怀孕生子,给他起名叫以马内利,就是神与我们同在的意思。"这一切先知书的前后文,并没有说这个生子的童女是从未见过丈夫的。原来这里"童女"的字样,本是希伯来文,是合婚嫁年龄的青年女子的意思,希腊文的《旧约》把它译为parthenos,就变成没见过丈夫的童贞女。初期教会的人,到处找《旧约》的证据来证明耶稣是基督应验先知的预言,于是他们在希腊的以赛亚译本里见这一段话,耶稣是童贞女马利亚所生,就成为传统的说法了。

其实耶稣是不是一个没见过丈夫的童女所生,与耶稣之是否为基督,并没有重大的关系。要紧的,是看耶稣的生平是不是完成上帝的意志,并且救人脱离罪恶。我们对于他的信仰,是他为马利亚这个女人所生,并且是初期教会称为童贞女马利亚的那位女人所生。马利亚是有来历的一位女人,并不是神话所捏造的。

三　然而基督教对于耶稣的信仰,乃是耶稣的诞生是人类的一个新纪元。以耶稣当时的历史背景和社会情况,都不能说明耶稣的为人。他的人格,确实不是人类到了那个时代的结果。他的行为和思想都超出当时社会的环境,所以就不得不在人类的历史和当时的社会环境以外去找耶稣生命的来源。他的生命从哪里来的?是直接从上帝来的,这就是"因圣灵降孕"的意思。假使我们相信耶稣的诞生,各样事都和平常人的产生一样,岂不是更合于"道成人身"的意义,何必要相信耶稣的诞生和我们有哪点不同?但是因为耶稣的人格和生平都是天生的独特,也是空前绝后的,所以信仰上才去替他找一个新源,于是教会很早就有了"因圣灵降孕,为童贞女马利亚所生"的信念。用很美丽而神秘的文字载在圣马太和圣路加的福音书里面。《马太福音》一章所载的天使，向马利亚的未婚夫约瑟显现；《路加福音》所载童贞女马利亚闻报，都是很早就已经形成了传统的故事，虽然和现代人的思想不合，但是二千年前的人却很容易把它接受下来。我们在今日，不必去追求这种传统故事的根据，因为那种根据是追不出来的。我们只寻味这种传统故事所深深含着的意思：耶稣并不是像 Mithra 和 Krishna 那样的神话中的人物，他是时间空间确实占有地位的一个人，是一个有来历的女人所生。但是他的人格和生平又是那么独特，而且空前绝后，所以我们只得在人类和整个自然之外去找他的来源，也只得相信他的生命是直接从上帝来的，他是“因圣灵降孕”而生出来的。

但我们不是因他是圣灵降孕，为童贞女马利亚所生，就相信他是基督，是上帝的独生子，是我们应该绝对皈依的主。我们因为从他的整个生平和教训，相信并承认他是主，是基督，是上帝的独生子，也真正是上帝的“道成人身”。现在绝对不能证明说，他是因圣灵降孕，而为童贞女马利亚所生的。他的人格和生平，是的确的事实。至于他怎样诞生，那是推测的事，我们只可以的确的事去证明推测的事，断断不会以推测的事去证明历史上可靠的事。明白了这一点，我们才可以去讨论“因圣灵降孕，为童贞女马利亚所生”那句话。

第四讲　在本丢彼拉多手下受难，被钉十字架上，受死，埋葬，降在阴间

一　耶稣既是历史中的人物，有他生命的起头，必有他生命的终局。“因圣灵降孕，为童贞女马利亚所生”，那是指他生命的起头。今天要讲的一句，是关乎他在世上的生命的终局。

彼拉多是罗马帝国派在犹太当总督的一位大员，他的时代在罗马史上是可查考的。“在本丢彼拉多手下受难”这一句话，更加确定了耶稣在历史上的地位。耶稣是历史的人物，不是神话所捏造的。

二　耶稣是受难而死，是受当时罪大恶极，而且也是残酷的刑罚，被钉在十字架上死的。在犹太总督手下受惨刑而死的人不知凡几，而耶稣在本丢彼拉多手下受惨刑而死，这事有什么值得我们记载的价值呢？何以载在我们的信经里？

受惨刑而死，本来是没有记载的价值，但有的死是重于泰山，有的死是轻于鸿毛。惨死固然是很寻常的一件事，但是我们的那位皈依为主，信为基督，被视为上帝独生子的耶稣，受罪大恶极者应受的刑罚，惨死在素以法治号召于天下的罗马帝国的大员手下，真是一件特殊的事！

但是我们又何必惊奇呢？耶稣的一生岂不是一直都是痛苦的人生吗？照《新约》的记载，他一生下来就受难，父母把他带着逃往埃及去。他出来传道，固然有一度似乎曾受人家的欢迎，但是不久便遭遇着反抗。他的家乡亲朋不接受他；他的弟兄姊妹误会他；他的门徒丢弃他；受过他亲切训练的犹大居然出卖他；他的得意门生彼得到最后竟然不承认他。他是单独踏上那最惨痛的十字架的路！他受尽苦难，他的一生是惨痛的，然而他却处处表显上帝的旨意，他的一生就是上帝的道向着人类的启示。服从上帝旨意的人生是凄苦的，是被人误会、被人丢弃、被人出卖的，是众叛亲离，最后还要受冤枉而惨死的。基督教的教会把这一点列在信经里，不是表扬它的教主，不是归荣于上帝，而是承认社会的万恶、人类的堕落。但是在这万恶的社会、堕落的人类中，却有道成人身的耶稣在，那正是上帝的荣耀和基督的大能。二千年来象征耻辱的刑具，反成了无上光荣的标帜。犹太总督没有了，罗马帝国也没有了，而十字架巍然独存于世界，遍满了地角天涯，作苦痛人生的唯一安慰。

三　耶稣确是死在十字架上，并且死了的身体从十字架上拿下来，在坟墓里埋葬了。这不仅为我们相信耶稣复活的张本，也是叫我们觉得耶稣在世上的事业好像是结束了、没有了，成为肉身的道钉在十字架上完了，他的遗迹都埋在坟墓里，人们再不能看见了，上帝已经失败了！但是不，因为他还要复活！

四　信经里还有一句话："降在阴间。"阴间在哪里？阴间是当时的人信为既死的人所在的地方，也是最黑暗最凄凉的地方。耶稣死后，他的灵魂往哪里去呢？耶稣在世的时候，曾和门徒谈到他的死，并说他要往他在天上的父那里去。他复活以后，也没有提到他曾到阴间那边去过，何以信经里有"降在阴间"这句话呢？

这是不能拿事实证明的，这是信仰，由想象去满足人们心里的一种极大要求。试问极惨痛、极凄凉的人还有希望吗？有的，因为耶稣自己曾到那里去。极痛苦的经验,是我们独自在那里经过的吗? 不是,因为有耶稣和我们在那里。总而言之,人不能经过什么痛苦是耶稣所没有经过的,且不能为人们表同情的。他也曾到过最黑暗、最凄凉的阴间。这种的信仰,能使人得着何等样的安慰!

五　这种的信仰并不是什么麻醉剂,而是给痛苦的人以暂时的安慰。这是这个恶劣的世界中一种千真万确的经验。凡是有过深刻的经验,凭着良心去做人、饱尝世故的,都会感觉到。孔子说:“天下有道,丘不与易也。”他到处奔跑,如丧家之犬,这是他为世界的混乱而甘自吃亏。孟子也说:“天之将降大任于斯人也,必先苦其心志,劳其筋骨,饿其体肤,空乏其身,行弗乱其所为。”释迦牟尼说:“我不入地狱,谁入地狱!”世界上没有坏人吃好人的亏,都是好人吃坏人的亏。准备做好人,做一个像人的人,都要吃亏。所以愈是好人,就愈要吃亏。耶稣是不得不被钉死于十字架上,降在阴间里。

然而历史到底有它的定评。耶稣那个时代的犹太人和犹太社会,无论是从宗教上或政治上看,都是坏透了的。要害死耶稣的,不是本丢彼拉多。不管近代开明的犹太学者,如克劳斯诺(Krausner)这班人,怎样设法去证明当时的耶稣不是被犹太人害死,但我个人还是相信害死耶稣的是犹太人。虽然在犹太人的群众呐喊“钉他在十字架、钉他在十字架”的声音中,彼拉多当众洗手说:这事与我无干,但是最后决定的还是他,负责任的也是他,他是代表那时代的人。所以历史的定评是:耶稣“在本丢彼拉多手下受难”,负责任的人虽然当众洗手,还是洗不掉他应负的责任。

第五讲　第三天从死里复活、升天,坐在无所不能上帝圣父的右边

一　“第三天从死里复活。”第三天就是耶稣被钉死十字架的第三天。犹太人天数的算法,和我们中国的算法是一样的。耶稣受难是在礼拜五,算到礼拜是第三天。礼拜那一天,原来是犹太人安息日的第二天,本是一个礼拜的第一天。基督教把那一天改为特别崇拜赞美上帝的一天,又称为主日(The Lord’s Day),因为主是在那一天复活的。救主的复活,是基督教最重要和最可纪念的一件大事。

照《使徒行传》的记载，耶稣复活后那个五旬节，门徒被圣灵充满了，向众人传道，所传的是耶稣复活，以后一直所传的，都是复活的耶稣。主的死而复活，是基督教基本的教义。圣保罗在《哥林多前书》十五章说过："我当日所领受又传给你们的：第一，就是基督照《圣经》所说，为我们的罪死了，而且埋葬了；又照《圣经》所说，第三天复活了。"又说："若基督没有复活，我们所传的便是枉然，你们所信的也是枉然。"

二　那末，这样重要的一件事，在事实上有什么凭据呢？在记载上讲，我们现在所有的凭据，是四福音书的述说和圣保罗的书信。福音书的记载，比较神奇，耶稣被钉在十字架上的身体，是他死后才拿下来葬在坟墓里的。到了第三天清早，门徒们到坟墓去看，坟墓空了，他们相信坟墓空了，是因为耶稣复活了。以后许多门徒并且看见他。门关上，他还能够不开门而进来，和门徒说话，拿东西吃，门徒并可用手摸得着他，这岂不是咄咄怪事！幻耶？真耶？当时已经有人不信。很早的时候，圣保罗写信给哥林多人，岂不是说："既传基督是从死里复活，怎么在你们中间，有人说没有死人复活的事呢？"但是他又说："基督……死了……第三天复活了，并且显给矶法(就是彼得)看，然后显给十二使徒看，后来显给五百多弟兄看，其中一大半到如今还在……以后显给雅各，再显给众使徒看，末了也显给我看。"复活的耶稣，照这样就来，看见的人是很多的。坟墓空了，据我在哈佛大学的老师寇苏泼·雷克教授(Prof. Kirshop Lake)那样说：是因为当日门徒们错跑到别的坟墓那里去，当然找不着耶稣的身体。因此复活的故事，是经讹传讹，愈传愈神奇的。以后门徒们看见的，都是鬼吗？

三　解释这件事的说法很多。我们在短促的时间内不能一一来辩驳，但是圣保罗除非是故意说谎，不然，哪会有五百个人同时白昼见鬼？当时耶稣的门徒都在传耶稣的复活，他的坟墓里找不着他的身体了。假使他们是造谣的话，何以反对他们的犹太人，尤其是不相信死人复活的那派人，不把耶稣的身体找出来去堵住彼得和其他门徒的口呢？现在两千年后的今日，当然无法去证明埋葬耶稣的坟墓，到了第三天是不是因耶稣的复活而空了。但是耶稣死的时候，门徒们是怎样的惊慌、胆怯、忧愁、失望、软弱！到了第三天，他们又是如何的镇静、勇敢、快乐、兴奋、坚强！有什么事发生,叫他们这样的大大改变了?若是说是一种自欺欺人的去传说死了的耶稣的复活,那也只可以欺人一时,岂欺人于永久?伟大的基督教运动,怎能建设在自欺欺人的根基上面?无论我们相信不相信当时的坟墓是不是空了,无论我们怎样去解释坟墓空了的那桩事,基督教的伟大运动一定不建立在枉死埋葬了的耶稣上面,而是建立在复活的救主上。假使这个伟大而惊人的教会运动不建立在复活的耶稣上面,而是建立在几个头脑简单、以讹传讹的打渔人的基础上,试问还有哪种奇事比耶稣死而复活的事更神奇呢!

四　我们当知空的坟墓是现在不能证明,也不能否认的一桩事,但是它的意义是上帝能将一件很不好的恶事,变为他自己的一种胜利(the victory of good over the powers of evil)。

人生的究竟不是痛苦,不是死,而是由痛苦和死亡得来的更丰富而美满的生命。人生是要丢掉生命,然后得着生命的。所得着的,不是去掉属世界能朽坏的生命,而是获取属天不能朽坏的生命,就是永生。圣保罗说:"我如今把一件奥秘的事告诉你们,我们不是都要睡觉,乃是都要改变。"睡觉醒来的,还是那个旧时的身体,改变了的是一个新的、上帝再行创造的身体,无论怎样说,那是"一件奥秘的事"。

五　耶稣复活之后四十日,照《使徒行传》说:他升天去了。耶稣的升天,作何解释?何以我们要相信?

从前一般人的见解,以为地之上就是天,并且天是神所在的地方。现在我们把"天"这个字当作一个象征的名词,不是指着一个处所,不是空间的地位,而是代表一种生活的情况。和上帝在一起的生活就是天,上帝是个灵,灵是不能以空间来比拟的,所以我们不能问上帝究竟在哪里,因为"哪里"是属于空间的。

耶稣受难以前的身体,和人们的身体完全一样。门徒和他接触,是靠五官和他接触。复活后耶稣的身体,不是属地的,他来去无常,门徒们不能用五官常态和他接触。升天后的门徒,只可用灵性和耶稣接触。他"往父那里去了",但是和他的门徒永远同在。耶稣的诞生,是上帝的道住在人们的中间,在人间代表上帝。耶稣升天后和天父同在,在上帝面前代表人,这是很有意义的。

我们相信升天的救主，在上帝面前是属于最尊贵的地位。“坐在无所不能上帝圣父的右边”，就是这个意思。犹太人和现在的西洋人以右为主，在中国应该说是“左边”。信经译文上还是用“右边”字样，以保存原文的意义。

第六讲　将来必从那里降临，审判活人死人

一　对于将来有两种问题，是宗教和哲学不断在那里寻求答案。一种问题是，人死后怎样？如同灯火吹熄了，再也没有了吗？或者还有一个来生？那个来生和在世的今生有什么关系呢？另一种问题是，人类的归宿是怎样的？究竟百代的过客有没有一定的方向，终局究竟是怎样的？

将来的事，当然没有人能看得清楚。各种宗教和哲学的答案，都是属于推测的，要紧的是看它的推测有什么根据。

基督教对于将来，也是作一种的推测，它的话语当然都是一种象征、一种比喻，不十分清楚确定的。圣保罗在《哥林多前书》十三章说过：“我们如今仿佛对着镜子观看，模糊不清……我们如今所知道的有限……”

但是犹太人教和承继他的信仰的基督教，对于将来是存着一种有把握的希望，“耶和华的日子”那句话，遍见于各先知书。那种恳切的希望贯注了整个以色列族的历史。在以色列人被掳到外国，国亡家破，前途黯淡的时候，这种希望尤为恳切。耶稣诞生以前，犹太的文学产生了许许多多的寓言书，都是形容这种希望，有的已经收集在现在的《旧约圣经》里，如先知但以理书；有的列在《圣经》外传，一般的人读的比较少，如以诺书、巴灵书这一些的文字，表现犹太人历史的眼光，相信历史不是偶然，而是含着深刻的意义。国家、民族和个人的遭遇，都有上帝在那里主持，将来必定有个归宿。到最后，也一定会总算帐，丝毫不爽的。

基督教的《新约》里面，也是满纸都是对于将来希望的话，《马可福音》九章说：“站在这里的人，有的未尝死味以前，必要看见上帝的国，大有能力临到。”《马太福音》二十四章也说：“那时……他们要看见人子，有能力，有大荣耀，驾着天上的云降临。”《使徒行传》记耶稣升天的事也说：“门徒定睛望天的时候，忽然有两个人，身穿白衣，站在旁边说：‘加利利人哪！你们为什么站着望天？这离开你们，被接升天的耶稣，你们见他怎样往天

上去,他还要怎样来。'"

二　这都是犹太人和初期的基督徒描写将来的话,既是属于想象的描写,每一句话、每一个名词是作何解,我们在短促的时间里不能详细加以研究;为我们目前的缘故,也不必去详细讨论。我们只要认清楚基督教承继犹太教传统的观念,以为历史是有意义的,一切都有它含着道德意义的归宿。真理最后必定胜利,上帝的旨意终久要统治人类。钉在十字架上死了的耶稣已经复活了,物质环境给他的打击,不能使他的事业失败。有限的时间与空间,不能限制他的能力。到了最后,他的真理必定有力地进入每个人的心中,为一切是非的标准。论到一个人的是非,俗话说"盖棺论定",但是从基督教来讲,盖棺也不能论定,因为社会一般人的是非,不一定是真是非。真是非是以耶稣的人生为标准。上帝的是非,要接受这个是非,是非才能大白。如果人类都接受了耶稣的是非,人类的是非才能确定。

三　将来会有一天,人类的是非都以耶稣的人生和上帝的是非为唯一的标准吗?基督教的信仰说,必定会有这一天的。离开世上升天去了的耶稣,还要第二次降临。他第二次降临时,不像第一次生在世上那样,被人拒绝、丢弃、出卖,最后还在罗马帝国的大员、强权的代表、民众的傀儡面前受审判、受死刑。他第二次降临时,是具有天上的权力和威严而降临,审判世上一切人类,所有的是非都由他来决定。

据我想,他第一次的诞生想用上帝的爱去感动人,但结果是失败了,所以第二次降临时他就改变方针。用上帝的力量强迫人吗?我绝对不信这一点。因为我不信宇宙间有什么力量比上帝的爱——就是耶稣在世为人所表现的爱的力量——还要大。若是我相信的话,而上帝就是爱,那末,我就相信有一种力量比上帝还大了,这是不可能的!

《约翰福音》十六章岂不是记着耶稣说:"我若不去,圣灵就不到你这里来;我若去,就差遣他来;他来了,就叫世人为罪,为义,为审判,自己责备自己。"所以耶稣的第二次来,就是圣灵进入了人心,人心受了圣灵的感动和指示,就要甘心情愿地接受耶稣的人生为是非的唯一标准,因了自己的罪受审判,并受责备。每个人接受了圣灵,是要受这种的审判。就是已死的人,到了社会都接受了圣灵,而以耶稣的人生为是非的标准,真的是非也决定了,那才得要接受正义的舆论,而得到最后的裁判。这岂不是说,当耶稣第二次降临时,就是圣灵充满了人心和社会的时候,活人和死人都要受第二次降临的主的审判吗?

四　因此,无论我们对于人的死后怎样想,死不是最后的一件事。盖了棺,论还是不能定,最后的决定是上帝。我们不能像一般浅见的基督徒那样想,以为人一死就到安乐窝去了。《圣经》的教训和基督教教会传统的信仰,都说人在世所有道德的行为,必定有其不可磨灭的结果。善恶有一定的报应,至于死后有没有改恶从善的机会,关于于这一点,基督教并没有明白而确定的教义。我个人的神学思想是趋向于"普救论"(universalism)。上帝在耶稣里所表现的爱是万能,没有人能始终如一地抵抗他,终久要降服、得救。所以没有人是永远失落的,所有古今的人都归服了上帝,那就是末次的审判了。

第七讲　我信圣灵,我信圣而公之教会

一　信经所注重的是三位一体的道理:圣父、圣子、圣灵。教会很早的时候,已经奉三位一体的名施洗。关于圣父圣子的道理,我们已经讲过了,现在要讲圣灵。

首先我们应注意的一点是:信经讲到圣子的话比较多,提到圣父的只一句。关于圣灵的话更简单了,只是"我信圣灵"四个字。因为在历史上,教会对于圣灵的争辩很少。所争辩的,是"从父子出来"那一句,但是那句话是在《尼西亚信经》里,而不见于《使徒信经》,所以不在我们讨论之列。

二　圣灵是什么意思呢? 圣灵这个名称,见之于《旧约》的地方很多,意思也不一致。在《新约》里面,接受圣灵是基督徒的特征。基督徒和其他人的分别,就在这一点。因为基督徒的生活是受圣灵感动的生活,所以他们的生活是快乐的生活、信仰的生活、胜利的生活,能够胜过世俗的生活。甚至在耶稣复活升天之后,圣灵还没有降临以前,门徒还没有什么活动,一到五旬节,门徒们充充满满地受了圣灵,他们便开始向外传道,气象一新。从前好像一盘散沙的门徒,现在已经团结起来,负起耶稣交给他们的责任,以完成建立天国的伟业。继续耶稣的工作,去传上帝救世的道,乃是教会的任务。所以我们说,五旬节就是圣灵降临节,是教会的生期。

从那天起,教会才是教会。从前在《旧约》时代感动先知的圣灵,现在充满了教会的团体了。

三　何以这个能力我们称之为圣灵呢?因为他是上帝的能力。上帝是创造的。唯有上帝才能创造。圣灵充满了教会,教会就成为一个新的团体,有了新的功能。所以我们认定这个力量不只是从上帝来的一种力量,如同聪明智慧是从上帝来的力量一样。教会和个人得受圣灵之后,团体和个人都成为新的创造。我们不得不承认圣灵就是上帝。我们称他为上帝圣灵,是为了这个缘故。

四　圣灵和圣子耶稣有什么关系?有时我们也称圣灵为耶稣的灵。这种说法,根本上虽没有错,但我们要知道感动耶稣的也是圣灵。福音书岂不是说:耶稣在约旦河受了约翰的施洗之后,圣灵降在他的身上,并且引他到旷野去吗?我们称圣灵为耶稣的灵,因为我们受了圣灵的结果,我们就充满了耶稣的生命,并且成为耶稣身体的肢体,去做耶稣的工作。凡是团体和个人得着灵感而工作,那种工作必定合乎历史的耶稣所启示的上帝的意志,那才可算为圣灵的工作,不然的话,就不可称为圣灵的工作。原来圣灵的工作,是使"基督在我们里面"。

五　然而"基督在我们里面"和"我们受了圣灵"两句话,是一样的意思吗?不是的。我们本身的力量,不能接受基督,使他住在我们的生命里面,必定要上帝的圣灵先感化我们,我们才能接受耶稣基督。使我们接受基督的是圣灵。所以先要有上帝的圣灵感化了我们,我们才能接受基督徒;接受了基督,才能有基督在我们里面,使我们成为新人。我们新的生命,不是我们听道之后,因自己努力去承认耶稣而得来的。我们所有基督徒生活的经验,都是因为圣灵的能力才得着的。换一句话说,我们认识耶稣而得着上帝的生命,不是我们自己的功劳,而是上帝的恩惠。这是基督徒基本的信仰,所以说:"我信圣灵。"

六　我们已经说过,圣灵降临,就把一班散漫的门徒改造成为充满了灵感、生气勃勃、团结一致的教会。教会是上帝的圣灵所创造,去担负上帝的圣工,与世俗在功能上分开。属于上帝的,所以称他为圣,教会称为"圣而又分之"的教会,因为它是没有国家、种族、阶级、地域和时间的分别。古今中外只有一个普遍的教会,所以谓之公。当日五旬节圣灵感动了门徒之后，圣彼得代表教会，向众人传道，众人当中，据《使徒行传》所载，有帕提亚人、玛代人、以拦人和住在米索波大米、犹太、加帕多家、本都、亚西亚、弗吕家、帝非利亚、埃及的人，并靠近古利奈和吕彼亚一带地方的人。从罗马来的旅官中，或是犹太人，或是进犹太教的人，革哩底和亚拉伯人都是当时一般人所知道的世界各地各民族的代表。所以从起头，教会就是属于上帝，而是“圣”的；普遍没有界限，而是“公”的。既然是从起头就是公的，当然是唯一的。从起头就是这样，所以是根据第一代的使徒所传下来的。

七　这是我们的理想，但是历史上的事实究竟怎样？事实上，在过去教会常有错误，而现时在许多地方教会是世俗化了，不完全属于上帝。传了将近两千年，虽然福音已经传到地角天涯，但是未听见福音的人还是很多，不信的更多。教会还没有包括整个人类，何得谓为普遍？教会是基督的身体，而身体只有一个。现在的教会是四分五裂，怎可称为唯一！诸如此类的情形，都使人们对于教会产生许多疑问；但是基督徒的眼光不只看现在，而且看到将来；不只看人的失败，也相信上帝的大能。教会在外表上虽然是分裂的，而信仰和精神还是统一的，过去虽有许多失败，但是靠上帝的灵可以更新。现在虽然还未普遍，而终久要达到目的。教会是宣传上帝福音的组织，总要完成实现天国的任务。这一切都是基督徒的信仰，所以《使徒信经》说：“我信圣而公之教会。”

第八讲　我信圣徒相通，我信罪得赦免

一　基督徒在“圣而公之”的教会里过他灵性的生活，有着两种的特权，并有两种的希望。那两种特权就是圣徒相通和罪得赦免。两种希望，就是身体复活和永生。这就是《使徒信经》最后的四句话。我们先讨论圣徒相通和罪得赦免。

二　凡是基督徒，因为他们加入了教会，虽在大社会里面，但不属于社会，而成为基督的肢体。所以他们是神圣，不是他们自己的造诣已经超凡入圣，而是他们的生命隶属于神圣的上帝，正如我们的军队称为国军，因他们隶属于国民政府，受国府直接的指挥一样。

凡属基督徒，都是基督的肢体，而基督的身体只有一个。所以，所有

的圣徒都在基督身体(就是基督的教会)里面,靠着基督联为一气、彼此相通。不但是现在世界上的基督徒不分国家、种族、阶级、地区的界限,更不管教会宗派的分别,在基督灵性的生命里彼此相通,精神上联为一气,就是过去两千年来的中外信徒,和我们在上帝面前也是彼此相通、联为一气的。这是《新约圣经》的道理,是我们不可不注意的。

三　本着这个道理,我们知道凡我们礼拜上帝的时候,尤其是在举行圣餐礼的时候,不仅是在某一处参加礼拜的人在那里礼拜,就是天使、天使的总领和天上的会众也一同和声称颂主,这是何等庄严的一件事。我们在世上奉主的名工作,有时觉得心灰意冷,只要想到有过去许多的圣徒,像云彩一样围绕着我们,我们就不觉得寂寞,而觉得大大的兴奋。但是对于既往的人,我们不可作种种无根据的想象。他们现在究竟是怎样,我们好像在镜子里观看,模糊不清。我们最多是为他们祈祷,求上帝叫他们在离开世上进入了更伟大奇妙的生命中,继续在上帝面前得有长进,并相信他们也同样地为我们祈祷。总而言之,我们在世上的人和既往的圣徒,惟有共同在基督里面相通,不可希望用其它任何方法。并且我们祈祷的对象是唯一的上帝,不是任何既往的圣徒,这才是教会教我们圣徒相通的要义。

四　这种教义,尤其是我们中国的基督徒格外欣赏的。我们中国人几千年的习惯不是纪念祖宗吗?慎终追远是一种很美丽、很有意义的情绪。虽然社会一般的习俗常常把敬祖的原意弄错,但如果我们仔细地研究敬祖的本意,知道敬祖原没有把祖宗当作神去敬拜的意思。生事之以礼,死葬之以礼,祭之以礼,是"不忘其所由生"的意思,不是向着祖宗去求福。《礼记 · 祭义篇》说过:"贤者之祭也,必受其福,非世所谓福也。福者备也,备者百顺之名也。无所不顺者之谓备,言内尽于己,而外顺于道也。"像这样的敬祖,没有和基督教的教义冲突,并暗暗地和圣徒相通的意思相合。但是基督教圣徒相通的道理,比较我们敬祖的道理,广大精微得多。我们在基督里面,和过去的圣徒相通,不限于是生存的人纪念既往的人,乃是现在的圣徒和既往的圣徒在基督的生命里继续努力长进,这不是说明基督教确是可以完成我们儒家最好的道理吗?"我来不是毁坏,乃是成全。""圣徒相通"正是要成全"慎终追远"的意义。

五　我们在教会的灵性生活里面,还有一种特权,就是罪得赦免。上帝是慈爱、怜悯、容忍，凡是忧伤痛悔的，上帝必不轻视。这样的话，在《旧约》里面到处都可看见，尤其在福音书里面，耶稣用浪子回头比喻，叫我们明白知道上帝是一个愿意赦免罪人，而不念旧恶的父亲。

但是我们要认清楚罪得赦免是什么意思，不要以为犯罪之后得着赦免，过去所做的事就没有他的结果了。犯罪就是违反上帝旨意的行为，凡我们有意的行为，不能达到上帝所希望于我们的标准的都是罪。这些行为，不问有意无意，都照着行为的定律，有它自然的结果，那是不能避免的。但是对于个人的人格，最严重的，不是这种都照自然而产生的结果。如同用棍打人，被打的人头上必然肿了一块。被打的人若是无故被打，也许会饶恕打他的人，但是饶恕之后，头上的肿不会立刻就消。打人之后，若严重的结果不是被打的人头上肿了一块，乃是两个人中间从此发生隔膜，同时，打人者如果随意打人，这种行为一定会影响他自己的人格，叫他以后更容易打人。上帝赦免我们的罪，不是取消了我们行为在自然界的结果，乃是恢复我们和他原有的父子关系，同时改造我们自身的力量，使我们不因既往的行为以致道德的能力更加薄弱。浪子回头的比喻，把这几点说得很清楚。浪子所耗费的资财，父亲不能替他追回；但浪子归家之后，父亲接收了他，他依然做他父亲的儿子。他回到家里来，居然是二少爷的地位，恢复他旧有的地位，得了自新之路。

六　何以我说罪得赦免的特权要在教会的灵性生活里才能得着呢？《约翰福音》二十章记着说：耶稣复活之后，七日的第一日晚上，门都关上了，耶稣来站在门徒中同，向门徒吹一口气说：你们受圣灵，你们赦谁的罪，谁的罪就赦了，你们留下谁的罪，谁的罪就留下了。这话是向整个教会说的。赦罪的权，耶稣授予整个的教会。但好些人以为什么罪都得了上帝的赦免，那是很容易随意曲解，危险甚大，因此便常常提醒我们、扶助我们，用种种灵性方法加强我们属灵的力量。使我们的罪赦免的，是教会；因此我说，罪得赦免，是我们在教会中灵性生活的一种特权。基督徒的生活，不是个人独自能有的，必须靠整个基督徒的团体，那就是教会。

第九讲　我信身体复活

一　《使徒信经》最后的两句话是指着我们将来的希望，那就是复活和永生。我们先讨论复活的问题。《尼西亚信经》说“我指望死人的复活”,《使徒信经》说“我信身体复活”。死了的人将来要复活,已经是难懂的一件事,何况是说身体的复活呢？我们要问:死了的人的身体,无论是死了多少年,将来都要复活吗?

我们已经说过,对于将来的事,我们所能知道的是很有限的。《约翰一书》说:“我们现在是上帝的儿女,将来如何,还未显明。”圣保罗也说:“好像在镜子里观看,模糊不清,到了那日,就是面对面了。”死后的事,惟有死后才能知道,但是对于死后来生的问题,人是很想知道的。无论哪个民族、哪个时代,总是有人要研究这个问题。在十九、二十两世纪,西洋不是很注意物质科学的探讨吗？但是第一次欧洲大战之后,因为许多人都有亲朋在战场上牺牲性命,那些牺牲的,尽是有为青年,一旦死去,他们的生命就完了吗？是不是还有一个将来？我们回头来打开一部《圣经》,要从宗教里得着一种对于这个问题的答案,但《圣经》里的话不是十分清楚,大都是象征的话,代表作者那个时代的思想。《圣经》里的观念,彼此时有出入,叫我们不能得着准确的了解。

但是在新约《圣经》里,有一点是很确定的,那就是死了的人将来要复活。圣保罗在《帖撒罗尼迦前书》四章说:“我们若信耶稣死而复活了,那已经在耶稣里睡了的人,上帝也必将他与耶稣一同带来……有上帝的号吹响,那在基督里死了的人必先复活。”在《哥林多前书》他又说:“但基督已经从死里复活,成为睡了的人初熟的果子。死既是因一个而来,死人复活也是因一人而来。在亚当里,众人都死了,照样在基督里,众人也都要复活。……若死人不复活,我们就吃吃喝喝罢,因为明天要死了。”

二　人死了以后,还是生命不断,这是科学不能用事实证明的一件事。欧美对于这件事,也研究过多少时候。精神研究(psychical research)是很普遍的一种运动,但是一直到今日,它的结果还是不满人意,不说是一般近于无聊的举动,比较肤浅,涉及迷信,就是那些把它作为很庄重的研究而工作的人,还是不得要领。哲学对于这个问题,因为没有事实的根据,惟有保持一种存疑的态度。十八世纪德国最伟大的哲学家康德在他的《纯粹理智评判》那部杰作里,证明灵魂不灭这一问题,是人的理智不能置否的。但是他在另一部伟大名著《实用理智评判》里说,人只要谈到人生的实践必须认定三种基本原则,其中的一种就是灵魂不死。这种理论,一直到现在还没有哲学家能够把它推翻。所以人死后生命继续存在这一点,虽是事实所不能确实证明的,但是哲学和宗教却一样地予以默认。我们至少可以说,科学和哲学都无法去否认。若是基督教相信生命是从上帝而来,并且每一个的生命在上帝眼中都有无上的价值,这样,生活决不能因为身体的消灭,就和它同归于尽。身体之于灵魂,正如我的自来水笔之于我的写字的技能一样。我不能因了我现在用的水笔没有了,我的写字技能也就没有了。我可以再去取得一支笔,或者取得别的一种有笔的功用的工具,来表现我的写字技能。写字技能不是因了笔的存在而有,笔乃是因了写字技能而有的,这是很明显的道理。

三　照这样说来,我们可以相信,人死后不仅是还要活,并且相信这个身体消灭了,在别的一个环境里继续存在的生活还要有一个身体,那个身体是怎样的,我们不能说。因为要说须得用概念、用语言,而我们所用的种种概念和语言,都是适应于现在的生活环境,换一个另外的环境,现在的概念和话言都不适用了。我们怎能去说,不仅是不能说,并且也不能想象,因为想象还得要用现世界所形成的概念。我们所以相信死了的人没有方法和我们在世的人通消息,那是因为他们的消息不能用我们这个世界的概念、话言、文字来传达的。然而他们和我们在生命上还是一气的。就是在这个世界里面,我们到了情感最高超的时候,还是没有话可以把它来表达,惟有心心相印、息息相通而已。

四　最后要说,我们不仅相信死后灵魂不灭,并且也相信身体复活。因为我们相信来世的生活不是寂静的,是比这个世界的生命还要丰富、还要有意义。生活若要丰富而有意义,那末必定不会是寂静的。我们并相信来世的生活,不会否认我们今世个人的生活。以个人的生活为无价值的,是佛家思想。基督教不仅注重现世界个人的生活,而且相信来世仍然有个人的存在。在十字架上被钉着的耶稣,岂不是对那个悔改的强盗说:"我实在告诉你,今日你要同我在乐园里了。"你我是指个人而言的,来世既有个人的生命,而那生命又非寂静,而是丰富有价值的,那就不得不有团体的生活。在那团体里面,个人彼此间一定有所往来。个人彼此往来,是要靠一种身体作为媒介。所以将来不仅有死后的生命。而且还有死后身体适合于将来的环境,如同圣保罗在《哥林多前书》说:“上帝随自己的意思给死人复活一个形体……凡肉体各有不同,人是一样,兽又是一样,鸟又是一样,鱼又是一样。……死人复活,也是这样。……有血气的身体,也有灵性的身体。”从圣保罗这段话看来,我们不要把“身体”这个名词和概念看呆板了。“我们既有属土的形状,将来也必有属天的形状。”

第十讲　我信永生

一　《使徒信经》末了的一句是:“我信永生。”永生是什么意思呢?当然从字面讲,是生活的永不止息。像这样说来,永生不只是来世,人死后也许仍然再要活。来生的活着,也许仍然有一个适合于来生环境的身体,但是那个生活还是可以断绝,那个身体还是可以灭亡。所以,永生的信仰比复活的信仰还要大,然而它有什么根据呢?

二　当然,把生活的永不止息当作一个时间的问题,那是无法可以证明的。有的哲学家如柏拉图,灵魂是一种单纯永远存在着的。这种理论,不能叫人十分满意。灵魂是单纯的吗?单纯的东西是永远生存的吗?柏拉图的大前提,是不是每个人都可以接受的呢?永生的问题如果是纯粹时间的问题,怎能够在时间里去证明呢?无论我们想象到什么的一个时间,那个时间必定还有一个未来的时间。所以时间是无穷的,无穷是理智所不能想象的,所以也是理智所不能证明的,因为那是理智所不能把握得住的。只有信仰才能把握得住永生。

三　基督教所谓永生,是纯粹时间的问题吗?《约翰福音》三章里面说:“那听我的话,又信差我来的,就有永生,不至于定罪,是已经出死入生。”十二章里面又说:“爱惜自己生命的,就丧失生命;在这世上恨恶自己生命的,就要保存生命到永生。”从这两段经文看来,基督所说的永生并不是单纯的时间问题,乃是生命质素的问题。永生是和被定罪的生活相对的,定罪的生活是不合于上帝标准的生活。所以,永生既是不被定罪的生活,就是合于上帝标准的生活,就是不以这世俗为标准的生活。我们自己的生活,乃是以功名利禄、讨好世俗的人。以“人”为中心,不以上帝为中心,以自己为中心的生活,这种生活是没有永远存在的价值。所以爱惜自己为中心生活的人,是要丧掉那有永远价值的生活。只有那愿意牺牲以自己为中心、以“人”为标准生活的人，才能以上帝为他生活的中心，为他生活的标准，那种人才能得着有永远价值的生活。所以，照着耶稣的话去生活的人，相信上帝就是耶稣的生活所表现的那位上帝的人，才能得着永生，立刻出死入生。正如《约翰福音》十七章说：“认识你上帝独一的真神，并且认识你上帝所差来的耶稣基督，就是永生。”永生不是指无穷的时间而言，乃是指生活的质素而言，但是有这种质素的生命，是具有到无穷还存在的价值的。我们应该如同我们在天上的父完全一样，不像天父那样完全的生活，就没有永远存在的价值，必定要消灭的。我们的生活，哪一点像天上的父，哪一点就是永生。一起都像天上的父那样完全，就一起都是永生。完全像天上的父的，只有一位，就是耶稣。所以耶稣的生活，就是永生。福音书记着一个少年的官吏来问耶稣说：“我要做什么，才能承受永生?”耶稣的答复是：第一，要遵守上帝的诫命；第二，要把心目中看为最有价值的世俗的东西牺牲掉；第三，本着耶稣那种精神去生活。这岂不是又说明：永生是丢掉世俗之所谓生活，去过耶稣那种遵从上帝旨意的生活吗？福音书里又明白地说：“凡为我的名撇下房屋、财产、兄弟、姊妹、父母、妻子、田地的，必定承受永生。”那种不以世俗为最有价值的人，耶稣称他们为义人。耶稣说：“义人要往永生里去的。”圣保罗在他的书信里，说同样的话的地方，也是很多的。

四　但是舍弃世俗，跟从耶稣去进入永生，不是一种单纯道德的事情。单靠人的力量是做不到的。在耶稣降生前后，盛行于小亚细亚和地中海沿岸罗马帝国各处地方的，有种种的神秘宗教。这些神秘宗教的最大目标，就是要出死入生、离去生灭的人生，而得着神的不生不灭的生命。他们的方法，乃是和他们的神合而为一。与神合而为一的法门，就是吃神赐给他们的神自己的肉，喝神自己的血，然后神的生命方能进入人的生命里面。基督教的观念也是这样。永生不是人能够求得来、修养得来的，乃是上帝亲自赐给人的。《约翰福音》六章记着耶稣说：“我是永生的粮……人若吃这粮，必永远活着。……吃我的肉，喝我的血的人，就得永生。”永生是上帝叫他的儿子耶稣基督赐给人的，不是我们所能修养得来的。圣保罗在《罗马人书》六章里说“惟有上帝的恩赐在我们的主基督耶稣里，乃是永生”，这是基督教传统的信仰。

五　永生既不是人修养得来的，而是上帝所赐予的，所以永生在今生就可得着，不要等待将来。整部《新约》的盼望，都含有“时候将到，如今就是了”的意味。我们现在的生命，已经和永生接触了（Every moment is pregnant with eternal issues）。认识上帝的人所过的生活，都应该是关于永生的生活。时候到了，现在就是了。圣保罗说：“黑夜已深，白昼将临。”凡有经验的人，总会感觉着：“Moment by moment, the waves of time beat on the shores of eternity … Moment by moment, the world hasteth to pass away. Moment by moment, we stand in the twilight of the dawn.”（刹那复刹那，生命的浪花送将永生岸边去。刹那复刹那，黑暗的世界都要成往事。刹那复刹那，迟迟钟鼓声，夜尽更残天欲曙。）

可以说，我们和永生已接触了！

基督教的基本信仰*

序　言

客岁十月，中华基督教会在苏州举行第五届全国总议会，约卓民前往讲演两次，并指定以“基督教的基本信仰”为题。卓民敬谨受命。讲毕，将讲稿交与大会主席，未遑润色。总议会刊行纪录册，辱承披露讲词全文，益增卓民草率之憾。今上海青年协会书局，拟将该讲刊为单行本，并已征得卓民同意。原文二万字，除辞意略有修改，以便读者外，余则悉仍其旧也。如蒙海内外同人，予以教正，则尤幸甚矣。

一九四九年十月韦卓民序于武昌且住室

一　引言

讨论本题之前，有一二点不得不首先申明的：第一，作者不是专门研究神学，更不是以传道为职业，冒昧以《基督教的基本信仰》一文问世，浅陋自所不免。作者童年束发受书，服膺儒学，废除八股之后，才转习西学，以应时尚，潮流所趋，固应如此。当时提倡西学，以教会所办的学堂为最先。故肄业于武昌文华书院，后改名文华大学，由中学而大学，历时八载，朝夕得聆基督教的意义，参加教会的礼拜，限于校规，不得不尔，原非所愿。于是始而反抗，然以年幼，敢怒而不敢言。继而知识稍长，闻道越多，乃将信而将疑，反求诸儒家典籍，渐渐觉得儒家伦理，许多是能与基督教并行不悖的。大学毕业之后，继续从事于哲学的探讨，由哲学而宗教，由宗教而神学，由神学而各宗教历史，尤其注意于中国的佛道两教，垂四十年，至今不辍，可说是出入于儒佛道耶。教理之未明了，则揆诸哲理，哲理之所不能惬于吾心，则求之于各种社会科学。所以我的神学，是从各宗教

* 此书曾由香港基督教辅侨出版社于一九六五年作单行本出版。——编者注

的研究引导进去的，我研究各种宗教是由哲学而引端的，而我的哲学是以逻辑为典型而以伦理为归宿的。因为注重伦理，所以就研究社会科学，研究社会科学，又不得不注重历史。结果是我现在的宗教，以世界各种宗教演进的历史为背景，而认识基督教，以哲学为入门，然后得到基督教的神学。兜了许多圈子，还是回到原来教会的信仰，却是因兜了许多圈子的缘故，我对于基督教的神学愈加坚信不移。这是我要申明的第一点。

还有一点我要申明的。我是以严格的科学方法研究社会，以社会科学为基础以研究哲学的一个人。因为要应用科学方法的缘故，乃不得不时常从科学而旁及自然科学的哲学。有一个时期，我自信能用科学和哲学这所得，去证明神学的合理，并证明上帝的存在；潜思既久，宗教经验渐深，乃恍然大悟，觉得基督教的上帝，绝非科学与哲理所能证明，惟有跟随救主耶稣，本着过去二千年教会先进客观的经验，才能领略上帝对人的启示。至于神学，原本由宗教的经验而来，一切现代的科学和哲学，只是以证实我们宗教经验的不背于最严格的逻辑就是了。先要跟随救主耶稣，才能认识上帝，认识上帝，才有基督教的经验，有了宗教经验，神学才有根据。神学是由实践提高出来的理论，还要拿实践去证明其真实性的。科学和哲学的知识，对于我们信仰的宗教，只可作消极的辅助，排除信仰的障碍，绝对不能引导我们到基督教信仰的堂奥，孰先孰后，孰主孰奴，不容紊乱颠倒。这是我要申明的第二点。

二　基督教信仰与世界大同文化

谈到基督教的中心信仰，开章明义，我要说是救主耶稣所给我们的一条生命的真正道路，这就是我们在世界上做人的真谛。怎样做人是有时代和地域背景的。在某一个时代某一个地域，怎样做人，便是那时代那地域的文化。我们中国人原有自己的文化。我们的文化，源远流长，是我们中国人两三千年来做人的一种楷模。父以教子，兄以诏弟，相沿既久，风气形成，一般中国人做人的方法，就是这样。大家诏为天之经，地之义，人之常，墨守成规，不敢逾越。父有父之道，子有子之道，夫妇、兄弟、朋友、上下，都各有其道。行其当然之道谓之义，能行这道的谓之仁，居仁由义，便是文化，习以为自然，便是孟子所谓“安宅”。理义之习以为自然，故能悦于我心，犹刍豢之悦我口，这便是文化的功用，可以说文化之于人大矣！

回溯前五十年，我们中国人是有一套传统的旧文化。到如今，事过境迁，我们在海禁大开之后，渐渐和外国人接触多了，我们固有的中国文化和西洋外来的文化正面碰着了。渐渐我们感觉到从前我们以为是的，人家以为非；我们从前以为非的，人家反以为是。人家道其所道，非吾之所谓道；德其所德，非吾之所谓德。始初还能够把人家看为夷狄，极力保护我们所谓道德，称自己为文明，骂人家是野蛮，掩耳盗铃，闭关自守。然而这种夜郎自大的心理，不能长此维持，久而久之，就一步一步地吸收外来的文化。三十年来受着种种因素的影响，我们固有的文化，已经大大地受了摇动，好像经过了一次大地震的城市一般。尤其是青年人，生长于五方杂处的都会，和旧文化脱了节，新文化又还没真得着，几乎变成无文化的人，这种人日变日多，演成社会一种变态的现象，精神上的烦恼，生命的苦闷，这是一个很重要原因。因为无文化的人生，有甚于无国籍的个人，生命没有生根的处所，随波逐流，失掉人生的意义。难怪夏时之士，大声疾呼，希望挽狂澜于既倒。如今天下滔滔，胡谁与易，大势所趋，时辰钟不能往后走的，又有谁能开倒车呢？

我们并非说中国旧有的文化，可以弃如敝屣，却是新时代新的需要，新的局面应该产生新的文明。卷入了整个世界的洪流，还想保持着原来的闭关自守的文明，是不可能，亦是不应该的。旧文化保守既不可能，又不能囫囵吞枣地全盘接受外来的文化，惟有努力于大同文化的建设，而贡献我们原有文化的优点，为一部份的资料，是为当务之急。

那么，我们的新文化建设，应该以什么为原则呢？文化有团结的功用，也有分化的功用。中国的文化可以团结受过中国文化的人，同时对于不同文化的人，起一种隔离作用。我们在这新时代建设的文化，以大同为主旨。所以这文化的精神，必定是要使人类团结而无分化作用。换句话说，他必定是超出种族、国家、地域、阶级种种界限。此是第一个原则。

第二，我们建设的新文化，应该能满足人生各方面合理的要求，不偏于所谓物质方面，也不偏于所谓精神方面；不轻看物质，又不否认精神，而认清物质是生活必需的工具，利用物质，是以达到精神自由为目标。

第三，我们要建设的新文化，必须承认现世界的价值；但是不把人的生命限于现世界,眼光能看到一种超越现世的境界,因之而使这现世界得到其意义。

第四,这个未来的文化,必须具有特殊的力量,能在种种形式上表现其特具的生命,不为某种形式所限制,却能利用任何的形式。同尘而不和其光,解纷而不挫其锐,才可集人类各种文化的大成,而使每一种文化,都在这大同文化中得着一种新的生命,以完成其具有的任务。

第五,这大同的新文化,注重集体生活,而不以个人为刍狗,不以个人当作一种无自身价值的牺牲品,而以个人为至高无上的价值,承认个人这种价值,须在社会的生活里,才能充份地表现而发展。

第六,我们远象中,这个文化必须不是徒然一种理想,而是根据历史的客观事实,是在历史中曾经具体而微地呈现过了的一种真实。

我们能寻见合乎以上六项原则的文化基础吗? 无疑的我说:只有基督教的信仰。

基督教的信仰是打破种种的界限,使人们团结而不使人们分化的;基督教的信仰是物质与精神,身体与灵魂并重的;基督教的信仰是入世而又超越现世界的;基督教的信仰是能在种种形式上表现其精神,而各种形式都因这信仰而充份表现其功用的;基督教的信仰是以个人的生命为至高无上的价值,却相信这价值要在集体中才能充份地表现;基督教的信仰不是一种空洞的理想,而是历史中客观存在的真实。这一切我要在下面说明。

三 基督教信仰是什么

然则基督教的信仰是什么? 简单地用一句话来讲:基督教的信仰,是我们基督徒由信仰救主耶稣而得到对于上帝的信仰。我们信仰的对象是上帝,然而我们对于上帝的认识,却是由信仰基督而来。先有历史上救主耶稣对于上帝的认识,而后有我们对于上帝的认识;先有历史上救主耶稣对于上帝的信仰,然后才有我们信仰救主耶稣而得到我们对于上帝的信仰。所以救主耶稣对于上帝的信仰,乃是我们对于上帝的信仰的根,我们因信救主耶稣而和这根相连系,然后我们对于上帝的信仰,才能产生出来,以之为果实。救主耶稣对于上帝的信仰又是什么? 可以说是救主耶稣在他的宗教经验里所完成的犹太人在历史中对于上帝最高信仰的一种信仰。

四　历史中的上帝

耶稣的上帝观，显然是得自犹太教而具体地在自己的生活体验出来。犹太教的上帝，首先是从犹太的历史透露出来。犹太人历史经验所透露出来的上帝，是愿人和自己亲近而得着他的安息的一位上帝(来 4：1)。上帝是应许了人，只要人服从他的命令，实行他的意志，而与他亲近，人必定得到他的安息。根据上帝的应许，就有人的希望。虽是这希望一时不能完全实现，却是所信的不虚，所希望的有其确凿的根据，正如《希伯来书》十一章历数亚伯、以诺、挪亚、亚伯拉罕、撒拉、以撒、雅各、约瑟、摩西以及其它的先知圣贤，“都是因信得了美好的证据，却还未得着所应许的”，更好的还在未来。在历史上遇见的波折，还有过于犹太人的吗？然而犹太人是宗教信仰的典型，在得意时，看见历史中上帝的意志，在失意时，一样地看见历史中上帝的意志。不是每个犹太人都能看见，惟有与上帝亲近，有宗教经验的人才能看见。犹太人的史观是以上帝为中心的史观。

五　基督教的创造论

犹太人是以这样的眼光看历史，在历史中得见上帝的迹象，于是以同样的眼光去观察自然，去推测自然中万物的起源，而在自然中也看见上帝的迹象和上帝的作为。我们读《创世记》一、二章便明白这一点。

这两章书是属于《创世记》谈到犹太人史前史的一部份，是谈到天地万物的起源。第一章一直连到第二章的前四节为止，所采用的资料，和第二章四节以后的资料，来源不同，是大家所知道的。前一部份的资料，多半是巴比伦人的神话，编入《创世纪》年代较晚，大概是纪元前第五世纪。可注意的，是犹太人采用这种资料的时候，抱着一种信仰的眼光，把巴比伦人原来的神话，加以修改，以适合一神的信仰，并适合当时犹太人比较高超的道德标准。

我们看这段书，当然不能以现代的科学眼光和现代的史前史的知识去看。“尽信书，则不如无书。”孟子读《尚书》，是“不以文害辞，不以辞害意”，是“以意逆志”。我们无论看什么古书，尤其是看古代的宗教典籍，也应该“以意逆志”，揣摩当代的古人所要说的是什么，而不拘泥于古人所用的话语。我们当知道《创世记》的前段所谈的，不是科学，也不是历史，而是在天地万物中，寻求上帝的迹象、上帝的意志。我们可不去管上帝究竟是用多少的时光造成天地万物，也不去管上帝怎样造成天地万物。《创世记》要我们知道的，乃是天地万物是上帝所创成，不是自然而有，也不是偶然而生的。我们并要记得《第四福音书》说过：“太初有道，道与上帝同在，道就是上帝。这道太初与上帝同在，万物是藉着他造的。凡被造的，没有一样不是藉着他造的。”

在《创世记》一章里面，还有一句话，值得我们注意，那就是上帝造人以先所造的动物，都是说过“各从其类”。上帝造出大鱼和水中所滋生各样有生命的动物，各从其类，又造出各样飞鸟，各从其类……地要生出活物来，各从其类，牲畜、昆虫、野兽，各从其类，惟有人不同于鸟兽虫鱼。上帝造人，并没有说“从其类”那句话，《创世记》一章二十六节说：“上帝说，我们要照着我们的形象，按着我们的样式造人。”二十七节说：“上帝就照着自己的形象造人，乃是照着他的形象造男造女。”上帝创造天地，天地就是我们现在所谓大自然。大自然中有物质，又有有生的物，这两类中，物质是无生的，物质是不自由的，没有本身的意志。以其不自由，没有本身的意志，故有物质的功用。

有生的物就不然。无生的物，不会生长，有生的物，是会生长的，生长就要随时适合环境，适合环境就要有适当的自由。人以下的植物运动，自由很有限。运动随着进化的程度，一步一步地增加其自由。无论下等的运动怎样扩大其自由，总脱不了其为某种的下等运动，“各从其类”。神话与传奇说什么狐狸修炼能变人形，只是一种想象，天下绝无其事。各种生物都为其种类所限制，至少个体的生物，生出是怎样，老死是怎样，不能超越其种类的范围。《礼记》说“鹦鹉能言，不离飞鸟，猩猩能言，不离走兽”。

惟有人不同于其它的生物。人是照着上帝的形象造的，所以人是最高的标准，人格发展的典型不是人类，而是创造人的上帝。天地万物和人，都是被造的；创造的唯有上帝。人是被造的，上帝创造人，是照着他自己的形象而造的。上帝既是创造者，所以照着上帝的形象造成的人，也应该模仿上帝去创造。假使人看自己作为完全被造的一种生物而已，只知道“饮食男女，人之大欲存焉”，“日出而作，日入而息，饥则求食，饱则弃馀”，甘自暴弃，何以异于禽兽？上帝照着自己的形象造人，造男造女，所以凡属圆头方趾的人，都应以上帝为发展的最高标准，应该达到完全，如同在天上的父一样完全。上帝造了男女的人，并对他们说：“生养众多，遍满地面，治理这地，也要管理海里的鱼、空中的鸟，和地上各种行动的活物。”（创 1：28）那么，人是上帝的儿女，是世界的主人，应如何本着上帝天父的意志，模仿上帝天父的造化，使全地成为庄严美丽的平安快乐的家？这是人的权利，也是人的义务。人是要改造环境，并要不断地去改造。

这种宇宙观和人生观是基督教的信仰，应该叫我们如何的兴奋，如何地努力！假使我们中国人，从前根据于“祖述尧舜，宪章文武”的文化，能叫我们知道怎样做人，使人们得到安身立命的所在；现在我们若是步趋救主耶稣，模仿上帝，改造人生，实现上帝计划中的世界，又何至于感觉人生枯燥，前路茫茫？假使我们和各国各民族，抱着同样目标的人们，共同努力，以实现上帝为人预定的计划，创造上帝的文明，又何至于国际纠纷，忙于备战？

六　上帝为人定的计划

上帝对于人的计划，从哪里可以知道呢？《创世记》说，上帝照着他自己的形象造人，并要人治理全地，治理全地就需要知道全地的物质和鸟兽虫鱼草木长养利用之理。这都是上帝对于人计划的一部份。关于这部份上帝的计划，人可以使用上帝赋予的理智，逐步寻索探讨，结果便是各种科学的发明，由科学的昌明，人就逐渐知道天地间关于物质和动植物的奥秘，因之而利用物质，控制动植物，模仿上帝创造的功能，造成人类的文明日新月异的世界。人类在地球上大约一百万年的历史，六千年的文明，不能说缺乏创造的伟绩。一部人类的文明史，是光明灿烂、可歌可泣的，现在岂不是原子能的奥秘都找着了吗？一位科学家说，这是可怕的能力，不应该放在人的手里，而我们已经拿着了。结果，使恐怖笼罩着整个地球，人人觉得危如累卵,人类的生命一发千钧,何以故?因为人知道创造,而忘记了自己也是被造的,只知道一味进展他的能力,而忘记了他进展的目标是上帝的形象。人忘记了除上帝之外,别无最高无上的权威。国家民族主义本身,若是不背于上帝的法律,并是为着人的福利,原是人们所应该推崇拥护的。若把它当作最后的目标、最高的权力,完全凭人自己的力量去达到人所立定的目标,那便是拜偶像,违反上帝的意志,那就是罪恶,罪恶是使人和上帝隔绝。上帝是人的归宿、人的安息、人的平安。人自弃于上帝,与上帝隔绝,无怪乎拿着上帝赋予人的能力和知识、科学、原子能等等,使人与人相残杀,国与国相争夺。若是我们要脱离被恐怖笼罩住的世界,解除人与人间的仇怨,打破国与国间的猜疑,避免阶级种族的磨擦,以维持世界永久和平,惟有忏悔回头,归还到天父上帝的怀抱里,承认上帝的统治权,接受上帝为人预备的计划,一致努力,去完成上帝的意旨。

我们基督教的信仰,是承认宇宙不是麻木不仁的。维系宇宙的,不是盲目的力量,不是一套原则的系统,不是一套公式,而是一位有意识、有意志、有主张、有计划、有权威、有善恶的标准、赏善罚恶的上帝。这位上帝,是我们宇宙和人生唯一的创造者、唯一的主宰,我们应当敬畏他、服从他、亲近他。不要以为在我们的生活、社会、政治、经济、国家间一切大小的行为,可以违反上帝的规律,而能幸免于犯罪的结果。

上帝对人的计划,不是没有向人宣示过的。上帝的自然界规律,可以运用我们的理智去探讨求得,上面已经说过了。上帝为人进展所立定的目标就是自己的形象。上帝的形象,就是上帝本性的表现,而上帝的本性,从起头就不断地向人启发而宣示。“太初有道,道与上帝同在,道就是上帝。”道也者,是上帝的本性向人启示的意思。创造天地万物、主宰天地万物、维系天地万物的上帝,不是玄之又玄,一团黑漆,乃是继续不断向人宣示的道。“万物是借着他造的,凡被造的,没有一样不是藉着他造的。生命在他里头,这生命就是人的光,光照在黑暗里”,这不是说得很明白吗?万物是藉着道而造的,道就是上帝,以凡上帝所造的尽都是好,凡被造的都是宣示上帝本性的。上帝不断地创造,就是上帝不断地宣示他的本性。上帝造人是照着自己的样式,上帝是自由而不是机械的,所以所造的人,也是自由而不是机械。人是上帝的儿女,而不是奴隶,儿女也要服从，却是自由地服从，心悦诚服地服从，因为只有心悦诚服自由服从，才是儿女的服从。利用上帝所造的物，是有一定的自然规律，只要知道怎样照着规律去利用，实地的去利用是容易的，这是对于物质界而说。在物质界范围里，是知难行易。只有自由人是自由做人。自由向上，便是发展，为圣为贤，为上帝的儿女，实现上帝的形象；自由向下，便是堕落，为愚与不肖，为上帝的罪人，和上帝隔离。机械地去利用机械，是知难行易，所以物质的文明易于进步；自由的运用自由难，所以“知之匪艰，行之维艰”，而演成人类的堕落，陷入罪的网罗。这都是事实，人类普遍的经验，也是有一定的规律，从实践得出来的，愈是有灵性修养的人，愈多这种的经验，都觉悟到“我所愿意的善，我反不作，我所不愿意的恶，我倒去作”(罗 7：19)。于是人的罪恶就愈发深重，人和上帝就愈发远离，陷入不能自拔永远沉沦于罪恶的深渊。这岂不是今日人类的处境，今日世界的景象！是上帝的审判，上帝的公义。

七 上帝对于人的犯罪

然而审判万人公义的上帝，也就是爱人的上帝。上帝的爱永不停止。永不停止的爱，对于人是永不放弃的公义的上帝，对于人的罪恶，是恨恶，绝不和罪恶妥协。爱人的上帝，对于犯罪的人，总是怜悯关切的，如父母关切儿女一般。因为上帝是公义的，罪恶的人就受上帝的审判；因为上帝是爱人的，犯罪的人总在上帝怜悯关怀的意念中。上帝一面审判这罪恶的世界，一面以爱呼召罪人的归回，上帝用历代的先知圣贤，不断地大声疾呼，宣示上帝的计划，苦口婆心劝导被罪束缚的人们，而刚愎成性的人，哪肯忏悔回头，还是固执己见，以为人能胜天，不是置上帝于脑后，便是口是心非，阳奉阴违。“道成人身，住在人中间”，然后人类历史开一新纪元，新的生命才渗入了人类，因为上帝为人预定的计划，已经具体由上帝的道显明地在人生表现出来，那就是救主耶稣，那就是基督教的基本信仰。因为谈到基督教，我们不能离开“太初有道，与上帝同在，道就是上帝，万物都是藉着道造的……道成了肉身，住在我们中间，将上帝表明出来”那个道理。

八　道成人身

“道成人身”的道理，是基督教的基本信仰。离开这道理，就没有什么基督教。这道理是说：上帝的道，从太初就有，同上帝同在，就是上帝那道，成了有血有肉，有情有意，完全像我们一样的一个人，然而这个人，在他生命里，又完全表明上帝的本性。

那就是说上帝从天上下了凡吗？道成人身，是像我们中国传奇小说所说的，我佛如来大雄宝殿前，那双大鹏鸟，因一时干了一件不应该干的事，打落人间，成为世人，好去忏悔赎罪，然后再回来天上一样吗？这种传奇的神话，流传在中国通俗小说里面的有很多。别国如古代希腊，东方的印度，在宗教的神话里，也有不少例子。我们不要以这些神仙下凡的故事，来比拟基督教的道成人身。大鹏鸟降世，为宋朝的岳飞，固然在岳武穆身上显出他忠孝的人格和神武的威风。然而大鹏鸟下凡，乃是一件偶然而不得已的事，大鹏鸟的本性不是必定要下凡的。它的下凡，纯粹是为了自己在天上干错了事，受责罚的一回事。它下凡是受处分的。文曲星的降世，固然是表显他的才能。但是文曲星的本身，也不必要下凡的，除了得着凡间的人惊奇赞叹之外，与人生没大关系的。上帝的道，成为人身，就与上帝同在，所以说他就是上帝。道是上帝，因为上帝的本性，是要将自己向人表明，如同我们的本性是要用话语文字和种种其它的方法，把我们心中的意思，向别人表明一般。因为上帝要将自己的本性，向人表明，所以才有天地万物和人的创造。天地万物和人的创造，原是上帝本性的自然流露，并不是偶然的事。而上帝本性向人的表现，最好莫过于表现在人的生命里头，所以道成人身，是上帝向人启示其本性过程中，必有而又必定是最后一件事。上帝计划中，如何要人去做人，须得要上帝自己在人生里明白启示，所以“道成人生”。

刚才说的“道成人生”，是用“生命”的“生”字，不是用“身体”的“身”字。不错的，在《第四福音书》里面明白的说“道成肉身”，《约翰二书》并说“世上有许多迷惑人的出来，他们不认耶稣基督是成了肉身来的；这就是迷惑人、敌基督的”（约贰 7）。予何人斯，敢不从同《圣经》的话语？但是《第四福音》和《约翰书信》写成的时代，正是提倡肉身为邪恶的学说盛行之时。救主降生成人，有人的身体，那身体是血肉的身体，并非虚幻的身体。犹太人是相信血肉的身体不是污浊，正如我们中国人不轻视身体一样，所以很自然的相信道成了肉身，以符历史的事实。但是在今日的中国，没有这种的需要，我们似乎可以强调上帝的道，不只在肉身上显明出来，而且在整个的人生显明出来。血肉的身体有他的生死，人生又何尝不有它的始终？道成人生，不是一件占着时空间某一点的事，而是继续在一段长时空间的事。

我们要再次注意，道成人生不是一件偶然的事，而是由于上帝的本性，从起头就在上帝创造天地万物和人的计划当中。我们要相信这一点，才明了《尼西亚信经》中“在万世以先，为父所生，从上帝出来的上帝……生不受造，与父一性”的意义。道成人生虽是上帝自有始以前计划的一部份，然而“在十字架遇害，埋葬”不是由于上帝原来的计划，而是由于人的罪恶。在人所造成罪恶的世界里面，由上帝的道而成为人的基督，不得不受苦害，在罪恶的世界里，不从罪恶的人手里受害的，不能成其为救主！

九　历史的耶稣

拿撒勒人耶稣是上帝的道所成的一位人吗？拿撒勒人耶稣是二千年前罗马帝国在小亚细亚僻处一隅的一个被征服的属地，就是犹太，当彼拉多在那地做总督的时候，一个生长于很简单的家庭里的一个人，我们对于他的生平，知道的并不多，至少不够资料去编成今日我们所谓的良好传记。若是拿现代最严格的史学眼光去看，我们对于耶稣生平所知道的，足可以成立他在时空间地位，并足可以知道他是饥而思食，渴而思饮，充份具备人性的一个人，并有人说他是一个贪食好酒的人呢！他知道人们的痛苦，尝过人们试诱的滋味，他对于人生具着充份的同情，明了人的软弱，和他接触过的人，感觉到他是一个非常人物。他说理清晰、主张严正、口齿伶俐、威风凛凛，具有权威不同于一般当时所谓宗教的权威者（可 1∶22）。他行事异于常辈，他的人格力量，叫人不禁惊奇赞叹，都以为从未曾有。他行使的威力不是人所能行使，也不是人所应行使的。不知者以他为僭妄，知之者，拜倒脚下，称他为主为神，他也毫不谦让，自居于上帝儿子的地位。从理论上讲，这么一个人，不是狂妄，就是天神。但是狂而且妄的人,哪敢毅然决然不冒不韪,只身面向教阀大本营的耶路撒冷,孤注一掷,以求人们从狂妄的愚与罪解放出来?他果真是狂妄到极点,铤而走险做这种事,何以他身受极刑,死在十字架上之后,他能从死里再生,更显出惊人的权力,叫那些软弱的门徒变为刚强,愚拙化为智慧?死里复活,是谁都不肯信的事,若耶稣未有复活,当时许多的事,益发费解。耶稣的门徒,尽都是犹太人,而犹太人宗教只信一位上帝是神。只要事实上耶稣的门徒可以不信耶稣为上帝的话,他们不会信他为上帝的,而他们竟认他为主,为上帝,必有不可磨灭的事实在。使他们承认,所尊为上帝的,就是像耶稣那么样。《马可福音》十二章十一节,耶稣自己也承认他的作为,就是上帝的作为。道在拿撒勒人耶稣人生里面,完全表现出来。在拿撒勒人耶稣人生里面,完全是与上帝自太初同在的道。于是人就看见了上帝,因为“从来没有人看见上帝,只有在父怀里的独生子,将他表明出来”。耶稣是完完全全一个人,同时完完全全是上帝,好像英国一位神学家卫鲁说:“他就是上帝所谓之人,也是人所谓之上帝。”

当时的门徒实际上的经验是这样,二千年后的基督徒经验也是这样。忠实的基督徒,不只是尊耶稣为万代的师表,因圣灵降孕而生的,他不只是超人,乃超出世界人类历史之外,因为以过去的世界人类历史,不能说明他的来历,惟有拿他来作起头,才可说明他以后的世界、以后的历史,并望着他才能期待今后人类的发展。因为他不是从世界人类的生命所产生而来,他乃是自上帝来的新生命进入了世界的人类,他乃是第二个亚当。因为他确实是女人所生的一个人,所以《使徒信经》说“因圣灵降孕”,接着就说“为童贞女马利亚所生”。

十　神人在耶稣生命里合而为一

在这里我们已经从宗教经验谈到神学了。神学是解释宗教经验的。当然教会的神学不尽都是每个基督徒的经验。我们不能说个人经验所没得的都不需要神学,甚至说是不合理的神学。我们要承认历代教会的宗教经验,是比我们个人的经验范围广大些。神学有些观念也是因时代背景的关系,令我们时代背景不同的人难得了解。比方耶稣基督是人,同时是上帝。人有人的性,上帝有上帝的性,人性与神性是两种不同的性,怎样混合在同一的人格里面？这问题的解答，是看我们以“性”这一个观念作何解，假使拿“性”看作为一种实体，当然神性与人性不可并存。若是我们认为上帝之为上帝，因为他有一定的意志，在事实上可以表现出来，今有人焉，完全以上帝的意志为他的意志，他的意志虽是他一个人的意志，而实在就是上帝的意志，岂非上帝的意志和这个人自己的意志在这人的生命里是二而一、一而二吗？耶稣在客西马尼园里祈祷说：“父呵，你若愿意，就把这杯撤去，然而不要成就我的意思，只要成就你的意思。”那时候人的意志和上帝的意志显然是两个，在将合而未合之际。此后耶稣人的意志与上帝的意志已经合而为一，如同在耶稣生命里，他的人的意志动作时，自起头到终了，总是和上帝的意志合而为一，总是二而一、一而二，在十字架上，我们看见耶稣的意志完全是上帝的意志，神人合一就彻底表现了。

像这样说，我们并不是想把道成人生的道理，说得太容易，更不敢把道成人生的事实，看得太平淡。道成人生是一个完完全全人的意志，在一生的言行意念中，将上帝的意志彻底地表现出来。这是绝无仅有，空前的一件惊奇的事。但是我们不说是不能再可以有的事。因为我们每个基督信徒的责任，是要步趋基督，将上帝的意志完全成为我们的意志，我们也应该完全如同天上的父一样。但是我们惟有靠着主耶稣基督，才能希望可以做到；我们不是每个人要做基督，而是每个人要做基督的门徒。

还有一句话在这里当要补充的，简单地说，那就是救主耶稣以人而完全表现上帝的神性，他所表现的是上帝对于人如何做人的意志。那么，我们不应该在拿撒勒人耶稣生命里去寻找天地间所有能得着的知识，而应该去追求上帝希望我们如何做人，做上帝儿女的奥秘，并如何从救主耶稣生命里得着做上帝儿女的能力，那便谈到救主赎罪的功能了。

十一　耶稣怎样将人从罪中解放出来

耶稣基督是毕生以上帝的意志为自己的意志，因为他的意志原来是父的意志，他毕生以恳切亲爱、心悦诚服的态度，去实行天父的意志，而一言一行至死不变地实行出来，确是完全人的模范。但是模范只是模范，怎能使我们陷入罪恶深渊里无力自振的人们从罪恶的势力解放出来？

模范无论怎样完全,果能增加我们抵抗恶势力的力量吗?当然一个崇高伟大的模范,是给我们无限的兴奋,叫我们向着标准尽力奔跑,但是人们的经验普通是"道则高矣美矣,如若登天然,殆不可及也"。公都子拿这句话问他的老师,我们岂不是都有同感吗?孟子答公都子的话"中道而立,能者从之",正如释迦佛在入寂之先对失望而哭泣的阿难陀说:"法就是世尊,你须得自己努力,求人涅盘。"救主怎样说?他说:"凡劳苦担重担的人,可以到我这里来,我就使你们得安息。"(太 11:28)救主耶稣不只是我们的模范,以道德的力量叫我们兴奋,于是我们靠自身的力量模仿而失望。他是我们的救主,能使我们得着力量而胜利。"叫一切信他的,不致灭亡,反得永生。"(约 3:16)救主赎罪的功能,不是我们有罪的人心里主观的一件事,而是天地间客观的一件事。人因为违反上帝的意志为我们所预定的计划,陷入罪恶的网罗,变本加厉,愈和上帝远离,无法打破人神间的障碍,是客观的事实。人恃着自己的聪明智慧,构造许多违反上帝计划的,以求自振而终归失败,形成一种绝望的局面,也是不可讳言的客观事实。在人类陷入深渊完全失望的时候,竟有上帝的道成为具体的人生,绝对服从上帝的意志,在人生中明白表现上帝的计划,证明上帝为人预定的计划可以实现,使人的失望变希望,证明因着信靠上帝,人不是软弱而是刚强,也是客观的事实。就是说,罪恶的力量,上帝已经在人生命里彻底摧破,是一件惊人的事实。还有一点,那就是上帝的权力,在救主耶稣的生命里,已经加入了人类生命里头,成了人类历史中一种客观存在的力量,也是空前绝后的客观事实。

最应注意的,这个已经进入了人类生命中上帝的力量,不是已过了历史的陈迹,而是现在实有的力量,只要人愿意虚心接受,都可以使用。我们试用一个比方说明罢。一个儿子的父亲是富有资财、久经世故的。他为自己的儿子们预定了很好的教育计划,并准备以全力为儿子们的后援,使他们完成在学校的学业。哪知道,有个儿子甘自暴弃,在学校再不能继续了,结果是失败。因失败而失望,竟然和父亲发生不可言喻的隔阂,前途茫茫,一天堕落一天,自己亦徒唤奈何,束手待毙。假使他的父亲另外一个儿子,依照父亲所预定的计划,完成在学校的学业,并宣告他的弟兄,凡愿意读书的,父亲的资财,绝对足以够用。只要他的弟兄相信这话,就是那不争气的一个，痛悔回头，父亲依旧接济他。他因着那好的弟兄的帮助，果真回头了，努力于他的学业，他究竟能成功，是因父亲的后援，不是因他自力更生的。他的弟兄的学业成功是一件客观的事实，因弟兄的成功而他自己转失望而为希望，也是客观的事实，他父亲的资财是父亲的，他靠着能得到成功，是父亲的力量，不是自己的力量，甚至他悔改回头，都是弟兄和父亲能信赖上帝。我们信靠救主耶稣而得从罪恶解放出来是否有像这样？这是浪子回头的比喻。当然没有比方是完全适合的。基督赎罪救世的功能，不能完全以人的知识去了解，惟有经过这种宗教经验的人才知道。有了经验的人，又不须去求了解，惟有拜倒、惊奇、赞叹、感谢！

十二　教会与圣灵

道成人身的基督，为赎世人的罪以救世人，不只是前一千九百年住在犹太的人们中间现身说法。他在世间的时候，训练了门徒，设立了教会。他从死人中复活升天之后，这教会集团地得着从上面来的神力，展开它的工作。

《新约》里的记载，叫我们知道这教会的集体生活，有它的两方面。一方面，是充满了希望，十足兴奋，相亲相爱，精神团结；一方面，是奋发有为，生气勃勃，向外宣传，逐渐进展。这个集体的生活，不只是抱着一种新的主义，新的信念的新兴组织。始初的时候，它的组织是很简单的。这个集团的生活之能团结一致，蓬蓬勃勃的奋发有为，是因为它有一种自上帝因着基督曾以人的样式住在世间而来的能力；那就是圣灵。圣灵在教会里面，和这集体生活的教会相联系。参加这教会集体生活的人，就得着圣灵的力量，从起初到现在，做基督门徒的是加入这教会，和大家去继续基督在世间开始了的工作。所以教会是基督升天后的身体。加入教会的人，是成为这身体的一部份。须与这身体的肢体，息息相关，才有它活泼的功用，才得着圣灵在教会里面运行的能力。教会的团结精神一致，不是徒然，教会中的人彼此互相团结，乃有精神的一致奋发有为，乃是大家一致，和教会的元首基督联系，而在他的生命里团结起来，得着基督健全身体的力量，那就是圣灵的力量。

教会有它正常的方式，表现它集体与基督联系的一致，并表现教会中的信徒，因与教会联系，而各个与基督联系。正常的方式是洗礼与圣餐。圣灵的能力，运行在这方式里面。具有信赖基督的心的人，知道这种方式的力量。但是圣灵的力量，不限于这些正常的受灵方式。圣灵的能力，可以随时随地用种种出人意料之外的方式，启发我们、引导我们、约束我们，使我们归依基督，增进我们的信仰。这些非常的方式，不一而足，人人的经验不同。我可借用佛书《大乘起信论》几句话，说明这一点。讲到大乘佛法熏习众生的信心，《大乘起信论》说有两种：一是差别缘，二是平等缘。平等缘是“一切诸佛菩萨，皆愿度脱一切众生。自然熏习，恒常不合”。差别缘者，“此人依于诸佛菩萨，从初发意求道时始，乃至得佛，于中若见若念，或为眷属父母诸亲，或为给使，或为知友，或为怨家，或起四摄，乃至一切所作无量行缘，以起大悲熏习之力，能令众生，增长善根，若见若闻，得利益故”。

圣灵的能力，更是不限于正常方式，如《大乘起信论》所讲的差别熏习外缘一般。我们每每看见天主教弥撒礼拜的庄严，听见循道公会牧师的雄辩动人，大有讲道的口才，公谊会朋友们静坐虔修的肃穆，救世军街头布道奋不顾身的勇呼，内地会男女的传道士，远处云南偏僻的地区，孤苦的乡落，和当地的人民，一同地辛苦备常，以牺牲服务的精神，穷年兀兀，至死不衰，我们便看见了教会层出不穷的生命，感觉到圣灵以种种出人意料的方式，运行在奉主的名而生活的人们中间，我们不敢歧视批评，惟有赞叹感谢！因为我们眼见上帝的荣光、基督的生命。

是的，自从一千九百年前，道成人生之后，上帝的力量，已经到了人间世，人类已经有了新的生命，世运已经开了新纪元。我们有希望了，我们大声地说：“死呵，你得胜的权势在哪里？你的锋芒在哪里？”我们已是新人了！

十三　罪恶环境中的基督教会

这个新生命，在我们罪恶的世界，要发生他的功用，是有许多障碍的。他必定要靠人子表现他的功能，而人是有罪的，罪使人软弱，罪在社会中有积累的力量，造成恶劣的环境，平常称之为世俗。基督所建设新的人类集团，负着新的使命，在恶劣的势力环境里去展开他的新生命，困难很多，因为障碍很大。

障碍有两方面:第一,是这新集团,就是基督教会的本身;第二,是教会的环境向他发生的影响。

从教会本身说,我们不是说过教会是基督的身体,在基督的生命里,因着基督由上帝来的灵,就是圣灵,原是合一的吗?“基督的身体,只有一个,圣灵只有一个,我们被召的指望只有一个,而且只有一个主、一个道、一个洗礼、一个上帝,就是我们众人的父,我们应该同心合意,倚靠真理和平,与信心爱心,合而为一,才可以同用一个心、一个口,赞美三位一体的上帝。”然而教会很早就分裂了,十六世纪教会革新以来,其分裂为尤甚。这岂不是教会本身的矛盾,成为自内部出来的障碍?

从人的方面讲教会,教会所谓之宗派,乃是由于各人所见的不同。同是一个道、一个信仰,而基督的道是那么庞大渊深,讲到精微之处,见仁见智,当然注重之点各有不同。儒尚分为八,墨尚分为三,道教有南北二大宗,佛之宗派,不可枚举,传到中土,至少十宗之多。生气勃勃的基督教会,怎能勉强从同一致?理想上,固然不愿有教会的分歧,但是事实上,已有各宗支的并列,假使单只在组织的形式、崇拜的仪文、证道的方法,各从所乐,而在信仰上仍然一致,精神上仍然团结,各宗支彼此圣徒都能亲爱而有礼,工作的向外发展都能通力而合作,教义的解释都能沟通而调协,则殊途而同归,虽歧异而无害于道。若排斥异己,妄自尊大,不看圣灵的果实,各人墨守其陈规,视己宗为正道,他宗为异端,贻外人以分门别户的笑柄,失去信仰一致的精神,是则大可悲矣!

好在近四十年来,基督教会合一的运动有了长足的进展,最新的结果,是最近在荷兰举行的普世基督教会协会。虽是还有几宗未能加入,为美中之不足,但是圣灵所指教的方向,已是彰彰在人耳目,只要先知先觉的基督教会领袖,本着眼见的教会合一远象,诚意祈求当日为我们的合一而祈求的主,早日使教会的合一实现,目标终久要达到的。教会合一,必定要是真正的基督里面合一的成果,才能表现其合一的功能,否则同床异梦,貌合神离,徒有其躯壳而已。

十四　传道的使命

基督所建设的新生命集团,障碍的第二方面,是由于世俗的环境而生。基督的生命是绝对不能和世俗妥协的,实行这新生命的团体或个人,既不能逃避这世俗,必须防备受世俗的熏习,不断地要熏习世俗,使他归降而成圣洁。基督教的团体和个人,都要用基督的精神去改变世俗,使他接受基督生命的责任。这责任是很重大的,因为世界在黑暗的权力掌握中,我们可以让这世界永远为黑暗所笼罩,我们又可以使黑暗的世界进入光明。救主耶稣对彼得说:"我要把我的教会建在这磐石上,阴间的权柄不能胜过他。我要把天国的钥匙给你,凡你在地上所捆绑的,在天上也要捆绑,凡你在地上所释放的,在天上也要释放。"这几句话,不止是当日救主耶稣对彼得说过,他现在也对我们每个基督徒说,我们有了新生命奥秘,就应该把这奥秘传与别人,使他们可以分享我们在基督里面的平安与快乐。所以传福音,不但是由基督得来的一种使命,同时是对人类的一种义务,是欠人家的债,不得不偿还的。

然而因着我们人的软弱和世俗的势力,我们作传道的工作,每每是同我们的环境妥协。我在这里,不多用时间去讨论个人福音与社会福音那个复杂的题目。我只说,无论是从中国的文化观点去看,或是用基督教的眼光去看,或者是从现代社会科学眼光去看,个人和社会是不能分离的。过去有些人过份提倡社会福音,以为只要改良社会的环境,就可以促进天国的降临。物质和身体,固不应该偏废,但是人活着,不单靠粮食。基督徒眼见社会的不平等,人民的痛苦,因着爱上帝而爱众人,绝对不能袖手旁观,甚至于视若无睹。惟是我们所做的社会工作,应该是我们基督教信仰自然的流露,不是教会一种粉饰门面,或者甚至是我们敷衍良心的一种手段。否则又何以异于从前富人的修桥整路,和过去某些工厂所办的劳工福利呢?

总而言之,基督徒是世上的盐、世上的光,教会是救主耶稣亲自设立的新以色列,所负的使命非常重大,因为天国的钥匙在我们手里。生活在黑暗和恐怖笼罩的世界里,面临着人类千钧一发的局面,基督徒惟有本着完全依赖上帝的信心,靠着救主耶稣的能力,求圣灵加增我们的力量,好去挽狂澜于既倒,把人类从水深火热的恶势力中拯救出来,归荣耀于三位一体的至尊,阿门。

东西文化之综合问题*

“文化”一词有许多种含义。有时它用来指一国的整个社会传统、其艺术及科学、语言及文学、教育及政府、风俗及制度、伦理及宗教等。其他时候，它指个人优美的修养，其出入上层社会有礼的举止，及其遇事熟练的适应。然而本文中我们将此一词用来指个人拥有的社会传统，及经由个人一股心智精神将其表现于外，其对某风俗制度之态度及其将这些一态度对其同胞表示之方法所有的社会传统。

文化在这一解释下所含的社会意义是非常深远的。它是将社会结合在一起的关连，是使人能与同胞交流的共通语言，是全体经验及社会价值储存、保全及传递的方法。因此当我们处理一民族的文化时，我们所处理的不仅有重大的社会价值，而且精神上的意义也很重要。

我们将文化做如此了解，更能体会到何在目前本国国家主义盛行，而许多人对国家文化的整体性如此热衷，如此容易对影响文化纯净的因素采取敌对的态度。

然而从更大一方面看，这种恐惧是不必要怀虑的。文化的改变对国家繁荣有益无害的情形在世界文化发展史上不乏先例。文化的改变并不一定危害到国家生命，反而经常使其更丰盛。其实这也是各种有机生命的基本原理。有机体须从其环境中吸取并同化一些要素，而只有在吸收及同化的过程不断的情形下，才可能有生命。

我们的文化目前所接触到的文化是这种吸收、同化过程的产物。只要稍微研究一下，就可以发现其成素的起源不同。就如历史古城南京，它的砖头来自各地，但这并未减少其坚固，反而增加了它的丰盛。

每种文化的接触早晚会导致两种文化的融合，这种普通的定理也是无法避免的。在我们眼前就可以看到中国正在进行这种融合。试看如上海这种商埠的生活，并看看那里的改变。中国人正吸收外国化的成素，不

---

* 原文为英文，本译文录自《韦卓民博士教育文化宗教论文集》。

管我们愿不愿意。这种事我们可以引导,可是无法阻止。

可是在其它方面还有更深、更大的潮流朝着这方向走。每年都有学生出国留学、归国，每个月都有翻译的外国书籍出版,每天都有新思潮在散布,西方文化已经在我们当中,无时不在影响、改变我们古老的文化,与我们教会机构的教育工作不太有关连。东西文化的接触已在我国产生无法避免的影响,就如同在他时他地同样的接触所做的。

我们对中国人民的理智及其国家生命的稳定有充分的信心,相信目前袭击全国的改变,不会严重到使其不能自己把持。可是我们不该要求中国人不仅是站稳脚步而已吗？现在这种文化接触是我们用来教化人类的绝佳机会,我们岂可轻易放过？我们岂可满足于漫无目标的表面改变及无关紧要的机械融合,而不尝试做一些更深一层、更具建设性的事情?我们所要做的不是贴贴补补的工作,或是单纯的融合,而是系统的、计划周密的、整体的综合。

"综合"一词是很重要的。它意指我们须对我们要综合的文化有完整的分析,比较其优缺点,然后造成一个有机的整体以保存两种文化的优点。我们必须这样做,而且须以母体系统为新结构的间架。这是精神创新的工作。将人类东方又西方两个最大部份——盎格鲁萨克逊及中国——的精神产物结合在一起,这是多大胆的计划！想象东西文化联合,打破了目前分隔我们的一切障碍,那又是多美好的一幅景象啊！然而研究、评析及选择明智的保存及聪明的建构,又是多伟大的工作！

但那也是一件极富挑战性的工作,这工作已发展到我们从事基督教高等教育这种国际创新事业的人的身上。在基督教学院里,西方及中国学者以同志的精神并肩工作,同时也是为训练新中国领导人才这相同的志趣一起工作。我们在基督教学院里,不管外国人或中国人,不仅是一起工作、一起思想,而且住在一起,以最亲密的态度彼此担负责任。因此在我们工作中,仅有机会去消除分隔文化背景不同的个人及团体的因素,也有各种便利可使我们能仔细地观察我们文化的基本并耐心研究,而不是只做些表面工夫而已。这种机会可能不会永远存在,因为大量外国教授执教的学院,不会是中国教育常存的特征。可是只要目前的状况存在,我们总得想办法尽量利用它才是。

综合文化的工作,在另一方面也给我们挑战。它也令我们注意到是一个教育上的问题。不管我们在学院中,给学生受通才教育或较专精的训练,我们总是有意无意地将西方文化成素中的观念及理想注入他们脑海。这种做法绝对正确,而且必须。西方教师应在中国学生面前展示西方最好的东西,而在把他们文化中最好的看法及理想给学生们时,他们也为中国教育做了最大的贡献。可是这些西方的观念和理想如何能适合中国的社会传统呢? 不是须要做很大的适应和同化吗? 到底我们学生中有多少人真正了解这难题的严重性,仔细思索过,并得到满意的结果? 这难题当然要穷一生之力去探讨,我们无法在学院中完全解决。可是其它生命上的难题也是一样。问题在于,我们在基督教学院里是否训练学生做此准备。如果没有,那恐怕许多青年男女,受过我们学院的教育,无法去做必需的整合工作,而他们从老师处得到的许多不相关连的文化成素,就会在他们生命中永恒地挣扎着,甚至造成悲剧。因此文化综合对我们来说是一项教育的必须工作。

另外,我们有没有训练学生的领导能力呢? 我们不是期望他们在中国社会占领导地位吗? 除非他们充分地受过中国观念的浸染而能欣赏中国理想并了解中国困难,否则他们就没有资格领导中国人甚至得到他们的尊敬,相反的他们会被归到被鄙视为“洋化”的那群人里。

可是这种综合的工作,如何才能成为我们教育计划的一部份? 首先我们得先了解彼此的特征。一个有教养的中国人,通常是冷静、保守而且似乎颇能自足。这点与西方人的有活力、有干劲而热心大相径庭。可是在这一切讲究快速的时代里,难道中国人的宁静、自制就没有一点价值吗? 自我主宰及内心平和的维持对我们的幸福不是和控制自然及对物理环境的适应一样重要吗? 这些中国的特征在欧洲的中古时期也是有的,但当欧洲脱离中古时期时,好像也把这些特征抛在后头了。因此我们不仅要彼此欣赏对方的特质以避免在社交场合有误会,而且必须要在中国日渐现代化的时候,保存这些较为节制的美德。但我们也不要把中国人看成像印度人一样属于冥想一类的。我们相信人本身即是一小宇宙,在其中自有平和及欢愉,当需要时,随时可进入休息。但我们也相信对大世界的客观研究,我们也重视物质进步及社会进展,就如同我们重视智慧的稳定及内心的启明。中国思想的发展就可证明这一点。一般人民所遵从的，在先秦时代是孔孟学说而非老庄，在后期是程朱学说而非陆王。这其中也许有些政治因素，可是没有一个专制之主能将与民心完全相反的东西硬要全民接受。在这点的态度上，我们倒发现与西方的科学研究的态度非常接近。

再来我们谈到西方人冒险精神及自信，来和中国人听天由命的态度相比较。很显然的，这两者很不协调。可是彼此不是可以互相补足吗？中国的宿命论，不正是一种对宇宙道德本质的信心，并与西方冒险精神所代表的人生哲学同为一体之两面？

因此，在这种方式下，透过同情的观察及耐心的研究，就会发现中国的许多特征与西方特征即使在基本上不同，也是可以协调的。可是这须要同情的眼光及欣赏的心境，方能发现其真正本质。我们亲密地一起生活、工作，是否注意到并且努力去了解彼此所继承的国家特征，以便更能彼此欣赏，而给我们学生们一个国际友谊的榜样？我们是否对我们国家的特质，持有一种不应有的骄傲态度，或者我们设法向不同国籍，也就是不同文化背景的同事学习，以补偿及纠正这些特质？如果我们不指引学生的话，怎能期望他们在个人个性方面综合不同的文化成素呢？

我们现在转而来谈比较非个人的一面。我们首先注意到中国人一种不体面的处理事情方式，一般称做“循私”。这当然是做事效率的最大障碍，必须尽快救治。西方以有效的做事方法及科学管理占优势。可是难道没有太过份强调科技而完全忽略事情的人性一面的危险吗？在现在精密的组织中，不是可能将人格敲打成巨大机器的零件吗？将个人感觉及个人情感牺牲给科技僵硬的血腥之神，是永远对的吗？像这样子，若不将这些极端予以调适，而彼此矫正，有任何综合的可能吗？这些难题，都值得我们新的社会福利及人际关系的部门注意的。

我们社会及民俗的部门还可以发现其它有待注意的问题。中国的婚姻习俗非常令人不满，尤其是这事和年轻人的幸福攸关。结婚几乎完全成为家务事，很少顾虑到有最直接关系的年轻人他们的喜恶。但即使在这种显著的不幸事上也有一个好处。一般说来，为孩子们做协调工作的父母亲，总是不遗余力地将这婚配的事做得幸福美满，而他们的经验，以及他们冷静地询问细枝末节，常常是非常有用的，在西方，年轻又无经验的人很容易在盲目的感情魔力下，毫不考虑地决定终身大事。这绝不会全是好的，而很可以一些中国的仁慈家长主义来弥补。

中国的孝道已失去以前的神圣了。可是这是很美的情感，是感激之情很动人的表达，也是很自然，很接近人心的。然而实际上，它却意味着上一代成了下一代的负担。当教育过程很简单而且人的将来很容易照顾时，人的努力成果，可以区分为过去的需求及现在的日常所需。可是生活越来越复杂，生活的必需准备越来延得越长，要将年轻人装备自己的精力转移部份去满足老年人，当然是不对的。但是我们可以寻求一种新方法去尽孝道。父母亲在壮年时应善自珍惜储蓄方不致在老年给孩子负担，而孩子们应以父母亲灌注在他们身上的转注给他们自己的孩子，来表达他们对父母亲的感激。

这些只是举例说明保存并综合中国民族某些习俗及制度的一个方法而已。许多中国社会或个人的文化，必需以这种精神同情地处理。在基督教学院中，我们可以为中国现代需要的观念和理想的重新诠释，做些贡献。此地我试提出一些实际的建议，以为我们学院工作立即需要注意的事项。首先必须吸收更多受过本科优良训练而有良好中国文化背景的中国学者，以充实大学师资，特别是社会科学的教学。他们不仅必需介绍西方事物给学生，同时也必需教导他们这些对解决中国问题有什么帮助。这些人应占协助制定一机构之教育政策及指导其行政的地位。其次，外国教授应更加注意研究了解中国观念及制度，不要把这重要的研究延缓，以免太迟。除非他们能把握住学生及中国同事的一般态度及文化背景，否则他们珍贵的协助就会被误用，而他们的好意会被误解。第三，在学院课程中的中国科目，应占更大的比重，而且应该尽力教好。假使我们调查一下现在正在基督教学院中主修中国文学的学生中，在需要写论文才能毕业的情况下，有多少选的论文题目，需在中国文学方面做研究，这一定很有趣。单做学术研究，也不足使我们的学生真正成为中国文化的人。我们应鼓励他们以中国人的观点思想，以合于中国人的态度做事。我们的学院建筑及博物馆的收藏，无疑能培养学生中国艺术的气质，可是我们必须给予更有系统的教导，方能期待一度为中国带来荣耀的中国美感的创造力。在我们学生身上再生。可是在任一基督教学院中，我们都找不到讲授中国美术的课程。

在这题目上可说的话还很多，可是以上所谈，大概已够做个起步了。时代的需要，为我们带来了这问题，这不仅是教育的需要，也是对我们的挑战，要我们完成历代的奋斗的使命，及实现在我们国家推行基督教高等教育的先辈们的热望，我们对世界以及在我们照顾之下的学生们，负有细心解决这重要问题的责任。

原载东海大学出版一九七九年十一月《中国文化月刊》第一期——谨按中西文化之综合问题，自清末民初以来，朝野有识之士，莫不殚精竭虑，以求调适，而议者纷纷，迄无定论。本校韦故校长卓民博士学精中西，有理想兼长于实务，具有深厚宗教修养，实为阐述此一问题最有资格之人士。一九二八年，应伦敦基督教团体之请，在“中国人心目中之今日中国”(China Today Through Chinese Eyes)之一系列专题下，发表本文，原名Synthesis of Cultures of East and West，虽时隔半世纪之久，但文中论及文化之意义，文化之积累、文化冲突及交流之不可避免性以及两种文化背景综合时之涵容与取舍，句句精到，价值犹新。韦氏复论及从事基督教教育者，应在了解中国文化基础下，介绍西学，传播福音，始不致为人视为洋奴，犹可想见当年主持基督教高等教育者之卓识与伟抱。本馆特为译出并经请雷法章先生审改，深盼读者勿以陈编视之。

韦卓民纪念馆谨识于一九七九年七月

论中国文化和道德在形势变化条件下的保存*

随着西方思想和风俗在义和团起义爆发后向这块土地的涌入，本世纪初以来，保护民族文明的呼声就没有停止过。无论它是否具有实际确定的含义，“保存国粹”已成为我国文化界的一个口号。最近几年，这种感情在报刊文章或演说中的确不像从前那样虚张声势地表现出来，但是它毫无疑问地仍然深深地扎根于许多人的思想深处。因此，“保存国粹”的问题应当为那些主管知识阶层的人士，尤其是那些负责青年人教育的人士认真对待。

中国是一个有文字记载的文明古国。早在公元前 6 世纪，即孔夫子时代，中国已在许多方面创造了成为当今中国文化的基础的古代文明。至于中国文明的起源，科学的考古发现将会使我们惊叹不已，因为它向我们表明，古代中国人的思想和社会组织形式可以从苏美尔人那里，或者其他一些更加古老的中亚地区的人们那里，或者从遥远过去的黄河流域的人们那里找到其渊源。但在目前材料尚且不足的情况下，我们暂且不论这些，还是认定是他们自己创造了自己的文明。在几百年，甚至几千年的时间里，中国人是在一种有利的环境中去发展他们自己的文明的。历史学家告诉我们，中国人一直与世隔绝，因为他们的周围是群山和荒漠，以及原始的游牧部落，加上语言的障碍，十分封闭。这种情况至少持续到马其顿的亚历山大大帝时期。因此，在这种封闭和极其孤立的状态中，中国人建立了作为世界原始文明之一的黄河文明。

中国的这种文明历经许多世纪的考验，在遭受许多磨难之后，最终得

---

* 该文为韦卓民于一九二四年八月六日在牯岭召开的华中基督教教育协会教育会议上的讲演稿。原文为英文，篇名为 The Preservation of Chinese Culture and Morality in the Face of Changing Conditions，刊于 Educational Review（《教育季刊》），卷十六，一九二四年第四期，页 395-404。文章由贺然译，张宝明校，收录于张宝明选编的《致中国人的演讲》（三），北京：华夏出版社，二〇〇八年。——编者注

以延续下来。但是在最近,这种文明能否在本世纪形势变化的情况下继续延续下去,则成了一个令人怀疑的问题。世界上许多古代文明都陨落了,悠悠的岁月使那些曾经是世界文明先驱的古代文明变成了路旁一堆堆荒芜的废墟。关于这一点,我们还是看一看 H. W. 威尔斯是怎么说的:"像苏美尔人和埃兰人这些民族被吞并了,他们的语言也消失了,他们在民族融合中失去了自己。亚述人融合成了迦勒底人和叙利亚人,赫梯人雅利安人化了而丧失了其独特性,闪米特人吞并了苏美尔人后又让位于雅利安人的统治者,米堤亚人和波斯人出现于埃兰人的领土上,雅利安波斯语是帝国的官方语言,但后来被雅利安希腊人从官方语言中清除出去。"人类文明的历程就是如此。这听起来的确令人发指,如同在一个人口稠密的中国城市近郊浏览一座山坡一样,映入眼帘的除了凄凉的坟墓外别无其他。中国文明在世界文明兴衰的规律面前是成为一个例外呢,还是最终不能摆脱这种规律,重蹈其他文明衰亡的覆辙呢?这就引发了中国文化的保存问题。对于中国文化,我们总不希望它完全从这个世界上消亡。

人们对于古人所留下来的最后的遗产自然怀有一种亲切的感情。崇古心理不只是中国人才有,而似乎为全人类所共有。一个步履蹒跚的老者无论在哪里都会激起人们的某些同情心,得到人们友好的相助。中国文化的保存之所以会引起国内国外的人们的广泛兴趣,这种情感上的因素至少是部分的原因。

但是中国文化本身必定具有某种内在的价值,因而在这个进步的时代里,我们保存中国文化的愿望才能有其正当性和有效性。我们必须抛弃种种感伤主义,尽可能公正客观地面对这个问题。我们是为中国和中国人谋福利而去保存这种古代文化呢,还是最好任其自然,让它自生自灭于世界文明的生存竞争之中呢?

对于这个问题,有两种截然相反的回答。激进的改革者认为,中国古老文化是文明进步的障碍,因而它越早地消亡越好;而保守的感伤主义者则呼吁要保存这种文化,认为我们过去已经从中吸取到了精华,我们应当永远保留这份古人留下的珍贵遗产。

前一种观点的倡导者是达尔文主义的忠实追随者,他们看到的仅仅是世界生存竞争的一面。对他们来说,当今中国的基本问题是如何使自己适应这种竞争。要在竞争中求得生存,必不可少的是在政治、教育、工业、社会组织形式,乃至影响人们生活的——无论是个人生活的还是集体生活的一切方面,都进行革命的变革。改革者希望造就的是一个崭新的中国,一个彻底地变了样的中国。旧的东西不能被容许存在,因为它已过时,不能使国家适应现代世界的潮流。在他们看来,过去的都已过去了,眼前的却是一个腐败的局面,因此除非有一个迥然不同的新的开始,中国的前途便没有希望可言。我们必须和过去一刀两断,越坚决越彻底越好。腐朽事物是会传染的,必须对之施以切除疗法。因此,古老的中国文化应该被放入禁止之列,保存国粹的观点也应作为最危险的一种观点予以彻底地抛弃。

对持这种观点的人,我们需要指出的是:一个新的国家不可能以那种方式建立起来,一种新的文明也不可能以那种方式创造出来。它们不可能以裁缝制衣的方式诞生。国家及其文明是历史的产物,有一个发展的过程,绝不是什么人一下子造就的。在一种完全新的基础上建立一种文明,就如同在沙漠上建立这种文明一样。不把根深深地扎在过去是不牢固的,历史的连续性是一条不容忽视的法则。

就我个人而言,我很难想象中国人怎么可能在完全放弃了自己的传统而全部采用新的东西时还叫做中国人;而一旦他们不再是中国人时,他们就丧失了作为一个民族而存在的理由。很难想象,一个有着悠久历史和灿烂文化的民族,一旦从封闭中走了出来,面临的竟是同样灭亡的境遇,如同一滴水融进了奔腾不息的大海,重复着世界其他民族兴衰的历程。一个占世界人口四分之一的民族在理智和精神领域过着一种只有索取而无奉献的寄生生活,这本来就是咄咄怪事,再奔放的想象力也难以把这一点与我们对宇宙的普遍理性的信仰协调起来。如果说这五千年的累积的文明在人类文明中毫无价值,那么就违反了我们对天意留美的坚定信念。一种不仅能够维持国家稳定,给人们带来满意和幸福的生活,而且孕育了一代又一代仁人志士的文明,肯定蕴含着极其有价值的东西,人们是不愿让它就此消亡的。

这并不意味着我们从一个极端走向了另一个极端。企图将中国文化统统地保存下来如同将它们彻底抛弃一样，都是十分荒谬的。文化的保存不能像保存广州生姜一样。如果我们决意要保存，就必须把它当作有活力的东西加以保存，允许它不断地发展和进步。

什么是文化呢？在我们作进一步探讨之前，先弄清楚这个问题。在《鲍德温哲学词典》(Baldwin's Dictionary of Philosophy)中关于文化的条款对文化作了如下的定义："凡是直接或间接地影响人们理性面貌的东西都可称之为文化的要素。"由此看来，文化是一个涵盖面很广的概念，任何一种对文化的界定都不免会有过于狭窄或过于宽泛的危险，没有哪一种规定会使每个人都满意。根据我们刚才引用的条文，文化包括"艺术和科学，语言和文学，教育和国政，社会风俗，伦理及宗教"。另外，"实用工业，交通和通讯手段，以及使人们生活舒适的事物"也可算在此列。

现在的问题就是：我们是不是将中国文化的全部要素都保存下来了呢？它们值得我们将这一切都保存下来吗？

曾经有一个时期(并非很久以前)，一些中国学者试图在中国古代文明中找到能与西欧每一项机械发明和每一处民主创举相媲美的成果，他们想要证明的是中国文明在每个方面都和其他文明一样好。我记得在上大学时读过一本书，作者在书中要向读者表明，现代的国际法准则早在中国的春秋时期，亦即公元前六至五世纪，就已在中国完全实行了。这种雄心勃勃的企图只会使富有批判精神的、学历史的学生感到好笑。

大概大家都会承认，我们笨拙的交通工具和落后的通讯方式无论怎样都没有保存的价值。划船、手推车和马背上的送信人毕竟大大逊色于汽船、卡车、现代化的邮局和电报。因而在这里，保存就是不可能的。

一位并不太愿意过分夸耀中国人长处的博学学者在其《中国人的特点》一书里，认为中国人的烹饪技术，达到了世界第二流的水平。大概除了烹饪之外，中国人在创造使生活变得舒适的事物方面并没有多少值得骄傲的地方。还是这位学者，特别指出了中国人"对于舒适和方便的漠不关心"的态度。也许正是由于这种特点，中国人才十分轻视自己文化的这一方面。

在这里，我们并不是在宣扬禁欲主义。中国人不是禁欲主义者，如果他们能很容易地得到舒适和方便，他们也不会拒绝。但是对于他们，这并不是生活中最重要的，“吃饭是为了生活，而生活不是为了吃饭”，这是他们的格言。他们在生活上很简朴，这使他们能够从物质生活资料的束缚中解脱出来。简朴是一种美德，在今天这个奢侈享乐之风盛行的世界，我们最好不要将它置诸脑后。

就智慧的发展而言，中国在科学上仅仅处于原始阶段，对于诸如现代科学之类的成就，我们没有什么可谈的。但是，以经验为根据的知识我们却有很多。我们在农业和医药方面的知识为研究科学的学生们进行探索提供了信息全面的宝藏。系统的研究将会极大地造福于全人类，并促进这些科学的发展。我们的教育制度和政治体制远远落后于世界先进水平，但我们的以经验为根据的知识是不应被蔑视的，更不用说我们的古代典籍中的一些好的准则。在这些典籍中，最有名的大概是《孟子》这本书。在所有这些典籍系列中，我们没有看到关于现代科技的知识，但是我们旧的教育制度和政治体制却是以其中的某些原则为基础的，而这些原则又完全应该受到现代学生的高度重视。

我应当更加着重地谈一谈中国的艺术和文学。这又是个经常谈论的话题，所以我只想随便地说一说。在艺术的发展中有两种因素，即天才和欣赏。作为教育工作者，我们不仅肩负着鼓励所有的初露头角的天才脱颖而出的责任，而且更重要的还肩负着教育孩子们欣赏他们自己的艺术和文学中美好东西的责任。现代的教育过于实际和呆板，在发展这种欣赏能力方面工作做得太少。真正的教育难道不是不仅教会我们去创造，而且教会我们去欣赏吗？如果创造出的东西不是为了享用，那我们何必要去创造它呢？即使我们自身并没有努力去创造什么，生活和自然中已经存在着许多可供我们享用的东西。按东方人的思维方式，生活中只有创造而不留闲暇去享受是不可思议的。必须承认，关于天才的问题也有许多话要说一说，但是现在，欣赏的问题更值得我们去注意。

中国的风俗、伦理和宗教需要进一步认真细致地加以研究，粗略的观察只会导致误解，甚至有害的结论。毫无疑问，中国人的风俗习惯沉重地背负着过去历史的沉淀物，将它们全部抛弃是一件再容易不过的事，但是这不免太轻率了。在这些风俗习惯中，有大量有意义的东西，至少对中国人自己来讲是这样，因为他们毕竟是这些风俗习惯的承载者，如果我们把它们抛弃了,必然会严重地影响整个社会的组织结构。关于这个为古人所崇尚的风俗习惯的微妙话题,我想就说到此为止,虽然我还有很多要说,但此刻我不打算再说什么。让我再举一个更加浅显易懂的例子。鞭炮和喧闹的音乐声伴随着行进于街道上的婚礼队伍,有时很是吵人,常常显得没有意义,但这却是在将正在举行的婚礼以正式的形式向公众宣告。同时还要举办宴会,大宴宾客,这使婚礼得到了公众的认可。这种风俗的形式可能会改变,但它的意义和精神必须保存下来。这种风俗使婚礼庄重而令人难忘。一个冷清的婚礼对中国人来说未免有些不合常理,并且太拙劣因而不合他们的口味。

说到这里,我得简短地讲一讲中国人的家庭。不可否认的是,中国人的家庭还有许多需要提高和改进的地方。我们可以讲出无数的中国家庭的耸人听闻的故事。但世界上的事实可以用来证明任何理论,正如《圣经》的经文可以用来证明任何一种神学一样,这取决于我们要从中找到什么和如何选择我们所需要的东西。事实一经从事物的因果联系中拿取了出来,它原本的意义就至少丧失了一半。公正起见,我们必须认识到中国的家庭生活存在着两个方面,除了较阴暗的一面外,还有较光明的一面。我们在这里只讲较光明的一面。在中国的家庭中确实有非常美好的东西。无私奉献的母亲和甘于自我牺牲的父亲,兄弟姊妹间的手足之情及其相互间的责任感,所有这些都使得中国家庭比世界上任何其他国家的家庭结合得更加紧密。当然,很少有同一个家庭同时具有所有这些上帝恩赐的礼物,但只要有了其中一种就已经足够令人感激了。据说日本妇女作为妻子是贤慧的,我相信,中国妇女作为母亲是最好的。如果学校教育不改变她们的民族特点的话,接受了更好的教育和更新知识的中国妇女必将为创建一个美好的国家起到积极的作用。丢掉了中国妇女的民族特点正是今天中国妇女教育中的一种危险的做法。现代受过教育的妇女似乎将太多的时间和精力用于衣着打扮、自我表现和社交活动上面,在家庭生活和照顾孩子方面投入太少。对中国的风俗习惯的忽视只能产生已提及的、现代中国妇女文化中的那种后果。

中国道德在世界上享有盛誉。在这个变化的时代,保存这种道德是必然的要求。严格来讲,并没有所谓的"中国"的道德,因为道德是普遍的，中国人没有独一无二的至善的方法。至于中国人的道德完善，仍有漫长的过程，真可谓任重而道远。维持现状无异于毁灭进步。众所周知，在道德方面的滑坡比在其他任何方面的滑坡更要容易。古代圣人关于道德的崇高理想和谆谆教诲以及中国人优秀的道德准则是世界人民的一份财富。我们务必认识到，这份财富的丧失是件令人痛心的事。崇高的理想和高尚的思想不容易变成现实，但它们却有特殊的韧性，这使它们幸免遗弃而得以流传下来。使道德在生活中有实际意义的是某些超乎理性的感情。在这个思想和规范混乱的时期，中国人一旦丧失了这种感情和他们恪守的崇高的道德规范是非常危险的。理性推理大概只会使道德成为一种纯粹的算计。但是中国人的道德建立在人对人的关系的需要上面。中国人直到最近还不问父亲为什么应当爱儿子和儿子为什么要服从父亲。他们在关系之网中长大，对于别人的要求作出回应从不问为什么。在他们看来，作为一个人就应该按照这些要求而生活，这是天经地义的事。所以，他们往往特别重视道德教育的发展。如果这种道德为其他东西所排斥，那将是一件令人遗憾的事。

没有哪一个基督教徒愿意倡导保存中国的原始宗教。在传统的上帝概念中不可能找到原本的一神论。中国人的传统宗教和荷马教或婆罗门教一样，都是多神论的。但是中国人有自己本土的宗教观念，经过它，基督教可以得到很好的阐释。中国人宗教生活的高尚的道德风气，宗教机构和行为对于非道德因素的自主性，以及所有中国人对宇宙理性的基本信念，在文化发展的相同水平上没有哪一种宗教可与之相比。

讲到这里，我们只是研究了中国文化的外在的、浅层次的特征，还未提及更为重要的特征，即中国人的性格。中国人的性格集中表现了中国独特的文化特征，因此的确值得加以研究。

中国人的某些特征，即使那些最粗心的观察者也会注意到，彬彬有礼、温文尔雅大概是最突出的特征。受过教育的中国人都是些特别有教养的人。在社交活动中，首先注意的就是要彬彬有礼。熟悉中国人的人们表达了他们对中国人的赞赏之情和在最无法忍受的环境中产生的对中国人的好感。这种禁欲主义式的生活态度不仅使具有这些品质的人的生活变得更加快乐，而且还将这种快乐传给了周围的人。友善好客、不爱争吵的性情以及遵守法律的态度使所有那些和中国人接触的人感到十分愉快。

怎样为中国人和世界各国的人们保存中国文化中所有这些好的东西呢？真、善、美，这些是希腊人用以表达有价值的事物的术语。真的和善的东西并不只等着中国人去保存它们，整个世界都对它们有很大的兴趣。举几个例子：华盛顿的一个政府机构对中国农业方面的中文书籍正在进行仔细的研究；日本学生对中国的文学、哲学和艺术有着浓厚的兴趣；中国宗教在德国、法国同在中国一样，受到学者们的高度重视。仅就中国文化的学术研究而言，我们在世界各地都有着许多积极的合作者。这些研究无论如何会继续进行，不管我们是否注意到。但是，中国学生和中国高等学术研究机构自然地应该起领导作用，作出最大的贡献。在基督教学院和大学里，中国和西方的学者并肩工作，促进了学术上的合作和思想上的交流，我们期待着这种交流与合作有更大的进展。

但是，有些事情只能由中国人自己去做。中国人且只有中国人能够建立自己的家园，能够最合理地保存他们性格中好的特点。其他国家的人，如果他们愿意的话，可以去模仿。但是他们不可能以相同的组合与比例再造它们。

在认识和表达真理方面，中国人也有某些独特的方法。这是中国人作为一个民族均衡地享有的方法。没有这些方法，世界将会变得贫乏，因此，我们不想摒弃它们。这些方法使我们看到了别人在完全相同的条件下无法看到的东西，使我们做了别人在完全相同的方式下没有做的事情。

但是，文化太复杂了，所以不能详尽无遗地加以描述；同时又太微妙了，所以不能套入一种固定的公式。它是一种洞察力、一种性情、一种生活的态度。它不可能通过学校教育而形成，也不可能从书中学到。它必须在一种适宜的环境中通过伦理训练，通过和具有这种文化素养的人的交往才能被培育出来。

因此，正规的学校教育在保存中国文化方面的作用是有限的，但它还是有一定作用的，它帮助孩子们在小学和中学阶段领略到中国的传统思想，打下中国文化的基础。如果我们把中国文学和历史的课程仅仅当作是传授那些在需要的时候很容易地从参考书中获得的知识的工具，那将是一个错误。设置这些课程的目的，就是使学生们能接触到中国文化的光辉思想和中国历史上伟大的民族品格，给他们的思维建构一个鲜明的中国文化背景。在大多数教会学校和学院里，国文的学习往往被忽视，这的确是可悲的。虽然最近有所改进，但还远远不够。常常有这样的借口，说学生们对国文课不感兴趣。但是即便如此，那也只是因为教授这些课程的方法不得当。我们可以设想，国文可以和其他任何课程一样有趣，它的商业价值绝不比数学或法国大革命的历史小。但是，大多数基督教会学校不希望在国文系投资，有些人自欺欺人，认为学生们来这里是为了学习西方知识，而不是为了学习国文。他们完全忘记了基督教教育工作者来这里是教育中国人的，不是来教中国人西方知识的。时间不允许我老谈这个问题，我得停下来。

我已经说过，学校的课程对于中国文化的保存的作用是有限的，而中国家庭中真诚坦率的氛围才是根本的。我诚挚地相信家庭的现代化，这是十分必要的。但实现家庭现代化的方式多种多样，我们既可以采取完全西化的方式，也可以在不丧失民族特色的情况下引入现代的特征使家庭现代化。恰如其分地从事这一工作在很大程度上取决于中国的妇女。因此，最重要的是要在中国制定妇女教育政策，以便培养出受到良好教育的"中国"妇女，而不是洋化了的时髦女士。

在非基督教徒的大众看来，基督教教会和基督教教育机构是反对保存中国文化的力量，是传播西方文明的宣传机器。但是，在我们这些善于从内部体察事物的基督教徒看来，在这些日益壮大的组织中，有中国人自己的才华得到展示的极好机会。保存中国文化的最好方法是：给中国文化一个有价值的激励，使之在新的时期、新的条件下展现自身、发扬光大。这就是为什么我们在教会工作的各系统中设置本民族领导人员的主要原因。我们希望给中国的精英们以自由地运用才智的机会，以便使基督教通过中国文明得以阐释，从而使它的伟大真理得到更为圆满的表达。只有将中国文化作为一件完美的礼物奉献给上帝，它的目的才能够达到，它的价值才能够得以保存。这不仅是为中国人谋福利，而且也是为世界各国的人们谋福利，同时也是对他——所有真善美的创造者和保护者的赞美。

二

孟子之政治思想

韦卓民著　万先法译

华中大学韦卓民纪念馆编印
台湾　台北

自　序

拙文今问世者，原为一年半以前，用以完成我在武昌文华大学修满文学硕士学位部份规定之论文。

所有引述《孟子书》以及其他经典之引句，俱采自理雅各[布]博士(Dr. Legge)之英译四书五经。由于拙作或将为许多不常接近古书原典或无充分时间用于中国经典之读者所能阅，作者深以刊入大量原书原句，当属适宜。

文华大学 T. R. Ludlow 牧师指导我关于政治学方面的课业，以及 E. Walker 牧师极其仁爱地审阅原稿并提供英语上改进意见，作者俱愿于此深致谢忱。

韦卓民(F. C. M. Wei)

文华大学武昌一九一六年六月

翟雅各[布]校长(Jackson)序

我非常愉快,我能为韦卓民君的论文写序。我的愉快,第一是来自私人的理由。自韦君十四岁幼年时,进入文华预科学校之时起,我即亲见他于课业上精进不已。这对一个传教的教育工作者,看到他的门弟子勇猛精进及发展,自然深为满意,因而他体会到约翰(St. John)当他写着“我再没有比这更为喜悦,去听到我的孩子在真理中迈进”这几句的时候的喜悦之情。韦君纯粹是文化出身的孩子,我作为文华大学的校长,在韦君受教育的全部时间内,我能为他的论文作序,的确感到个人的兴奋。但我的兴奋,尚有甚于个人者。我看到一位中国基督徒的学生,从事于这样的研究,有如本论文所代表者,这真是一件莫大的鼓励。我常听说中国需要一种基督教护辩论者(Christian apologetic for China)。这样的一种护辩论者一定应由中国学生来写,而且我想来写的学生,也需要能够阅读中文以外的别国语言的书籍。我以为,譬如讲授或撰写“宗教之比较研究”这一类题目,而由只懂他本国语文的人来说,似乎不会有结果的。假若我们要去比较任何事物,我们至少要有知此知彼的工具,才能比较。在前述这类论题里,中文文献的缺乏,是大家熟知的,而且这类缺乏,或者尚待一大段时间才能补上。因此,乃发生我们中国基督教年青学生,有熟识西方文献之必要,假若要他们提供一种基督教护辩论者有效的话。许多人想,由于要获得必要的准备,年青人必须出国研究。这我不认为这是必要或者这是配备年青学生去做中国教会的基督教神学家的良好办法。长期居留国外,似乎使年青人有一种影响,使他们和国内同胞的生活和思想,失掉接触,也使他们对中国文献失掉兴趣。对于中国文献之彻底认识,其于我们想做的工作之重要,正如对西方文献的认识。韦君是一位干练的中国读书人。我们教会的教育组织,能够提供许多便利,来作中国的研究,这在国外是不能提供的,同时我们也提供在西方论题上,获得充分教育的便利。我确信韦君现在问世的著作,一定会有由衷的欢迎。有些教会人士,将会记得韦君上次他的学士论文,于一九一一年,会发表于《中国教会纪事》(Chinese Missionary Recorder)上。我们殷望从他的手笔下,继续有所贡献,那将大有助于中国读者对基督教、西方思想以及西方制度之深入了解,同时也帮助研究中国的西方学生认识永恒的道,上帝之光,借人的精神以圣光照耀于中国思想与文明之路,于是当道成肉身,覆幕着我们,给人类“借用耶稣基督的存在,闪出认识上帝的光荣”的时候,在正义之光的兴起,为主的完全显现,铺下道路。

翟雅各[布](Jas. Jackson)

文华大学圣三一主日节一九一六年

译注一:翟雅各[布]先生于一八五一年元月三十日,生于英国。在中国逾四十年。先后在广州、无锡及九江传教。在上海圣约翰大学任教二年后,在一九〇一年被派为武昌文华学校校长,以其学识与行政能力,使当时文华学校,在一九〇五年改为学院,一九〇八年升为文华大学,翟雅各[布]先生任第一届校长,直至一九一七年。六十六岁时退休,移居九江,任九江区牧师。一九一八年卒于九江,为母校创校人之一。

译注二:韦师学士论文,英文原著为 Religious Beliefs of the Ancient Chinese and Their Influence on the National Character of the Chinese People。原发表于《文华评论》(Boone Review),后又在《中国教会纪事报》重刊。

雷 序

鄂省万先法君，为湖北武昌华中大学之杰出校友，其逐译华大故校长韦卓民博士遗著英文《孟子之政治思想》一书既竟，嘱序于余；闻命之余，考虑再四，迟迟未果办；恭读韦师原著及万君译本，至再至三，玩索久而感受深，卒毅然不揣简陋，试述鄙意数则，聊表个人对古圣、业师、与益友三者之敬意！

孟子生逢战国乱世，怀悲天悯人之心，抱出民水火之志；先是设坛授徒，培育经世长才，继而周游列国，讲道德，说仁义，图售救世方策予当代诸侯。孟子私淑孔子，其所垂教，历久弥新，放诸四海而皆准，是故与孔子并列为圣之时者也。

孟子讲人性善，故曰“人皆可以为尧舜”，“尧舜与人同耳”。孟子生于二千余年前，孕育民主思想，其言有谓国家之内，“民为贵，社稷次之，君为轻”。国家目的在于保障人民福祉，维护世界秩序，以便于人民道德之发展，使能“尽人之性”。政府之基本任务，为“发政施仁”，其首要任务乃为人民立贤君，用贤吏，使人民可以安居乐业，善尽其仰事俯畜之义务，此为孟子之中心政治思想。

“仁政”的要项，不外养民、教民、保民。兹试摘取孟子与列国诸侯有关语录数则于后以说明之：

“养生丧死无憾，王道之始也；五亩之宅，树之以桑，五十者可以衣帛矣；鸡豚狗彘之畜，无失其时，七十者可以食肉矣；百亩之田，勿夺其时，数口之家，可以无饥矣；谨庠序之教，申之以孝悌之义，颁白者不负戴于道路矣。七十者衣帛食肉。黎民不饥不寒，然而不王者，未之有也。”（《梁惠王篇》）

“今王发政施仁，使天下仕者皆欲立于王之朝，耕者皆欲耕于王之野，商贾皆欲藏于王之市，行旅皆欲出于王之涂，天下之欲疾其君者，皆欲赴愬于王；其若是，孰能御之。”（《梁惠王篇》）

“上无礼，下无学，贼民兴，丧无日矣。”（《离娄篇》）

"欲为君，尽君道，欲为臣，尽臣道……暴其民甚，则身杀国亡；不甚，则身危国削。"(《离娄篇》)

"无罪而杀士，则大夫可以去；无罪而戮民，则士可以徙。"(《离娄篇》)

距今约六十年前，当余肄业武昌文华大学(华中大学前身)时，曾从韦师政治学，其时所用课本，为美国各大学之通用课本，韦师指定学生阅读之参考书籍甚多，皆属英美古今名著，但韦师自著之《孟子之政治思想》，并未包括在内，故余在母校迄毕业时止，始终未闻悉此书之印行，诚属可惜之至。

今细读韦师之书后，再阅万君中文译本，余对万君在其译述前言中所作之赞美词"师门之学，博大精深，恢宏圆融。贯中西之学，通古今之邮，穷天人之际，发文教之蕴"认为十分正确。韦师精研孟子书及其思想，博览中国经籍，复参阅欧美有关古今权威政治名著，以外国语文(英文)撰写《孟子之政治思想》，其立论遣词，俱极精审允当；于宏扬文化学术之中，并寓改善实际政治深意。评述中国古圣经典之时，绝不犹疑推崇先哲之国际学术地位；引证西哲论点之处，亦决无失之扬而不抑之嫌。

韦师析论《孟子书》，分为(一)人性，(二)德性之发展，(三)仁政原则，(四)正统儒学对当时异端之抨击四部分研讨，叙述精辟详尽，褒贬洽合分际；对其思想之渊源于"诗书学庸"，政治主张之不能摆脱时代环境之束缚，均有妥善交代。韦师之书，虽在欧美普受美誉，但韦师始终坚守中华文化独立之风格，不受感情之诱惑；卒能不蹈阿谀洋化之失；是故终其生，韦师为一坚强之中华文化国士。韦师不幸作古，已历年所，而其遗爱，长留人间，良有以也。

同学万君先法擅长中英文，其治学也，好古敏求，造诣甚深；年来万君迻译韦师遗著甚夥，以其精通中英文，故出品多而且快。凡所译述，悉能符合信达雅条件，皆属佳作，读之令人有如在行云流水中之感，怡然自得也。

韦师之《孟子之政治思想》英文原著，引述《孟子书》及诗书等古籍章句，不计其数，多未注明何章何节，万君以其熟读经籍之罕见知识，逐一查出章节出处，增载译文之内，斯诚一繁剧工作，在此书之一般读者，则拜赐实多也，余不善文，勉陈浅见如上，是为序。

韦卓民博士纪念图书馆理事会理事长雷法章

陈 序

此书为孟子政治哲学的研究，虽尚简短而属引介性质，然吾人必须从当时中国的政治现实情况，与作者韦卓民博士个人的责任感观之，方能窥见其重要。韦先生是我以前在中国基督教高等教育的同事，也是我几十年的老友和我从前兄弟会的会友，他之为人，极其肫挚而坦诚。那时华中与华西一带，较之中国沿海岸各地具有活力的知识及文化情况，远为落后，几同沙漠，统治那些地方的军事领袖们，对基督教的教育，毫无兴趣，围绕着一些人民，也都是缺乏政治参与的经验。韦先生一生奉献，即在想依着基督教高等教育的途径，以正本清源，并为求达致此一愿望，他必须重新肯定他的信念，即中国固有的民主传统，以及这传统的基础，在中国人民本身。他发现这传统在孟子已开其端；这传统在中国民众，也根深蒂固。后来他在该地区，任华中大学校长。不幸地，未能假以更多的岁月，让他去完成他的愿望。当中国政治情势在一九四九年春开始变迁之时，那时我在广州，韦先生在华中。他邀我去参观他的大学，并要我协助他离华赴美，作另一次的研究旅行。但是命运注定了不是这样。愿他的这本《孟子之政治思想》大著，作为他的证书与纪念。

余友万君先法，近十余年来，中译我所著有关宋明理学论稿多篇，夙钦其娴于经籍，译笔信雅，如出宋明理学专家之手笔。余深信乃师之原作，必因其高第之译文，而益为流传。适余有来台出席国际汉学会议之机缘，得为万君倚装作序，尤感欣慰。

Dartmouth 学院中国哲学及文化荣誉教授及人文哲学荣誉博士

哥伦比亚大学中国思想兼任教授

Chatham 学院 Anna Gillespie 哲学讲座教授

一九八〇年八月廿四日

译　言

《孟子之政治思想》一书，乃书卓民师一九一五年就读文华大学时之硕士论文。余曩于沪上，曾购其书。中经战乱，散佚已久，亟欲得其书而未得。兹承骆传华兄热心搜集，由史丹福大学图书馆，影印此书，并由美来台之便，亲自携台，四十余年后，尚能重读其书，且能迻译，其内心之悦乐与感触，诚有非笔墨所能表达者。

犹忆一九三六年，余在华中大学三年级时，韦师授西洋哲学一课，其讲授不采概论方式。一般讲授，多由上古、中古讲至现代，略取各家思想。韦师以为此类讲式，无法接近西哲之原典，其卒也，流于肤浅或谬误。韦师则采用西洋权威原著数种：一、柏拉图之《理想国》。二、弥勒之《自由论》(严复译为《群己权界论》)。三、卢梭之《民约论》。四、社会主义部份原著。意在学者可按第一手数据而细嚼之，直探西哲之思想与精神，可获各时代主要思潮，先奠初基，循此而进至西洋哲学之堂奥。余以顽钝，未领其意，蹉跎一无所成，此四十余年前事也。

兹读韦师之书，益感师门之学，博大精深，恢宏圆融。贯中西之学，通古今之邮，穷天人之际，发文教之蕴。然弟子曷敢序其师，谨就译述所得，略列其中精义十点，冀读者由是而知其永恒真理，不因陈篇而忽之：

一、孟子全部政治思想系统，建基于性善论，而其思想渊源，则来自读书载籍。韦师在结论一章，有谓“道德义务，不是表达任何外在之意志，而是内在意志，此内在意志，乃由内在于人之德性中迸出。事天即所以尽人之道德之性”。此诚孟子全部思想之根源。孟子性善论，近人研之愈精。乃韦师言之于六十余年前，早发其旨，详见第四章。

二、国家存在，基于人性之需要。政府功能，在于保障人民福祉及维护和平秩序。孟子大声疾呼，“民事不可缓也”，“善战者服上刑”，以及“不嗜杀人者能一之”。此已俱为古今中西政治学之通义。

三、孟子民主思想，得之于《尚书》及其他诸经，故于第八章有谓“此……伟大政治试验，在中国人心灵中，理论上毫无陌生”。但若谓孟子民主，即等于近代民主之意味，亦属附会或误解。此为韦师立论谨严，于第五章中，三致意焉。

四、近儒牟宗三先生，于阐述中国先哲之文化与政治思想之余，其结论每谓我国有治道无政道，主体性发挥有余，客体精神树立不足，因而无由控制政府之滥用权力。韦师于此类义蕴，亦已多次提示，不胜感叹。如在第五章，一谓“人民，一群众耳，难于协同行动……谁可有效表达？遇一暴君，不忠于国家，谁可出而易其位？此实难以解决之问题”。又谓“问题……是在人民之自动认可力量，有多少能影响政府政务之运行？……认可，仍纯属被动，而且并无具体工具用来表达”。在第六章末段复谓问题仍在，如大臣谏劝不听，唯有寄望于人臣抉择。

五、孟子谓“劳心者治人，劳力者治于人”，“有大人之事，有小人之事”，“将为君子焉，将为野人焉”。此乃有类于柏拉图在政治上或亚当·史密斯在经济上之分工原理，但不能遽谓涵有阶级性，中国历史上，固无固定阶级之立足点。于六章，亦有指陈。

六、孟子思想继孔子尊周文之后，趋向保守则有之，但并不独裁或尚教条主义。仰慕尧舜盛世，趋向过去，亦有之，但时间之流，逝者如斯，绵延不断，孰为过去，孰为现在，亦诚难言。在孟子，过去之价值，适当于尝今者，则调整之、弘扬之、保存之。又谓“中国在今天正寻求每一新观念，以期有助于国家建设之艰巨工作，理应对国家载籍有密切之研讨，也使中国对自己圣哲之宝贵教义，能予遵循”。此义最精，分见第六章及第八章。

七、西方政治学者，如 Willoughby 每谓东方囿于习俗，思想僵化，阻碍进步。韦师不谓其然。孟子即有一种寻求合理与穷理追根之精神，如批判尚书武成篇之夸大描述，亦分见第六章及第八章。

八、赵岐称孟子“通五经，尤长于诗书”，自非泛言。余考孟子书中，直接引诗者约廿八次。引《尚书》者虽仅约十五次，但不采《尚书》中全句，仅摘短句而自为镕裁者，所在多有。依据屈万里先生所著《尚书释义》，附录伪《古文尚书》，即统计伪《尚书》引用孟子所引《尚书》各篇语句，改易其文，计有《大禹谟》、《仲虺之诰》、《伊训》、《大甲》、《说命》、《泰誓》、《武成》、《君牙》诸篇约共十九处。韦师于结论一章中，就赵岐称孟子“尤长于诗书”一语，作进一步考证，并及于学庸，虽所引《尚书》各篇，多属伪《古文尚书》。然其伪,乃在后之作者之书伪,而非作者所承受于《尚书》思想之伪,孟子思想,其仍孕育于诗、书时代思想之迹,固宛然可见。

九、诚如韦师所云,书中引述孟子原句甚多,用以取便读者,但据余粗略统计,引用原句,总在八十次以上,余以为若非韦师治孟子心得之深,仁精义熟,且能背诵,何能运用全书如是之多,左右逢源,且就原典发挥,以孟解孟,是诚直探孟子思想,还以本来面目,尤非一般治学者片断取意,曲成已说者可比。

十、最须申述者,韦师奉献教育,而志业尤在传播基督福音,一生奋勉,兢兢于斯。本书最后一章,其最后一节,论及孟子政治理想,高矣美矣,但见之实施,显觉力有不足。此力之不足,非仅孟子为然,亦即一般古今中外人文主义思想之不足,盖缺乏之一上帝超越力量之向上领导,即不能臻于完成。人孰无过,谁与全善。上帝临汝,谁与不善。此诚宗教之深遽力量,为政教所不足,是韦师之虔诚于基督教信仰,固自在学时已然也。

近儒传孟真氏初长台湾大学,即示诸生,必先读《孟子》为必修之课,可谓寄意深长。今日时代之病痛尤烈,"以燕代燕","杨朱墨翟之言盈天下",则孟氏书,"犹三年之艾也"。韦师书,虽译出较晚,当仍极有时代意义。

乡前辈雷法章先生,亦华中大学前身之文华大学校友,爱国则从政,信主则敷教。近廿余年来,在台领率我校友发扬母校精神,并倡导设立韦师纪念馆。平日常为我校友道及与韦师交谊之笃,韦师举行,以及西人对韦师之赞誉,皆为我校友所不可得而闻。今拙译竣事,既蒙亲撰序文,复承允由馆中出版,关爱奖掖,感何可言。尤要者,雷先生以近八旬高龄,撰序文时,审慎将事,先遍读韦师原著及拙译稿,细字密行,并以红笔圈记,不稍轻忽,故韦师书中之精要,甚者书以外雷先生昔年所亲灸于韦师之遗范,无不毕露或点醒于序文之中。

各章纲领

一、导言

孟子在中国为一经典哲学家。孟子在中国革命以后。

二、孟子传略

姓名。渊源。诞生地。孟子生年之各家争论。纪年之考察。纪年之认定。孟子生平之三时期。早期,孟子与孔子之孙子思之关系。第二期,公职时期。当时政治与道德状态。孟子态度及目的。在魏。在齐。孟子归鲁葬母。二次在齐。孟子对齐王影响力之减弱与去齐。在齐。三次在齐。孟子应鲁侯之请。致仕。

三、《孟子书》

十一篇或七篇。《外书》四篇之迹痕。《外书》四篇之真实性。七篇之著者。

四、孟子教义之一般

整个系统基于人性论。人性发展过程。孟子与蒲特勒(Bishop Butler)。德性之社会面。伦理与政治之关系。孟子之不宽容精神。以次各章之纲领。

五、孟子之国家观念

国家为人性之自然产物。国家之经济基础。国家之三要件。国家神授说。统治者之神权。政府为天之付托。天意在民意。王位世袭,只能由天所命与由人民所认许。昏君之革除与诛暴君。天听自我民听。贵戚之卿之职责。天吏。孟子学说与煽动主义。人民,国家中之最重要因素。孟子民主教义。孟子之国家观尚非民主。非神权。但一种专制政体类似于柏拉图之皇室。

六、政府之形式与组织

政府基于经济需要。与柏拉图学说之比较。孟子之理想政府,求之于尧舜与三代之黄金时代。孟子政府,乃一封建专制体。土地井田制。王政要素,不在土地大、兵力强,而在有为之君辅以有为之臣。贤君品性。

有德大臣。吏有四等。良吏职责。

七、国家之功能

照顾人民物质幸福。四种贫困无告者之施救。教育及其对国家之关系。国际政治。孟子之和平政策。国防。

八、结论

孟子之逻辑方法。保守但不独断。道德与法律之混淆。孟子教义中,缺少宗教。孟子教义之实际目标。永恒价值之伟大原理。孟子政治思想之经典渊源。孟子对中国历史与实际政治之影响。孟子政治原理,在今日中国之实用性。基督教之需要。

第一章　导言

孟子(Mang Tze)西方人以拉丁语译成 Mencius,在中国人心目中所占之地位,仅次于孔子(Confucius),孔孟之名经常并称。孔孟合一的表达,正显示着中国学者,以孔孟子之教为其国家全部之正统教义,到处都受到最高的崇教。

孟子非亲炙于孔子之门,但尝被认为孔子学说的主要阐述者,享祀于孔庙,为四配之一,与孔子最得意与勤奋之两高弟[①]以及圣人之曾孙子思同列。确实地,孟之与孔,其重要性,很易于被称为孔门中之圣保罗。

在目前,中国好学深思之上,都多少论及政治,因而孟子之政治思想,应该获得他们密切的注视。四年以前,当中国正显现革命。激进份子正醉心于极激烈的民主意念,许多人意见,以为孟子之崇敬地位,须取孔子而代之。自然,这自是时代狂激主义之结果,但从不为清醒人士严肃地予以考虑。不过,在同时,这种意见,却验证出孟子教义之一重要部份,即《孟子》一书,确实呼出民主的气息,在这方面,和孔子意识颇有径庭。

孟子虽没有提供世人像柏拉图的"共和国"(Republic)或亚里斯多德的"政治学"(Politics)那样有系统的政治论者,但吾人细读其书,可谓孟子政治思想,诚如 Legge 博士盛称孟子哲学,即与孟子同时代的希腊诸大哲相较,可以昂首正视,并无逊色。

① 指颜子、曾子。——译者注

第二章　孟子传略

孟子之名，据第一位注《孟子》的赵岐所说，孟为姓，子者为男子之通称。孟子名轲，但据若干专家的说法，及其长，亦称子车，或称子舆——车、舆二字在中国义同音同。

赵岐在其孟子题解时，维持传统之说，称孟子，鲁公族孟孙之后，孟孙在周朝，为鲁国贵族之一。此则不仅宣称孟子出生贵族，而且使孟子为诸王之后裔，良以孟孙一族，鲁国公爵之后，而孟孙本人，乃系出文王，文王因周朝建国之交。

据赵注称，三桓子孙既以衰微，其族分适邻近他国，孟族一支，则居于邹，孟子即生于邹县。无论此所谓邹，是指邹国，或指鲁国之邹县，学者纷纷各执一词。邹国近鲁，史称后为鲁所并。但此一般深信孟子所生之邹，即与老师孔子之邹县相同的人，则意有不足。将孔孟诞生地连成同地，乃为多数儒者最喜用之意见，曹之升主之，曹说颇为确切，而令人信服。由于此一争论所引起较多兴趣，实远胜问题本身之重要性，读者可参阅曹著《四书摭馀说》一书。吾人充分可谓孟子生发为邹国，而非鲁国之邹县。此邹县虽同名，乃为今日山东之邹县。

孟子生日，亦为聚讼。学者各有关于孟子生日之各种传记，各执一词，各有重要权威，加以引述。当所有论据，予以精细检察与比较，又令人难于适从。孟氏谱，似为一权威之作，多数孟氏传记，多依据此书。依孟谱，孟子寿八十四岁，卒于周赧王廿六年(288 B. C.)，生于周定王三十七年。生年显有错误，为一般学者所不用。但一般对孟氏谱所称孟子寿八十四，视成权威。于此八十四年可自周赧王廿六年，编年者可逆推至周烈王四年，为孟子之生年①。

于此传列，最值一提者有二。一为清儒黄本骥，著有《圣域述闻》。一为曹之升著有《四书摭馀说》。后者最为以遍译中国经典，享有盛誉之 J.

① 据所引孟子谱未注明作者，似应为元程复心《孟子年谱》，有商务印书馆版。——译者注

Legge 博士，在其英译《孟子》序文中所密切采用。

据黄氏之说，孟子之梁，梁为魏都，在周显王三十三年，其时见魏之梁惠王，其事载于孟子书之第一章。此一年月，至不可信。良以显王三十三年，孟子时年仅三十七岁，但会谈中，惠王称之为“叟”，叟之一词，仅为对年高者之尊称。

在编年中，另有一点，吾人亦觉有误。据载孟子第二次去魏，在周显王四十四年，其时，新王继其父惠王即位，号襄王，孟子从未离魏，直至慎靓王二年，如此，使孟子第二次居魏有数年之久。此则据吾人意，似不可能。吾人读《孟子》第一卷，孟子见梁襄王后，出语人曰：“望之不似人君，就之而不见所畏焉。”[①]孟子于第一次见襄王后，此实为过于严厉之批评。在另一方面，此类具有疑问之编年，孟子既不满于新王，何竟流连于魏达若干年之久。以孟子谨慎之性格，殊难看出与此一事实符合，《圣域述闻》著者即存严重之怀疑。

曹之升书中之编年，怀疑其正确性，亦持之有故。依曹之编年，孟子开始公职，年四十一，时在周显王三十七年，为齐王卿，虽孟子见魏之梁惠王，置于《孟子》书之第一章。实则孟子先赴齐，再去魏。在魏与梁惠王之会谈，虽在其书之首章，但仅此事实，自不能直视为去齐必先去魏之反证，学者之用心，则在显示孟子与惠王会谈之列为首章，并不由于时间上之顺序，而实由于仁义之一主题，此一主题为孟子与当时君主会谈时所从未放弃讨论与强调者。然吾人须注意者，显王三十七年，依其编年，孟子年仅四十一，但据谓已为齐卿。严格衡以我国古之君子依礼行事，则孟子以四十一之年，即出任卿位，实使吾人惊异。古礼，四十强而仕，五十艾服官政[②]。诚然，孔子初仕于鲁，曾为委吏，其时年仅廿，但此为殊例，其违礼。乃由于家贫，且其职位，亦甚低微。故孟子云“仕非为贫也，而有时亦为贫。……为贫者，辞尊居卑，辞富居贫，辞尊居卑”[③]。同一事例，孟子又谓“孔子常为委吏矣。曰：会计当而已矣……”但即使吾人又谓孟子年四十，为贫而仕，而为诸侯之卿，究非微官，其责任之重，远重于为会计只在

① 见《孟子·梁惠王上》第六章。

② 见《礼记》卷一。

③ 见《孟子·万章下》第五章。

计算。

曹之编年中时日,尚有不能视为正确。据载孟子第一次去魏,在慎靓王元年。此与大史家司马迁之《史记》六国年表所载不同。依史迁,孟子去魏在显王三十年,非慎靓王元年。司马迁之六国年表,系依据六国之记载,吾人充分信赖,非仅由于史迁之为一家喻户诵之学者与大史家,而且接近孟子之时代,此表亦为资料之唯一来源。

在本书中,吾人建议所采用之编年。主要多依据司马迁《史记》。若干资料,采之于《苏批孟子》(苏洵)序中所叙孟子之生平,以及清儒彭德辉之著作。尚有若干建议,亦采之于郑小谷《四书翼注》论文,但若干论点之责,当由作者自负。

孟子生于安王第十七年,卒于赧王第二十六年,孟子享年九十六岁,其生平行谊,可分三期。由其诞生以至周显王三十三年之居魏,此为第一期,可称为期待期。在此长达五十年内,吾人可知孟子在本籍任教。由孟子之居魏,以至周赧王三年之致仕,此为第二期,可称为出仕期。在此廿四年内,孟子周游各国,致力于其王政之高贵政治理想之实现。第三期为致仕期,度其余年以至赧王第廿六年卒,在此廿三年内,退而居籍,勤于编纂经典,自为述作。

第一期所知殊少。传说孟子年仅三岁丧父,此一传说为赵岐所采取,《孟子题辞》解有谓"夙丧其父",此与刘向孟母传所称有异,刘向云:"孟子之少也,既学而归,孟母方织问曰'学所至矣',孟子曰:'自若也。'……孟母以刀断其织。孟子惧而问其故。孟母曰:'子之废学,若吾断斯织也。夫君子学以立名,问以广知,是以居则安宁,动则远害。今而废之,是不免于厮役,而无以离于祸患也。何异于织绩而食,中道废而不为,宁能衣其夫子,而长不乏粮食哉。'"于此,孟母已明指及其夫,亦即显示当孟子入学之时,其父固尚存。尚有一较坚信之论证,证明孟父在孟子年壮之时,并无去世,可见于《孟子·梁惠王下》第十六章,此章载臧仓责孟子后丧逾前丧,丧父约,而丧母奢。苟其父之死,孟子尚幼,自无以课以葬父之责。

或者其父无赫赫名,因而在史传中,为杰出之母所掩盖。或者孟父谋生,远离乡井,遗养教之责于其母,孟母贤淑而有能,教子之方,在中国成为母教典范。刘向在《列女传》所载孟母事,《三字经》中,尤见流传,如谓

“昔孟母，择邻处”，诚属家喻户晓，不需于此重提。实足说明母教贤淑，重大影响于其子之一生，以及史册上自给予孟母在传记中以适当之评价与赞誉。

吾人之次一问题，为孟子是否为孔子之孙子思之门人。赵岐然其说，谓“长师孔子之孙子思，治儒述之道”。孔鲋之《孔丛子》、班固之《前汉书》与应劭之《风俗通义》，俱从赵说。说者亦比较《中庸》与《孟子》两书中思想之迹，类多相同，因而导致其结论，谓两哲人师生之间立场一致。诚然，一位有名经学家谓：“孟子得子思之真传，此则孟子不可能私淑于子思之任何门人，子思门人中尚无一杰出之高弟，吾人深信孟子直接受其学于子思。”此一证据，易于反驳。苟于孟子书，细加研讨，吾人宁信孟子并未亲学受于子思。孟子于书中曾数次论及子思，但在任何情况中，从未表明其本人为子思之门人①。朱注“人，谓子思之徒也”。朱熹之说，最有提示性，谓吾人颇为怀疑，子思孟子间，苟为师生，为何师生间，从无有片言只字谈话之记载。

在此一问题置而不论以前，吾人可简单研讨其年月。依据最可信记载，孔子卒于周敬王四十一年。其时子思至少年四岁，因子思父卒于孔子之卒前三年，若干专家称，子思于其祖父孔子之丧，已力能料理，其时年十七。司马迁记子思卒年六十二，其他儒者则辩称子思卒年至少为八十二，因子思曾仕于鲁穆公朝，用以符合史实，子思之卒，最晚在安王之第二年，距孟子之生前十六岁。诚然，人固有天纵之圣，但亦不必要说成孟子必以圣人为师。史家司马迁谓孟轲受业于子思之门人，其说较为正确。

吾人已知，孟子行谊之第一期，时间较长，几有半世纪之久。此时期之大部分时间均在邹，授徒为业，讲道德，说仁义。远近从之游者甚众。曹交远道，来问孟子人性为何：“人皆可以为尧舜，有诸？”任人以一日之程去邹，以有关伦理实践之困扰问题问难于孟子②。当孟子初仕于邹，邹君即就教于孟子。吾人读《孟子·梁惠王篇》第十二章“邹与鲁鬨，穆公问曰：‘吾有司死者三十三人，而民莫之死也。……如之何则可也’”。

孟子全然不同于当时游说之士（wandering scholars）彼辈周游各国，

---

① 孟子仅谓“吾私淑诸人也”（《离娄》）。——译者注

② 见《孟子·告子下》第一、二章。

窥时君之好，献攻守之策。孟子生于此混乱时代——史家号称战国，包括周朝最后一百五十年在内。此一朝代在孟子卒后四十年，实际上已告结束，但政治情况之腐败，终其生已达于极点。“五霸者，三王之罪人也。今之诸侯，五霸之罪人也。今之大夫，今之诸侯之罪人也。”①在上位者，穷奢侈之欲，有如“堂高数仞，榱题数尺……食前方丈，待妾数百人……般乐食酒；驱骋田猎，后车千乘”②。各国大臣之野心，为“我能为君辟土地，充府库，我能为君约与国，战必克”③。残民以逞，以求野心之实现。“彼夺其民时，使不得耕耨，以养其父母。父母冻饿。兄弟妻子离散。”④不仅此也，无数宝贵之生命，牺牲于好战、自私、野心之君主之下。“争地以战，杀人盈野。争城以战，杀人盈城。”⑤

此俱为当时之罪恶，孟子见之熟，虑之深。再转而以视人民之道德生活，其景象亦复暗淡。道德修养被轻忽，仁义原理受藐视。最要者，有如孟子指出：“指不若人，则知恶之，心不若人，则不知恶。”⑥“拱把之桐梓……皆知所以养之者，至于身而不知所以养之者。”⑦“欲贵者，人之同心也。人人有贵于己者，弗思耳。”⑧孟子谓“古之人修其天爵，而人爵从之。今之人修其天爵，以要人爵，既得人爵，而弃其天爵。”⑨孟子更有齐人妻妾一章⑩描述齐人一妻一妾，孟子慨然谓：“由君子观之，则人之所以求富贵利达者，其妻妾不羞也，而不相泣者，几希矣！”

再者，异端邪说，蠭起于世。周孔之教，所维击不坠于百世者，今已动摇其基础。中庸，此乃正统儒教之信条，为墨子严厉攻击，而另一方面，杨朱学说之功利主义，其于正统之冲击，亦至为畏。此类学说，为西方哲人

① 见《孟子·告子下》第七章。
② 见《孟子·尽心下》第三十四章。
③ 见《孟子·告子下》第九章。
④ 见《孟子·梁惠王上》第五章。
⑤ 见《孟子·离娄上》第十四章。
⑥ 见《孟子·告子上》第十二章。
⑦ 见《孟子·告子上》第十三章。
⑧ 见《孟子·告子上》第十七章。
⑨ 见《孟子·告子上》第十六章。
⑩ 见《孟子·离娄下》第三十三章。

苏格拉底及其学派所遭遇者，今亦困扰东方之哲人。以故，孟子有双重责任——一如雅典亡后，希腊哲人之需挽救道德败亡，二如第十六世纪，意大利 Machiavelli 之需团结破碎帝国。孟子亦然，孟子综论当时情形，有如下章[①]：

“圣王不作。诸侯放恣。处士横议。杨朱、墨翟之言盈天下。天下之言，不归杨，则归墨。杨氏为我，是无君也。墨氏兼忧，是无父也，无父无君，是禽兽也。公明仪曰：庖有肥肉，厩有肥马。民有饥色。野有饿莩。此率兽而食人也。杨墨之道不息，孔子之道不著。是邪说诬民，充塞仁义也。仁义充塞，则率兽食人，人将相食。”

孟子鉴于情况之迫切，懔于责任之重大，有如淳于髡所喻：“今天下溺矣。”[②]孟子曷能充耳不闻，而不援手以救。孟子谓“吾为此惧，闲先圣之道。距杨墨，放淫辞。邪说者不作”[③]。孟子已下决心，为民服务，以救天下之溺。孟子后来不有谓：“夫天未欲平治天下也。如欲平治天下，当今之世，舍我其谁也?”[④]孟子以正当原则，俟机以救天下，若为达其正当目的，而不择手段，依孟子意，则非其道。孟子并不珍视，以其岁月，完全消磨于沈思默想之中。大丈夫之目的为“达则兼善天下”[⑤]。孟子从不作自了汉，好像“穷则独善其身”。孟子之理想，为天下归仁。

孟子之迟于为仕，已引起门弟子之惊疑：“古之君子仕乎?”[⑥]“不见诸侯何义?”[⑦]门弟子此类询问颇多[⑧]，而孟子之胸怀，颇不同于其时之风尚，其弟子陈代，亦以其师之坚持原则，过于极端。陈代云：“不见诸侯，宜若小然。今一见之，大则以王，小则以霸。”[⑨]在门弟子辈，以为仅“枉尺直寻”，宜若可为也。但孟子则拳拳服膺于原则而弗矣。孟子以为“不由其

---

① 见《孟子·滕文公下》第九章。

② 见《孟子·离娄上》第十八章。

③ 见《孟子·滕文公下》第九章。

④ 见《公孙丑下》第十三章。

⑤ 见《孟子·尽心上》第九章。

⑥ 见《孟子·滕文公下》第九章，周霄问。

⑦ 见《孟子·滕文公下》第九章，公孙丑问。

⑧ 万章亦问：“敢问不见诸侯，何义也?”(《孟子·万章下》第七章)——译者注

⑨ 见《孟子·滕文公下》第一章。

道而往者,与钻穴隙之类也”①。又谓“枉己者未有能直人者也”②。

卒至孟子近知命之年,得时而仕。魏惠王有大志,励精图治,欲魏国强盛。但其扩张计划,大受挫折,引为自傲之战士,连战皆北,东败于齐,长子死焉。庞涓被杀,西丧地于秦,次子被虏,南辱于楚。惠王耻之。兴复之心既切,惠王乃召请德智之士入其朝,孟子其一焉。

但惠王最大愿望,只在军事胜利。故惠王见孟子,第一句便问:“叟,不远千里而来,亦将有以利吾国乎?”③只是这富国强兵之利,乃惠王所急求者,此一自私之动机,乃使这位哲人惊异,孟子之政治唯一原则在仁义。“王何必曰利”,此乃哲人之答话。

孟子勉惠王行仁政,但惠王则视为迂阔,不切事情,淡然置之。惠王好战之欲,寻求军事胜利之满足,远甚于人民福祉。皇室尊严,使不能放弃虚妄夸饰。惠王自私心,使孟子留下深刻印象,在惠王卒后,孟子遂称王之不智,并谓:“不仁哉!梁惠王也。仁者以其所爱及其所不爱。不仁者以其所不爱及其所爱。……梁惠王以土地之故,糜烂其民而战之,大败。将复之,恐不能胜,故驱其所爱子弟以殉之。……”④

孟子在魏,并未获实际职位,留魏仅约两年。在惠王卒时,且以嗣君庸碌,即离魏。

若干儒者,以孟子离魏,即返邹。但细读孟子书,则为由魏径赴齐。在《公孙丑下》,第十二章有载,尹士所称孟子往齐,乃“千里而见王”,若孟子由邹往齐,旅程不须千里,但由魏往,则须千里之路程。

孟子去齐,事属偶然。孟子之忠实弟子公孙丑为齐人,斯时齐国势正盛,孟子之改变其返邹路程,中途去齐见齐王,抑由于公孙丑之请求欤?

孟子至齐,引起激动。此时齐王,史称宣王,宣王闻孟子之来齐,曾使人瞯夫子,果有以异于人乎?⑤ 但吾人确知孟子非不招而往见。试

① 见《孟子·滕文公下》第三章。
② 见《孟子·滕文公下》第一章。
③ 见《孟子·梁惠王上》第一章。
④ 见《孟子·尽心下》第一章。
⑤ 见《孟子·离娄下》第三十二章。

看孟子之言论："孔子奚取焉。取非其招不往也。如不待其招而往，何哉?"①卒之招至，齐王急于就见孟子，总以孟子为特异之士。孟子既有齐王之请，于意以为足，乃往见；以冀君之用，得遂其志。宣王不同于惠王，惠王糜烂其人民及所爱之子弟，以求其大欲，宣王则见牛之将以衅钟觳觫之状，而起不忍之心。孟子仕齐不受禄②。此事纪元前三三四年事。齐王甚敬孟子。孟子在齐，显然亦思有所作为，良以吾人已知孟子返其母就养于齐。齐宣王在位第一、二年，尽心力于伐燕，孟子以为可，"今燕虐其民，王往而征之。民以为将拯已于水火之中也，箪食壶浆，以迎王师"③。但齐取其土，诸侯妬恨，联合将谋救燕。孟子谏王，苟齐变更其侵略政策，自可阻使诸侯联军前进。孟子有谓："反其旄倪，止其重器，谋与燕众。置君而后去之。"④于是，齐危得解，此固孟子之力。

正值孟子得君之际，孟母之丧，孟子去齐。依周古礼，死者须葬于籍，因而孟子返籍，葬母于鲁。返邹，居丧三年。

丧满，再适齐，浩然有大志。门弟子亦期其师之大有为。公孙丑问曰："夫子当路于齐，管仲、晏子之功，可复许乎?"又曰："夫子加齐之卿相，得行道焉，虽由此霸王不异矣，如此，则动心否乎?"⑤孟子似与门弟子同感，故孟子于公孙丑之"以齐王，由反手也"之疑，则答以"齐人有言曰：'虽有智慧，不如乘势，虽有镃基，不如待时。'今时则易然也，夏后殷周之盛，地未有过千里者也，而齐有其地矣。鸡鸣狗吠相闻，而达于四境，而齐有其民矣。地不改辟矣，民不改聚矣。行仁政而王，莫之能御也"⑥。孟子以仁政谏齐王。一次，孟子言于宣王，谓"然则王之所大欲，可知已，欲辟土地，朝秦楚，莅中国而抚四夷也。以若所为，求若所欲，犹缘木而求鱼也。然则小固不可以敌大，寡固不可以敌众，弱固不可以敌疆，海内之地，方千里者九，齐集有其一。以一服八，何以异于邹敌楚哉，盖亦反其本

---

① 见《孟子·滕文公下》第一章。
② 见《公孙丑下》第十四章。
③ 见《孟子·梁惠王下》第十一章。
④ 见《孟子·梁惠王下》第十一章。
⑤ 见《公孙丑下》第一、二章。
⑥ 见《公孙丑上》第一章。

矣"[①]。孟子因谓王如发政施仁,则功效可以前知。孟子继谓:"使天下仕者,皆欲立于王之朝,耕者皆欲耕于王之野,商贾皆欲藏于王之市,行旅皆欲出于王之涂,天下之欲疾其君者,皆欲赴塑于王,其若是,孰能御之?"[②]吾人读孟,可知孟子之辞令,使齐王大为激动。乃谓:"吾惛,不能进于是矣。愿夫子辅吾志,明以教我,我虽不敏,请尝试之。"[③]孟子确愿尽瘁心力以辅齐王行仁政。以如此严肃道德家之孔门之儒,吾人将见孟子如何以真诚,运用策略,诱服齐王,施行仁政。孟子告宣王好乐、好田苑、好勇,甚者好货财、好色——简言之,此虽俱足以腐蚀当时君王之心智,但若能与民共之,亦有助于仁政[④]。

纵使孟子顺时君之好,以求行其道,而齐王仍以仁政不切事情,或至少过于迂缓,因于孟子之教,兴趣渐失。齐王因欲求大欲于帝国尊荣。但齐王所求之方,大异于孟子。故于聆听孟子所谈国与国之间伦理政治之后,乃谓"大哉言乎!寡人有疾,寡人好勇"[⑤]。军事显赫,功效如此其诱人,今孟子竟谓"以大事小"[⑥]宁不可哂!德哲尼采权力意志哲学(Will to Power),诚为齐王所喜接受。此亦无足怪者。齐王处于好战之时,仅代表其时代之风尚。不仅此也,孟子此种喜欢批判、非难之态度,自为时君所厌弃。孟子告宣王:"王无亲臣矣。昔者所进,今日不知其亡也。"[⑦]国君固锢习于谄媚,孟子之言于王者,又非谄媚。孟子之所要求于齐王者,以苏格拉底式之辩证或辩难,孟子喻以"王之臣,有讬其妻子于其友,而之楚游者,比其反也,则冻馁其妻子,则如之何?"王答以:"弃之。"又喻以:"士师不能治士,则如之何?"王又答以:"已之。"孟子乃直指本题:"四境之内不治,则如之何?"此一问,则直触及齐王之真病痛,而予以难堪。据孟书描述,可知齐王颇为困窘,"王顾左右而言他"[⑧],孟子已迅速了然齐王

---

① 见《孟子·梁惠王上》第七章。
② 见《孟子·梁惠王上》第七章。
③ 见《孟子·梁惠王上》第七章。
④ 《孟子》其中精义,应细看《梁惠王下》第一、第二、第三、第四、第五各章。——译者注
⑤ 见《孟子·梁惠王下》第三章。
⑥ 见《孟子·梁惠王下》第三章。
⑦ 见《孟子·梁惠王下》第七章。
⑧ 见《孟子·梁惠王下》第六章。

于其所说，日见漠视。一次，对齐宣王曰："为巨室，则必使工师求大木。……今有璞玉于此，虽万镒，必便玉人雕琢之。至于治国家，则曰姑舍汝所学而从我。"①

孟子自不能弃其所学，而从齐王。孟子不能陶醉于幻想。不能抛弃其原则。当其觉察其学说不能行之于齐，因而去齐，时在周显王三十五年，纪元前三二四年。去齐之日，濡滞其行，良以宣王在其时，究属有为之君。孟子与齐王，君臣间曾有相得之乐。孟子之在齐王，或亦未全失其宠贵的光芒。孟子自问："予虽然，岂舍王哉。王由足用为善。王如用予，则岂徒齐民安，天下之民举安。王庶几改之，予日望之。"②

但孟子求用之期望，终告幻灭。齐王天年将尽，孟子去齐不久，齐王卒。

孟子是否由齐返邹，抑或径赴滕国，此乃难以断定之一点。史册无记载，孟书无线索。所可知者，为周显王第四十五年，纪元前三三四年，孟子即已在滕。即使孟子由滕转回邹地，其留家时间亦必甚短，最多数月而已。

孟子至滕，自为滕君所欢迎，滕君固已熟识孟子，且知其教义。约十五年前，滕文公为世子时，孟子已两见滕公，即将其性善说与尧舜之政说滕公③。其后，孟子因居母丧已返邹，文公使然友就商其父滕定公之丧礼于孟子。

在《滕文公上》篇，第三章，滕文公问为国，此为《孟子》书中之一长篇，对滕文公阐述仁政之大原则。关于此一论题，吾人当难于其他各章，孟子有如此较为详尽之描述。向使孟子仁政之言，不为许行农家及其徒之这说所扰，滕文公诚有意予孟子学说一公平之尝试，吾人或可想像其成果。许行异说，乃贤者与民并耕而食，饔飧而治。孟子斥之，并以最大尊严与成功，以维护本身之立场。孟子文理密察之逻辑，逼使论敌全然束手无策。孟子有效地辩护分工原理，而且证明历史上治人者之必要性。孟子所阐述者，正为其同时代伟大哲人亚里斯多德所希求晓示者。有治人者，亦有治于人者。"治天下，独可耕且为与。"返回自然，此正十八世纪欧洲政治哲学家所内涵者，此

① 见《孟子·梁惠王下》第九章。

② 见《公孙丑下》第十二章。

③ 见《孟子·滕文公上》第一章。

在孟子，徒见其学说之梦幻，有害于善良政府。在孟子，此类主张，正违反自然，实际经验，可证明其荒谬。治人者之由起，乃表明文明进步之一显著步骤，孟子显示在世界进程中，不可能退化。孟子在滕之不得志于其政治上试验，实不由于当时政治投机家之学说。彼辈确实受滕公豢养，但此亦不由于其学说以及向滕公献谄媚言辞使然，其辞谓："远方之人，闻君行仁政，愿受一廛而为氓。"①孟子不得志于滕之真实原因，更有进于此者。盖滕以小国，须防卫以阻邻近两强国之来侵，齐与楚，固其时至为可畏之两邻国。"滕、小国也，事齐乎？事楚乎？"此乃滕文公真正问题之关键。又一次，当国际政治构成其严重局势时，滕文公问于孟子："齐人将筑薛。吾甚恐。如之何则可？"②此则滕国生死关头之问题。孟子答滕公，则谓"苟为善，后世子孙必有王者矣"③。孟子如此之答，自不足以满足滕公之所愿，滕文公所需求者，乃在实际政治上之建议，而非任何抽象之政治伦理。但孟子为政治哲学家，尽有其睿智与高尚，但终非实际政治家。孟子之道德原则，听之诚足动人，但实不足以与当时政治阴谋相抗衡。孟子无一种具体而实际对策，可挽救滕国之介于齐楚两大之间。诚然，孟子亦自承："是谋非吾所能及也。无已，则有一焉。凿斯池也。筑斯城也。与民守之。效死而民弗去。则是可为也。"④但是再问孟子如何可使人民效死而弗去，孟子之答，唯有"仁政"，此则难以餍滕公之所求。但仁政之说，唯国家具有物质力量者而后可行，非所望于弱小之国如滕也。

孟子在滕约五年，在慎靓王之二年，纪元前三一九年，孟子复在齐。孟子之如何及何故离滕，以及再去齐，或为偶然，吾人于此，全属茫然。在齐，新君即位。孟子昔日之在齐，或已识新主。据《公孙丑篇》下，第十章所载，孟子在齐，"王就见孟子"，以及同篇第十四章所示"于崇，吾得见王"，第一次会谈之不快，致使孟子不欲久居齐。但其时情况，亦不能遽离。甚者还在齐为仕，但不受禄⑤。孟子似已深得齐王之信任，孟子为卿

---

① 见《孟子·滕文公上》第四章。

② 见《孟子·梁惠王下》第十四章。

③ 见《孟子·梁惠王下》第十四章。

④ 见《孟子·梁惠王下》第十三章。

⑤ 见《公孙丑下》第十四章。

于齐，出平旧友滕文公之丧，王使宠臣盖大夫王驩为辅行。但孟子对齐国新主之态度，却远不同于前之对宣王。新主颇缺乏旧主谈话亲切与富有希望之语调，在两人晤谈中，不是此方之涵示漠视，便是彼方觉有猜疑。在《公孙丑下》共十四章中，除第十一章、第十二章外，几乎所有称王者，均显指愍王，其不相契之迹，可以显见。《孟子》书中于愍王，从未以谥号相称，有如以前称各国国君以谥号者，此乃愍王卒于孟子之后仅数年，在纪元前二八四年，斯时在孟子自撰其书时，尚未所闻，或当门人最后编纂时，仅在其师去世后二三年。愍王与孟子之间，几无一次长谈。或者孟子之见愍王，远不如见宣王之多。一日，孟子将朝王，王使人来，辞以疾，但愿孟子就见。孟子迅即变更朝王计划，并用一种苦心的策略，使齐王知道，王使人来召他，于他，是一种侮辱①。

齐王与孟子间之鸿沟，因时间历久，渐为扩大，纪元前三一四年，周安王元年，有一件事态发生，更促孟子速其行。邻国燕国有内乱，愍王乘机，欲以伐燕。齐王并未直接咨商于孟子，因深知孟子最反对其计划。但一位老成睿智哲学家之意见，亦极重要，而又不轻忽。乃遣一大臣往见孟子，问及"燕可伐欤?"实则此一发问，孟子几不能提出齐王所需要以外之答案。卒至齐王伐燕轻取之，但此种征伐，公意所不许，孟子被责以首肯伐燕之事。孟子以其雄辩，力驳其谴责，有云："沈同问'燕可伐与?'吾应之曰：'可'。彼然而伐之也。彼如曰：'孰可以伐之?'则将应之曰：'为天吏，则可以伐之。……今以燕伐燕，何为劝之哉?'"②

孟子以燕伐燕之预测，即是以暴易暴，自不为燕民不满，卒至燕人畔。齐王甚惭于孟子，与孟子之疏离益远，其后孟子致为臣而归，再度去齐，时已七十二岁高年。

之后，此一哲人之经历，殊难寻其线索。孟子再去齐，若干儒者深信孟子，与其高弟万章之谈话，载于《滕文公下》第五章，其时孟子在宋③。但此说并无任何史料，可以左证。最后所见，乃为孟子在鲁之门弟子克乐正。乐正子，其时为鲁大臣，或由于此一高弟所请，孟子乃赴鲁。此一高

① 此段经过，参见《公孙丑下》第二章。——译者注

② 见《公孙丑下》第八章。

③ 第五章中有谓"宋，小国也"，是其证。——译者注

弟为鲁侯召见孟子，此似为此位高龄哲人施展其理想与抱负之最后机会。但鲁侯之善意，又见阻于嬖人臧仓，孟子之最后愿望，又告毁灭。孟子之失意，自为艰苦，但并无怨尤，孟子以安静与严肃之心态，承受其命运，乃来自天意。有曰："行，或使之。止，或尼之。行止，非人所能也。吾之不遇鲁侯，天也。臧氏之子，焉能使予不遇哉！"①

孟子感慨此言，为仕生涯，似已结束，此或在纪元前三一二年。孟子棲棲皇皇并孜孜于寻求一不嗜杀人之君主，达二十五年之久，由之以实现其高贵之政府理想，破碎邦国相与团结，并为黎民，重见和平与良好秩序。但所生之时代不幸，每一时君，均好战喜功。权谋之巧，政治之诈，其于时君，较之仁义原则，易于动听。此时代乃属于游说之士，如公孙衍、张仪之徒，"一怒而诸侯惧"，而且国人视之为大丈夫②。孟子在其时代，其理想实过于高尚，其理想为——"居天下之广居。立天下之正位。行天下之大道。得志，与民由之，不得志，独行其道。富贵不能淫，贫贱不能移，威武不能屈，此之谓大丈夫"③。

当时君主，在政治方面，颇倾向于公孙丑以及他人伦理方面对孟子之怨诉："道则高矣美矣，宜若登天然，似不可及也。"④孟子好似旷野传来之呼声⑤，但孟子获得良机，以准备伟大之道之实现。在孟子之前后，暴力肆虐，周代告终。就政治与道德而论，此乃中国历史上之黑暗时期。强权即正义，孟子唯有顺从其命运。孟子从此纷扰不安之世界，退而与群弟子，度其漫长余年，撰其平日之所言，并其情怀与教义这所寄，而著录之，此即贻传于吾人，号称有名之"孟子七篇"。传统乃吾人今日唯一之资料，有谓纪元前二八八年，乃赧王之廿六年，亦即周代最后之君王，标示中国大师生命之结束。孟子之生平，乃高贵之生平，但其生平，亦如古代许多伟大人物之生平，吾人所有之记载殊少。

---

① 见《孟子·梁惠王下》第十六章。

② 见《孟子·滕文公下》第二章。

③ 见《孟子·滕文公下》第二章。

④ 见《孟子·尽心上》第四十一章。

⑤ 旷野呼声原文为 Crying in the wilderness，此词在《新约》屡见不鲜，如《马太福音》第四章，足证韦师早年即薰沐于基督教义。——译者注

第三章 《孟子书》

《孟子书》,一般认为都在七篇之中,即现在吾人所称《孟子》。但许多论证,见之于史册或其他来源,都假设除现有七篇外,尚有外书四篇。汉应劭,在公元第二世纪,在其《风俗通》一书中即谓孟子著有十一篇。赵岐在孟子注题解中,亦谓:又有外书四篇:《性善辩》、《文说》、《孝经》与《为政》。班固著《汉书·艺文志》书目中有《孟子书(十一篇)》。宋孙爽《孟子疏》,亦从赵岐之说,引证刘歆之《孟子书》十一卷;流行于汉代,其中即包括外书四篇。《性善辩》,为《外书》四篇中之一篇,即为王充名著《论衡》所提及。引用孟子之章句,不见于现存孟子七篇之中者,既见于荀子之书,荀子生于纪元前第三世纪,后孟子之时代不远,亦见于董仲舒之书[①],董子生于纪元前第二世纪。

此四篇外书,在吾人今日,全已散佚。此四篇,赵岐注孟,斥为依托伪作[②]。以故清初儒者翟灏情,在细密考察外书之史实后,著有《四书考异》一书,翟氏指出《隋书·经籍志》中,列有綦母邃《孟子注》九卷。翟氏认为,即在隋代,《孟子外书》四篇中,有两篇仍然存在,翟氏并引述宋儒刘昌诗笔记中《孟子章句》,以显示在刘昌诗时,《孟子·性善辩》一篇,尚有存者。但翟氏亦以为唐,在梁、宋之间,而此四外书,在唐儒许多著作中,毫无引述之迹,故此四外篇之真实性,总觉可疑。其真象或为孟子书,在秦始皇焚书之前,尚未著闻于世。荀卿性论所示,不仅荀子有与孟子立场歧异之见解,而且荀子于孟子之说,乃得于传闻。孟子之书,默默无闻。实则在纪元前二一三年,暴君下令,古经籍被禁被焚之时,《孟子书》全不为人所重视。但汉初,继秦短祚之后,孝文帝及皇太子河间献王右文经籍。赵岐在《孟子注疏》题辞解云:“孝文皇帝……论语……孟子皆置博士。”吾人读《汉书·景十三王传》,献王所得书,皆古文先秦旧籍,自秦以来,匿藏

① 指《春秋繁露》。——译者注

② 赵原注有谓:“其文不能宏深,不与内篇相似,似非孟子本真,后世依放而讬之者也。”——译者注

已久,《孟子书》自在其中。但吾人已知,孟子书在孝文帝以前,即有所闻,而在孝景帝复现,其间必有外书。

外书之伪,赵岐言之确切不疑,有谓后世依放而托。先秦之时,实为我国文哲之经典时期,汉初勤学之士,钻研于此一时期文献藏书及作者之发掘,诚有不少有价值之发现,但同时诸帝爱好,与一时风尚,亦促成若干文献经籍之作伪。自赵岐以来,《孟子外书》四篇,仅有其篇名留传于世,亦仅好古之士,始有所闻。迨至隋代,此四外书复见于世。但学者以为此乃又一次之作伪,其书随即湮灭不彰。

吾人于孟子教义之研讨,用是亦限于七篇之中。此七篇为孟子自撰,司马迁、赵岐及应劭,皆如此言之,此三人实为述孟子生平与著作之权威儒者。自孟子卒后,千余年来,学者率多从其说。韩愈在纪元第八世纪最先疑其正确性。在其书札中,有谓"孟氏书非其自撰。轲既没,其徒万章、公孙丑相与记轲所言"①。韩愈并未于其说提出论证,但唐之林慎思、宋之程伊川则附其说。林慎思撰《孟子继论》一书,于序文亦谓七篇乃孟子门徒所撰,未于孟子教义,有充分之表达,因之需撰继论。支持此说最有力之论据,莫如晁说之。晁氏指出,在《孟子书》中,所提当时时君之名,仅为谥号。因之,晁氏结论,《孟子书》当不可能出于孟子自撰,由于孟子决难仍活于所有时君之时。阎若璩为清代经学辨伪名家,撰有《四书择地》一书,则又辩称《孟子书》为孟子卒后,其门人所纂集。但吾人于司马迁《史记·孟荀列传》中,则知孟子之寿年,确较其书中所提及之时君为久,例外者为齐愍王,愍王在孟书中,尝仅称为"齐王"。

关于作者问题,其最适当者,莫如考察著作本身。若干名儒,已有成就,其中阎若璩在其《孟子生卒年月考》一书中有谓"论语成于门人之手,故记圣人容貌甚悉。此篇成于己手,故但记言语或出处耳"。确实,每一读者莫不注视七篇之中,体裁一致。非若孔子论语,给人一种编纂于众人之手之感觉。朱熹尤为经学大儒,最能对孟子书之作者,作最后之论定。朱熹有谓"今观七篇,文字笔势如此,决是一手所成"②。若吾人于朱熹之说,益之以阎若璩之补正,即孟子卒后,为门人所编纂,则朱熹之说,更近于真确实。

---

① 见韩愈《答张籍书》。——译者注

② 见《朱子全集》卷五十一,《答董叔重书》又谓"孟子,疑自著之书,故首尾文字一体,无些子瑕疵,不是自下手,安得如此好"。

第四章　孟子教义之一般

在《孟子》七篇之中,吾人可知孟子主要讨论者有四端:(一)人性。(二)德性之发展。(三)仁政原则。(四)正统儒学对当时异端之抨击。

但孟子哲学全部系统之基础,建基在人性论。人性本善,实为基本原理。《孟子》卷六,《告子》篇,几乎全为此一原理之阐述。在此书中,吾人可知孟子之发明,堪为一哲学家,孟子之文理密察,亦堪为一辩证家。

至若人性究何指谓? 孟子并未提供吾人一种正式之定义。孟子似以为人性之为物,可以体会,但不能定义。仅透过人性之各种显现,予以识别。孟子云"天下之言性也,则故而已矣"①。但孟子特别审慎,剖析人之一般现象与特殊现象,不可混淆,只有透过此类现象,人性可以辨别与确定。有如白羽之白,不同于白雪之白,白雪之白,复不同于白玉之白——以故人生现象,在许多例证中,有时为人性之曲解或变态,各有不同,必须自若干可以显现真正人性之人生现象中,予以辨别②。人生现象,有为高层次之真我,亦有其他现象,应为高层次之真我所驳斥。"无为其所不为,无欲其所不欲,如此而已矣。"③

人之生理及结构可以确定,亦可以理解,但为人性下定义,则难。孟子引用《诗经》下列一章:

"天生烝民,有物有则。"④

此物之则(laws)在人心领域中可以显现。乍见孺子将入于井,必有恻隐之心。同此,吾人之羞恶之心,恭敬之心,是非之心,俱属内在,非由外铄。由此诸心,而有仁、义、礼、智四端,此四端因而亦属人性之天赋。四端之重要,犹人之有四体。——人之俱备有四端,即构成道德之完整性⑤。

---

① 见《孟子·离娄下》第二十六章。

② 其详可参看《孟子·告子上》第三章。——译者注

③ 见《孟子·尽心上》第八章。

④ 见《诗经·大雅·烝民之什》。——译者注

⑤ 见《公孙丑上》第六章、《孟子·告子上》第六章。

人之生也，俱赋予必要之德性，人人可自然达到同样成就。孟子云“圣人与我同类者”。以故“人皆可以为尧舜”[①]。人之不能达致至善目标，并非由于人之未尝无才，但由于人之疏失，而不能自尽其才[②]。孟子谓“万物皆备于我矣”[③]。只有持之以恒，自我操存，乃为唯一之要件。“求则得之。舍则失之。”[④]“尧舜之道，孝悌而已矣。”[⑤]孝悌之爱，乃人之直觉能力。孩提之童，无不知爱其亲者，及其长也，无不知敬其兄[⑥]。此天性之德，苟扩而充之，可以保四海，良以“大人者，不失其赤子之心者也”[⑦]。因之，在孟子意，尽人之性，即是至善，亦是无上命令[⑧]。“尽其心者，知其性也。知其性，则知天矣。存其心养其性，所以事天也。”[⑨]简言之，在此章中可以窥知孟子伦理之整个系统。

人性发展之历程，在《孟子书》所描述者不只一处。孟子谓人之道德之性，其成分有二：志(will)与气(passion nature)以现代西洋伦理名辞言之，即良心(conscience)与癖好(appetites)、情感(affections)。在《公孙丑上》，第二章，有云“夫志，气之帅也。气，体之充也。志，至焉。气，次焉。故曰，持其志，无暴其气”。在此学说中，孟子已先获蒲特勒(Bishop Butler)主教讲道，论及人性时之同然。良心为帅，癖好与情感为之次焉。良心，作为人类之道德天性之一部分，其与其他部分，非仅程度之不同，亦为品类之不同。以故“体有贵贱，有大小。无以小害大，无以贱害贵。养其小者为小人，养其大者为大人”[⑩]。同此，“生，我所欲也，义，亦我所欲也。二者不可得兼，舍生而取义者也”[⑪]。但孟子强调德性，亦不可虚饰。

---

① 分见《孟子·告子上》第七章、第二章。

② 见《孟子·告子上》第八章。

③ 见《孟子·尽心上》第四章。

④ 见《孟子·告子上》第三章。孟子于同篇第八章引孔子语“操则存，舍则亡”辞义俱同，足证孟子深得孔子之旨。——译者注

⑤ 见《孟子·告子下》第二章。

⑥ 见《孟子·尽心上》第十五章。

⑦ 见《孟子·离娄下》第十二章。

⑧ Categorical Imperative，康德哲学用语。

⑨ 见《孟子·尽心上》第一章。

⑩ 见《孟子·告子上》第十四章。

⑪ 见《孟子·告子上》第十章。

“则亦将戕贼人以为仁义欤”①。任何违反人性,是不适当的。德性并不需要抑制自然的癖好与情感。只是需要把癖好与情感,置于良心的适当制调之下。借用现代心理学名辞,主要的欲望,为人之推动力,最重要者,是将这种主要欲望,引之于正轨。确实地,目的可以塑造性格,亦可形成人之所以为人。“鸡鸣而起,孳孳为善者,舜之徒也。鸡鸣而起,孳孳为利者,跖之徒也。欲知舜与跖之分,无他,利与善之间也。”②总之,德性为天命之与人,亦人之所由成。有如孟子所称:“舍正路而不由。”③则其道德目标,终将无以达成。

但仅自我修养,并非人之唯一目的。人不能自限。人是社会之一部分,一社会动物,人之生,不仅具有若干身体功能,亦具有若干人际关系。因之,人之德性,若无社会,不能圆满完成,人之事天职责,亦不能达成,直至要到人应天命之呼唤,以人德性之影响力,俾使全世界归于德性。因之,孔子在《大学》书中之教,开始即以至足赞叹之名句谓“大学之道,在明明德,在亲民,在止于至善”。又孟子引伊尹语“天之生斯民也,使先知觉后知,使先觉觉后觉”④。此种为大人者所应有之情怀,亦即孟子之志业。为大人者,应有一种悲愿,即“思天下之民,匹夫匹归有不兴被尧舜之泽者,若已推而内之沟中”⑤。孟子相契于柏拉图。柏氏谓“哲人治国”。不仅如此,哲人亦有其职责,运用其影响力以治国,哲人必须寓德性于权力之中。在孟子哲学中,溶政治与伦理而为一。

甚至在政治中,当深植于人性中之道德原则,获有适当发展时,证明自有效力。在孟子,亦如柏拉图,国家仅为个人之扩大。人人同类,因之,国家之构成,乃为个人之总合。故孟子云“人皆有不忍人之心,先王有不忍人之心。斯有不忍人之政矣。以不忍人之心,行不忍人之政,治天下可运之掌上”⑥。

---

① 见《孟子·告子上》第一章。
② 见《孟子·尽心上》第二十五章。
③ 见《孟子·离娄上》第十一章。
④ 见《孟子·万章下》第一章。
⑤ 见《孟子·万章下》第一章。
⑥ 见《公孙丑上》第六章。

此种政治与伦理相结合相通贯之性质,在孟子思想系统中,尚可进一步认识,即国家之功能,在于促进人民之道德发展,而善良政府之最先条件,即在使人民培养道德。吾人深知在孟子教义中,如何力主谨庠序之教与仁政之需要,此尚不只是人君所审慎考虑,抑且为构成一个国家之必要因素。关于此点,吾人以后各章,尚将从长讨论,但于此或可引述一、二章。孟子谓"待文王而后兴者,凡民也。若夫豪杰之士,虽无文王犹兴"①。仁君之影响,则为"君仁莫不仁,君义莫不义"②。国家之理想形态,乃为哲人王。王与哲人合而为一。吾人于此,正见柏拉图之教,孟子与之相埒。

最后,孟子于任何学说之有违于正统儒学者,即抱有一种极显明之不容忍精神。孟子固为一所公认之儒家拥护者。孟子以为其所以采取不容忍之精神,实由于时代之需要。论及杨朱墨翟之异端邪说,有云"作于其心。害于其事;作于其事,害于其政。……昔者禹抑洪水,而天下平;周公兼夷狄,驱猛兽,而百姓宁;孔子成春秋,而乱臣贼子惧。……我亦欲正人心,息邪说,距诐行,放淫辞,以承三圣者"③。孟子纵如是之不宽假,仍寄望于仁政之实施。

以故,孟子思想系统之中心概念,在行仁政之政府,视行仁政之政府,为易于促成人性发展之工具。人性本善。因之,每一个人,俱可以其天赋体能与人伦关系,臻于至善。诚然,孟子并未于政治哲学之体系,有一系统之尝试或留贻后世者并无其他政治哲学之系统。但吾人细读其书,将使吾人可搜集孟子在许多场合下所表露之意念与情怀,并合而观之,即可获得孟子政治理想之若干观念,此即伟大哲人所主张,以呈现于自孟子以来,无数世代之中国人之前。吾人以次各章与重要任务,即在:孟子对国家之观念,政府如何构成,政府功能为何? 再次将表明孟子之于中国人民生活及中国政治上所引起之影响,孟子于中国思想上之贡献,以及最后,今日之中国,如何仍受孟子教义之裨益,孟子之教,不仅在中国,即在全世界,俱不愿任其消逝。

---

① 见《孟子·尽心上》第十章。

② 见《孟子·离娄上》第二十一章。

③ 见《孟子·滕文公下》第九章。

第五章　孟子之国家观念

在前章，依孟子之说，已知政治组织之需要，乃起于人性。吾人此处于此点，将予详细讨论。

首先，人之生也，具有诸种人伦关系。遍考我国经籍，晓示吾人者，人不能离弃五种人伦关系而存在，此五种人伦关系，尝称之为五伦。依据经籍之顺序，以五伦为君臣、父子、兄弟、夫妇及朋友。第二、第三、第四，此三者为家族纽带，第五表示社会往来，唯第一伦，乃表达人在国家中之地位。因之，国家之自然而生，亦如家族三伦。故孟子曰："无父无君，是禽兽也。"①国家之与人，乃自然而然。国家之产生，乃基于道德与经济之需要，只有充分满足此类需要，乃足以证明国家之必需存在。

不仅如此，吾人曾试予显示，人之尽其道德之性，乃为其最高目标。此种尽人之道德之性，乃人之对天及对人本身最首要之责任，是谓天命。但孟子谓"无恒产而有恒心者，惟士为能。若民，则无恒产，因无恒心。苟无恒心，放辟邪侈，无不为已。及陷于罪，然后从而刑之，是罔民也。焉有仁人在位，罔民而可为也"②。换言之，一般人民，不能饿其体肤，而空谈道德与自我修养。伦理与政治，必须建基于经济基础之上。改善人之道德，必自改善人之经济情况始，此乃近代道德学家及社会福利家所公认之原则。在孟子，此则为国家所最需行使者。因而孟子继谓"是故明君制民之产，必使仰足以事父母，俯足以蓄妻子。乐岁终身饱。凶年免于死亡，然后驱而之善，故民之从之也轻"③。这位哲人，复阐述如何五亩之宅，树之以桑，鸡豚狗彘之畜，无失其时，不违农时，衣帛食肉，夫然后教育随之④。"谨庠序之教，申之以孝悌之义，颁白者不负戴于道路矣。"⑤物质福

① 见《孟子·滕文公下》第九章。

② 见《孟子·梁惠王上》第七章。

③ 见《孟子·梁惠王上》第七章。

④ 见《孟子·梁惠王上》第七章。

⑤ 见《孟子·梁惠王上》第七章。

利与教育，乃发挥人之道德天性两大重要因素，因可使其止于至善。由于国家乃执行经济与教育之最具力量之机构，其需要性极其显著。所以国家不仅在人性上寻找其根源，亦为人类需求所必要。

但孟子所了解于国家者为何？在《尽心下》第廿八章，孟子对于国家之要素，有扼要之说明："诸侯之宝三——土地、人民、政事。"此点实堪注意，即孟子此类说明，亦正为近代多数政治学家如德之 Bhentschli、英之 Sidgwick 以及美之 Burgess，均主此说。国家不能无人民，自不待言，但仅有人民，亦不能成为国家，人民必须占有固定土地。依孟子之言，游牧民族，不能视为一个国家，因为人民至少要达到文明的农业阶段，国家始有可能之产生。最后，一个国家，亦不仅是人民之集合并占有地球上特殊一部分土地。此种国家必须为一有组织之单位，且具有组织之政府。有治人者，亦有治于人者。孟子有谓："陶以寡，且不可以为国，况无君子乎？"①

简言之，吾人已知，国家之起，乃由于人性之需要，乃仰赖于物质基础。最后乃由人之代理机构以完成其功能。但在孟子思想中，国家亦非历史上之偶然。国家决非为满足人类需要一种便利之手段。此乃天命，为天创造宇宙之一部分。此类意见，孟子于引述《尚书》中，至为显明。"天降下民，作之君，作之师。惟曰，其助上帝，宠之四方。"②

孟子观念中，有一明显之神权意向。君者为天之代理人。但亦不意味统治者之无过失，或为绝对者。在孟子，国之建构，诚由于神权，而统治者之有其职位，诚由于神命。但同时，孟子亦同等示人以教义。即统治者之治国家，非为其私产，乃为公众之所信托。关于此，孟子忠实地遵从《尚书》之教，孟子深长于《尚书》，尝引《尚书》之说，《尚书》云"天命靡常"，此意乃谓天命之降与，乃由统治者之功绩，而当统治者证明其不堪任命，天命即告消失。孟子之平陆，谓其大夫曰："子之持戟之士，一日而三失伍，则去之否乎？"曰："不待三。"孟子继谓："然则子之失伍也亦多矣，凶年饥岁，子之民，老羸转于沟壑，壮者散而之四方者，几千人矣。"③

---

① 见《孟子·告子上》第十章。

② 见《孟子·梁惠王下》第三章。

③ 见《公孙丑下》第四章。

一个权势之地位，即是一个公共责任之所在，当其不能尽此种责任，自然之道，即为消除此一地位，而派遣新人，在孟子，此一原则，不仅施之于卿大夫及众臣，即于国君，亦同等有效，此可于孟子与齐宣王之交谈中见之："孟子谓宣王曰：'王之臣有托其妻子于其友而之楚游者，此其反也，则冻馁其妻子，则如之何?'王曰：'弃之'，孟子继又谓：'士师不能治士，则如之何?'王曰：'已之'，孟子末谓：'国境之内不治，则如之何?'王顾左右而言他。"孟子前一二问，乃在建立其主要之命题，即证明任何人之不堪信托，即应去其位。故其逻辑之结论，于齐王亦然，而齐王则避而不欲比为一谈。

孟子之教义，谓一切统治权力，来自天命。无论国君、诸侯或百官，俱无权统治其人民，唯天命使之者则可。但此一问题，亦自然发生，天意如何可知？在《万章上》，第五章，吾人可得孟子解答，万章问曰："尧以天下与舜，有诸?"孟子曰："否，天子不能以天下与人。""然则舜有天下也，孰与之?"曰："天与之。""天与之者，谆谆然命之乎?"孟子曰："否，天不言，以其与事示之而已矣。"曰："以行与事示之者，如之何?"曰："天子能荐人于天，不能使天与之天下。诸侯能荐人于天子，不能使天子与之诸侯。大夫能荐人于诸侯，不能使诸侯与之大夫。昔者尧荐舜于天，而天受之，暴之于民，而民受之。故曰：天不言，以行与事示之而已矣。"曰："敢问荐之于天，而天受之，暴之于民，而民受之，如何?"曰："使之主祭，而百神享之，是天受之。使之主事而事治，百姓安之，是民受之也。天与之，人与之。故曰：天子不能以天下与人。舜相尧，二十有八载——非人之所能为也。天也。尧崩，三年之丧毕，舜避尧之子于南河之南。天下诸侯朝觐者，不之尧之子而之舜。讼狱者，不之尧之子而之舜。讴歌者，不讴歌尧之子而讴歌舜。故曰：天也。夫然后之中国，践天子位焉。而居尧之宫，逼尧之子，是篡也，非天与也。泰誓曰：'天视自我民视，天听自我民听'。此之谓也。"

此一饶有趣味之长篇，其要旨不外：任何君主之宰制天下，并无自有之权利。有之，乃选之于天，成之于人民之同意，君主权威之受托，乃为若干目的，但非为自身之目的。因而此天授之权力，不能由其己意转移于人。

此同一原理，可施于君位之转移，孟子从中国历史之黄金时代，吸受若干政治理想，其实际措施，乃帝王可荐人以嗣其位。但嗣位之主，仅为一候选人，在嗣位之前，此候选者须受命于天及得人民之赞许。依照孟子学说，粗浅研究中国历史所示，帝王之继承，并非男性系统之长子继承制，必须遵照天意，并顺从民意。孟子在其所居之周代，并未忽略世袭原则。不过孟子所致力表现者，即皇帝无绝对权，可宣称继承之世袭原则。皇位之世袭与持续，只在天意与民意之下行之。一言蔽之，人非天生为王。万章问孟子："人有言，至于禹而德衰，不传于贤，而传于子，有诸?"孟子曰："否，不然也。天与贤，则与贤。天与子，则与子。昔者舜荐禹于天，十有七年，舜崩。三年之丧毕，禹避舜之子于阳城。天下之民从之。若尧崩之后，不从尧之子而从舜也。禹荐益于天，七年，禹崩，三年之丧毕，益避禹之子于箕山之阴。朝觐讼狱者，不之益而之启，曰：'吾君子之子也。'讴歌者，不讴歌益而讴歌启，曰'吾君子之子也'。"①

依照此一原则，孟子极为自然地认可一个不肖君主之弃位。岂仅如此，孟子认为诛杀暴君，亦属合理。齐宣王问孟子曰："汤放桀，武王伐纣，有诸?"孟子对曰："于传有之。"王又曰："臣弑其君，可乎?"曰："贼仁者，谓之贼。贼义者，谓之残。残贼之人，谓之一夫。闻诛一夫纣矣，未闻弑君也。"②

此则充分说明，不仅是革命权利，抑是诛杀暴君之合理性。皇族之形成，是以人民福利为唯一目的，当其舍此而不图，自当丧失其生存。

依孟子意，判断国君在若干时间内，应否维持其皇室权利，壹以民意为依归。西洋之"人民之声音即为上帝之声音"(Vox populi vox dei)，亦即是孟子之原则。齐宣王取燕后，问孟子："取之何如?"孟子对曰："取之而燕民悦，则取之，古之人有行之者，武王是也。取之而燕民不悦，则勿取，古之人有行之者，文王是也。"③

但人民，一群众耳，难于协同行动。故欧洲若干政治思想家，每称公意政府，如"多头之怪物"(the monster of many heads)，不能有效实现天意，虽则可由一国之公意来表达。然则谁可有效表达? 遇一暴君，不忠于

① 见《孟子·万章上》第六章。
② 见《孟子·梁惠王下》第六章。
③ 见《孟子·梁惠王下》第十章。

国家，谁可出而易其位？此实难以解决之问题。孟子似乎将此责任授与与王室有戚属之卿大夫。以故孟子之国家族长制之观念，仍甚强烈。孟子极忠实地依照孔子在中庸中之所教，治天下国家有九经之一，即亲其亲[1]。亲亲则诸父昆弟不怨。但亲亲除恩宠外，亦有其特殊之义务，其义务之一，即见之君之行正道，舍正道者，谏劝之，抗辩之，其罪大而危及国家者，终则除之。故齐宣王问卿，孟子曰："王何卿之问也？"王曰："卿不同乎？"曰："不同，有贵戚之卿，有异姓之卿。"王曰："敢问贵戚之卿。"曰："君有大过则谏，反覆之而不听，则易位。"[2]孟子似以为贵戚之卿，自以皇室利益为重，但遇不肖之君主，亦只有迅速持取易位之行动，以救皇室之毁灭，自然，大多数政治家，在应付此种情况时，都不易有坚强之意志，与堂堂正正之品格。

贵戚之卿之失职，则异姓之卿，当情势之紧迫，亦需采取激烈措施之时，亦可代为承担责任，以革除不肖之国君。公孙丑，孟子之高弟，问孟子："伊尹曰：'予不狎于不顺。放太甲于桐，民大悦。太甲贤，又反之，民大悦。贤者之为人臣也，其君不贤，则固可放与？"[3]孟子之答，是肯定的。

孟子此种论据，亦引出不少争论，有如中国之伊尹，英国之 Warwick 公爵，拥立国王，都被视为危险人物。人君之被革除与再即位，都可在一善变之大臣，假人民公意之外衣而为之。无论如何，反对者均以此种煽动，是不应受鼓励。人民易悦，亦易欺。但孟子决不轻率主张，以大臣在任何情况下，皆可有革除王位之合理性。在《尽心上》第三十一章，孟子答公孙丑之问，孟子予以极高之警觉，进而谓"有伊尹之志则可，无伊尹之志则篡也"。孟子所指伊尹之志，显然是提高国家之福祉，与人民之利益。国之富，民之利，乃在政治上最需支配之考虑。只有国之福，民之利，乃可在特殊情况下，诉之于法律外之手段，在孟子，国家是手段，人民福利，乃是目的，国君不过受托用一种控制工具，以使上项目的之最佳获致。借用柏拉图之言，吾人可谓，在孟子意，君王之于国家，正如国家之于人民福祉，所以孟子在《尽心下》第十四章，有谓"民为贵，社稷次之(意指国家)，君为轻"。此一原则之逻辑

① 见《中庸》第二十章。

② 见《孟子·万章下》第九章。

③ 见《孟子·尽心上》第三十一章。

结果,即君可为国家福利而牺牲,而国家亦可为人民利益而牺牲。此可见之孟子对滕文公所问国际政治之答话:“孟子曰:‘昔者大王居邠,狄人侵之,事之以皮币,不得免焉。事之以犬马,不得免焉。事之以珠玉,不得免焉。乃属其耆老而告之曰,狄人之所欲者,吾土地也,吾闻之也,君子不以其所以养人者害人。二三子何患乎无君,我将去之,去邠,踰梁山,邑于岐山之下居焉。’”[①]此所举之例证,正表明国家可为人民利益而牺牲。统治者不得侵害人民,君人者,养民者也。此正孟子所须强调者。

从上所述,依孟子哲学,人民显然构成国家中最重要之因素。不仅如此,透过人民之管道,以表现天意本身,有如《孟子·尽心下》第十四章所说:“是故得乎丘民为天子。得乎天子为诸侯,得乎诸侯为大夫。”此为非常民主之思想。但吾人又将置身于极为不确实之境地,假若吾人过速跨越而下结论……为不可能。畏惧可能的混乱与无秩序,经常是对政府权力,予以限制。梅因(Henry Maine)云,印度最专制之王,亦不敢变更印第安人习俗的称呼,虽然他实际上握有人民的生杀大权。但若谓 Runjeet Singh 所统治之国家为民主,当属荒谬可笑。决定是否民主,问题不是在,以为孟子所想像中的国家,即是具有现代意义之民主。孟子哲学,在其发人所未发之信念中,确有民主成份,据吾人所知,人生而平等,其天子之所赋予者同,亦能达到相同之目标。在孟子,孔子之“四海之内,皆兄弟也”之教义,较之诸圣之所教,更有其意义。平等与博爱之于孟子,其重要性决不减于法国民主提倡者卢梭。不仅人皆可以为尧舜,抑且人在获致道德与理智目标之先,亦在法律前经已平等。桃应问孟子:“舜为天子,皋陶为士,瞽瞍杀人,则如之何?”孟子谓:“执之而已矣。”“然而舜不禁与?”曰:“夫舜恶得而禁之,夫有所受之也,然而舜如之何?”[②]曰:“舜视弃天下,犹弃蔽屣也。窃负而逃,遵海滨而处,终身䜣然。乐而妄天下。”[③]甚至天子之父,在国家法律之前,亦与庶民同等。孟子不知有特权阶级[④]。

---

① 见《孟子·梁惠王下》第十五章。

② 此句 Legge 原译文为 Kan Yao had received the law from a proper source。此译甚精,皋陶是受之于法。——译者注

③ 见《孟子·尽心上》第三十五章。

④ 见《孟子·尽心上》第三十五章。

二

虽说此俱为民主教义，而孟子心目中之国家，其与吾人时代之民主，固尚有一长段距离。吾人须牢记 Henry Sidgwick 曾指陈一种无意识握有之权力与一种有意识握有之权力两者间之差异，须细加留意。每一个国家政治经验所显示，不论人民认可之方式如何，其所透过之管道如何。若无人民之认可，政府之存统治者有多少是经由人民认可，而是人民之“自动认可”(active consent)之力量，有多少能影响政府政务之运行。诚然，在孟子哲学中，人民认可，其地位在政治上之如此重要，几等于人民之主权。但孟子以人民认可，仍纯属被动，而且并无具体工具用来表达。孟子答齐宣王“取之而燕民悦：则取之。……取之而燕民不悦，则勿取”。人民无机构以表达其意欲，只有待于官吏自觉其责任感以谏君，或由于其国之仁君代天行道，有如“天吏”或被压迫人民之斗士，孟子之教，吾人其用以建立民主，实有足多者，但所谓民主，恐在孟子心目中，从未实有。

孟子之国家论，有谓实可归于神权政治。吾人已知国家以神权为基础，以及统治者如何被视为天之代理人。但吾人舍是否以神权政治为其国家形式之争论而不言，至少孟子之教，神意由若干人代其解答或由民意来显示，则颇为确实。孟子尚不知原始而直接之天启，天启乃神权政治之要素。

虽然孟子政治原则，在于德治，但孟子所认为之国家，其形态实君主政体，此在孟德斯鸠锡其名为民主。但最后分析，此政体近于柏拉图式之专制政体或皇室政府，不同于西方政治家所描述之他种形式。孟子之理想国家乃圣王[1]。此圣王，依仁义之原则，完善治理其国家，如此，既获天帝之欢眷，亦得下民之爱戴。

---

① 儒家所向往之政治理想为内圣外王，亦即圣与王合一。——译者注

第六章　政府之形式与组织

依据现代政治学者对国家与政府之区分，本章将对论孟子所阐明之政府形式与组织。

孟子以为在文明国家，政府系以分工为基础。在《滕文公》上篇第四章，孟子云："有大人之事，有小人之事。且一人之身，而百工之所为备。如必自为而后用之，是率天下而路也。故曰：或劳心，或劳力。劳心者治人，劳力者治于人。治于人者食人，治人者食于人。天下之通义也。"

吾人读上章，正如读柏拉图之《理想国》。柏氏以为国家必有一知识阶级，管理国家，亦必有一生产阶级，其功能在提供国家物质生活之所需。孟子亦然。所谓"将为君子焉，将为野人焉，无君子莫治野人，无野人莫养君子"①。但须指陈者，即此两大哲人之教，亦有其区别。第一，柏拉图为贵族政治家，而孟子则为民主政治家。阶级区分，在中国圣哲之政治哲学中，实无立足点，只是分工合作，由于性质之需要，乃使人有所区分。人非天生而具有不同之质料，如金、铜、铁等之不同，有如柏拉图所深信者。人为同类，天赋与同等道德天性，同具良能，人之生于大宇广宙，俱为一相同之大目的。其次，孟子并不以武士为一特殊阶级，有其必要。柏拉图之理想国，扩而言之，即不啻好战斯巴达之理想化。在另一方面，孟子政治理想之灵感，乃来自尧舜之世，此为历史上最爱和平之民族之最和平时期。诚然，孟子不忽于国防之需要。但孟子则坚信君行仁政，斯民亲其亲，长其长矣②。"天时不如地利，地利不如人和。"③当人民为正义所感动，其本身即为最佳之斗士。此在此次欧战中已获证明，吾人或可确知，在吾人今日辩论征兵制度得失之际，孟子将采取何种立场。

吾人继论及政府之形式。孟子在尧舜黄金时代以及三代盛世中，寻得其模式。吾人在往古中，取其最善者；以作未来之模范。"为高必因丘

---

① 见《孟子·滕文公上》第三章。

② 见《孟子·梁惠王下》第十二章。

③ 见《公孙丑下》第一章。

陵,为下必因川泽,为政不因先王之道,可谓智乎?"①

尧舜时代政府之形式为何? 孟子未予描述。孟子仅在数处,阐明尧舜之政为仁政,为以人民福祉为其唯一目标。

但由于孟子之论及周代古代政治体制中,或可得若干资料。虽则其数据,即在孟子时亦已片断不全。北宫锜问曰:"周室班爵禄也。如之何?"孟子曰:"其详不可得闻也。诸侯恶其害已也,而皆去其籍。然而轲也,尝闻其略也。"②由孟子对北宫锜之描述以及孟子书其他各章之所得,吾人对周代政府之主要面貌,或可有一合适之概念。

帝国是建立在封建制度之上。在此细密系上,上,有天子一位,天子之制,地方千里,是为王畿。其下,卿一位,大夫一位,上士一位。天子附庸,五等爵,天子则间接管治。爵之高者为公,次为侯,皆受天子田,为采邑。公侯皆方百里。次为伯,方七十里。次为子男,各五十里③。

在每一封建国家之政府,其组织与在王畿内之王朝组织,均正相同。

在《万章下》,第二章其关于在封建制度下百官及其俸禄,俱有清晰之描述:

"大国地方百里,君十卿禄,卿禄同大夫,大夫倍上士,上士倍中士。中士倍下士,下士与庶人在官者同禄,禄足以代其耕也。"

"次国地方七十里,君十卿禄,卿禄三大夫,大夫倍上士,上士倍中士,中士倍下士,下士与庶人在官者同禄,禄足以代其耕也。"

"小国地方五十里,君十卿禄,卿禄二大夫,大夫倍上士,上士倍中士,中士倍下士,下士与庶人在官者同禄,禄足以代其耕也。"

"耕者之所获,一夫百亩,百亩之粪,上农夫食九人,上次食八人,中食七人,中次食六人,下食五人,庶人在官者,其禄以是为差。"

孟子于此长篇所描述之政府组织,显然为一建基于农业基础上之封建专制政体。吾人可次予观察,依照孟子所热心主张那种为一个行仁政的政府的基础之有名"井田制"(nine square division),在每一封建主内,其土地是如何分配。在《滕文公》上篇第三章中,有对井田制之描述。除

① 见《孟子·离娄上》第一章。

② 见《孟子·万章下》第二章。

③ 见《孟子·万章下》第二章。

一夫受田百亩以养其家室外，卿以下，必有圭田，圭田五十亩，以耕所得用奉祭祀。鳏夫井五亩，可不养家室。“方里而井，井九百亩。其中为公田。八家皆私百亩。同差公田。公事毕。然后敢治私事。”①

依孟子意，井田制之分工，不仅就经济观点言之，为一土地所有之最佳制度，而由其所产生之社会效能，亦足以有助于国家一定之目标。“死从无出乡，乡用共田，出入相友，守望相助，疾病相扶持，则百姓亲睦。”②

总之，孟子深信在封建制度下，每人生活，极为安适恬足。统治者有其应酬之薪俸，平民亦觉家给人足。人性之善，有充分之表现，全国多为善。在《尽心篇》上第十三章，孟子描述他的乌托邦。有云“王者之民，皞皞如也。杀之而不怨。利之而不庸。民日迁善，而不知为之者”。

此即孟子所向往之王政以及王政之效果。

但王政如何使之实施？其要件如何？此若干问题，即为孟子时代之国君所尝问，而孟子之所答，亦饶有兴趣。孟子之论点与同时代之人，大有歧异，孟子以为广大土地，并非实行王政之要件。“以力假仁者霸，霸必有大国。以德行仁者王，王不待大。汤以七十里。文王以百里。”③

军力亦非要件。万章问曰“宋，小国也，今将行仁政，齐楚恶而伐之，则如之何？”④孟子告万章，苟国君诚意行仁政，不足以畏惧于人，良以仁政力量，大于军力。孟子对万章之结语曰：“不行仁政云尔。苟行仁政，四海之内，皆举首而望之，欲以为君，齐楚虽大，何畏焉。”其与梁惠王之会谈，亦曰：“王如施仁政于民，省刑罚，薄税敛，深耕易耨，壮者以暇日修其孝悌忠信。入以事其父兄，出以事其长上；可使制挺以挞秦楚之坚甲利兵矣。”⑤依于此一原理，这位哲人深疑尚书所载之真实性。孟子谓“尽信

---

① 见《孟子·滕文公上》第三章。

② 见《孟子·滕文公上》第三章。

③ 见《公孙丑上》第三章。

④ 见《孟子·滕文公下》第五章。

⑤ 见《孟子·梁惠王上》第五章。

书，则不如无书。吾于武成，取二三策而已矣。仁者无敌于天下。以至仁伐至不仁，而何其血之流杵也”①。

孟子力持自身之论点，因而与时见，颇为枘凿不合。孟子竭其力之所及，力阻暴力之抬头。孟子大声力斥弥漫当时之军国主义及侵略主义之精神。孟子又谓“故善战者服上刑。连诸侯者次之。辟草莱，任土地者次之”②。王政不需要如广大土地、强大军事等物质力量。其基础依于高尚理想。有德之君辅之以有德之臣，此为首要。在孟子，国君为一国之中心力量。故谓“天下之本在国，国之本在家，家之本在身”③。国君行之，人民则效之。国君所言，影响于全国。“君仁莫不仁，君义莫不义。”④依孟子意，国君在国家，确占有一重要之地位，广泛影响于人民，国君似乎涵摄一切，亦可具体化一切。诚如 Fabor 所指出路易十四的名句“朕即国家”(L'etat C'est moi)确涵有若干真理。但此真理之真义，只有在孟子之精神下，予以了解。

吾人转而检视孟子对于有德之君品德之描述。

首先，有德之君必须有爱好和平之精神。梁襄王问及孟子此一问题：“天下恶乎定?”孟子对曰：“定于一。”襄王再问：“孰能一之?”孟子再答：“不嗜杀人者能一之。”⑤孟子此一说明，确实触及当时之时代情调。孟子之时代，乃好战之时代。列国利害相需则相与，相与则为恶。战争连年，土地蹂躏，牺牲数以千万计之宝贵生命，以餍各国诸侯无厌之野心，城市荒凉，收获枯竭，和平远离于国境。人民渴望秩序，欢呼任何国君为救主，只要任何国君出而为人权之斗士，将仁政之原则，付诸实施。

换言之，国君须以仁为其生活行为之统领原则。军力可征服一个国家，但不能持久而成功地保持由征服而来的权力。孟子云“以力服人者非心服也。力不赡也”⑥。法国哲人卢梭谓“顺从于外力，乃一种迫而必要

① 见《孟子·尽心下》第三章。
② 见《孟子·离娄上》第十五章。
③ 见《孟子·离娄上》第五章。
④ 见《孟子·离娄下》第五章。
⑤ 见《孟子·梁惠王上》第六章。
⑥ 见《公孙丑上》第三章。

之行为，而非意志……只要人之能不服从而免于罚，则必起而合法地不再服从”。在孟子，为国君者，须完全使人民心悦诚服。“以德行仁者王……以德服人者，中心悦而诚服也。如七十子之服孔子也。”①所以这位哲人又谓“不仁而得国者有之矣。不仁而得天下者未之有矣”②。孟子以为天下之大，不能以军事专制来统治。王者之统治，只有服其心。

但在孟子之视仁，并非被动而消极之德性。仁可以显现在人君之各种行动中，或政府之各种活动中，仅意向纵善，所值不大。“徒善不足以为政。徒法不能以自行……圣人既竭目力焉，继之以规矩准绳，以为方员平直，不可胜用也。既竭耳力焉，继之以六律，正五音，不可胜用也；既竭心思焉，继之以不忍人之政，而仁覆天下矣。故曰：为高必因丘陵，为下必因川泽。为政不因先王之道，可谓智乎。”③孟子在他章又谓“欲为君，尽君道，欲为臣、尽臣道：二者皆法尧舜而已矣。不以舜之所以事尧事君，不敬其君者也。不以尧之所以治民治民，贼其民者也”④。简言之，有德之君，必须求仁之表现，其最佳途径，乃法尧舜。乍闻之，似觉保守，但当以正当精神予以阐释，此种论点实涵摄许多真理，亦显示许多政治睿智。政治上的玄思，固是可惧。纯理论家，亦是危险，亦须防范。但当吾人借鉴于历史时，吾人须有坚守之立场。经验之全部蓄积，乃得之于过去吾先人者，自不能蔑视或任意舍弃。现时不能与过去割断，因为历史产生许多原则，对下一代有价值之传统，就必须代代相传。好者必须继承下去，但这种继承，只有在一种情态之下，那就是和现状相适宜、相和谐。继承过去之唯一要件，并不是由于是过去，而是由于那过去，是被证明为好的。经验与理性不能分离。这两者必须携手结合，始有价值。

就孟子之经历言。孟子自须放眼于热爱过去。孟子读过并追慕过在尧舜之时，人民那种不知不识，顺帝之则的酣嬉和繁荣情况。将那种情况和孟子自己悲惨时代相对比，被压迫者怎样呻吟于专制统治者淫威之下，

① 见《公孙丑上》第三章。

② 见《孟子·尽心下》第十三章。

③ 见《孟子·离娄上》第一章。

④ 见《孟子·离娄上》第二章。

犯罪众多，道德沦丧，孟子不得不寄望于时君，能够倾听实行尧舜之政，而使在历史中埋没已久之黄金时代，给予新生命。因之，孟子生命之追求，乃在寻求一有德之君，可以效法过去之圣王。

有如吾人所知，天子乃上天在人间之代理者。不仅如此，天子为民之父母。因之，天子必以国家福祉为怀，以人民利益为目的。王事鞅掌，他无暇计及其他之追求。许行及其学派，持其社会主义观点，“贤者与民并耕而食，饔飧而治”。孟子证明其说之荒谬并显示古之人君，其心智贯注于人民，不可能有其闲暇而并耕。

但此亦非意指有德之君，非必是过着单调而忧郁之苦行生活。他可以有各种享受，皇家之公园，夏天之行宫，田猎之乐，声色货利之娱，雄才大略之好，不仅此也，适宜于人君之喜爱与特权，都可享受，只是任何方式，都不要干扰仁政之实施。所需求者，只是人君之喜爱与享受，不忘怀于人民，敬老养孤，慈贫恤难。人君须常以国家福祉为念，因为天意之所命，民意之所托，俱由于此。人君须念兹在兹，如农业乃国家生命之源，须不受干扰，教育须以正常途径而增进，正义须公正地伸张，刑罚所有人民，须一律平等。人君执行其繁剧职务，唯有审慎之研究与不断之努力。孟子以为政府艺术之获致，亦如其他伟大艺术之获致。孟子云：“今国家闲暇，及是时，明在政刑，虽大国，必畏之矣。”①但国家最重要者，人君莫若过着有德性之生活。王政之目的，在于造成一种环境，能使每一国民必须培养德性与正当生活，有如以前所引述者，“君仁莫不仁，君义莫不义”。孟子在其他章，又谓“上有好者，下必有甚焉者也。君子之德，风也，小人之德，草也”②。

但国家之政，非仅由国君一人所行使。即使孔子所盛称为“至德”、“大哉”之帝尧，亦不是一人之治。“当尧之时，天下犹未平，洪水横流，泛滥于天下；草木畅茂，禽兽繁殖。五谷不登，鸟兽逼人。兽蹄鸟迹之道，交于中国；尧独忧之，举舜而敷治焉。舜使益掌火，益烈山泽而焚之。禽兽逃匿。禹疏九河，瀹济漯而注诸海……后稷教民稼穑，树艺五谷……使契

① 见《公孙丑上》第四章。

② 见《孟子·滕文公上》第二章。

为司徒，教以人伦。……尧以不得舜为已忧。舜以不得禹皋陶为已忧……是故以天下与人易，为天下得人难。”①

为国家求贤能，服务政府，既如是之不易，故授与国君量材授职之责，乃特别重要。国家之生存与政府之效能，即密切连击于此种责任之行使。孟子云“不信仁贤，则国空虚”②。又云“如恶之，莫若贵德而尊士。贤者在位，能者在职”③。

欲获致贤者仁者之在位职，人君必须予以适当之恭敬，以谦下有礼之态度召请之。孟子云“故将大有为之君，必有所不召之臣。欲有谋焉则就之。其尊德乐道，不如是，不足与有为也。故汤之与伊尹，学焉而后臣之，故不劳而王。桓王之与管仲，学焉而后臣之，故不劳而霸”④。

但政府为支付官吏俸额，为适应国家支出，故须课税。遍孟子之书，孟子不断吁请当时国君，薄其税敛，此自当时环境使然。当时国君之穷奢极侈与好战野心，导致重税。“将终岁勤动，不得以养其父母，又称贷而益之，使老稚转乎沟壑。”⑤此类辞句，已足以显示当时捐税之压迫性。因之，孟子不断以在国君统治下人民疾苦，向国君呼吁重视，并使其明察一种适当捐税体系之重要。“有布缕之征，粟米之征，力役之征。君子用其一，缓其二；用其二而民有殍，用其三而父子离。”⑥但亦有最低限度这税额，为税征所不能免者。白圭问曰：“吾欲廿而取一，何如？”孟子曰：“子之道，貉道也。万室之国，一人陶，则可乎？”曰：“不可，器不足用也。”曰：“夫貉，五谷不生，惟黍生之；无城郭宫室宗庙祭祀之礼，无诸侯币帛饔飧，无百官有司，故二十取一而足也。今居中国，去人伦，无君子，如之何其可也？陶以寡，且不可以为国，况无君子乎？欲轻之于尧舜之道者，大貉、小貉也；欲重之于尧舜之道者，大桀、小桀也。”⑦

从上章中，明白显示国家征税，不能超出人民支付之能力，但税收征

① 见《孟子·滕文公上》第四章。
② 见《孟子·尽心上》第十二章。
③ 见《公孙丑上》第四章。
④ 见《公孙丑下》第二章。
⑤ 见《孟子·滕文公上》第三章。
⑥ 见《孟子·尽心下》第二十七章。
⑦ 见《孟子·告子下》第十章。

额，亦需能保持政府机构之运行以及维持国家之礼仪与职位。故孟子以为三代税率十取一，乃纳税最合理、最公平之税率。

在结束本章之前，关于百官品质与职责，尚有若干点须予论述，百官乃辅助国君，孟子以为其与推行仁政，至关重要。

孟子分百官有四类①。

第一，有事君人者，事是君，则为容悦者也。此等人奴颜婢膝，不称其职。孟子称：不仁者而在高位，是播其恶于众也②。孟子即浩叹，当其时此类官吏，触目皆是，而且颇孚人望，到处得志。孟子以为“今之所谓良臣，古之所谓民贼也”③。孟子决不纡尊降贵，对此等官吏予以尊称，孟子直称之为“有事君人者”。

第二，“有安社稷臣者。以安社稷为悦者也”。此等官吏，虽未臻于理想，但可受尊崇。孟子以此等官吏，需有二种条件：德行以及与国君交，保持适当之自我尊重。以高尚理想，来感动于君。知识条件孟子未明言，但一国之治理，须有专门知识，自不待言。但此等官吏，最首要者，必须好善。孟子云“好善优于天下……夫苟好善，则四海之内，将轻千里而来，告之以善”④。

第三，“有天民者，达可行于天下”。伊尹之兴商汤，太公之与文王，俱其例。此等官吏，受天命委遣，有一种特殊使命感，因而对人民有特别之义务。在被压迫者，痛苦呻吟，将伯呼声之下，此等官吏，闻其呼唤，竭其力以苏解其困厄。

第四，“有大人者，正已而物正也”。此等乃天吏。将使大学中所称——“明明德，在新民，在止于至善”，得以实现。天吏之影响力，即热爱人民，宏伟人格之自然结果。此则唯圣人，神人为能达致。

次及百官职责，颇为繁多。而其最重要者，为谏君并导君以德。就吾人所知，国君为一政治体之辐射，亦为政府体系之源泉。故孟子谓“人不足与适也。政不足与间也。惟大人为能格君心之非。君仁莫不仁。君义

① 见《孟子·尽心上》第十九章。
② 见《孟子·离娄上》第一章。
③ 见《孟子·告子上》第九章。
④ 见《孟子·告子下》第十三章。

莫不义。君正莫不正。一正君而国定矣”①。以故，最要者，人臣须经常以尧舜之政陈于王，激之以高尚理想。“责难于君谓之恭，陈善闭邪谓之敬，吾君不能谓之贼。”②又谓“不以舜之所以事尧事君，不敬其君者也”③。

但问题仍在。假若人臣已尽其谏劝之能事，而君不听谏，则如之何？此在人臣，有两途：自请去职或革除其君，另以新君以代其位。至于何种途径之抉择，一为取决于人臣与皇室间之关系，二为取决于情况性质之轻重，以则以前，俱已有论述。

① 见《孟子·离娄上》第二十一章。
② 见《孟子·离娄上》第三章。
③ 见《孟子·离娄上》第二章。

第七章　国家之功能

国家之功能，自是由国家目的而来。就吾人所知，孟子之国家目的，乃人之德性之发展。但必须不误解，以为孟子赞成国家进行一般干预，可以对人民各方面生活的侵犯。实则孟子所主张者乃国家是在其义务下，造成有利环境，便于人民道德之发展。

首要者，国家须为人民获致其物质福利，道德之发展，即仰赖于此，因而，尽可能用各种方法以增进之。孟子云："民非水火不生活。昏幕叩人之门户，求水火，无弗与者；至足矣。圣人治天下，便有菽粟如水火，菽粟如水火，而民焉有不仁者乎。"①欲达成此一效果，荒地开垦，辟山泽以利民居，驱逐鸟兽之害，疏浚诸海，抑洪水之横流②。然后土地分工之井田制，得以施行，家给人阜。为求渔牧免于缺乏，订立渔牧业管制办法。桑树之培植，牛羊之畜养，俱予鼓励，致使全民衣食丰赡。遇有灾荒，国家施行救济。但重要者，在平时照顾人民之经济生活，几致灾荒不致发生。故孟子云："不违农时，谷不可胜食也；数罟不入洿池，鱼鳖不可胜食也；斧斤以时入山林，材木不可胜用也。谷与鱼鳖不可胜食，材木不可胜用，是使民养生送死无憾也。养生送死无憾，王道之始也。"③孟子继云："五亩之宅，树之以桑，五十者可以衣帛矣；鸡豚狗彘之畜，无失其时，七十者可以食肉矣；百亩之田，勿夺其时，数口之家，可以无饥矣。"④

上此种方法下，大多数之物质福利，已经获致。但是，仍有少数贫困，国家须予适当之照护。孟子云："老而无妻曰鳏，老而无夫曰寡，老而无子曰独，幼而无父曰孤——此四者，天下之穷民而无告者；文王发政施仁，必先斯四者。"⑤

---

① 见《孟子·尽心上》第二十三章。

② 见《孟子·滕文公上》第四章、《孟子·滕文公下》第九章。

③ 见《孟子·梁惠王上》第三章。

④ 见《孟子·梁惠王上》第三章。

⑤ 见《孟子·梁惠王下》第五章。

但孟子以人皆具有道德天性，“饱食暖衣，逸居而无教，则近于禽兽”①。教育因而重要。在孟子，教育确为国家生存之所系。在《离娄篇》上，第一章有谓：“上无导揆也，下无法守也。朝不信道，工不信度。君子犯义，小人犯刑。国之所存者幸也。故曰：城郭不完，兵甲不多，非国之灾也。田野不辟，货财不聚，非国之害也。上无礼，下无学，贼民兴，丧无日矣。”孟子全然同意于柏拉图，柏氏谓教育为国家之最高关怀。无教育，法律固废；有教育，法律作用不大。或即基于此种原因，孟子于法律，言之殊少，而置重点于礼义之培育。野蛮之国，固不能立足于世界。未受教育者，甚至不合于从事野蛮战争。孟子谓“不教民而用之，谓之殃民”②。简言之，政府乃建立于教育基础上，此不仅由于教育能增进政府作业，抑且由于能使人民发生在属于品质上不同之影响，此则政府，力有所不足者。故孟子云“善政，不如善教之得民也。善政，民畏之；善教，民爱之。善政，得民财；善教，得民心”③。在此种缘由下，舜于国家福利经已获致之后，随即转注心力于教育。“使契为司徒，教以人伦，父子有亲，君臣有义，夫妇有别，长幼有序，朋友有信。”④三代重视教育。夏有校，殷有序，周有庠。学则三代共之。孟子谓“皆所以明人伦也”⑤。

由于前所引述，孟子显明而坚强主张国家教育。至于国家教育之方法如何，乃属教育专家之事。但堪予指陈者，当孟子视教育为国家之主要功能时，孟子并不完全排斥个人之活动范围。相反者，孟子力主才德之士，应以道德义务，授于年幼者与庸碌者。孟子云：“中也养不中，才也养不才，故人乐有贤父兄也。”⑥不仅此也，仁义之教之传授者，亦应受到社会上之支持与尊敬，因为此类儒者，虽仅周游四方，若无事事，实则其于人民，具有默移潜化之功。依孟子意，此类功能，与其他方式增进社会福利，具有同等之功效，应获同等之酬庸。孟子与其门弟子彭更之问答，孟子

① 见《孟子·滕文公下》第五章。

② 见《孟子·告子下》第八章。

③ 见《孟子·尽心上》第十四章。《中庸》末章引有孔子语：“声色之于以化民，末也。”孟子可称善承孔子之教。——译者注

④ 见《孟子·滕文公上》第三章。

⑤ 见《孟子·滕文公上》第四章。

⑥ 见《孟子·离娄下》第七章。

云:“子不通功易事,以羡补不足,则农有余粟,女有余布。子如通之,则梓匠轮与,皆得食于子。于此有人焉,入则孝,出则悌,守先王之道,以待后之学者,而不得食于子,子何尊梓匠轮与,而轻为仁义者哉。”①孟子于此,颇多阐发。不过孟子失于体认个人创造性之重要。孟子书中,于此点,言之殊少。但吾人亦当牢记于心,即在现代欧洲人民,亦直至最近,始觉醒个人创造之重要。中国哲人,生于二千年前,其时国家父权观念坚强,自不能苛责其在教育事业上,未能适当地阐述个人创造之价值与重要性。

兹吾人转而论孟子之于国际政治。在此范围内,此位哲人以最大热诚,主张和平政策。侵略性战争,从不为孟子所许可。孟子谓“春秋无义战。彼善于此者则有之矣。征者上伐下也。敌国不相征也”②。孟子于此显然谴责假人类福祉之名为外衣,以从事于自我扩张之侵略政策,此种政策,即在今日,亦尝为今日国家引为自傲地予以支持。柏吉斯(Burgess)教授说明一大真理,柏教授谓条顿民族自以为是,以自己为政治天才,可领导建立及统治少数民族,并以为如是,可帮助改善世界经济。但此种立场,执行趋于极端,即为不宣而战,为侵略他国事务之藉口,而他国并未准备作战,此诚降最大灾祸于世界文明。孟子洞察其弊,有谓国家有权以解救邻国被压迫人民于暴君暴政之下。但所采取方法,决不能导致不必要之流血或持久战争,以致生灵涂炭,财物荡然。“我善为陈,我善为战。大罪也。国君好仁,天下无敌焉。”③抑有进者,干涉之权利,仅属于天吏,且为人民所承认,其目标为解放之战。不然,则纯如孟子所说“以燕伐燕”之又一例证耳。

寻求和平政策,孟子有答齐宣王之问,宣王问孟子,交邻国有道乎?孟子答:“有。惟仁者为能以大事小。是故汤事葛。文王事昆夷。惟智者为能以小事大。故太王事獯鬻,勾践事吴。以大事小者,乐天者也。以小事大者,畏天者也;乐天者,保天下畏天者,保其国。”④当人民福祉有需要

① 见《孟子·滕文公下》第四章。

② 见《孟子·尽心下》第二章。

③ 见《孟子·尽心下》第四章。

④ 见《孟子·梁惠王下》第三章。

时，土地可以让，有如太王为救人民于狄人之侵而去邠。但若遇某种危机，此种退让，仍不足以有救于情况时，亦宁愿英勇抵抗。当时滕为侵略之邻国所威胁，孟子言于滕文公“凿斯池也。筑斯城也。与民守之，效死而民弗去”①。因之，在诉诸国际和平之高贵目标时，孟子并不忘国防的重要。

① 见《孟子·梁惠王下》第十三章。

第八章　结论

研究东方之学者，习于西方语言，关于东方国家，每流于有过于笼统之泛论。此类泛论，对东方国家尊严，绝非赞美，东方国家于此，一遇机会，自当予以驳斥，尽管对泛论作者在他方面常予以甚高之崇敬。下列一大段，即出之于一位政治学权威学者之手笔，可为一例。

“兹者①宁诉之于教条甚于理性；诉之于信仰甚于逻辑而有根据之信念，此曾为且仍为东方文明之一特质。在最早东方人之心灵，事实之存在，其本身即足显示其应当存在。因而，关于社会与政治制度事实上存在之比较圆满与合理性之可能探究，概予排除。所有社会风俗，政治义务，全从茫茫遽古以来之固定风俗，陷于僵化——此类固定习俗，既为一种不可究诘之束缚力量，抑或即是究诘，亦被答以，此乃为一种原始神论之认定。因之，以僵化之规律宰制其行为，实为亚洲文明之主要性格。在社会、政治，以及宗教之每一方面生活，传统与风俗，俱有最高之统治。此种传统与习惯，其对东方人心灵之涵义，如此其绝对与不可磨灭，以致对之批判其有效性，其本身即视为有渎神明。对习俗对权威一种不用思考之服从（unthinking submission）约略为个人之全部责任。”②

前节所引述，概括东方人心态之言论，如以之适用于孟子这位哲人，实欠允当。观于本书以前各章所阐述内容，足资证明。通观《孟子》全书，吾人面对孟子一种探奇追根之精神，此种精神，即是为社会或政治之每一制度，寻求合理化，此种精神，亦即追根到底以求达到事物之理性化。在若干事证中，孟子所表现之见解，若以现代心灵探照之，吾人自承，或属短视，或属理性力薄弱。但孟子生于二千多年前，其经验与学识仅限于单一国家之历史与制度，因而若干见解，在孟子视为当然者，或为今人所嘲笑，诚不足异。但孟子有一种追求真理到底，不断而真诚之努力，以及对与其

① 指东方国家。——译者注

② 见 Willoughby 著 Political Theories of the Ancient World，p. 14。

理性之有矛盾之每一事物，加以追问，此则至为明显。

孟子哲学，确涵有保守意味，但在其心中，教条主义，决无地位。孟子对古帝王尧舜及其他圣王，俱极尊敬，为中华民族古史中最灿烂之一页。但亦不须误解孟子，以为孟子之尊古帝王，即纯由于对古代一种不用思考而顺从之态度，勿宁阐释孟子之立场，一为媒介其对当时政治衰败之敏锐体认，二为媒介其势须追慕吾族以往成功经验之深刻信念。所构成孟子之特性者，非其对古代之盲目崇拜，乃对历史教训之睿智欣赏。孟子善解诗书，此两经为中国历史上黄金时代精神之所寄。但孟子之为一大师，勿畏于直率之面对问题，亦勿畏于当需要批评时之批评。在《尽心》下篇第三章，发现颇为注目之一章。孟子云："尽信书，则不如无书。吾于武成，取二三策而已矣。"孟子即以如此批判精神以读史，亦即以如此批判精神以崇拜古代，大声疾呼返回古之黄金时代，但并不带任何不经思考而顺从之意味。

在另一方面，孟子亦如古代政治思想家，颇有道德与法律混合之倾向。孟子以为道德与法律乃交替之名词。吾人所知，孟子视国家之存在，乃存乎道德，以故违背道德，亦即违背国家，因而受国家之惩罚，道德之号召，乃在国家职掌范围以内，因而付予法律之强制力。不仅如此，孟子道德哲学之出发点，在乎人性善之信念。孟子乃认为，只要有一有利之环境，人不会缺乏为善之意志。故为国家者，不需缜密之法律系统。国家之要诀，乃在导人民培养内在于人之道德天性。任何需要法律时，统治者之道德意识，应多有作用。诚然，就孟子言，公平与正义不可无，法律则否。

但孟子有不同于古代政治哲学家者，即在孟子哲学中，殊难寻宗教之迹。孟子不具有宗教意识。孟子之教义，固显有皇皇上帝之模糊观念，但在古代诗书中，许多显著有关上帝之高尚理想，孟子并未随而发挥，而诗书载籍，固孟子思想在其他方面与之有密切之渊源。道德义务，不是表达任何外在之意志，而是内在意志，此内在意志，乃由内在于人之德性中迸出。事天即所以尽人之道德之性。最后，所有孟子之政治学说，俱有一实际之目的。孟子实非一在安乐椅上之哲学家，坐而沈思，埋首撰述，以博后人之追慕，勿宁在满足将伯呼救者之需要。孟子之生活与所教，都在不断注视当时时代之情况。孟子不仅是一位道德大师与政治哲学家，最要者,乃是一位热心改革者。孟子诚为一位有不忍人之心之仁人。孟子深切体会到一种事实,即其国家需要团结与和平。孟子对其时之社会、政治与道德情况,不仅只有其意识。在孟子时代之中国,有类似于 Machiavelli 时代之意大利。马基维利主义(Machiavellism),则正为此中国哲人所深斥。孟子之目的,不仅是国家团结。团结仅为达成目的之手段。人民之福祉与快乐,乃为孟子梦寐以求者。“救民于水火之中”,是孟子之号召。时代需要之意识,使得孟子之尊周室,大不同于孔子。孔子尽力以维护周王权力与尊严。迨至孟子时,周室衰微,孟子已放弃先圣所仰慕已久以疆固周室之期望,因而在人民之前,有一共主,给国家以和平与秩序。若诸侯果能善治其国家,孟子固以诸侯可代天子。在孟子,盲目之忠于不顾人民利益,而日益式微之王室,亦无德性可言。在此方面,孟子可列为世界从古以来一位伟大政治家与爱国者。

虽说孟子政治思想,是为其时代而发,但其中所阐发之若干原则,亦自有其永恒价值。现代政治哲学,多赞同孟子之若干大原则,如政府之存在,乃为人民之福祉,政府有神授之根源,亦根于人之天性,以及政府之存在,无论何时,均仰赖于人民所明白认可或默认。自孟子以来,政治思想家,不断证实其学说,即国家功能,在于人民物质幸福之获致与人民教育与心智增进措施之提供。自私,在政治上是一种灾祸,此说在今日为然,亦如在孟子之时代,正义,需要之迫切,在今日,亦如二千年前,当其时此位哲人,周游于列国之间,为其目标而辩护。多少世纪以来之政治经验,证实若无良好官吏以执其法,给法律以活生命与力量,良好法律,终归无效。讲求国际和平之大运动与裁军之呼吁,远在现代欧洲国家出现于历史舞台以前,甚至当前充满罪恶与恐怖之欧洲战争,亦为孟子所预料,实显示出中国圣人之睿智。

同时,吾人亦须承认,孟子自我创发之思想殊不多。孟子之民主观念主要来自《尚书》,《尚书》为孟子所熟读。在《尚书》经典中,关于国家起源,政府性质,统治者职责以及人民之重要等观念,但已明显表露。少数的引述,即足以显示此一经典之一般精神,此精神,孟子本身,即证明为一最大说明者。

孟子在《梁惠王下》,第三章,引《周书·泰誓》有云:“天降下民,作之君，作之师，惟曰其助上帝，宠之四方。"

同书《泰誓》，又谓："惟天地万物父母，惟人万物之灵。亶聪明，作元后，后作民父母。"

在《大禹谟》第三，舜谓禹曰："来，禹。降水儆予，成允成功。惟汝贤。克勤于邦，克俭于家，不自满假，惟汝贤。汝惟不矜，天下莫与汝争能。汝惟不伐，天下莫与汝争功。予懋乃德，嘉乃丕绩。天之历数在汝躬，汝终陟元后。"

《太甲篇》伊尹申诰于太甲，曰："呜呼，惟天无亲，克敬惟亲。民罔常怀，怀于有仁。"又咸有一德篇，伊尹将告归，乃陈戒于王，曰："呜呼，天难谌，命靡常。常厥德。保厥位。厥德匪常，九有以亡。……非天私有于商，惟天佑于一德。非商求于下民，惟民归于一德。德惟一，动罔不吉。德二三，动罔不凶。惟吉朐不僭，在人，惟天降灾祥，在德。"

《尚书》中所显示之革命精神，吾人仅举列《汤誓》之语即足。汤曰："格尔众庶，悉听联言，非台小子，敢行称乱。有夏多罪，天命殛之。今尔有众，汝曰我后不恤我众，舍我穑事，而割正夏，予惟闻汝众言，夏氏有罪，予畏上帝，不敢不正。"①

人民在国家中之重要以及人民为天所特别关怀之对象。此类意念，首见于《五子之歌》。"皇祖有训，民可近，不可下。民为邦本，本固邦宁。"

《皋陶谟》："天聪明，自我民聪明。天明畏，自我民明畏。达于上下，敬哉有土。"

《泰誓》："惟天惠民，惟辟奉天""天矜于民，民之所欲，天必从之。"

孟子对于国家功能与政府组织之观念，亦可溯自《尚书》。禹言于舜："于帝念哉。德惟善政，政在养民。水火金木土谷惟修。正德、利用，厚生惟和。九功惟叙，九叙惟歌。戒之用休，董之用威，劝之以九歌、俾勿怀。"②

《周书》谓："(武王)列爵惟五、分土惟三。建官惟贤。位事惟能。重民五牧。进会丧经。惇信明义。崇德报功，垂拱而天下治。"

---

① 见《汤誓第一》。

② 见《大禹谟》。

甚者性善之说，为孟子在人类道德大师中所占地位之高者，亦胎息于《尚书》。《汤诰》中有云："王曰嗟尔万方有众，明听予一人诰。惟皇上帝、降衷于下民。若有恒性克绥厥猷惟后。"①

孟子之受教于孔子、曾子及子思，自属深厚，而于政治与道德，其范围与应用之认同，此等观念，尤见其师承。若谓孟子全部哲学，约而为《大学》一书中孔子经典之表达，亦非过言。大学之教——"明明德，在亲民，在止于至善。"孟子于大学之教，守之甚坚，修身、齐家、治国，以及平天下，其卒也，乃为同一过程，不外正心、诚意、致知、格物。孟子于其书中，阐明大学之教，一篇之中，三致意焉。《大学》有谓"故君子不出家，而成教于国。孝者所以事君也。弟者所以事长也。慈者所以使众也"。

孟子视国君之影响力，在其政治哲学中，至为明显。此种情怀，亦即反映《大学》一书之精义。《大学》有云："一家仁，一国兴仁。一家让，一国兴让。一人贪戾，一国作乱。——其机如此。此谓之一言偾事，一人定国。尧舜率天下以仁，而民从之。桀纣率天下以暴，而民从之。其所令反其所好，而民不从。是故君子有诸已，而后求诸人。无诸已，而后非诸人。所藏乎身不恕，而能喻诸人者，未之有也。故治国在齐其家。"②同书第十章"上老老而民兴孝。上长长而民兴弟。上恤孤而民不倍"。又谓"未有上好仁，而下不好义者也。未有好义，其事不终者也。未有府库财，非其财者也"。

大学之教与孟子之教，吾人须见其暗合处。吾人读孟，当能忆及孟书首章，此位哲人如何劝喻梁惠王！亦有仁义而已，何必曰利。此一意见，亦正《大学》传末章之结语："此谓国不以利为利，以义为利也。"

《中庸》一书，一般俱信作于孔子之孙子思，而孟子私淑之者。《中庸》第廿章，引孔子语："子曰，文武之道，布在方策。其人存，则其政举。其人亡，则其政息。人道敏政，地道敏树。夫政也者，蒲芦也。故为政在人。取人以身，修身以道修道以仁。"类似之语，亦见于同书同章，有谓"凡为天下国家有九经，修身也。尊贤也。亲亲也。敬大臣也。体群臣也。子庶

① 《尚书》孔颖达疏，于"降衷于下民"句注"衷，善也"。——译者注

② 见《大学》第九章。

民也。来百工也。来远人也。怀诸侯也”。

但孟子之最有得于《中庸》者，应为性善说。《中庸》首章首句即谓：“天命之谓性。率性之谓道。修道之谓教。”以故《中庸》继谓：“道不远人。”①此语最为孟子所共鸣。

孟子若干思想，亦源于《诗经》。《诗经》之为孟子思想之源泉，其重要性仅次于上述诸经。孟子尝引《诗经》语，以证其说。限于篇幅。不拟多所引述，以显示《诗经》中之观念与孟子哲学之相关联，但仅引述一二点，以实吾说。

在位者所给予人民之影响，可于《小雅·节南山什》见之：

“节彼南山，维石巖巖，赫赫师尹，民具尔瞻。”

在《诗经》中，政府权力之为神授，亦如《尚书》、《大雅·文王之什》，亦显然可见：“殷之未丧师，克配上帝。宜鉴于殷，骏命不易。”

孟子从诸经籍，结集而为其本人之思想。但此种借用之思想，并非仅为原有之复制，孟子却给予一种新精神。孟子承继古代经典之传统，吸收贯注而成为新生命。在此种方式下，此类由经典时代递嬗相传之思想，经由孟子深密的逻辑，及罕与伦比的辞令，发挥其影响力，激荡而为新力量、新活力，同时此类思想，若给以力量，必能产生影响，其影响之在，必远甚于此类思想之任其古墓埋葬。

但当吾人探寻孟子思想在中国历史上真正之影响，恐不如其所预期。吾人已知此位哲人怅怅然从公职生活中隐退，期望受挫折，努力显已化为灰烬。在孟子去世后，国家之社会与政治情况，更形恶劣。不断的战争，乃为当时之秩序。孟子著作，似不为人所重，直至数百年后。吾人至少可以断定，第一次之《孟子》注，乃在孟子死后约五百年；《孟子》被称为经，直待宋代——较之孟子之书，又后千余年矣。

孟子致力于仁义之实现，周游各国，以期见用于时君，使时君乐于成为被压迫者之救主，并解救人民于暴政罪恶之下。简言之，孟子所遑遑以求者为有德之君。此有德之君，在孟子生时不得见，孟子亦不能用于时。当现存政府令人浸假不能忍受时，尽有人起而革命，于是只有从孟子权威

---

① 见《中庸》第十三章。

中，寻其革命行动之依据。但新朝甫兴，而孟子之教，旋又弃若敝屣，自私自利之极权统治，一如往昔。但是孟子著作之原理，经已确定并普受认定，如谓政府之存在，在为被统治者之福祉，当政府不能行使其适当功能时，即排斥其存在之权利。如又谓革命在中国，被视为神圣权利，不仅如此，实乃道德责任，使人深觉此种权利与责任，可获致其成功。由于对革命的顾虑，革命只抑制政府专制主义与减轻国家独裁尖锐化。因而，孟子只能间接影响，只是属于消极性。在某种限度内，由于孟子影响，每一新朝开始时，大体上俱推行新政，以增进人民福利，但不是全心全力以赴，有时减税，有时宽刑，以表示政府之仁，但是基本上，未有实心作为。持平以论孟子，吾人可谓孟子之教，并未有过公平之试验。

中国在今天，正寻求每一新观念，以期有助于国家建设之艰巨工作，理应对国家载籍有密切之研讨，也使中国对自己圣哲之宝贵教义，能予遵循。为作政府之健全基础，孟子之学说，其功能足可比拟我们所能学习于西方之政治哲学者。诚然，廿世纪之中国，不能被劝告采取封建制之政府形式，其在二千年前被孟子所视为模式者。在今日，亦不可能实行井田制，此制亦曾被孟子深信为一个良好政府之必要条件(sine qua non)。但处于今日政治学说充斥纷纭之时代，吾人应将此位哲人之教，常记于心，自有价值，如谓政府乃由于人性之需要，以及天之生人，人性中即深植国家观念。当吾人被告以国家仅是一种俗套；政府乃不可免除之罪恶；以及人生而自由，因而人须欢乐地返回自然状态，在那种状态下，没有国家或政府可剥夺人之自然权利诸学说时[①]，吾人应以极大之审慎，谨防其所惑。设孟子复生于今日，闻如许轻率，采用陈腐之政治观念，其充满愤懑，可以想见。孟子之心将痛斥今日之无政府主义与虚无主义，正如孟子当时之力辟杨墨。孟子将再一次大声疾呼：“生于其心，害于其政，发于其政，害于其事。”[②]

另一方面，吾人发现孟子大部分哲学，均可涵摄于近日经已采用政府新形式之中。人民之权力，政府之功能，君主之责任，以及百官之职

① 此系指西儒霍布思、卢梭诸人政治思想。——译者注

② 见《公孙丑上》第二章。

责——所有孟子之意念,都可藉现代政治制度之助,发生效能。因而回顾孟子之民主思想,吾人可以体认此一正在推行之伟大政治试验,在中国人心灵中,理论上毫无陌生。此一民主思想之基本理论,多少世纪以前,即为我哲人所构想。一个国家之政治经验,一经锢蔽,极难予以突破,并深入了解其实际状况。现在正是一个以之作公平试验的好时机及寻求其充分表现。

不仅如此,须知一个国家之最大目标,当在保持和平、秩序与团结。所有分散力量,必须消除,所有反叛倾向必须压抑,有如孟子所指陈,不能仅恃有效之行政力量,徒为民畏,但须良好教导,善教得民心。对外言,国际友谊自须培养,战争尽可能避免。吾人或会反对孟子和平政策,以为用之于今日中国,殊非其时其地。反对者继谓今日年青中国所遭遇之问题,为国防、为自卫。中国必须为随时可来到之战争而准备,因为此类战争乃强迫而来,颇难逆料,且不管愿意与否。但孟子需要吾人所认知者,其备战之最好办法,不是一个国家花费能力于建造重组级战舰上,或训练大批常备军上,虽说此等事物,自须重视,但藉教育与良好政府以赢得民心,因而需要人民为保卫国家时,人民或已准备为国家奉献其生命。"未有义而后其君者也"①这句话即在今日,无异往昔。当公民责任,深入民心,一级战舰与军队,将自然迸出,其威力之大远胜于用强迫征税而来者。此即孟子所表示之意念,孟子告梁惠王,有云"可使制梃以挞秦楚之坚甲利兵矣"②。

抑有进者,孟子除教吾人政府第一责任应为增进人民福祉外,今日中国所能更受教于孟子者为何?中国经常被提醒,应如何采取措施,使用未耕之良田以扩大耕地,又如何需要从事于河流堤防之疏建,河流泛滥,尝为害于人民生命与财物,远甚于尧舜之世,禽兽繁殖,有如孟子尝所描述者。在防止瘟疫饥荒上,诸多待办,瘟疫灾荒,每年从良好土地中,吞没了千万生命,悲惨万状。医院、贫民院、贫民工艺所,以及其他慈善机构,必需由国家设建。如此,有如孟子称道文王"四民之无告者",必先斯四者,

① 见《孟子·梁惠王上》第一章。

② 见《孟子·梁惠王上》第五章。

民间疾苦，可以减轻。学校在各处设立，但最佳学府，尚待建立。更多注意力，应导向于人民之道德教育，此最为孟子所强调者。教人民如何尽其道德之性以及如何辅导其职业。最重要者，使人民知其修其"天爵"，而非修其"人爵"之重要，役于人，而非役人之重要，换言之，善为储备自己身手于生命之剧场，非仅在政府得中一官半职而已。

最后重要之点，即是中国必须加强官吏之道德品性，必须在派任时，道德条件重于学识与技能。国家之解救，正于此寄以最大之期望。吾人须知，政府机构，不要被侍候于"公乡之门"之辈所填满，但需要真正官吏，此官吏乃一大丈夫，在寻求国家之安谧。吾人不需要徒拥有权力者，当其获有"人爵"，乃弃其"天爵"。政府之新形式可尝试，新法可以实施，新观念可以引进，新制度可以介入，但中国将贫穷与无救如故，中国政治将腐败如故，中国前途之黯淡如故，苟政府中人，仍然以其职位，不视为人民付托以增进福利之种种责任，而视为达到名利，自私目的之机会。

但如何实现所有效果呢？吾人所知，法律徒劳，制度无力。依孟子意，吾人等待王者之兴[①]。据孟子推测，此王者之典范可创造奇迹，此王者之影响，可改变万物。孟子一生在等待中。吾中国自孟子以来，亦已等待逾二千年之久。但王者不作，仍未显现于中国之政治舞台。孟子失望了，因为子人性论虽接近于真理，但孟子过于信赖人为善之内在力量。中国也失望了，因为人总有失落，总需要外在力量以复其初。孟子之作为道德大师与政治哲学家，而于此等处觉察不足，是其一大缺失。纵使就物质福利环境而论，国家能布署为此项发展之每一有利条件，但亦非每个人皆能尽其道德之性，顺从其最高我(high self)之命令，以期能止于至善。诚然，国家并不能在此方面大有作为，因为道德是在国家范围以外，国家行动是强制性。同时，若说就人类经验论，个人之人的影响，即能产生奇迹，有如孟子所期望于王者，亦不甚真确，除非此王者有超越于人者。因而当吾人发现前人之赞仰孟子甚于步趋其教义，前人之崇敬其学说，甚于其实践，吾人亦不能全部归咎于前人。

谁能不仰慕孟子？即使粗读孟子之书，亦能显出其原理之宏伟与理

① 韦师之意，来自《公孙丑下》第十三章，孟子谓"五百年必有王者兴"。——译者注

想之高尚。只是当吾人欲求实际实行其原理与理想时,乃开始知道孟子之原理与理想与在伦理及哲学领域里之其他种种行为规范以及美好箴言,亦同样未臻圆融。吾人完全同情公孙丑之问:“道则高矣美矣,宜若登天然,似不可及也。何不使彼为可几及,而日孳孳也。”①此确为人性之弱点与依赖性之真诚表露。孟子似未全然体认出此点,若孟子体认出此点,孟子必自承不能有何助力。孟子回答门弟子,只说“君子引而不发,跃如也。中道而立,能者从之”②。但此类言论,对于自感力有所不足以及必须求助之人而言,实不啻言之未言。孟子在他章云:“梓匠轮与,能与人规矩,不能使人巧。”③但孟子并未觉察在此方面,一位道德大师或政治哲学家较之梓匠轮舆并没有更大之力量。孟子给予中国人许多政治上高尚理念及宏伟原理。但孟子却未给予力量而使其理念与原理付诸实施。孟子之教,施之于实际政治,此固所有国人以及爱护中国之人士,所共同乐观其成者。但不可能有所效能,直至吾人接受一种超自然力量,为此种超自然力量,吾人必须转而皈依主,主给予吾人以力量或威权,以践踏蛇蝎之属以及敌人的力量,皈依主,主用慰藉之词,向吾人每一位说“凡尔服劳负重之人,其咸来就我,我当与尔安息。尔其承我之轭;效我之谦逊克已,则尔必得安息,盖吾轭易而吾任轻也”④。总之,中国需要宗教,宗教付予古来圣哲之教以生命,中国将发现宗教,仅有基督教,此乃上帝独生子耶稣基督所建立。耶稣基督乃神而人,是真主,即孟子所预言必有王者之兴,亦即孟子所等待而终归徒然者。

---

① 见《公孙丑上》第四十一章。

② 见《孟子·尽心上》第四十章。

③ 见《孟子·尽心下》第五章。

④ 参用吴经熊译《新经全集》福音《马窦传》第十一章,廿八—三十节译文。——译者注

三

A STUDY OF THE CHINESE MORAL TRADITION AND ITS SOCIAL VALUES*

A Thesis Presented
for the Degree of Doctor of Philosophy
in the University of London
by
Francis Cho-Min Wei

* 本文是韦卓民先生一九二九年在伦敦大学完成的哲学博士论文，原件藏伦敦大学图书馆。经韦卓民先生的曾外孙赵子柳先生（Lev Navarre Chao）以家属名义申请阅读，伦敦大学图书馆协助扫描，本文系赵子柳先生根据扫描件重新输入，感谢赵先生的大力协助。编者依据原文和相关资料做了校对。原件因年代久远，有少量词句难以辨认，凡存疑处，或以“[sic]”表示此处有误但原文如此，或加“[?]”、“[ ]”以表示疑问（本书三、四部分均如此）。——编者注

Abstract①

In this thesis Confucianism is shown to have undergone a long development. To ascertain the chronological order, the canonical books are critically studied. The conclusions reached regarding the dates of the Yi Appendices and the Chung Yung are important.

Confucianism won its supremacy because of its insight into human nature and the social emphasis of its teaching. Its central idea is Jen, the virtue of man as a social being. Cheng or Harmony with Nature furnishes the metaphysical basis. It is a cosmic principle, manifesting itself in man as Jen. I [sic] is the attitude appropriate to a given situation. Li is the proper procedure of expressing this attitude in action. All virtues are thus shown to form a system, a contribution to the understanding of Confucian ethics. At various points comparison is made with Greek ethics.

The influence of Confucian moral teachings is traced in Chinese political and social institutions, literature, art, and religion, showing that the Chinese culture and Confucianism are closely intertwined.

The social values of the Confucian tradition are then reviewed. As a social force, it is waning under the changed circumstances, but its deep-rooted influence cannot be ignored. As a political theory, it upholds some noble ideals, but it has failed to provide China with an efficient governmental system. Its social teachings have not improved the conditions of women, and its doctrine of filial piety needs reinterpretation. The spirit of Li may be conserved, but as casuistry Li has outlived its usefulness. Some of its purely ethical teachings are still of value, e. g. , its teachings on the nature of man and the intrinsic value of virtue, its emphasis on the social aspect of individual development, and its conviction in the moral order of the universe.

① 整理者所加。——编者注

TABLE OF CONTENTS

time; Laotze and the early Taoists; the Tao Teh King; Tao; Taoist conception of civilisation; Chuangtze; Yang Chu and hedonism; Moti; spread of Mojism [Mohism?]; Moti's teachings; Hsu Shing; the Jurists; Mencius; Jen and I in Mencius' teaching; his political teachings; the goodness of human nature; Hsuntze's criticisms of Mencius; Hsuntze's teachings.

Ⅴ The policy of the First Emperor; revival of Confucianism; causes of the Confucian ascendancy.

Ⅵ Effects of the establishment of Confucianism as the state system; recovering of ancient books; the Chau Li and Wang Su; the I-Li and the Li Ki; the Great Learning; the Doctrine of the Mean; primitive Confucianism and Confucianism as later developed; establishment of Confucianism and political system.

Ⅶ Taoist influence on Confucianism; Taoism becoming a religious system; introduction and spread of Buddhism; ascendancy of Taoism; Confucianism in abeyance; religious eclecticism; Han Yu's attack on Taoism and Buddhism.

Ⅷ Neo-Confucianism of the Sung dynasty; its relation to Taoism; Chu Hsi; problems of the Sung School; divergent developments in the Sung philosophy; Lu Shiang Shan vs. Chu Hsi; Chu Hsi's empirical method; Wang Yang Ming's intuitionism; ascendancy of Chu Hsi.

Ⅸ Competitive literary examination and Confucianism; arrest in development of Confucianism; Confucianism and changing China.

Chapter Ⅲ An Analysis of the Chinese Moral Tradition

Ⅰ Resume of the previous chapter; historical development of the basic concepts in Confucian moral philosophy.

Ⅱ Truth in nature and truth in the Classics; study of nature a handmaid of moral philosophy; natural philosophy in Confucian literature; the Ultimate in Sung philosophy; Yin and Yang and the Five Elements; the Ultimate in operation; Principle and Substance; their relation not clear; some Confucian observations of nature; orderliness of nature; cocept [sic] of deity; naturalistic tendency; supernatural element in early Han writers; naturalistic tone of Sung philosophy; Is Chu Hsi's philosophy theistic?; cosmic cycles in Sung philosophy; cosmic harmony.

Ⅲ Cheng or Harmony with Nature a principle of general applicability; Cheng the beginning and end of everything; virtue the appropriation of this principle by the individual; its manifestation varies with station of life; harmony with nature and identity with nature; Rationality Nature, Destiny, and Life; goodness of human nature, its true meaning; the moral constitution of man; no part of it evil and to be suppressed; mind the guiding agent; criterion of right and wrong; moral cultivation; investigation of nature the first step; failure to work out this principle and its cause; Wang Yang Ming and Chu Hsi on the investigation of nature; goal in moral cultivation; harmony not to be acquired but developed; moral cultivation, Confucian and Greek; harmony within and without; summary.

Ⅳ The concept I; I a function of Jen; I a generic term; Shu or Reciprocity; Golden Rule and "Silver Rule", Chung or Faithfulness to one's self; social aspect of the self; Moti's teaching of universal love and the Confucian doctrine of Relationships; political duties; family duties, filial piety; elaboration of the virtue of filial piety; meaning of filial piety; filial piety as an all embracing virtue; duty of parent to child; "distinction" of man and woman.

Ⅴ Meaning of Li; Li idealised; Li in the Li Ki; music in the Confucian system; wisdom as a cardinal virtue; a fifth cardinal virtue, Constancy; relation of the Five Virtues.

Ⅵ The ideal man and his highest ideal; the Confucian Utopia; faith in the moral order of the universe; Confucian conception of happiness; Confucanism [sic] and Stoicism.

Chapter Ⅳ The Transmission of the Confucian Moral Teachings in Chinese Society

Confucian ethics not a mere philosophical system; Confucianism and education in China; the school as a means of propagating Confucianism; some of the school text books examined; the Three Character Classic; the Millenary Classic; the Juvenile Instructor; the Twenty-four Paragons of Filial Piety; the village and the town; the clan; the use of proverbs; the Sacred Edicts and popular moral education; popular and religious tracts and the propagation of Confucian teachings.

Confucianism attacked; Confucianism under new circumstances in China; Confucianism in the balance.

Ⅱ Confucianism as a political theory: Confucianism the worst ally of absolute monarchy?; Confucian teachings on rebellion and tyrranicide; people's long suffering or rebellion; laissez faire policy fails to avoid rebellion; Confucianism and political economy; Confucianism and Chinese political organisation; some Confucian political ideals.

Ⅲ Confucianism as a social theory: Confucianism and conditions of Chinese women; Confucianism not entirely responsible; illustrated from female education; the dogma of Filial Piety; filial piety and individual initiative; filial piety as a social burden on the son; re-interpretation of filial piety; re-interpretation of Li.

Ⅳ Confucianism as an ethical theory: Confucian conservation; Confucianism and pharisaism; doctrine of the goodness of human nature and its social significance; intrinsic value of virtue; sense of dignity and self-respect; feeling of sympathy and fellowship with others; development of natural tendencies in man; individual and society in moral development; obstacles to moral progress; sense of moral failure; emphasis on education and illiteracy in China; sexual relation never regarded as unclean; Chinese idea of human nature contrasted with Indian idea; difference between Confucian and Taoist conception of life; cosmic harmony the basis of Confucian morality; optimism arising therefrom; mankind fundamentally one in moral nature; metaphysical aide of Confucian system undeveloped; consequence of this in contact with the West; Confucianism and science; idea of harmony needs revision.

Chapter Ⅰ Introduction

In the Chinese civilisation "considerable and positive moral and political advantages might be found peculiar to the Chinese; attributable to the system of early and universal marriage, except, indeed, as far as that system may be considered to conduce to the misfortune of a redundant population; to the sobriety, industry, and even intelligence of the lower classes; to the almost total absence of feudal rights and privileges; to the equal distribution of landed property; to the natural incapacities and indisposition of the government and people to an indulgence in ambitious projects and foreign conquests; and lastly to a system of penal laws, if not the most just and equitable, at least the most comprehensive, uniform, and suited to the genius of the people for whom it is designed, perhaps of any that ever existed."① This is from a statement made by Sir George Thomas Staunton in the preface to his translation of the Ta Tsing Leu Lee, that is, the Penal Code of the Tsing Dynasty, in the first decade of the nineteenth century. His words must now be more carefully weighed, but another Englishman writing in 1928 makes a contrast between the Chinese and the European outlook on life in a way not entirely unfavourable to the former. Thus he writes: "They, in the main, aim at enjoyment, while we, in the main, aim at power. We like power over our fellow-men, and we like power over Nature. For the sake of the former, we have built up strong states, and for the sake of the latter, we have built up Science. The Chinese are too lazy and too good-natured for such pursuits. They will not work, as Americans and Western Europeans do, simply because they would be bored, if they did not work, nor do they love bustle for its own sake. They have an infinite capacity for leisurely amusement."②

① Ta Tsing Leu Lee: being the fundamental law of the Penal Code of China, trans. by Sir George Thomas Staunton, London, 1810, p. XI.

② Bertrand Russell, Sceptical Essays, London, 1928, p. 105.

Mr. Binyon of the British Museum, in discussing the aesthetic merits of Chinese painting, gives expression to a similar opinion from the point of view of an art critic, when he says, "We are so immersed in getting the means for enjoying life that we quite forget how to enjoy it. "①

We have quoted from these writers not to flatter ourselves, but only to show that the civilisation of one-third of the human race can never cease to be of interest to the thinking world. The Chinese civilisation is, indeed, not the civilisation of China alone, but to a large extent also that of the whole of the Far East, especially of Korea and Japan.

This civilisation has had a continuous history for approximately four thousand years, if we only take the records now available. Its development goes, of course, much further back, and archaeological investigations may yet reveal many illuminating facts. But now changes unparalleled in the long history are taking places under our own eyes. After a century of extensive intercourse with the West, even old China is aspiring to become new again. What will become of its ancient and august civilisation is a question which only time can satisfactorily answer. So far, China has been the one cultural region of this wide world which has been able to stand the onrush of the civilisation of Western Europe and America. Will China also succumb or will she come out of the present crisis with a new culture firmly grounded in the old? Such questions make it highly interesting, and for us in China, most urgent, to examine the salient features and the intrinsic values of the Chinese culture.

McDougall writes: "Society consists of the dead as well as the living, and the part of the living in determining its life is but insignificant as compared with the part of the dead. "② In a certain sense this is true, and it is perhaps too true of Chinese society. Although it is an exaggeration to say that the China of today is the same as Confucius saw it, there is certainly no nation in the world of the present age,

① L. Binyon, Painting in the Far East, London, 1908, p. 14.

② McDougall, W. The Group Mind, Cambridge, 1920, p. 6.

indeed of any age, which has been so closely bound up with its past. There have been changes in China in her long history, but there has been no break at any time from the foregoing ages. Continuity is an outstanding characteristic of the cultural development of the Chinese people.

But what is civilisation? Mueller-Lyer defines it as "the sum of all man's progress and achievements and their resulting manners and customs". ① We do not stop here to discuss the distinction between the two terms, civilisation and culture, but use them more or less interchangeably. McDougall distinguishes three elements in the civilisation of any nation. They are: the moral tradition, the intellectual tradition, and the social organisation; and he says, "We are apt in a loose way to consider the civilisation of a people to consist in its material evidences; but it is only so far as these material evidences, the buildings, industries, arts, products, machinery, and so forth, are the expression and outcome of its mental state that they are in any degree a measure of its civilisation. "②

Of such correspondence between the external evidences and the inner spirit there can be found no better example than in China. There the ideas of the great minds have played an important role in moulding the social life of the nation. S. W. Williams in his great work on China, is of the opinion that "although the powers of mind exhibited by the greatest writers in China are confessedly inferior to those of Greece and Rome for genius and original conceptions, the good influence exerted by them over their countrymen is far greater even at this day, than was ever obtained by Western sages, as Plato, Aristotle, or Seneca". ③ This is partly due to the fact that the Chinese mind has a practical bent. The questions which have engaged the attention of the best Chinese intellects throughout the ages are questions of a practical nature. But partly it is to be explained by a peculiar feature of the Chinese social life. The

① F. Mueller-Lyer, History of Social Development, trans. by E. C. Lake and H. A. Lake, London, 1920, p. 29.

② McDougall, op. cit., pp. 203-204.

③ S. W. Williams, The Middle Kingdom, 1883, p. 519.

scholar is highly esteemed. He is expected to lead the nation, and therefore the chance for him to shape the civilisation of his people is great.

It is particularly to be noticed that the general trend of Chinese thought has been along ethical lines. Ethical ideals have influenced not only the social and political life of the nation, but, as we shall see, also the other departments of civilisation. This makes the study of Confucianism extremely important, if we wish to understand the background of Chinese civilisation. Suzuki thinks that the history of Chinese philosophy after the ante-Chin period, that is, since the third century before the Christian era, has been only the history of Confucianism. This is undoubtedly an exaggeration. Taoism has been, indeed for the last two thousand years, a religious rather than a philosophical force in China. But its influence on the Chinese mind during this long period is not to be ignored. It has, for instance, contributed to the development of Confucianism at two stages, both of which are of great significance: first, in the period of roughly the two and a half centuries before Christ, and, secondly, in the 11th and 12th centuries when the Sung philosophy was being worked out by Chu Hsi and his masters. ① Then, again, although Buddhism is not Chinese in origin, its place in the history of Chinese philosophy is important. It was a great force, if not the main one, in Chinese thought from the fourth to the tenth century. Yet, it remains true that as far as the moral tradition of the Chinese goes, it has been unquestionably Confucian. "For nearly twenty-five centuries the Chinese have looked to Confucius for their morals," writes Professor Giles of Cambridge. "Various religions have appealed to the spiritual side of the Chinese mind, —Buddhism has obtained an ascendancy which will not be easily displaced; but through all of this long lapse of time the morality of China has been under the guidance of their great teacher Confucius, affectionately known to them as the 'uncrowned king'."②

The estimates of Confucius vary with the points of view from which

① See Chapter II, below.

② H. A. Giles, The Civilisation of China, 1911, p. 69.

he is judged. The orthodox Chinese opinion up to very recent times has found expression in the following song of praise chanted at the worship of the Sage in his temple:

> "Confucius! Confucius!
> Great indeed art thou, O Confucius.
> Before thee, none like unto thee;
> After thee, none like unto thee;
> Confucius! Confucius!
> Great indeed art thou, O Confucius."

The pendulum of Chinese opinion has, however, begun to swing to the other side, and with a certain section of the student class it has already reached the opposite extreme.

Among the Western Sinologues, the estimate is more or less uniform. Legge's opinion was at first unfavourable. In the preface to the first volume of his translation of the Chinese Classics, published in the year 1861, we find the following words: "After long study of his character and opinion. I am unable to regard him as a great man. — He threw no new light on any of the questions which have a world-wide interest. He gave no impulse to religion. He had no sympathy with progress" (p. 113). Some years later, however, in the second edition of the same work, he wrote: "The more I have studied his character and opinions, the more highly have I come to regard him. He was a very great man, and his influence has been on a whole a great benefit to the Chinese."①

But whether we regard Confucius as an object of praise or blame, we must not think that we have adequate knowledge of the historic Confucius. While we are unable to agree with the theory that the Sage of Shantung is a mere myth,② we feel that there is much truth in the

① J. Legge, Chinese Classics, Vol. I, 2nd Edition, Proleg. [sic] 1892, p. 111.

② See H. J. Allen, Is Confucius a Myth?, Journal of the China Branch of the Royal Asiatic Society, Vol. XXI, 1886.

opinion that early idealisation has made the reconstruction of his life well nigh impossible. ① Even the question of exactly what he taught is beset with many difficulties. Kang Yu-wei is the strong champion of the theory of the Confucian authorship of the so-called Six Classics, which include the Shi King, the Shu King (only the Modern Text sections), the Yi King (but not the last five "Appendices"), the Yi Li (and not the Chau Li or the Li Ki), the System of Classical Music (which has no Text), and preeminently the Book of Spring and Autumn. ② This is a difficult position to maintain, and, in our opinion, Kang Yu-wei's work has not made it easier. The long-established tradition is that Confucius edited the Shi King and the Shu King, rearranged the System of Li and of Music, and wrote the Appendixes to the Yi King as well as the Book of Spring and Autumn itself. Much of this old tradition requires critical examination, at which we shall make an attempt in the next chapter of the present essay. In the critical studies of the Chinese classics, scholars in China usually divide themselves into two opposite camps, the so-called Old Text School and the Modern Text School. We ally ourselves with neither, but will try to reach our own conclusions in accordance with the data available.

In the main, we are inclined to believe that the entry in the Analects represents the true position of Confucius in the development of the tradition, which Western sinalogues have taught us to call by the name Confucianism: "The Master said: 'A transmitter and not a maker, believing in and loving the ancients, I venture to compare myself with our old P'ang.'"③

But as a "transmitter", Confucius achieved much in inaugurating a movement, which, not without dramatic changes, has finally outlived all its former rivals and come to be the determining social force in the history of the Chinese people for the last two thousand years.

---

① See H. Maspero, La Chine Antique, Paris, 1927.

② See Kang Yu-wei, Confucius' Scheme of Reform (in Chinese) 2nd. ed., Shanghai, 1992, Books 7-10.

③ Analects, VII, 1.

As a power in Chinese social life, however, Confucianism is to be studied not merely as Confucius has taught it, but as it has developed through the ages. To get an idea of this development is, then, our first task. There is the culture of the Chinese before Confucius, which, as we shall see, is rather difficult to ascertain. ① This investigation takes us even into the field of archaeology, upon which we can only touch. After Confucius, there is still [too?] much obscurity in the history of Confucianism, leading to a good deal of controversy, to be avoided as much as possible. We shall try only to depict, in broad outlines, that Confucian system which has influenced Chinese society, leaving out unmentioned much that would belong to a treatise on the History of Chinese Philosophy or even of the Confucian School.

This being done, we must proceed to the study of the Confucian moral system as it has been understood and accepted by the Chinese Confucian scholars during the last seven centuries, when it has taken definite shape. Our chief task is to set forth the teachings of the school as a system, showing how the various moral concepts must be understood in their relations to a central idea, and how that central idea in turn depends upon a Weltanschauung characteristic of the Chinese.

We do not think it relevant to raise the question whether Confucianism is a religion or not. Professor Giles is quite positive that it is not. ② This depends naturally upon the definition of religion we choose to adopt. If Marett is right that religion is "a certain composition or concrete state of mind, wherein various emotions and ideas are together directly provocative of action", ③ then Confucianism is undoubtedly to be brought under the category of religion. But if religion should connote definite beliefs concerning spiritual beings and the life after death, Confucianism is not a religious system, unless we identify it with certain religious institutions and practices, forming a part of the social system, which it supports but concerning the religious significance of which Confucius and his successors have no definite

① Compare Kang Yu-wei, op. cit., Bk. 4.

② Giles, op. cit., p. 57.

③ R. R. Marett, Threshold of Religion, London, 1909, p. 5.

ideas. We shall therefore treat Confucianism merely as an ethical system, for as such it was championed by its great representatives from Mencius down the ages, as such it was established as the state system by the Emperor Wu of the Han dynasty, and as such even the modern Confucian fanatic, Kang Yu-wei, has conceived it, when he argues vehemently that Confucius founded a "ch'iao", which he confuses with religion, on account of the unfortunate Chinese translation of the latter term. ① "These ethical teachings, which are almost purely secular," writes a western admirer of Confucianism, "have for more than two thousand years been accepted by a larger number of human beings than those of any other teacher. This, also, notwithstanding that the people who so receive Confucian morals as their guide are of the most various views concerning religion, i. e., for instance, are Buddhists, Mohammetans, Taoists, Shintoists, etc. No other ethical system whether of religious origin, or of secular, has ever been acceptable to persons professing religious convictions so diverse." ② Evidently the moral teachings of Confucianism can well be considered apart from the religious practices with which it has been associated in its historical development.

The influence of Confucianism in China of today can only be determined by a close study of the social life and institutions of the Chinese, their art and literature, their outlook on life and their conceptions of right and wrong. Such a sweeping statement as "Confucianism is long dead", must be sustained by strong evidence before we can give it our assent. ③

As we have already indicated, China is at present undergoing important changes. Conditions during the last two decades have been changing so rapidly and things are yet in such a fluid state that it is difficult to say what eventually will be the outcome. In our estimate of the part played by Confucianism in Chinese social life, we have in mind chiefly the

---

① See Kang Yu-wei, op. cit., Bk. 2.

② M. M. Dawson, Ethics of Confucius, New York, 1915, p. vii.

③ Hu Shih, Development of the Logical Method in Ancient China, Shanghai, 1922, p. 8.

Chinese society up to the time of the Revolution in 1911. Perhaps, it is necessary to add that for the bulk of the Chinese population that the state of things still remains largely the same. In considering things Chinese one is apt to be deceived by the psychology of the great centres, where spectacular events are happening every day.

Whatever be the future of China, we are inclined to agree with Professor Giles that "the Confucian teachings, which are of the very highest order of morality, and which have moulded the Chinese people for so many centuries, helping perhaps to give them a cohersion [sic] and stability remarkable among the nations of the world, should not be lightly cast aside". ① Even Dr. Hu Shih, one of the most enthusiastic advocates in the introduction of Western ideas and institutions into China, would still say that "it would surely be a great loss to mankind at large if the acceptance of the new civilisationion [sic] should take the form of abrupt displacement instead of organic assimilation."② As Count H. Keyerling puts it, "the real problem is the building of a better house on the old fountains."③ This necessitates a careful review of the values of the Confucian moral system so that we may have some idea what to leave out and what to retain. We shall attempt no concrete scheme of the social reconstruction of China, which is a separate problem, but we shall only try to point out those elements in the Confucian moral tradition which we believe to be something the Chinese would not willingly let die, but may well conserve in whatever new moral system emerges from the present crisis.

① Giles, op. cit., p. 116.

② Hu Shih, op. cit., p. 7.

③ In a lecture given in Shanghai in 1912, and quoted by Wang Ching-dao in "Confucius and New China", 1912, p. iii.

Chapter Ⅱ The Historical Development of the Chinese Moral Tradition

I

Chinese culture has a long history of development. Questions concerning its origin and its early stages are still insoluble, owing to the lack of information, although much academic interest around them has been aroused and painstaking investigation is challenged.

The problem of origin is particularly a difficult one. De Guigne's attempt, in his address before the French Academy in 1758, to show that the Chinese people had grown out of an Egyptian colony, is summarily dismissed as a bad failure by Professor Hirth in his "Ancient History of China". ① Terrien de Lacouperie published in 1894 in London a "bulky volume" entitled "The Western Origin of Early Chinese Civilisation". The whole array of arguments in this book, based partly on the similarity between Chinese and Babylonian cultures and partly on the rather arbitrary identification of certain names in early Chinese tradition with Babylonian names, appears to be altogether too feeble to bear the weight of the conclusion claimed. ②

In spite of the popularity of the Diffusion Theory, we will still find it difficult to accept resemblances in culture as conclusive proofs of

---

① See F. Hirth, Ancient History of China, New York, 1908, pp. 14-15.

② Terrein de Lacouperie endeavours to show that Nai Huangti is really the modern Chinese form of the Babylonian Nahunte, "the first leader of the Bak tribes who reached China". He further attempts to identify the Chinese Shen-nung with Sargon and Tsang-kieh with Dunkit. Both Hirth and Allen have pointed out that Nai Huangti is not the name used in Chinese history. M. Terrein has been misled by a mistake in Mayers' "Chinese Reader's Manual". Hirth also calls attention to the Chinese character, Romanized "Bak" in Cantonese or old pronunciation means "one hundred", which is a favourite number with the Chinese. See Terrein de Lacouperie's "Western Origin of Early Chinese History", 1906, pp. 7-8; F. Hirth's "Ancient History of China", p. 15.

historical borrowing or derivation. When problems of the primitive mind are comparatively few and the range of possible solutions limited, mere coincidence may be [in?] sufficient explanation of points of similarity, however striking they may seem at first sight. Another sinologist, Baron von Richthofen, thinks he has found the cradle of the Chinese race in the oasis of Khotan in the south-west of eastern Turkestan.① Similarly, some modern students of Chinese history in China, not entirely independent of the influence of Western sinologues, have recently held the view that the Chinese had immigrated from Chinese Turkestan. Their arguments are largely based on material drawn from commentaries on ancient books. These commentaries, however, were written as late as the third century of the Christian era, towards the end of the Han Dynasty. Certain geographical names in the ancient books are identified with the Kuenlun mountains, and on the strength of the mention of this name, the theory of immigration rests.

All these theories of an exterial [sic] origin of Chinese civilisation are more or less speculative. Hirth points out that "the Chinese themselves do not refer to any tradition written or unwritten as to their most ancient forefathers having migrated from abroad."② In this opinion Professor Giles of Cambridge heartily concurs.③ "If they have at any time immigrated there from some other part of the world, we possess absolutely no record of it," says Professor Hirth.④

Archaeological approach to this problem dated only from 1919, when a scientific geological survey of North China was begun. In 1921, a large dwelling site at Yeng Shao Tsun (仰韶村), near Mien Chih Hsien, was excavated. In the same year a cave with interesting prehistoric remains was discovered at Sha Kua T'un (沙锅屯) in South-western Fengtien. Two years later, 1923-4, further excavation was carried out in Kansu, in North-western China, at a place called Chi Chia Ping (齐家坪). Finds in these [those?] places have raised important

① Baron von Richthofen—China, Vol. 1, p. 48, note, referred to by Hirth, pp. 18-20.

② Hirth, op. cit., pp. 3-4.

③ H. A. Giles, Civilisation of China, London, 1911, p. 20.

④ See p. 4.

questions concerning the racial and cultural origins of the Chinese people, but so far no satisfactory solutions to the difficulties involved have yet been found. ①

The centre of attention with regard to the finds in these excavated areas is the monochrome and painted pottery. There is no trace of metal objects in the site excavated at Yang Shao Tsun. Archaeologists are of the opinion that the culture represented by the monochrome and painted pottery unearthed here belongs to the Aeneolithic period, which is a transition from the Neolithic to the Metal Age. ② In Kansu, particularly, the site seems to be totally devoid of painted pottery, and monochrome vessels alone have been found. Hence, the stage of cultural development represented here is slightly older than the Yang Shao period. According to the calculation of Dr. J. G. Andersson, to whom chiefly is due the credit of making these archaeological discoveries, the Chi Chia P'ing culture in Kansu as revealed by excavation may be assigned to the period of 3500, or at least 3000, to [cr. ?] 1700 B. C.

Some twenty years earlier than the Andersson finds, in the year 1899, bone and tortoise shell pieces with curious looking symbols on them were found at a place in An Yang Hsien (安阳县), Honan, near the Chili border. Through the painstaking investigations of the famous Chinese archeologist, Mr. Lo Chen Yu (罗振玉), the symbols have been found to be a very archaic Chinese script in use during the Yin Dynasty (1401-1151 B. C.), and some hundreds of characters have been deciphered. The place has been identified to be the old site of the capital of Yin. The pieces found were used in that ancient period for divination purposes. ③

It is to be noted that the excavation under Dr. Andersson shows no

① See the Geological Survey of China Memoirs, Series A. No. 5. ,Peking ,1925. J. G. Andersson, Preliminary Report on Archaeological Research in Kansu.

② Ibid. , p. 1.

③ Lo Cheng Yu has published four scholarly works on the Yin Capital Tortoise Shell Script. They are all in Chinese: 殷墟书契考释(Studies on the Script of the Site of Yin with Annotations), 1914; 殷墟书契后编(A Supplementary Volume to the Studies of the Script of the Site of Yin), 1916; 殷墟古物图录 (Relics from the Site of Yin with Illustrations), 1916; 殷墟文字类编(Characters of the Site of Yin Classified), 1923.

trace of writing whatever,① and it therefore does not help to throw any light on the development of Chinese culture after the appearance of the written character, which according to the An Yang Hsien finds goes as far back as the fourteenth century before the Christian era, and may be [sic] some centuries earlier, for the tortoise shell script could not possibly have been evolved in a day. But let us see first what conclusions archaeologists have been able to reach with regard to the ceramic finds in Honan and Kansu.

[A] Close relationship has been observed between the pottery found in Kansu and Hona [sic] and that large family of ceramics of the Aeneolithic period discovered in various localities in the Eastern Mediterranean region, in South-western Russia, and in the Near East, such as Sicily, Tessaly, Tripolje [sic], Susa, Anau, etc. From this observation the conclusion has been drawn by Andersson that at the end of the Aeneolithic period, there was strong cultural influence spreading across Central Asia to the Kuang Ho valley. It is also asserted that support for this theory may be found in the study of the ornamental patterns in Chinese archaic bronzes,② for similar patterns have been noticed in ancient Sumerian art. But until more evidence of any such cultural relationship between the ancient Chinese and the Sumerians is made accessible to us, we ought in the present connection at least, confine our attention to the consideration of the main question raised by Andersson, that is, the Kansu and Honan ceramics.

Let us note carefully, first of all, that in Andersson's "Preliminary Report" there is no attempt to tackle the problem of the origin of the Chinese race. There he states his position definitely (towards the end of the report): "I deal for the present, only with the migration of culture and the question of migration of races is left out of consideration."③

His theory of cultural migration is summed up by Professor Berhnhard Karlgren in Andersson's own words, thus: "This analysis of

① Andersson, Preliminary Report, p. 30.

② Ibid., p. 31.

③ Ibid., p. 49.

the geographical milieu points decidedly to Turkestan as the territory where we shall have chances of finding a final solution of the Yang Shao problem. Possibly we shall be able to identify there the region where, in Neolithic times, a group of the [M]ongolian race, under strong cultural and perhaps racial influence from the West, while settling down gradually to stationary agriculture, developed the civilisation which was to be the beginning of the historical Chinese culture. "①

Karlgren, however, disputes this theory and points out the possibility that the genuine proto-Chinese culture may have had its origin in Honan with off-shoots in various directions, e. g. Fengtien, characterised, among other things, by "li" and "ting" tripods, "yuan" rings, "kou" haches-poignards, crescent-shaped or rectangular knives, breeding of pigs, and certain sepulture methods, and that only in neolithic times this sphere of culture was reached by strong influence from the West, and thus was introduced the art of making finer, painted pottery. ②

But judging from what has been written on the finds of the painted pottery in Kansu and Honan alone, we see no necessity of going even as far as Karlgren. T. J. Arne, in his article, "Painted Stone Age Pottery from the Provinces of Honan, China", ③ refers to the possible hypothesis that the Stone Age culture in Honan as revealed by the Andersson finds may have been older than in the West of Asia and the South-east of Europe, and have arisen in China or near it and then spread to the West, thus having a westward rather than an eastward cultural migration as Andersson has surmised. But he dismisses this hypothesis as impossible by pointing out the fact that the painted pottery in Kansu is more abundant and more various that in Honan and that it exhibits a closer accordance with that of Western Asia in the matter of form and pattern. But it seems that even this is no conclusive proof that the Stone Age art of painted pottery had spread eastward

① Ibid., pp. 42-43.

② Ibid., p. 44.

③ Palaeontologia Sinica, Series D, Vol. I, Fascicle 2, Peking, 1925.

from Western Asia to the Huang Ho valley. Would it be too fantastic to suggest that some other locality, perhaps still in Northern China, may afterwards be revealed as the origin of this archaic art and thence it spread in both directions, to Honan and to Western Asia through Kansu at an early stage of its development but the communication somehow became blocked up later on? We quote from Arne the following statement: "The painted pottery from Yang Shao and Chin Wang Chai (秦王寨) may be compared as regards the fineness of the ware, with any group of painted pottery of the same age in the West of Asia and the South-east of Europe. As regards the thinness of the ware, only the Susa I pottery can compete with it. It is also only the Susa pottery that, like that of Honan, was prepared at a very early age with the help of the potter's wheel". It looks as if some further investigation would be necessary in order to explain such a comparison as this.

But another criticism has been made on Andersson's theory. Andersson in his article, "An Early Chinese Culture",① cites R. L. Hobson of the British Museum as in favour of the opinion that the Yang Shao polychrome ware is "clearly the same family of design as on the aeneolithic pottery found on many sites in the near east".② It is to be questioned that Mr. Hobson would still hold the same opinion.③ But Dr. H. Schmidt of the Museum für Völkerkunde in Berlin, while admitting the possibility of such a conclusion as Andersson has drawn, feels that the patterns common to the two regions are in themselves not sufficient proof. He calls attention to the necessity of extending the comparison from mere patterns to the technique of the ware, the pigments used and the polish of the surface. Thus he writes: "Ich moechte nochmals betonen, dass es immer gefachrlich ist, mit einzelnen Mustern der Ornamentik zu operieren; man muse die keramischen Gruppen im Ganzen ale Auedruck eines bestimmen Kungstgeistes nehmen.

① The Geological Survey of China. Bulletin No. 5, Peking, 1923.

② Ibid., p. 39.

③ In a conversation with Mr. Hobson in the British Museum, the writer gathered that Mr. Hobson would consider Andersson's conclusion too hasty.

Beziehung kultureller und geschichtliche Art sind erst dann erwiessen, wenn die Gleichzeitigheit auseinender liegander Kulturgruppen sich aus allgemeiner oder besondern Verhaeltnissen ergibt. Die Ornamentmuster reichen naturlich aus, auf Gleichzeitigkeit zu schliessen, wenn nicht andere Umstaende, bes. stratigraphischer Art oder ein Wandfreie Importstuecke vorliegen. "①

In short, the Andersson finds mark only the beginning of scientific research in the field of Chinese cultural origins, but so far it has raised some interesting problems, solving none as yet. In the words of Arne, "we still need extensive excavations in China, Eastern Turkestan, and further towards the north, south, and west, in order to be able to stand upon firm ground. "②

C. J. Ball tried to prove the common origin of the Akkadian and Chinese written language from a list of ideograms which he believed to belong to both, but he found it necessary to resort to Central America in order to locate this parent stock, a hypothesis not yet substantiated. ③ On the other hand, Karlgren believes that the Chinese script was a native invention, "not borrowed from the West in its form". ④

There seems, therefore, to be no strong positive evidence to contravene the theory that China developed her civilisation independently until a comparatively late period. As far as the Chinese historians are concerned, the first contact with any important cultural influence from outside was the introduction of Buddhism, which position is of course rather precarious to hold. The exact date of this last event is still a point of dispute. Traditionally we believe it to be in the first Christian century, but arguments may be advanced to put it at an earlier date, though not much earlier than the first century before the Christian era. Conrady, in his article on "Indischer Einfluss in China im 4. Jahr. v. Chr." in the Zeitschrift d. Deutsche Morgendische Gesellschaft, Bd. 60, tries to show that Indian Tradition began to exert

① Andersson, An Early Chinese Culture, pp. 39-40.

② Ibid., p. 34.

③ See Allen, op. cit., p. 7.

④ B. Karlgren, Philology and Ancient China, Oslo, 1926, p. 25.

its influence on China as early as the fourth century B. C., but Mr. Arthur Waley thinks that the Indians as well as the Chinese shared certain myths in those olden days with the ancient Mexicans and the Hottentots, and therefore there may have been a general diffusion of ideas, in the form of myths and stories at least, the history of which is to be further investigated before any definite assertion can safely be made. We must be careful not to allow the "Diffusion Theory" to carry us too much beyond what facts would warrant. ①

Again we say, until more light is thrown upon the subject by future investigations in scientific study of comparative religion and philology, any theory of the origin of the Chinese race is bound to be more or less speculative. So far, "the gods and demi-gods mentioned as the predecessors of their legendary emperors are supposed to have originated in territories within that limited geographical area peculiar to the times in which these legends were invested by the popular imagination of the ancient Chinese". ②

Such problems of the origins of the Chinese culture have, however, only indirect bearing on the subject of our special investigation, namely, the development of the Chinese moral tradition. For our purpose, the most fruitful source of material will be the written records of the Chinese people, their history and their literature.

Turning now to the early history of China according to the existing records, we find that much of it is legendary. How early we can date the beginning of authentic records is another controversial matter. Parker has aptly said that "no one else but the Chinese themselves record anything about them", ③ and therefore while the antiquity of the people of the Flowery Land may be easily asserted, it cannot be conveniently proved. There are scarcely any ancient remains or monuments of early art yet unearthed which are of archaeological value

① See Arthur Waley, Introduction to the Study of Chinese Painting, London, 1923, p. 23, note[sic].

② See Hirth, op. cit., p. 4.

③ Quoted by Allen, op. cit., p. 7.

for this particular purpose. The only source of information seems to be the ancient Chinese books still in our possession.

One would naturally think of the Yi King, the Shu King and the Shi King as the oldest of Chinese records. It would surely be convenient, if at least these classics might be accepted as unquestionably authentic, but critical scholarship has questioned the authenticity of almost every one of them.

In the English language, the most radical view is held by H. J. Allen in his treatise entitled "Early Chinese History" published in London, 1906, with the provocative sub-title, "Are the Chinese Classics Forged?" The thesis of the book is that "the Chinese classics were all concocted by the historian Sze-ma Ch'ien (the well-known Chinese Horodotus of the second century B. C.) and the scholars of the Han dynasty". That the Book of Rites or the Li Ki was a product of the Han period no well-informed student of Chinese literature would now question. ① The dates of the I-li and of the Chau Li may well be disputed, and about this we shall have occasions to discuss later. The question of the authorship of the various parts of the Yi King or the Book of Changes is again an involved one and will be dealt with later. But the bulk of the Shi King and some portions of the Shu King are authentic in the sense that they belong to the period they claim, is the verdict of the most competent critical scholars.

Allen, however, condemns in toto the "Shi King and the Shu King as forgery". In reading over his arguments, while one is impressed by his enthusiasm, one's admiration for his logic and historical knowledge is never aroused. He asserts far more than he is able to prove. Certainly not the Buddhists alone had the concept of a "pervasive principle" at the beginning of the Christian era, yet Allen bases his arguments on the assumption that until the arrival of the Buddhists in China, the Chinese could not possibly have such a concept. ② Reasoning like this can hardly bring conviction.

---

① James Legge, Li Ki S. B. E., Vol. XXVII, pp. 2 ff.

② E. g. See his argument on pp. 240-241.

The destruction of books except those under the custody of governmental officials by the order of the first emperor of the Chin dynasty in the year 213 B. C. has been the cause of all questions concerning the genuineness of ancient Chinese books. It is often forgotten, however, that not all the books were to be burnt. There were at least the official copies under the care of the "grand scholars" (博士) in the government collection. It is recorded that as soon as the first emperor of the Han dynasty captured the capital of Chin, the first thing that engaged the attention of his prime minister was the seizure of the books, maps and records in the government archives. Probably, some books from the past ages were thus rescued. It is true that among these we could hardly expect to find any of those books, later known as the Classics of the Confucian School, which perpetuated the memories of the former dynasties and were therefore particularly the objects of wrath to the Chin Emperor. ① We have reasons, however, to believe that the obnoxious edict of the year 213 B. C. was not completely effective. The assassin, who attempted the Emperor's life five years before, escaped punishment, though the order was given to search for him all over the empire for ten days. As soon as the decree was revoked by the second emperor, Hui Ti, of the Han in the year 191 B. C., efforts were made to recover the classics, and much of the recovery was done through oral recitation, which was the natural means to which the ancients would resort, for, on account of the scarcity of copies, a book was often learned by committing it to memory.

The Shi King in its very nature was more accurately recovered by this method. Critical scholarship has accepted its authenticity more readily. The Shu King, however, has been subjected to more severe

---

① Kang Yu-Wei is of the opinion that the books under the custody of the "Grand Scholars", including the Confucian Classics, were preserved and not burnt. He laboured the argument that the historian Sze-ma Ch'ien read the books in the Confucian Temple of Chiu Fu, Shantung, the home of the Sage, where they had been kept intact for over two hundred years from the days of Confucius. A close examination of the passages cited by Kang from the Historical Records does not convince us that Kang's opinion is well grounded. (See Kang Yu-Wei, Studies in the Forged Books of the Shin Dynasty, Vol. I, pp. 4-8.)

criticism. There has been since the Han dynasty the tradition of the two texts, the Old Script (古文) and the Modern Script (今文). ①

The latter was reproduced from the dictation by a scholar, Fu Sheng (伏生 or 伏胜) of the time of Emperor Wen (179-157 B. C.). When he was called upon to perform this important task, he was already an old man of the age of over ninety, and therefore unable to write or even to speak very distinctly. He dictated, and the text was thus written down from his dictation in 28 sections in the script of the time. Hence, the name Modern Script. (Some authorities give 29 as the number of sections in the Fu Sheng modern script text, but this includes a preface.) Later, towards the end of the reign of Emperor Wu (140-86 B. C.), so the tradition goes, Prince Kung of Lu (鲁共王), in pulling down the wells of an old dwelling house formerly occupied by Confucius, another text, in the archaic script, was found in the wall. This was deciphered by Kung An Kuo (孔安国), one of Confucius' descendants, with the aid of the Modern Script text already in current use, and this text contains 25 new sections in addition to the 28 sections from Fu Sheng's dictation. This gave rise to the so-called Old Script text.

With some of Fu Sheng's 28 sections sub-divided under separate titles, e. g. Section I, Yao Tien (尧典), subdivided into Yao Tien and Shun Tien (舜典), the Modern Script text has 34 sections counting also the Preface. With the additional 25 sections of the Old Script text, we have then 59 sections in the text now extant.

The problem of the two texts of the Shu King is, however, not as simple as this. First of all, the original 28 sections of the Modern Script text are no longer to be ascertained. Since the time of Cheng Kang Chen (郑康成) (127-200 A. D.), an eminent scholar of the classics towards the end of the Han dynasty, the two texts as far as the 28 sections covered by Fu Sheng's dictation are concerned, have been totally fused. This was brought

---

① In our present text the following Books are, according to tradition, common to the two old texts: Book of Yu, Pts. I, II, IV, V; Book of Hsia, Pts. I, II; Book of Shang, Pts. I, IX, X, XI, XV, XVI, XVII; Book of Chau, Pts. IV, VI, VIII, IX, XI, XII, XIII, XIV, XV, XVI, XVII, XVIII, XX, XXI, XXIV, XXV, XXIX, XXX, XXXI, XXXII.

about when Cheng Kang Chen edited the Modern Script text with the aid of the Old Script. Unfortunately, shortly after him, during the troublesome period following the Han dynasty, the Old Script text as deciphered by Kung An Kuo was lost, probably in the third century of the Christian era. A century later, under the Emperor Yuan of the Eastern Tsin Dynasty (317-323 A.D.), Mei Tsih (梅赜) presented to the Court a copy of the Shu King, which he asserted was the original Old Script text but the authenticity of which has been much questioned.

Let us, however, return for a moment to the original Old Script text ascribed to the deciphering by Kung An Kuo about the beginning of the first century before the Christian era. Tradition has it that its discovery was made in the wall of Confucius' house by Prince Kung of Lu towards the end of the reign of Emperor Wu. But history tells us that Prince Kung died in the eleventh year of the reign of Emperor Wu, and that this reign lasted for fifty-four years, hence the eleventh year could hardly be said to be towards its end.① Probably the phrase "towards the end of the reign of Emperor Wu" was purposely put in, for the supporters of this text must make the story consistent. A careful examination of Sze-Ma Ch'ien's "Historical Records" shows quite convincingly that the author had probably no knowledge of the present Old Script text. He cited copiously from the Shu King, but only from the 28 sections of the Modern Script and, with but one exception, never from the other 25 sections which had their origin in the Old Script. The one exception is from the section entitled T'ang Kao, which is the 12th section of our present text. This citation can be explained, if we assume that originally there was, in Sze-Ma Ch'ien's time, a section of the Modern Script text bearing the title T'ang Kao, which is afterwards lost, for the traditional number 29 for the sections of the Modern Script text is yet a problem, and that when the Old Script text came into

① Paul Pelliot regards the story of the pulling down the walls of Confucius' house as a mere legend originated in the first century B.C. See his "Le Chou King en caractéres anciens et la Chang Chou Che Wen". Memoires concernant l'Asie Orientale, II, 1916.

existence, fragments of the lost section were incorporated. ① This observation, inter alia, has led critics to believe that the present 25 sections alleged to be from the Old Script text deciphered by Kung An Kuo were really forged by Mei Tsih of the 4th century of the Christian era. This belief is confirmed by a comparative study of the literary style of the 28 (or 33, counting the sub-divisions separately) sections of the Modern Script text, even in their present form as re-edited by Cheng Kang Chen, and the remaining 25 sections of our present text, supposed to be from the Old Script text alone. It is interesting to see how sinologues in Europe by applying modern methods of comparative linguistics to the examination of the two parts of the Shu King, have been able to confirm the conclusion reached by Chinese critics from a purely literary and historical study. Thus Bernhard Karlgren, after a detailed examination of the grammatical variations of the "genuine" sections and those in the "spurious" sections, asserts that "the grammatical analysis confirms in a striking way the conclusions about the forgery of certain chapters (sections) in the traditional Shu King at which the clever Chinese text critics have arrived long ago". ② On the other hand, Paul Pelliot, while he agrees that the present Old Script text is a forgery, believes, however, that it is earlier than 280-281 A. D. ③

Thus we have 33 sections of the present Shu King which may be regarded as genuine, practically in the same form as before the Chin Dynasty and perhaps as Confucius knew them, while the remaining 25 sections were of a much later date, probably invented only in the 4th century of the Christian era.

The 33 genuine sections are: 1. Yao Tien; 2. Shun Tien; 3. Kao

---

① See Chacannes, Le Memoires historiques de Se-ma Ts'ien, Paris, 1895. Tom. Ie. p. CXXXVI-VII. Compare Kang Yu-wei's ten proofs of the forgery of the Old Script Text of the Shu King, in his (新学伪经考) Bk. III, pp. 7-8.

② Cf. Karlgren, On the Authenticity and Nature of the Tso Chuan, Goeteburg, 1926, p. 50.

③ See Paul Pelliot, La Chou King en caractéres anciens et le Chang Chu Che Wen. Memoires concernant l'Asie Orientale, II, 1916, pp. 135-137.

Yao Mo; 4. I Tsi; 5. Yu Kung; 6. Kan Shi; 7. T'ang Shi; 8,9,10. Pan Keng; 11. Kao Tsung Jung; 12. Si Po K'an Li; 13. Wei Tsi; 14. Mu Shi; 15. Hung Fan; 16. Kin T'eng; 17. Ta Kao; 18. K'ang Kao; 19. Tsiu Kao; 20. Tsi Tsai; 21. Shao Kao; 22. Lo Kao; 23. To Shi; 24. Wu I; 25. Kun Shi; 26. Te Fang; 27. Li Cheng; 28. Ku Ming; 29. K'ang Weng Chi Kao; 30. Lu Hing; 31. Wen Hou Chi Ming; 32. Pi Shi; 33. Tsin Shi.

The 25 spurious sections are: 1. Ta Yu Mo; 2. Wu Chi Tsi Ko; 3. Yin Cheng; 4. Chung Huei Chi Kao; 5. T'ang Kao; 6. I Hun; 7,8, 9. T'ai Kia; 10. Hien Tu I Te; 11,12,13. Yue Ming; 14, 15, 16. T'ai Shi; 17. Wu Cheng; 18. Lu Ao; 19. Wei Tsi Chi Ming; 20. Ts'ai Chung Chi Ming; 21. Chou Kuan; 22. Kun Ch'en; 23. Pi Ming; 24. Kun Ya; 25. Kiung Ming.

Questions have also been recently raised by Chinese scholars regarding the genuineness of the first five sections of the Modern Script text as we have them at present. While the conclusions reached are not to be regarded as final, further investigation may lead to important results when the very suggestive points made are carefully followed up. ①

This, then, is the story of the two texts of the Shu King, the Old Script and the Modern Script. It is from the Modern Script text that our material will be drawn in tracing the historical development of the Chinese moral tradition in the Pre-Confucian period.

Coming now to the Yi King or the Book of Changes, we find the opinions of both ancient and modern critics seriously divided. Those who accept the authenticity of all the various parts of the book base their opinions chiefly on the authority of Sze-Ma Ch'ien, in whose "Historical Records" is found the statement "that he (Confucius) read his copy of it so much that the leather thongs (by which the tablets containing it were bound together) were thrice worn out". ② According

---

① See the articles by Ku Tseh-Kang (顾颉刚) and Chin Hsuen-tung (钱玄同) in "Studies in Ancient Chinese History" (古史讨论集), Shanghai, 1925, and the article on the Hung Fan (洪范疏证) in the "Far Eastern Miscellany (东方杂志), Shanghai, Vol. XXV, No. 2, 1928.

② Legge's translation.

to Sze-Ma Ch'ien, also, some of the Appendices of the Yi King were written by Confucius himself while the text itself belongs in part to the third and in part to the second millenium [sic] before Christ. ①

As early as the Sung dynasty the noted scholar Ou-yang Hsiu (1007-1072 A. D.) questioned the tradition that Confucius was the author of all the Yi Appendices. ② Chu Hsi (1130-1200 A. D.), whose reputation does not lie in the field of higher criticism, accepted the tradition.

Among Western sinologues, Legge and Giles do not agree. Legge writes "that while we had sufficient evidence that the greater part of them (the Yi Appendices) was not from Confucius, we had no evidence that any part was his". ③ But he adds: "I do not doubt, however, that they belong to what may be called the Confucian period, and were produced sometime after his death, probably between B. C. 450 and B. C. 350." Giles, however, goes with the tradition. For him the "Canon of Changes" is the oldest extant Chinese book. ④

Among the present Chinese scholars of Confucian literature Dr. Chen Huang-Chang, President of the Confucian Association of China, goes entirely with the tradition in regard to the authorship of the present Yi. If he should follow the opinions of Kang Yu-wei, as we, knowing his training, would expect him to do, he has at least to make his meaning clearer in his "Economic Principles of Confucius and His School". In this work his statements on the critical questions of the Classics are both too scanty and too loosely made to deserve any consideration. It is, on the other hand, astonishing to find Dr. Hu Shih so ready to accept the Confucian authorship of any part of the Yi King at

---

① See A. Wylie's note on the Yi King in his "Notes on Chinese literature" [sic], 1902.

② "Some one asked, 'If the Fifth Appendix of the Yi King was not written by the Sage, why is it that former scholars did not discuss this?' Answer given by Ou-Yang: 'Not only the Fifth Appendix.—I do not know who started the talk about (Confucius' writing) the Ten Appendices, but since the time of Shin and Han greater scholars have not thought it worth discussing.'" Translation of a passage from Ou-yang Hsiu's Complete Works, section 18.

③ S. B. E., Vol. XVI, Preface, p. xiv.

④ H. A. Giles, Confucianism and its Rivals, London, 1915, p. 2.

all, including the Appendices. ①

Sze-ma [sic] Chien's renown rests by no means upon his critical attitude in selecting the material for his epoch-making history of Ancient China. But in spite of his statement that Confucius wrote on the Yi King, Kang Yu-wei argues from the text of the Historical Records that Sze-ma [sic] Tan, Chien's father, who really started the writing of the history which the son only completed, regarded the Sixth and Seventh Appendices (according to the Chinese reckoning) to be not from the pen of the Sage himself; Kang Yu-wei cites also such Han writers as Yang Hsiung（杨雄）and Wang Chung（王充）to prove that the last three Appendices of the Yi King were products of a much later period than usually supposed. ② But Kang Yu-wei believes that the text of the Yi King together with the first five Appendices were written by Confucius. But this is because he wishes to prove that the "Six Classics" were all written by the Sage in order to show him to be the real founder of what is called the Religion of Confucianism.

The striking fact is that if Confucius had paid much attention to the Book of Changes, it would be inexplicable that in his numerous conversations with his disciples as recorded in the Analects, not a word was mentioned about the book or any of its teachings. Mencius is also totally silent concerning the Yi King. For him, the book might not have existed at all. If he did know it, he at least ignored it absolutely. Hsuntze was another great teacher of the Confucian School, only some fifty years Mencius' junior. In his works we are able to find only four references to the Yi [King], once in Essay V and thrice in Essay XXVII. Aside from the question of the genuineness of the latter essay and the possibility of interpolation in regard to the first reference, it is noticeable that none of the references is to the Appendices. Furthermore, he mentions the classics thrice by name in his works, but

① See Hu Shih, The Development of Logical Method in Ancient China, Shanghai, 1922, p. 31.

② See Kang Yu-wei, "Studies in the Forged Books", Bk. III, pp. 4-5.

the Book of Changes is never included.① Again, the Pre-Confucian tradition was of as much importance to Moh-ti, with the exception of the Li of course,② as it was to the Confucian School. If the Book of Changes were really a source of moral and political teachings with the prestige of its hoary age, it would be difficult to account for Moh-tze's absolute silence in regard to this important treatise. As far as the Confucian [F]our Books are concerned, the only place where the name of the Book ever occurs is Analects Bk. VII, Chap. XVI. There, Confucius is supposed to have said: "If some years were added to my life, I would give fifty to the study of the Yi, and then I might come to be without great faults."③ Much textual criticism has been written on this passage.④ But an important point made in this connection in the Imperial Critical Commentaries of the Classics edited in the early part of the last Chinese dynasty, section 457, leaf 6, is that in an old text of the Analects known by the name of Lu Lun,⑤ the character "Yi", meaning "Change", is another character with the same sound, but meaning "also".⑥ Hence, the only documental evidence that Confucius ever had anything to do with the Book of Changes evaporates with this note in the commentary mentioned above.

The safest view seems to be that the Text of the Yi King, a mere collection of disconnected sayings, existed in the Pre-Confucian period as a book of divination, to which Confucius and his followers paid little or no attention. It had nothing to do with their sphere of interest which was morals and politics. As to the Ten Appendices of the Yi King, there is so much in them alien to the spirit of the Confucian School before the Chin dynasty, e. g. the doctrine of dualism, we feel compelled to put their date as late as the latter half of the third century before the Christian era, when Taoist influence quietly crept into

① See H. H. Dubs, Hsuntze, London, 1927, p. 69.

② Not referring to the Li Books we have now.

③ Legge's translation.

④ See foot-note in Legge's translation.

⑤ See Wylie, op. cit., p. 7.

⑥ 鲁论读易为亦(皇清经解卷四百六十七第六页).

Confucian thinking. ①

While, therefore, the Yi King, particularly its Appendices, has an important role to play in the development of Confucianism after the Chin dynasty, it may well be left out of account in our consideration of the Confucian tradition before the Han.

There remains to be considered one more book which claims an ancient origin, namely the "Bamboo Records". ② It was unearthed about 280 A. D. from an ancient tomb and is supposed to contain records of the antiquity of China, much of it not to be found elsewhere. A critic of the Ching (Manchu) dynasty, Yao Tsi-Heng (姚际恒) in his treatise entitled "Spurious Books, Ancient and Modern", ③ gives the verdict that the book has been so modified by later scholars that it ceases to be the original. Liang Chi-chau (梁启超) a contemporary scholar in China of wide reputation, condemns it to be entirely spurious. ④

From this review it seems clear that the Shi King and a part of the Shu King alone give reliable material for the reconstruction of the moral traditions in Pre-Confucian China. It is possible, indeed, to draw inferences from the Li Ki and the other two books on Rites, namely, the Chau Li and the I-li [sic], although the first undoubtedly has its origin after the Chin and the latter two are rather uncertain as to their dates. ⑤ But only when we deal with material drawn from the Shi King and the

---

① E. g. of Yi Appendix III (Legge's) Sec. II. with Tao Teh King, Chap. 42; and Sec. 16 with Chap. 21.

② See Wylie, op. cit. p. 24.

③ 姚际恒古今伪书考(知不足斋丛书). In this work is found the following comment on the Bamboo Records: "What is circulated now has been added to and changed by later scholars and is therefore no longer the original book as discovered." (leaf 12.)

④ Liang Chi Chan [sic] in his "Method of Studying Chinese History", p. 95, writes: "The most famous Bamboo Records has already become entirely spurious."

⑤ According to the researches of the early Ching scholars, the Chou Li, originally entitled Chou Kuan, was a product of the first century of the Christian era, probably from the able pen of Liu Hsin at the end of the Western or Former Han Dynasty. The dates of the I Li are still uncertain. It is, however, only a book of descriptions of the various ceremonies, supposed to be in practice during the Chou Dynasty, but furnishes little material for the study of moral philosophy.

generally accepted parts of the Shu King, we feel at all that we are proceeding with confident steps.

Ⅱ

In this early period, morality in China had much to do with religious ideas. The belief in Shang-ti, the Supreme Ruler, was pre-eminent. He is the ruler of men and the lower world. He is not only the source of all material bessings [sic] that may come to men, but also the fountain-head of man's moral nature and social feelings. He hates no one, but reigns over the lower world with absolute justice and impartiality. Especially over the conduct of the rulers of men, he keeps a constant watch. "By God (Shang-ti) kings were supposed to reign and princes were required to decree justice—all were under law to him, and bound to obey his will. Even on the inferior people he has conferred a moral sense, compliance with which would show their nature invariably right. All powers that be are from him, he raises one to the throne and puts down another. Obedience is sure to receive his blessing; disobedience to be visited with his curse. The business of kings is to rule in righteousness and benevolence so that the people may be happy and good. They are to be an example to all in authority and to the multitude under them. Their highest achievement is to cause the people tranquilly to pursue the course which their moral nature would indicate and approve. When they are doing wrong God admonishes them by judgments—storms, famine, and other calamities; if they persist in evil, sentence goes forth against them. The dominion is taken from them and given to others more worthy of it. "①

This just and impartial rule of Shang-ti develops into one of the fundamental moral concepts of the Chinese. In later periods it takes the form of dealing and fate, which, as we shall see later, serves as good preparation for the Buddhist teaching of Karma. In these early days it assumes only the naive form of retribution in this world.

---

① Legge, Chinese Classics, Vol. III, Pt. I. Shu King, Prolegomena, p. 193, Hongkong Edition.

"My son, thus plainly have I told
What songs taught in days of old.
Give to my counsel reverent heed; -
So shall you shun each guilty deed.
Lo! Heaven in anger seems to threat
With utter overthrow our state.
Not from a distance need we draw
The proofs of Heaven's avenging law.
Great Heaven is far too wise to err.
If lower sink your character,
And virtue still the less you show,
Your people you will plunge in woe."①

Again:

"Answers to every word will leap;
Good deeds their recompense shall reap.
If friends from yore with kindness meet,
And subjects as your sons you treat,
Your line from age to age shall live,
And subjects strict obedience give."②

The third part of the Shi King from which we have quoted reflects chiefly the life and mentality of the ruling class. If we look into the first part of the book we may catch certain glimpses of the life of the common folk.

There seems to be already an ancient tradition which commanded the respect and confidence of the people. To this they ever looked for guidance in their everyday life.

"Yes, 'twas you the green who dyed,

① Shi King, Pt. III, Bk. III, iii, 12. Legge's translation.

② Ibid., Pt. III, Bk. III, ii, 6.

You who fled the favorite's pride.
Anger rises in my heart,
Pierces it as with a dart.
But on ancient rules lean I,
Lest to wrong my thoughts should fly. "①

These ancient rules dictated the proper course of conduct and even the minute details of actions. This was and has been the concept of Propriety. Life of Propriety and life in society are almost synonymous with the Chinese. Indeed, it constitutes for them the distinguishing characteristic in men.

"Behold a rat! How small its limbs and fine!
Then mark the course that scorns the proper line!
Propriety's neglect may well provoke
A wish the man would quickly court death's stroke. "②

Respect for the past was, however, common to all classes. The following questions show the attitude of those in authority:

"Oh me! the men who lead the state
Forsake the wisdom of the past.
Unruled by maxims wise and great,
They rear with every fitful blast. "③

Deviation from the beaten path was not only dangerous, but actually disastrous.

"'Tis Yin, not God, has caused this time of dread.
Yin that old ways away would fling.
Old men and wise may not give you their trust,

① Ibid., Pt. I, Bk. III, ii, 3.
② Ibid., Pt. I, Bk. IV, viii, 3.
③ Ibid., Pt. II, Bk. V, i, 4.

But statues and old laws remain.
Now it Yin's fortune crumbling to the dust,
Because obedience you disdain."①

The practice of ancestor worship helps to reinforce the grip of the past upon the present. As found in this period, its nature is well described by Legge in the following passage: "The spirits of the departed were supposed to have a knowledge of the circumstances of their descendants and to be able to affect them. Events of importance in a family were communicated to them before their shrines; many affairs of the government were transacted in the ancestral temple."② As to the worship itself, "the description is as much that of a feast as of a sacrifice; and in fact those great seasonal occasions were what we might call grand family reunions, where the dead and the living meet, eating and drinking together, where the living worshipped the dead, and the dead blessed the living". ③

From the first part of the Shi King we learn also that the Chinese in this early period, as they have ever done since, regarded filial piety as an important virtue. Thus sang the bard in the court:

"Men filial proved and virtuous stand
Near to your throne on either hand,
Wise guidance to afford.
Like wings they bear up on high
Where you their pattern all descry,
O happy, courteous lord!"④

Indeed, the first thought of a man far from home would be his

① Ibid., Pt. III, Bk. III, ii, 7.

② Legge's Prolegomena to Shu King, p. 195.

③ Legge's Prolegomena to Shi King, 1876, p. 50.

④ Shi King, Pt. III, Bk. II, viii, 5.

parents and their support. The support of parents even in these early days seems to have been the primary duty of man's life.

"The wild geese fly the bushy oaks around,
With clamour loud. Suh-suh their wings resound,
As for their feet poor resting place is found.
The king's affairs admit of no delay;
Our millets still unsown, we haste away.
No food is left our parents to supply;
When we are gone, on whom can they rely?
O azure Heaven, that shines there afar,
When shall our homes receive us from the war?"①

The love of home was as characteristic of the Chinese then as it is now. Ode iv in Pt. I of Book IX of the Shi King shows the thoughts of a man, forlorn and away from home, flew back to his parents and brothers. Joy of the home is the greatest blessing in life and almost the sole source of comfort and gratification when society is simpler. The eighth ode in Bk. VII. Pt. I of the Shi King, beautifully rendered in Scotch in Legge's translation, gives "a pleasant picture of domestic life. A wife sends her husband from her side to his hunting, expresses her affection, and encourages him to cultivate virtuous friendship". ② The following is another ode expressing similar sentiments:

"Children and wife we love;
Union with them is sweet
As lute's soft strain that soothes our pains.
How joyous do we meet!
But brothers more than they
Can satisfy the heart.
'Tis their accord does peace afford

① Ibid., Pt. I, Bk. X, viii, 1.

② Legge's introductory remarks to the translation of this ode.

And lasting joy impart.
For ordering of your homes,
For joy with child and wife,
Consider well the truth I tell;
This is the charm of life. "①

This last ode is interesting, for it shows how much importance was attached to blood kinship. Thus runs an ode in brotherly affection:

"But none within this world of ours
Like brothers can be found.
When awful death comes near,
'Tis brothers sympathise.
When headlong flight fills plain and height,
To brother brother flies.
In time of urgent need
We brothers' help receive.
Then friends, though good, of different blood,
Long sighs will only heave. "②

Friends come in to complete the categories of human relationships. They are not considered as valuable as blood kins, but nevertheless indispensable.

"The bird although a creature small,
Upon its mates depend;
And shall we men, who rank o'er all,
Not seek to have our friends?"③

It is this kind of simple life in a simple unsophisticated society that

① Shi King, Pt. II, Bk. I, iv, 7, 8.
② Ibid., Pt. II, Bk. I, iv.
③ Ibid., Pt. II, Bk. I, v, 1.

we find depicted in the Odes. While moral teachings had not been as fully developed in that period of antiquity, many of the traits characteristic of the present day Chinese were there to be discerned. They were industrious, as shown in Ode i, Bk. XV Pt. I, which mentions in details the routine of life all the year round. They were hard-working, but cheerful, never lacking a sense of humor.

"Push not the cart you stand behind;
The dust will but becloud your eyes.
Heed not the troubles of your mind;
'Twill weigh you as you seek to rise."①

The same human relationships were emphasised and the same virtues were honoured as in later ages. There was less elaboration of the moral teachings, of course, than in later periods, and we shall find that the religious ideas of antiquity become [sic] modified afterwards. But the groundwork of Chinese society and the beginning of the Chinese moral tradition are definitely to be found in this period.

The status of women then, as it has been since, was evidently low. Much complaint is often heard through the odes from women unhappily married. Theoretically indeed, the wife was her husband's equal, but actually, on account of the practice of polygamy, her prestige as the mistress of the household, whether that of the king or of the peasant, often became only nominal. Ancestor worship and the recognition of descent through the male line alone were largely responsible for much of the inferior position of women. Sons were to be preferred to daughters. "Sons—on couches lulled to rest,—enrobed, with sceptres play; their infant cries are loud as stern behest; their knees the vermeil covers shall display. —And daughters—shall be placed upon the ground to sleep, their playthings tiles, their dress the simplest worn."②

It is this kind of snap-shots of the social life and rather disconnected

① Ibid., Pt. II, Bk. VII, ii, 3.

② Ibid., Pt. II, Bk. IV, v, 8, 9.

glimpses of the moral tradition of the Pre-Confucian period that we are able to obtain from the Book of Odes. The pictures, however, are real and vivid. The Shu King or Book of History gives more material for the reconstruction of anything approaching an ethical system. The fourth book of Shang entitled "The Great Plan" (洪范) will serve our purpose well. It is given in the modified old script [sic] text now extant, and, according to the best authorities, it was also a part of the new script [sic] [capitalization?] text now lost.

The Shu King is by no means an easy text to read, and less so to interpret, and this section before us is one of the most perplexing parts. ① If we should put aside the traditional commentaries and expositions, we may discern in it the substance of Chinese ancient moral philosophy prior to Confucius in a nutshell.

The story goes that after the overthrow of the Yiu dynasty and the establishment of the Chau, the founder of the new dynasty went to the viscount of Chi (Ke) (箕子) one of the worthies of Yiu, and inquired of him about the principles of government and particularly how men's "proper virtues in their various relations should be brought forth in due order." The viscount answered, "I have heard that of old time Kwan (鲧) (Yu's father) dammed up the inundating waters, and thereby throw into disorder the arrangement of the five elements. God was therefore roused to anger, and did not give him 'the Great Plan with its nine Divisions' (洪范九时) whereby the proper virtues of the various relations were left to ruin. Kwan was then kept a prisoner until his death, and Yu rose up to continue his undertaking. To him Heaven gave 'the Great Plan with its nine Divisions', and thereby the proper virtue of the various relations were brought forth in their order."②

In all the Chinese classics this is the only place where revealed truth is in any way intimated. The teaching of "the Great Plan with its nine Divisions" must have been ancient even at the time it was committed to

① A very interesting, though rather traditional than critical, introduction to this section is to be found in Legge's translation of the Chinese Classics edition.

② Shu King, Pt. V, Bk. IV, 3.

writing, presumably in the early years of Chau, when tradition had already gathered around it and given it a divine origin. Owing partly to this tradition and partly, perhaps, to the nature of the subject and the obscurity of the language, scholars and commentators have been fond of treating it as a sort of esoteric mystery. But viewed against its proper historical background, a rather rational interpretation is by no means impossible.

The following are the nine Divisions①:

Ⅰ. The Five Elements (五行)
  1. Water (水)
  2. Fire (火)
  3. Wood (木)
  4. Metal (金)
  5. Earth (土)

Ⅱ. The Five Businesses (五事)
  1. Demeanour (貌)
  2. Speech (言)
  3. Seeing (视)
  4. Hearing (听)
  5. Thinking (思)

Ⅲ. The Eight Departments of Government (八政)
  1. Food-supply (食)
  2. Commodities (货)
  3. Sacrifices (祀)
  4. Public Works (司空)
  5. Public Instruction (司徒)
  6. Administration of Law (司寇)
  7. Inter-state Intercourse (宾)
  8. Army (师)

Ⅳ. The Five Arrangements (五纪)

① This order is according to that given in the text and the terms are largely those of Legge's translation.

1. Year (岁)
2. Month (月)
3. Day (日)
4. Stars and Planets and Zodiacal Signs (星辰)
5. Calendaric Calculation (历数)

Ⅴ. The Royal Perfection (皇极)

Ⅵ. The Three Virtues (三德)

1. Correctness and Straight-forwardness (正直)
2. Strong Government (刚克)
3. Mild Government (柔克)

Ⅶ. Divination (稽疑)

Ⅷ. Verification (庶微)

Ⅸ. The Five Blessings and the Six Adversities

Five Blessings (五福)

1. Long Life (寿)
2. Riches (富)
3. Health of Body and Mind (康宁)
4. Love of Virtue (攸好德)
5. A Crowning End to Life (考终命)

Six Adversities (六极)

1. Misfortune Shortening the Life (凶短折)
2. Sickness (疾)
3. Sorrow (忧)
4. Poverty (贫)
5. Wickedness (恶)
6. Weakness (弱)

This is simply the scheme of political principles around the central idea that the object of government should be the securing of the essentials of public welfare through the moral example of the ruler. Success or failure would be indicated by Heaven through signs in physical phenomena, and in case of doubt divine guidance is to be sought by divination. Thus "Royal Perfection", "the Five Businesses" and "the Three Virtues" have reference to the kind of government desired and the means of securing it. "The Five Elements", (which, esoteric interpretation aside, are merely the necessities of everyday life) "the Five Arrangements", (which are essential to agricultural pursuits) and "the Eight Departments of Government" are really what should engage the attention of the government. Divination to gauge the will of Heaven and signs and portents by which to verify its interpretation would serve as sufficient guide to the ruler. Finally, "the Five Blessings" are rewards and "the Six Adversities" are punishments Heaven-sent.

Understood in this way, "the Great Plan with its nine Divisions" is nothing mysterious and reflects merely the comparatively primitive mentality of the period under consideration. It sums up the moral and political tradition of the Chinese before Confucius. It would not be an exaggeration to assert that the whole book of the Shu King is in substance an exposition of just this scheme which we have analysed.

Ⅲ

It was such a moral and political tradition that Confucius (551-478B. C.) inherited from the past. He was an ardent admirer of it, and his whole life was assiduously devoted to the endeavour of realising, or, in his conception, reviving it in his society.

His was indeed a time when evil was rampant. The political and social organisation of the Chau dynasty was crumbling down. Disorder prevailed. ① The conviction deep down at the bottom of his heart was that the moral and political tradition handed down from the past would be a sufficient remedy for the ailment of the day, if rulers would only give him a chance to make it effective again. If a benevolent government should be again established after the pattern of that of the sage-kings of the olden days with the ancient principles of morality set forth, the Golden Age would once more appear on earth.

His efforts in this direction, however, were doomed to fail. None

① "Again the world fell into decay and principles faded away, etc." (Mencius, Bk. III, Pt. II, viii, 7.) See also Analects, XVIII, vi, 3, 4.

of those then in authority would pay any attention to him except for a brief period in his own state of Lu, where he had a chance to carry his long cherished ideas into effect in politics, but only to meet with premature frustation [sic] of his plans and sad disappointment. His influence was to be exerted in a different field.

Tradition has it that after years of wandering from state to state, trying to find a prince who would heed him, he realised the futility of his efforts in the sphere of practical politics and returned home to devote the rest of his life to literary and educational work. The usual belief is that four of the Five Classics were edited by him and the remaining one a product of his own pen. A more radical view is that he invented them all. ① We are inclined to take a more conservative position in regard to this. His character and his teachings seem to support his own description of himself as "a transmitter and not a maker". ② Even in his editing we have no reason to believe that he suppressed or added much with his editorial pen. Be this as it may, he helped at least to give the teachings of the ancient classics a definite form and sufficient emphasis to enable posterity to refer to them as the characteristic doctrines of a distinct school.

More far-reaching in significance than even the editing of the Classics seems to have been his influence on the thousands of disciples who were gathered around him wherever he went. He stamped upon them his ideas and his spirit, and when they were scattered after his death all over the states, they spread his teachings throughout the length and breadth of the country.

As to the impression of Confucius' character and teachings, there is no lack of contemporary witnesses recorded in the Analects, ③ and his

---

① Kang Yu Wei in his "Confucius' Scheme to Introduce a New Social Order" maintains that all the Five Classics were really Confucius' creation. See XXXXXXX Cf. Analects, Bk. VII, xvii; IX, xiv.

② Analects, VII, 1.

③ E. g. Analects, IX, x; XIX, xxiv; Mencius Bk. II, Pt. I, ii, 23-28; Doctrine of the Mean XXX, XXXI.

unique place in the history of Chinese culture is generally recognised. ① But let us turn our attention to his teachings. We shall content ourselves with a bare outline of them in this [connection?], just sufficient to establish Confucius' place in the historical development of the Chinese moral tradition. For this purpose we draw our material entirely from the Analects. ②

The classical term "Shang-ti" is not to be found in the Analects. But it is hardly fair to label Confucius as an agnostic. Religion was not his main interest, and he refused to speculate in this field. Yet, he performed his religious duties and attached due importance to such

① "Countless are the princes and prophets that the world has seen in its time - glorious in life, forgotten in death. But Confucius though only a humble member of the cotton clothed masses, remains with us after numerous generations. He is the model for such as would be wise. By all, from the Son of Heaven down to the meanest student the supremacy of his principles is freely and fully admitted. He may indeed be pronounced the divinest of men." (Sze-ma Ch'ien, quoted and translated by H. A. Giles. Civilization of China, pp. 70-71.)

② The most reliable source of information in regard to Confucius' teachings is the Analects. No question has been raised by the most critical of the Chinese students of the Classics regarding the genuineness of the Analects, except the last five sections, which show a rather different style from that of the first fifteen. The date of this book as a whole is uncertain. Legge puts it as early as "about the end of the fourth or the beginning of the third century before Christ". (Prolegomena to Chinese Classics, Vol. Ⅰ, p. 16.) H. J. Allen puts it as late as the first century B. C. on grounds quite fantastic and inadequate. (See his "Early Chinese History".) The book may have existed in the form of oral tradition and perhaps in different places with variations in the contents before it was finally compiled. Legge is nearer the truth than Allen, although to assign an exact date is largely a matter of speculation.

The "Family Sayings" often quoted by Western sinologists has long been recognised by Chinese scholars as a forgery since Yeu Sze Ku's time. Yeu's verdict is that it was forged by Wang Suh about in the beginning 3rd century of the Christian era. Very little can be made of the "Spring and Autumn" apart from the Commentaries, even though we may admit its authorship by Confucius.

The Tso Chuan, one of the three Commentaries of the Chun Chiu, may owe its present form to Liu Hsin of the first Christian century. But the document, from which it was cut out section by section to fit in with the records in the Chun Chiu, thus leaving from the original source g [sic] fragments to form the present Kuo Yu, had apparently an earlier origin, perhaps in the 4th century B. C., if the results of Karlgren's recent linguistic study of the Tso Chuan and Kuo Yu texts are to be trusted. (See Karlgren, On the Authenticity and Nature of the Tso Chuan). But the whole group of the Chun Chiu books gives little more material for our present study than what can be drawn from the Analects. For the student of Chinese ancient history and political institutions, however, these books are invaluable resources.

performances. He often used the term "Heaven", apparently in two different senses. There were occasions when "Heaven" must have had a religious meaning to him, much similar to, though not so anthropomorphic as, the classical "Shang-ti". ① But the tendency in the Analects is to regard Heaven as destiny, which is the development of the classical notion of the strict justice and impartiality of Shang-ti, already referred to, and which in later periods becomes Nature or the natural course of things.

The state for Confucius is a system of human relationships. This he has inherited from the Classics, definitely brought out in "the Great Plan", for instance. To govern the empire is the same thing as to govern the family. The same principle, namely, personal influence and example of the head, applies in both. ② As Legge has pointed out, the belief is that "there is a sufficient foundation in nature for government in the several relations of society, and if those be maintained and developed according to their relative significance, it is sure to obtain". ③ Indeed, this being done, nothing else would be necessary④: "He who exercises government by means of his virtue may be compared to the north polar star," which keeps its place and all the stars turn towards it." Confucius refers briefly to details of governmental administration, but altogether too briefly. ⑤ Hence, he has been criticised for his over-simplification of political problems. ⑥ But we may assume he has in mind a social and political system handed down from the past and as recorded in the classics, particularly in the Li, which latter is probably lost to

① E. g. Analects, IX, 11; XIV, [sic] 37; VII, 22; IX, 5; VI, 26; III, 13.

② E. g. Analects, XII, 17; XII, 19; XIII, 1; XII, 18; XIII, 4; XIII, 6; XIII, 13; XIII, 2.

③ Legge, Prolegomena to the Chinese Classics, Vol. I, p. 69.

④ Analects, II, 1. Cf. Analects II, 3.

⑤ E. g. Analects, I, 5; XII, 7; XIII, 9.

⑥ E. g. Legge's criticism is that he over-simplified the problem. "As to the institutions of government, the laws and arrangements, by which, as through a thousand channels, it should go forth to carry plenty and prosperity through the length and breadth of the country, it did not belong to Confucius, 'the throneless King' to set them forth minutely." (Chinese Classics, Vol. I, Prolegomena, p. 103.)

us. By Li is meant not only the sacrificial, court and social ceremonials① and the rules of private conduct,② but also the political and social institutions. ③ From Analects Bk. III Chapters 9 and 14, it may be inferred that while the institutions of the former dynasties were little known in Confucius' time, a fairly accurate knowledge of those of the Chau dynasty was still possible. When we come to the time of Mencius a century later, even the latter had largely been lost. ④

It was the revival of these institutions that would constitute the external side of a benevolent government to Confucius. It seems that most of these institutions were still existing in name during his days. This was the reason why he believed the first step in political reform would be "to rectify names". ⑤ It was the decay and disuetude [sic] of the old system that he constantly lamented and to its restoration he devoted the greater part of his energy. This was, of course, another distinct mark of conservatism. A progressive mind would leave old names alone, and proceed to create new institutions to meet the needs of the time.

In the field of moral ideas, Confucius makes the important contribution in the concept of Jen (仁). This term has been variously rendered in English. Benevolence is the usual translation, but an unsatisfactory one. Confucius says, indeed, that Jen is to love men. ⑥ But it is more that [sic] this. It is a virtue he would not attribute easily to people. The Analects shows that he denied it to many who seemed to possess it. ⑦ He did not dare to claim it himself. ⑧ Legge in Analects Bk. IV translates it by "virtue". Properly understood, this is a good translation. Jen is the virtue of men. We suggest the term "perfect humanity". "It is the man of perfect humanity who can love or who can

---

① E. g. Analects, II,5; III,4; III,15; III,17; III,19; III,26.

② E. g. Analects, I,12; III,3; VIII,8; XII,1.

③ E. g. Analects, II,23; III,9; III,22; IX,3.

④ See Mencius, Bk. V,Pt. II,2.

⑤ Analects, XIII,3.

⑥ Analects, XII,22.

⑦ Cf. Analects, V,19; XIV,2; VI,5; XVIII,1.

⑧ Analects, VII,33.

hate, [sic] others."①"If the will be set on perfect humanity, there will be no practice of wickedness."② When asked what perfect humanity was, Confucius said, "Not to do to others as you would not wish done to yourself."③ Again, he said, "The man of perfect humanity wishing to be established himself, seeks also to establish others; wishing to be enlarged himself, seeks also to enlarge others."④ And "the determined scholar and the man of perfect humanity will not seek to live at the expense of injuring their humanity. They will even sacrifice their lives to preserve their humanity complete".⑤

This concept of Jen is really the starting point of moral philosophy in the Confucian School in the later ages. Its underlying idea is that the purpose of man is to be man. His highest ideal is to be as human as possible. And humanity consists in human relationships, for Jen is etymologically the virtue of a man in his relation to another man. In Chinese it is (仁), a character consisting of two parts, (二) and (亻), which respectively mean "two" and "man". It is interesting also to note that the same character comes to mean afterwards "a seed of any fruit tree" and then, "the function of any part of the living body". In other words, Jen is the germ of life or life itself. In Mencius and later in the Doctrine of the Mean,⑥ and still later in the Sung philosophy, this idea leads to interesting developments in Chinese ethics.

In summing up the work of Confucius and the significance of his influence, thus writes a Japanese author: "He devotes himself to the realisation of a religion of ethics, the consecration of Man to Man. To him, Humanity is God, the harmony of life his ultimate, leaving the Indian soul to soar and mingle with its own infinitude of the sky; leaving empiric Europe to investigate the secrets of Earth and matter and

---

① II,3.

② II,4.

③ XII,2.

④ VI,28.

⑤ XV,8.

⑥ Reasons will be given for dating this book after Mencius. See Section VI of this chapter.

Christians and Semites to be wafted in the mid-air through a Paradise of terrestrial dreams—leaving all these, Confucianism must always continue to hold great minds by the spell of its broad intellectual generalisations, and its infinite compassion for the common people."①
This is indeed both the strength and weakness of Confucius' teaching.

Ⅳ

While Confucius was standardising the traditional teachings of his race in morals and politics, other schools of thought rose at the same time to gain recognition. They all appeared in this period of about three hundred years from the probable date of Lao-tze's Tao Teh King in the latter part of the sixth century B. C. to the destruction of books by the order of the First Emperor of Chin in 213 B. C. This is usually known as the Ante-Chin period, and is certainly one of the most prolific periods in the history of Chinese thought. A recent writer in the Orient declares it to be "one of the most glorious periods in the whole history of Chinese civilisation" with "its range of activities never surpassed".② Whether it is possible to accept such a sweeping statement or not, this period undoubtedly witnessed the first awakening of Chinese philosophical inquiry.

It was no accident that this should have happened in the time when the Chau dynasty was declining. In the year 771 B. C. the Chau imperial domain was invaded by the Dog Barbarians (犬戎) from the north-west and the emperor was slain. The next emperor, rather a weakling, moved the capital of the empire from its ancient seat to central China, with which event began the period known in Chinese history as the Eastern Chau, which came to an end in 256 B. C. Before this latter occurred, however, for a period of four centuries and a half, China was nothing more than a number of warring states, recognising at first a nominal allegiance to the House of Chau, but later openly disavowing even this. The old traditional system, social and political, was falling to pieces. Confucius, as we have seen, attempted to rejuvenate it, but

① Kakuzo Okahura, The Ideals of the East, New York, 1920, p. 27.

② D. T. Suzuki, A Brief History of Early Chinese Philosophy, London, 1914, p. 2.

failed in any practical way. He succeeded only in bringing into existence a school which cherished the ideals of such a system. With similar purpose, but with different methods the rival schools of Taoists (道家), Mohists (墨家) and Jurists (法家) came forth with their respective remedies for the social ailment then prevailing. As offshoots of the Taoist and Mohist Schools respectively, we find also in the same period the Hedonists and the Chinese Ancient Socialists. To the consideration of all these rivals of the Confucian School we shall now turn our attention.

Lao-tze and the Early Taoists

The dates of the early Taoists have called forth a good deal of controversy among students of Chinese philosophy both in China and Abroad.① The authenticity of their writings is equally a point of dispute.② Approximately, Lao-tze lived in the 6th century B. C., and his follower and brilliant exponent Chuang-tze belonged to the 4th century B. C. Our information in regard to their teachings may be drawn from the Tao Teh King③ and the earlier chapters of Chuang-tze's Works.④ As to Lieh-tze's Works⑤, most critics agree that the book is a forgery, compiled largely from the writings of Chuang-tze and Yang Chu.

We shall not linger over the question of the origin of Taoism⑥, which is merely speculative in character, but turn at once to its social

① Lao-tze's dates can only be inferred from an incident recorded in Sze-ma Ch'ien's Historical Records. Confucius is said to have had an interview with Lao-tze. If this was true, it must have happened when Confucius was 34 years of age. From the manner and tone in which Lao-tze is said to have spoken and behaved to Confucius, Lao-tze must have been senior by at least 20 years or more. This inference is, of course, very precarious. Chuang-tze's dates are also inferred from the "Historical Records". He was Mencius' contemporary and therefore lived approximately in the 4th century B. C..

② For the authenticity of the Tao Teh King, see Legge's Introduction to S. B. E., Vol. XXXIX. pp. 4ff; Giles, History of Chinese Literature, pp. 57-58.

③ Numerous translations in English. Legge's is used in this chapter of the present essay.

④ Translation by Legge, S. B. E., series; H. A. Giles, 1889; F. A. Balfour, 1881.

⑤ Translation by L. Giles, "Taoist Teaching in the Book of Lieh Tse", 1912.

⑥ P. Liffitte in his book "A View of Chinese Civilisation" 1887, admits that while he believes in the foreign origin of Taoism, he has no documental proofs for it and points out that Abel Remusat, who at first held the same opinion, abandoned it later.

and political philosophy.

The earlier Taoist writings, notably the Tao Teh King, are full of moral maxims. Many of these have gone into currency in Chinese society and Chinese literature and have exerted significant influence on Chinese morality. "The place of what is firm and strong is below and that of what is soft and weak is above." "With gentleness I can be bold; with economy I can be liberal." "He who overcomes men has force; he who overcomes himself is strong." These are only a few taken at random.

Taoism as a rival to Confucianism in this period had to fight for its supremacy on the strength of its social and political ideas. To understand what these are, we must first grasp what its central notion, the Tao, is.

Tao is a metaphysical concept. It is the basic idea of the Tao Teh King, and the philosophy of Chuang-tze is simply its exposition and ramification. It has been briefly stated in the following words by an English writer: "Tao is that by which all things come to fulfil [sic] the law of their being; and secondly, of what Tao is in itself nothing can be said. Putting these two statements together we may infer this definition: Tao is unqualified Being, plus productive spontaneity".① The world as a manifestation of the Tao is a series of natural and spontaneous events. It is the best possible world, including men in it, and any attempt to improve upon it will make it simply worse. We must not tamper with something that refuses to be tampered with.

Human civilisation, according to the Taoist, is not spontaneous but artificial, man-made. It is tampering with nature and is the main cause of human misery and social disorder. Hence, returning to nature by abandoning all human conventions and artificial devices. Sages are really the enemies of man. "If an end were put to sageness and wisdom put away," says Chuang-tze, " the great robbers would cease to arise."② "If

---

① P. J. Maclagan, Chinese Religious Ideas, London, 1926, p. 74.

② Chuang-tze, Legge's translation, p. 286.

we could renounce our benevolence and discard our righteousness, the people would again become filial and kindly, "declares Lao-tze. ① Indeed the ideal is, "when in a little state with a small population—though there were individuals with the abilities of ten or a hundred men, there should be no employment of them; though they had boats and carriages, they should have no occasion to ride in them. —There should be a neighbouring state within sight and the noises of the fowls and dogs should be heard all the way from it to us, but I would make the people to old age, even to death, not have any intercourse with it". ②

This and this alone would be in accord with the nature of Tao, which is non-action, non-interference, but lets nature and spontaneity run its own course. No greater contrast could be found to the Confucian philosophy of life, which was summed up by a contemporary critic as "doing what seems to be impracticable". ③

The same ideas are in Chuang-tze, but he would go much further in their development, and his philosophy becomes, therefore, more romantic. According to him, "the supreme man of the ancients slept without dreaming and awaked without anxiety. He ate without discrimination and breathed deep breaths. —He did not know how to love life or to hate death. —He forgot the past and sought no information about the future". ④ When all social institutions are ignored and all human differences forgotten, man will become identified with the cosmos. He will be a true cosmopolitan. "Such a man will bury gold in the hillside and cast pearls into the seas. He will not struggle for wealth, nor strive for fame. He will not rejoice in long life, nor grieve over early death. He will find no pleasure in success, nor grieve over pain in failure. He will not account a throne as his private gain, nor the empire of the world as glory personal to himself. His glory is to have

① Tao Teh King, Chap. 18, Legge's translation.

② S. B. E., Vol. XXXIX, p. 122.

③ Analects, XIV, 41.

④ H. A. Giles' Translation, p. 73, quoted by Yu-lan Fung in "A Comparative Study of Life Ideals", Shanghai, 1927, p. 22.

the insight that all are one and that life and death are the same. "①

Yang Chu and Hedonism

The individualistic attitude of life as developed by Lao-tze and Chuang-tze reaches its logical conclusion in the hedonistic philosophy of Yang Chu (杨朱). When all social institutions, all human conventionalities, and all accepted standards of value are done away with, the only things that can affect and appeal to man is pleasure and pain, and this is the beginning and end of Yang's philosophy.

Very little is known about Yang Chu. He must have lived between Confucius and Mencius, probably in the latter part of the 5th century before the Christian era. Our main source concerning his teachings is a chapter in the so-called works of Lieh-tze. ② The fact that his teachings are included in a Taoist treatise shows that he had more or less to do with the Taoist School.

For him, life is short and a great part of it is taken up by "unconscious infancy and old age", time spent while asleep at night and wasted during the day, pain and sickness, sorrow and fear. Only a small portion of life then is for enjoyment. ③ But men are generally living under illusions. They are spurred on in their silly activities by the desire for longevity, fame, high position and wealth. "Striving for one glory during life and providing for splendour after death, they go their unpleasant ways, carefully considering what they should hear, should see, should do, and should think. So they lose immediate pleasure and cannot give way to their feelings. "④

The man of wisdom, however, would "give life its free course, neither checking nor obstructing it",⑤ so as to have the maximum amount of pleasure possible. The maxim, "Let us eat and drink, for tomorrow we die" applies perhaps more aptly to Yang Chu's view of life than to any other. Consequences are not to be heeded, of course, and

① Ibid. , p. 137.

② Anton Forke - Yang Chu's Garden of Pleasure, London, 1912.

③ Forke, op. cit. , pp. 38-39.

④ Ibid. , p. 39.

⑤ p. 43.

for Yang Chu there would be none except pleasure and pain. Even death itself is to be spurned. "According to the law of nature there is no such thing as immortality—no such thing as a very long life. —All things were the same as they are now. —Having seen, heard and experienced all of these things, one would already be awearied of them at the age of one hundred. Why should he desire for more?"①

Mencius criticised Yang that it was the philosophy of "each one for himself". "Though he might benefit the whole world by plucking out a single hair, he would not do it."② But Yang's real position on this point is: "If the ancients by injuring a single hair could have rendered a service to the world, they would not have done it; and had the universe been offered to a single person, he would not have accepted it. As nobody would damage even a hair, nobody would do a favour to the world, the world was in a perfect state."

The real difficulty of Yang's philosophy is that if it be persistently and consistently pursued, it would not give happiness. In fact, man is not such by nature that it could be consistently pursued, for which psychology has given ample evidence.

Moh-ti and Hsu Shing

Another school of social and political thought was represented by Moh-ti (墨翟), generally known as Moh-tze③ (sometimes romanised Muh-tze or Mih-tze). His life covered approximately the period of 500-425 B. C. He was, therefore, a junior contemporary of Confucius. Very probably he was for a time at least in close contact with the Confucian School. From the way he criticised Confucianism, it may be inferred that he had intimate knowledge of its contents.

His doctrines must have spread widely. Less than a hundred years after his death his influence had grown to such a magnitude that it became Mencius' serious concern. "The words of Yang Chu and Moh-ti fill the empire," said Mencius. "If you listen to the people's discourses

① Ibid., pp. 51-52.

② Mencius, VII, ii, 26.

③ No translation of Moh's writings in English except an essay of his in Legge's volume of Mencius' Works, Chinese Classics, Vol. II. German trans. by A. Forke, Mo-ti, Berlin, 1922.

throughout it, you will find that they have adopted the views of either Yangir of [sic] Moh."①

This extension continued long after Mencius' time. When Han Fei (韩非) wrote during the second half of the 3rd century B. C., Mohism was still flourishing. He spoke of the prominent schools of contemporary thought as being Confucianism and Mohism,② as if the two schools were then the only rivals in the field. But later, when Sze-ma Ch'ien wrote his "Historical Records" about the beginning of the 1st century B. C., it had already long become extinct.

Like Confucius, Moh-tze appealed to the ancient sages for the authority of his social and political ideas. But unlike him, he advocated frugality even at the expense of many rites and ceremonies, which Confucius would be loth to let go. For Moh-tze, even music was an economic waste and its enjoyment ought to be curtailed. He was vehemently against war, not only for its bloodshed but also for its wastefulness from the economic point of view. He was, however, no pacifist in our modern sense of the term. He did not detest war as such; he even justified defensive war. His reputation rests largely on his doctrine of universal love. He argued that this is the logical inference from the will of Heaven. It is also the surest means to avoid conflict between individuals and communities, and therefore a doctrine of the highest utility. Indeed, utility is the criterion to measure everything in Mohism. Only when the logic of utility fails, religious sanction is resorted to. These two—utility and religious sanction—are the foundation stories of Moh-tze's system.

Hsu Shing (许行) was later than Moh-tze and was more democratic and thorough-going in his thinking. The only record of his teachings can now be found in one chapter in the Works of Mencius.③ From this chapter, we learn that his followers "all wore clothes of haircloth and made sandals of hemp and wove mats for a living". They believed that

① Mencius, Bk. III, Pt. ii, 9.

② 世之显学儒墨也(韩非子显学篇).

③ Mencius, Bk. III, Pt. i, 4.

"wise and able princes should cultivate the ground equally and along with their people and eat the fruit of only their labour". There should be a government, but the rulers should not be served upon, but "should prepare their own meals, morning and evening, while at the same time they carry on their government"!

Government granaries, treasuries, and arsenals should be demolished. When this social order is established, "there would not be two prices in the market, nor any deceit in the country".

After Mencius, little is heard about Hsu Shing except some casual references. This kind of idealistic "communism" would naturally find it difficult to establish a firm footing among the practical-minded Chinese.

The Jurists and Statecraft

It would be odd indeed, if during this long "period of warring states" there should not have emerged some practical politicians who cared little for philosophy and had their eyes absolutely on the establishment and maintenance of an efficient government. These were the "jurists". Strictly speaking, it is incorrect to call them a school, for a school to which they all owed allegiance and whose basic principles they all accepted, there was none. Yet, there were certain outstanding features common to all their programmes.

Their attitude is diametrically opposite to that of the Taoists, although it is traditionally believed that the two schools are related. Instead of non-action, their motto is maximum action, if we may so formulate it for them. Action, for them, is the secret of a successful government.

They are different from the other thinkers in another important aspect. They look back to no past and appeal to no ancient sages. "Those who govern the world do not necessarily hold the same principles, and those who benefit the kingdom do not necessarily imitate the past."① This is a famous saying of Shang Yang, one of their number, who died in 338B. C. Adaptation to new circumstances seems

① 治世者不二道便国者不必古(商君书). Cf. Duvendak, The Book of Lord Shang, London, 1928, p. 172.

to have been their watch-word.

The first step in their political programme is the building up of the economic strength of the people. To this end, productive industries, especially agriculture, are to be promoted. With the increase of food supply, there will be an increase of population, which means a greater manpower to the state. The next essential is an objective system of law independent of the fancy and caprice of the sovereign. "Laws should be published in the government offices, and this done, there ought to be a definite idea of what the penalty is in the minds of the people."① But at the same time there are certain precepts for the sovereign to maintain his dignity and inspire a certain amount of awe in his dealing with his ministers and subordinates, which remind one of Macchiavelli's [sic] "Prince".

Mencius and Hsuntze

In the midst of all these new theories, the Confucian School was not left without an advocate and defender. This was Mencius.

Mencius (372-288 B. C.)②, a man steeped in the teachings of the Shi King and the Shu King and a devoted admirer of Confucius and of the tradition he represented, rose to give Confucianism the exposition and amplification that it needed at such a time. He seems to have been familiar with the doctrines of Yang Chu and Moh-ti. Hsu Shing's teachings were forced upon his attention when he was just getting the Duke of Teng interested in the revival of the classical scheme of government. It is, however, rather strange that throughout his works, he makes no mention of Lao-tze or Chuang-tze③. The possibility that their spheres of influence were geographically apart from each other is the best conceivable explanation.

Besides his profound classical learning and his fervent enthusiasm for the Confucian tradition, Mencius was further qualified for the

① 宪令著于官府刑罚必于民心(申不害).

② See Legge's Prolegomena, pp. 15-39; F. C. M. Wei's Political Principles of Mencius, Shanghai, 1916, pp. 3-34.

③ This is sometimes used to argue against the historicity of Lao-tze and Chuang-tze.

defence of Confucianism by his power of speech and the charming style in which he wrote. Many passages in his Works show that even in cases where logic was with his opponent, he got the better of the argument by sheer eloquence and dignity of delivery. He was the first Confucian scholar to commit his own teachings to writing,① and his Works are in such a brilliant style that they have ever ranked as classics among Chinese stylists. His only equal in this respect among the Ante-Chin philosophers is Chuang-tze who is often read nowadays for the beauty of his style, if not for the soundness of his doctrines.

Mencius' teachings are not only the exposition but also the amplification of Confucius' ideas. The very first chapter of his Works brings into prominence the notion of righteousness (or "I" in Chinese) in parity with the Confucian concept of Humanity or Jen. As it will be shown more clearly in the next chapter of this essay, Mencius in doing this really failed to grasp the essential meaning of the virtue of Jen. He took it in its narrower sense, meaning benevolence or love. Having done this, he naturally felt it necessary to add the idea of I② in face of Moh-tze's teaching of "universal love", to love all without difference of degree.③ Love, according to Mencius, must be properly and appropriately manifested according to "a man's station and his duties".

Mencius was also more explicit in his government programme. He stressed, indeed, as much as did his predecessor Confucius, the importance of the personal example of the ruler. He was as emphatic as Confucius that "what the superior loves, his inferiors will be found to love exceedingly—that the grass must bend when the wind blows upon it"④. But beyond this he would put as the first plank of his political platform the economic welfare of the people. In more than one passage

① Even when we admit the Confucian authorship of the "Spring and Autumn", it is a book not of doctrines, but of historical records.

② Another translation for the term with full discussion of its meaning will be suggested in the next chapter.

③ Mencius, Bk. III, Pt. i, 5.

④ Bk. III, Pt. 1, 2.

in his Works, a detailed discussion of this is to be found. ①

He, too, appealed to the ancient sage-kings as the standards of good government. ② To deviate from such a basis would make him anything but a true Confucian.

But the time in which he lived demanded an attitude different from that of his predecessor Confucius. No longer would he hope to revive the tottering House of Chau. He was quite prepared to start a new dynasty, if only some feudal prince of his time would give him a chance. His was quite a democratic spirit. In order of importance, he would put first the people, then the state, and only last the prince. ③

In accordance with the change of time, therefore, Mencius modified some of Confucius' teachings. But, in general outline and in the essentials, he was a faithful follower of Confucius.

The doctrine which has won for Mencius a place of distinction in the history of Chinese moral philosophy is his teaching of the goodness of human nature. It is the logical sequence of Confucius' concept of the virtue of humanity. If the best of man is manifested when he is most human, it is implied that man by nature is good. This point has not been clearly understood by many of Mencius' critics or even by his followers. Hsuntze (荀子) who followed him in the Confucian School and attacked him severely for his doctrine, failed completely to grasp the purport and essence of his teaching. What Mencius meant by the goodness of man's nature was that man by nature is social. All his social virtues are potential in him in the sense that they will develop in response to proper environment and stimulus. Mencius was as emphatic as Hsuntze that virtues are the results of discipline and cultivation. Man would not be good spontaneously. "Seek and you will find them; neglect and you will lose them."④ But they "are not infused into us from without; we are furnished with them". Unless the germ is in

① I,i,3; I,i,7; II,i,5; III,i,3; V,ii,2; VII,i,22.

② III,i,1.

③ Mencius, Bk. VII, ii, 14.

④ VI, i, 6.

man's nature, Mencius would argue, social virtues can no more be raised out of it than a crop can be raised out of unsown earth.

Men are different in their moral attainments; for on account of differences in external circumstances, they do not all develop their moral nature to its full capacity. The following is a simile used by Mencius himself: "There now is barley. —Let it be sown and covered up; the ground being the same, and the time of sowing likewise the same, it grows rapidly up, and when the full time is come, it is all found to be ripe. When there is inequalities of produce, that is owing to the difference of the soil, as rich or poor, to the unequal nourishment afforded by the rains and dews, and in different ways in which man has performed his business in reference to it. "①

Only the men of moral cultivation, one with moral habits already formed in him, would respond spontaneously to a moral stimulus.② Hsuntze seems to have failed to understand this. It was possible that he never came into personal contact with Mencius. The arguments advanced by Mencius in the sixth and seventh books of the Works do not seem to have been known to Hsuntze. As to his own teaching on the evil of human nature, set forth in his essay bearing that title,③ his fallacies are many. In the first place, he considers exclusively the egoistic side of man's nature, as if the social side were originally alien to it. Secondly, it is a mistake for him to regard social institutions as superimposed upon man and not as results of man's efforts to meet his social requirements. Thirdly, Hsuntze's definition of nature is such as to rule out of court at once any idea of development. Only when man is born good, with all the virtues full-bloom, would he admit that man's nature is good. What Mencius means on the other hand is that man's nature intends him for social relationships. In other words, social relationships are by no means alien to man's nature. Fourthly, while Hsuntze in his essay does anticipate the objection that if virtue is not

---

① VI, i, 7.

② VII, i, 16.

③ His dates are uncertain. Approximately B. C. 320-235.

man's nature, how man ever becomes virtuous, his answer is non sequitur. Taking the analogy of the potter making a dish out of clay, he asks whether "the dish and clay are the nature of the potter", whereas his question ought to be whether the dish is in the nature of the clay.

What is astonishing is that a modern admirer of Hsuntze should be so blinded to the weakness of Hsuntze's arguments by his own eagerness to prove a point as to justify the doctrine of the evil nature of man as being necessary to the Confucian position. "If Mencius' account of human nature and the source of ethical knowledge be true," Dr. Dubs writes, "then we should dispense with the way of the sage-kings and its authority, which would mean that we should dispense with Confucianism entirely. Consequently, Hsuntze reacted against this side of Mencius' teaching, although he followed Mencius in the main, and took the other alternative, that human nature is evil, in order to insure that the principle of authority should be fundamental for his teaching. ① Thus Hsuntze, in this respect, was much more Confucian than Mencius."② But the first two chapters of Bk. IV, Pt. ii of Mencius' Works show clearly that examples and traditions are necessary to bring even natural abilities to full fruition. As a matter of fact, even Dr. Dubs accepts substantially Mencius' teaching when he writes a few pages back that "every man's original nature is the same; everyone has the means of becoming perfectly virtuous; why as a matter of fact, do not men become perfect? Hsuntze answered that it is because they do not take the opportunity, just as a merchant and a farmer might theoretically exchange professions, but do not practically do so". ③ This is not different from what Mencius says: "From the feelings proper to it, (i. e. the nature of man) it is constituted for the practice of what is good. —If men do what is not good, the blame cannot be imputed to their natural powers."④ Environment as well as man's own efforts has

---

① The words underlined are originally in italics.

② H. H. Dubs, Hsuntze, London, 1927, pp. 89-90.

③ Ibid., p. 84.

④ Mencius, VI, i, 16.

much to do with the outcome of natural endowment.

Aside from this doctrine of the evil nature of man, Hsuntze holds rather faithfully the other doctrines of traditional Confucianism and agrees fundamentally with Mencius. He brings into prominence, however, one idea that is latent in Confucius and Mencius, that is, man should make an effort to improve conditions of things and not resign to fate or merely trust all to Heaven. Further, the whole emphasis of his teaching is on the importance of ceremonies and institutions as means to rectify man's nature and make it social. For this very purpose he expounds his doctrine of the evil nature of man, which therefore cannot be dismissed as an unimportant doctrine in his system. Indeed, it is one of the foundation stones of the system he proposes to build. ①

In spite of this deviation from the Confucian tradition, Hsuntze held out towards the end of the later classical period a stronghold for the defence and propagation of the teachings of the Confucian School. Less than two decades from his death, the classical books were consigned to the flames by the drastic order of the First Emperor and Confucianism was thrown under a dark shadow for at least a quarter of a century.

V

The rival spirit of the thinkers during the period of the Warring States and the freedom of thought it had generated was well illustrated by even the scholars in the court of the First Emperor. When he undertook to consolidate his empire by drastic measures, his policy was openly and severely criticised by them in his very presence. He soon came to the conclusion that an end must be put to this kind of opposition if the discontent of the people was not to be fanned into a rebellion. Upon the advice of his prime minister, Li Sze (李斯) an edict was, therefore, issued in the year 213 B. C. ordering that all the classical books, particularly the Shi King, the Shu King and the Works of the philosophers, with certain exceptions specified as having nothing to do with governmental matters, be sent to the magistrates and

① Cf. H. H. Dub's [sic] - Hsuntze, p. xxvi with p. 90.

"promiscuously burnt". Any attempt to hide any of the prescribed books would be punished.

It is, of course, easy to ascribe too much importance to the effects of this edict. The bamboo tablets in those days were no doubt difficult to conceal. Yet, it must be borne in mind that co-operation of the people would be necessary to make orders of even the greatest despot completely effective, when the territory and population concerned were as large as those of Chine [sic] even in the 3rd century B. C. It needs to be pointed out also that five years before this time the Emperor himself met with an attempt at his life by an assassin at a place called Yang Wu (阳武). A search was ordered for the offender all over the empire for ten days, but in vain. In the light of this incident we ought to be rather conservative in our judgment of the effect of the edict of 213 B. C., although we do not wish to minimise its grave results.

It seems, however, that the government records of the former dynasties suffered particularly badly from the conflagration, years before this time, the feudal princes had managed to do away with most of them wherever they did not agree with their own policies. Mencius found it impossible to ascertain the details of the organisation of even the Chau dynasty. ① The First Emperor must have put the last stroke to the destruction. His whole ambition was to start an absolutely new regime, and the methods he employed to accomplish this end indicated that for a time the "jurists" (法家) appeared to be in ascendancy.

This iron-hand rule, however, was not to last long. The Chin dynasty came to its end in the year 206 B. C., only seven years after the destruction of ancient books. The obnoxious edict was soon repealed in the year 191 B. C. by the Second Emperor of the Han dynasty, which succeeded the Chin.

The vicissitude of the various schools and the final victory of Confucianism during the early part of the Han dynasty are described by Sze-ma Ch'ien in his Historical Records, section 61. The following is a resume:

"Only after the establishment of the Han were the Confucian scholars at

---

① Mencius, V, ii, 3.

liberty to pursue their study of the classics again. One of their number, Shuh Sun Tung (叔孙通) compiled the Court Ceremonials for the Han dynasty. But fighting still continued; the empire had yet to be subdued before time and attention could be given to academic matters. During the reign of Emperor Hsiao Hui (孝惠帝) and Empress Dowager Lu (吕后) (194-179 B. C.), all the great ministers were men who had won distinctions in the battle field. During the reign of the next emperor Hsiao Wen (孝文帝) (179-157 B. C.) scholars were indeed summoned to court and employed. But the emperor was at heart a devotee to the ideas of the "jurists". His successor Hsiao Ching (孝景帝), (156-141 B. C.) would use no Confucian scholars in his court, and the Empress Dowager Tuh (窦太后) was addicted to the way of Huang and Lao (黄老). As a consequence, those Confucian scholars who held the offices of Grand Scholars (博士) in the government had only empty titles and could do nothing. Then His Majesty the present emperor mounted the throne (110B. C.). Such men as Chao Kwan (赵绾) and Wang Chang (王臧) are thoroughly versed in Confucian teachings and the emperor himself is favourably disposed towards Confucianism. After the death of Empress Dowager Tuh (135 B. C.), the Marquis of Wu An (武安侯), Tin Fen (田蚡) was appointed prime minister. An end was put to all the teachings of Huang-Lao, the "jurists" (刑名), and other philosophers (百家), and Confucian scholars and literary men were then summoned by hundreds to the court. Kung Sun Wing (公孙弘) was a mere student of the book of "Spring and Autumn" but suddenly raised to the highest office and even made a marquis. Thus all scholars in the empire had their attention turned again to the Confucian learning. ①

Thus, by sheer court favour Confucianism became ascendant at the expense of all its rivals in the year 135B. C.. Much of it was due to the personal influence of the Confucian scholar Tung Chung Hsu (董仲舒) with the Emperor. He was perhaps the most learned scholar of his time. It has been pointed out aptly that "the victory was due chiefly to the inherent place of Confucianism as the orthodox teaching of the courts". ②

---

① Translation of an extract.

② Dubs, op. cit. , p. 135.

But this would not entirely account for it. There was yet a more important reason. Most of the galaxy of thinkers, reviewed some pages back, had by this time disappeared from the arena. Yang Chu's philosophy seemed to be too extreme and too anti-social for the conservative practical mind of the Chinese. Mohism, for reasons now unknown to us, became extinct before the first century B. C. Moh-tze's severe attack on the military policies of the Warring States must have been counted against him, and his doctrine of "love without difference of degree" failed to catch the imagination of the people whose social foundation was the family relations. ① The jurists had the bad fortune of being associated with the memory of the First Emperor and this odious association made it difficult for even Emperor Wen of the early Han to embrace their teachings openly, although according to Sze-ma Ch'ien he was in favour of them. The only rivals left by Emperor Wu's time were Taoism and Confucianism. The former had its teachings which were extremely anti-social, as we have seen, and, therefore, while it may have been patronised by a few care-worn individuals even in the court such as the Empress Dowager Tuh, it would not attract men with a practical bent of mind. Furthermore, it could not produce off-hand a number of men trained for public offices as the Confucian School could. The first compiler of the Court Ceremonials was a Confucian scholar. Even records of the rites and ceremonials of the former dynasties may have been unavailable, yet Confucian scholars had been brought up in the atmosphere of ceremonies. The victory of Confucianism over Taoism was, therefore, no arbitrary matter. Last, but not least, was the reason that Confucianism was so Chinese. It was conservative, playing safe all the time, and taking the middle way. It represented the past experience of the nation serving as a sort of repository of values already worked out and tested. It accorded well with the practical, conservative mind of the Chinese nation and for this reason it was sustained at the moment when its value was in the balance.

---

① According to Wang Chung, "the reason why Confucianism has flourished and Mohism becomes extinct is because the former is practicable, whereas the latter is difficult to follow."

Ⅵ

The establishment of Confucianism as the state system of teachings had two effects, one remote and the other immediate.

The immediate effect was added stimulus to the work already in progress of recovering the ancient books destroyed and of editing those previously found. Many books were thus recovered, and some, we are afraid, cleverly forged.

We have seen reasons to believe that the Appendices of the Yi King should be assigned to a much later date than any given to them by the critics. It seems that while they may have been in existence ere this from the latter part of the third century B. C. , their recognition by the Confucian scholars must have been at about this time. Its dualistic principle was absent not only in the teachings of Confucius, but received no attention whatever from Mencius, Hsuntze, or any other Confucian thinker before the Han dynasty (206B. C. - 220 A. D.) but Tung Chung Hsu (2nd century B. C.) [w]as one of the dualistic enthusiasts; his writings are full of the esoteric ideas characteristic of the Yi and its Appendices.

The Rite Books as we have them now, also began to make their appearance at this time. The Chau Li (周礼) has been condemned as a product of the third century A. D. forged by Liu Hsin (刘歆). ① It is hardly possible that the book could have been recovered in the second century B. C. while its contents were declared to be unascertainable in the fourth century B. C. by Mencius. A part of the I-li (仪礼) could very well have been recovered in the manner it is said to have been. ② But the bulk of our present book seems to have been a later production. There is no doubt that the Li Ki (礼记) came into existence only during this period and in this critics generally agree. ③

This brings us to the question of the dates and authorship of two of

① See Yao Chi Heng, "Spurious Books, Ancient and Modern", p. 7, cf. Legge, Prolegomena to the Shu King, 1865, p. 10.

② See Legge, Li Ki, S. B. E. Vol. XXVII, p. 3; cf. John Steele, I-li, London, 1917, pp. xi-xii.

③ Legge, Li Ki, pp. 5-7.

the Four Books, namely, the Great Learning (大学) and the Doctrine of the Mean (中庸)①. Little can be said about the former, except that its inclusion as the thirty-ninth book of the Li Ki throws a shadow of doubt upon its antiquity. Its comparatively advanced stage in the analysis of the mental process seems to necessitate its assignment to a time after Mencius or Hsuntze, but there is no documental evidence on which we can lay our finger.

The question is simpler in regard to the Chung Yung or the Doctrine of the Mean. When the Li Ki was compiled, it formed its twenty-eighth book. In point of thought development, it represents a stage later than Mencius. ② What is casually mentioned in Mencius is elaborately developed in the Doctrine of the Mean. Mencius dwells at length on the goodness of human nature in order to supplement and amplify Confucius' doctrine of the virtue of perfect humanity, but the Doctrine of the Mean develops the idea of harmony with nature by generalising Mencius' doctrine. Human nature is good, for Nature itself, of which human nature is only a part, is good. The virtue of men consists in living in harmony with the cosmos. To put the Doctrine of the Mean prior to Mencius would obscure this line of development, which is quite traceable in Chinese literature.

There is, however, documentary evidence to support the position we maintain. We read in the Doctrine of the Mean the following passage: "To no one but the Son of Heaven does it belong to order ceremonies, to fix the measures, and to determine the written characters. Now, over the Kingdom carriages have all wheels of the same size; all writing is with the same characters; and for conduct there are the same rules. One may occupy the throne, but if he have not the proper virtue, he may not dare to make ceremonies or music. One may have the virtue, but if he do not occupy the throne, he may not presume

① Translation with prolegomena by Jas. [sic] Legge, Chinese Classics, Vol. I.

② Cf. Mencius, Bk. VII, Pt. i, Chap. 1, 4 with Doctrine [sic] of the Mean, Chap. 22, 22-26.

to make ceremonies or music."① It is generally interpreted that "one with virtue but not the throne" refers to Confucius, but who is intended by "one with the throne but not virtue" is a question not yet raised. Certainly it cannot have meant the later emperors of the Chau dynasty, for there was no necessity for any of them "to make ceremonies or music", which for the Chau dynasty were already in existence. The author must have had a new dynasty in mind. This, however, is only inference or interpretation. The same passage refers also to "carriages with wheels of the same size and writing with the same characters now" as if these were innovations. And innovations they were during the reign of the First Emperor of the Chin. In Sze-ma Ch'ien's "Historical Records" we read that it was only in the twenty-sixth year of the reign of the First Emperor (216 B.C.) three years before the destruction of the ancient books, that order was given to "standardise measures, size of the wheels of carriages, and the written characters", which was quite in accord with his ambition of unifying and consolidating the empire, but not to be expected during the period of the warring states when the Doctrine of the Mean, according to the tradition since the Sung dynasty, is supposed to have been written.② We are compelled, therefore, to draw the conclusion that the book was a product of the second century B.C.③

Let it be clearly understood that in pointing out so assiduously the late origin of these Confucian Classics, such as the Yi Appendices, a considerable part of the Shu King, namely the Old Script sections, the Doctrine of the Mean and the Li Ki, we have no intention whatever of intimating that they are to be left out of our consideration in the study of

---

① Doctrine of the Mean, Chap. 28, Legge's translation.

② See Preface to the Doctrine of the Mean, Legge's translation.

③ After these paragraphs have been written, the writer comes across an article by Eduard Erkes entitled "Zur Textkritik des Chung-yung" and published in the Mitteilungen des Seminars fuer Orientalische Sprachen an der Koeniglichen Friedrich-Wilhelms-Universitaet xu Berlin, Jahrgang XX, Erste Abteilung: Ostasiatische Studien, Berlin, 1917. The author of this article uses the textual evidences that we have used here, but reaches a conclusion which seems to us quite incongruous with both the general trend of thought in the Chung Yung and with the historical facts that are not open to doubt.

the Confucian moral system. We recognise fully the importance of these books, particularly the Doctrine of the Mean and the Li Ki. Even the Yi Appendices have played a role in the development of the Confucian tradition, which can hardly be overestimated. It was to these Yi Appendices that the Sung teachers constantly harked back in their teachings, and it was from the Yi Appendices too, that they derived their terminology. But at the same time, this critical study is essential to the differentiation of the Ante-Chin Confucianism in its simple and unmixed form from the Confucianism emerging from its hiding places during the Han period so soon as the ban laid upon it was lifted, although, in point of fact, it is this Confucianism deeply influenced by its former rivals, particularly Taoism, that really concerns us, for it is this modified Confucianism that has moulded the thought of the Chinese during the last two milleniums [sic] and put its distinct and ineffacable [sic] stamp upon Chinese history. But let us return from this digression to the establishment of Confucianism as a state system in the early Han period.

A more remote effect of the establishment of Confucianism as the state system was the making of the nature of the Chinese political system a closed question for the dynasties to come. Hereafter from one dynasty to another, there were to be, of course, modifications in the rites and ceremonies, organisations and institutions of the government, but the general frame-work up to the Republic had remained the same. Any serious deviation from the general principles laid down in the Confucian Classics as understood and interpreted by the Han scholars would be abhorred and opposed as unconstitutional, for the Confucian Classics had up to recent time served as the Magna Charta [sic] of the Chinese people. Any new teaching that was hereafter to come in must come on the status of private instruction in the sense of not attempting to intrude upon or to interfere with the working of the body politic. It was with such an understanding only that Taoism as a religion and Buddhism from India were tolerated. Wang Mang (王莽 33B. C. - 23A. D.) at the end of the Western Han dynasty and Wang An-shih (王安石 1021-1086) during the Sung dynasty, each in a different way, attempted to ignore this principle, but were doomed to failure. If any innovation or development was to become possible in the Confucian system, it must be in the sphere of moral principles only, and not in that of government institutions and functions. In other words, the establishment of 135 B. C. helped to divorce these two parts of the Confucian system, which before this time had been inextricably mixed.

Ⅶ

But it would be a mistake to imagine that the effect of the establishment was very marked on the outlook of life, with those in high positions who were directly responsible for bringing it about. They were simply utilising for political purposes a great social force which at that time Confucianism had come to be. The Emperor Wu Ti was in no way less addicted to the search for the Isle of the Immortals (蓬莱) and the alchemy of the elixir of life than the First Emperor of Chin who did his best to blot Confucianism out of memory. Indeed, even among the orthodox teachers of Confucianism themselves during the early Han dynasty, alien elements had quietly crept in and begun to make their influence tell in the important writings of this period. Such esoteric teachings of the Yang and Yin, that is, the Active and Passive Principles of the Universe, and the mysterious interactions of the Five Elements, Water, Fire, Wood, Metal and Earth—teachings which had no place in the earlier classics, the Analects and the Works of Mencius—pervaded the writings of outstanding Confucians of the time like Lu Chia (陆贾 2nd and 3rd cent. B. C.), Chia I (贾谊 2nd cent. B. C.), and Tung Chung Hsu (董仲舒 2nd cent. B. C.).① As an illustration we may quote a passage from the Chun Tsew Fan Loo (春秋繁露) a work by Tung Chung Hsu: "Nature creates the human body according to the number of days in the year, and therefore, there are 366 smaller bones. There are also twelve major bones to agree with the months; five internal organs to agree with the Elements; four limbs

① The exact dates of these writers are unascertainable [sic] from facilities at the writer's disposal, while writing abroad.

outside the body to agree with the four seasons," and so on.

There was at the same time a distinct movement towards the esoteric interpretation of the Classics. It received its incentive from a strong wave of the time, craving for oracular guidance in matters public and private. This was already in vogue in the time of the First Emperor. Tradition goes, and it is now to be found in history too, that the Great Wall owed its completion to an occult message received by the First Emperor. ①

This movement gave birth also to Taoism as a religion in contradistinction to the philosophical Taoism of Lao-tze and his followers. Religious Taoism owes its inception to Chang Tao Ling (张道陵 34-156A. D.), who, rather than Lao-tze, was its real founder. It did not, therefore, actually come into being until the first century of the Christian era, when its several constituents already in existence prior to this, were wrought together by Chang to give us Taoism as we find it in China today. These constituents were the search for the elixir, the magical practice of charms and spells, and the more obscure parts of the early Taoist writings. This syncretism took place, as a matter of fact, when philosophical Taoism was at its lowest ebb.

Buddhism was introduced into China also at about the same time. But its influence in society was not felt until much later. By the fourth century, however, it had come to be a considerable force. While Buddhist missionaries still continued to come, Chinese Buddhists resorted to India for travel in study. With such towering figures as Fa Hsien (法显 4th and 5th cent.), Kumarajava (鸠摩罗什 412 A. D.), and Yuan Tsang (玄奘 602-664), the Buddhist literature increased both in volume and in quality and the Buddhist movement went ahead by leaps and bounds. By the end of the seventh century, classics of all the important Mahayana sects② had been translated into Chinese and each of

① The appearance of the idea of Five Elements inclines us to agree with the criticism that the Hung Fan of the Shu King belongs to a later period, although it is clear that some of its teachings, and probably a part of its text, were of a much earlier origin.

② The term "sect" is used here, but it should not be given any Christian meaning.

these sects had found a firm footing in China.

During the seventh century also, Taoism as a religion flourished under the Tang emperors. It had received government recognition already, at least in the North, in the fifth century, during the reign of emperor Tai Wu (太武帝 424-452) of the Northern Wei (北魏) dynasty. On account of the fact that Lao-tze, the alleged Founder of Taoism, had the same surname as the Tang emperors, Kao Tsu (高祖), the first Tang emperor (618-627) elevated him to the imperial honour by conferring upon him the title of "the Supreme Insuperable Emperor" and ordered by edict that a canon of the Taoist books be compiled and that Taoist temples be erected all over the empire. The number of Taoist temples at once increased to one thousand seven hundred and eighty six. Later, the emperor Yuen Tsung (玄宗 713-756) again ordered that the Tao Teh King be read in every family and that candidates in the competitive civil service examinations be prepared to answer questions from it.

On the other hand, Confucianism had been rather inactive since the Eastern Han dynasty which came to an end in the middle of the third century. The Tang Emperor Tai Tsung (太宗) did make an effort to give it an impetus by standardising the commentaries of the Classics. By imperial order Yuen Sze Ku (颜师古 579-645) brought out of a revised edition of the classics which was issued as the imperial edition, and Kung Yuin Ta (孔颖达 574-648) compiled the "Correct Commentaries of the Classics" (五经正义) which during the Tang dynasty were recognised as the only authorised commentaries. About the same time the classics were inscribed on stone tablets, the first set ever thus inscribed, and they were set up in front of the Imperial Academy to show the correct reading.

But it was not time yet for a revival of Confucian learning. The new teachings of the Buddhist and Taoists engrossed too much the attention of the people for interest to be given to the classics, in spite of the efforts of Tai Tsung. Establishment, again, seemed to be a bad enemy to progress and development. Individual initiative was checked. Instead of striking out new paths in thinking, the Confucian scholars allowed their energy to be all spent in belles lettres, which developed to a higher pitch in this period than in any other. The early Tang was, indeed, the Augustian [sic] Age of Chinese fine arts and literature, but showed little productivity in the field of ideas and philosophy.

It was when Confucianism was least active that the movement of religious eclecticism was most in vogue. Attempts were made to show the identity of the three systems, Buddhism, Taoism, and Confucianism. This had been proposed before, first by some writer towards the end of the Eastern Han, whose name is lost to us now and goes only by his pen name Lo-tze. ① Later, in the fifth century both Chang Yung②, (443-497) and Chau Yung③, (5th cent.) advocated it as a solution of the religious conflict of their times. About the same time, Lui Tsung Yuen④, (773-819) one of the most influential writers of the Tang dynasty, was again in favour of it.

But reaction against the intrusion of the new religions was soon to come. It had taken perhaps too long a time for it to become articulate, but at last it found its spokesman in Han Yu (韩愈 768-824), the "Prince of Lietrature" [sic]. Han launched a severe attack on Buddhism and Taoism in his well-known essays, "An Enquiry into a Scheme of Life" (原道) and "Memorial Against the Reception of the Buddha's Bone" (谏迎佛骨表). ⑤ Though his criticisms were superficial, rather wide of the mark, he did, however, represent the first stir of a new life in Confucianism. He harked back to Confucius and Mencius in contrasting the new beliefs with the religion of the classics. "What is the religion of the revered kings?" He began by asking. His answer was: "Its literature is composed of the books of Odes, of History, of Changes, the Spring and Autumn Classic: [sic] its culture includes ceremonies and music, rubrics and ordinances; its people are scholars, farmers, artisans, and traders; its ties embrace the prince, the

---

① Lo-tze, 牢子.

② 张融.

③ 周顒.

④ 柳宗元.

⑤ The first essay that has been translated by E. Morgan in his "Wenli Style and Chinese Ideals" 1912, from which the quotations in this paragraph have been taken.

minister, the father, the son, the teacher, the friend, the guest, the host, the brother, the husband and the wife." "Make useful men of these fellows (priests etc); burn their books; make dwellings of their residences; make clear to them the teaching of the former kings and instruct them in their methods. Find a livelihood for the celibates and nuns, the orphans, the dependants, and the impotent." His language was violent, but he showed his Confucian hall-mark by stressing the social significance of the classical teaching.

He carefully pointed out that Taoism and Buddhism as he found them were at least unsocial if not anti-social. Confucian morality, on the other hand, always had its social functions. His criticism was: "The modern man desiring to cultivate the heart, does it without reference to the empire and the kingdom; he would annihilate social relations. So the son would disown his father as a father; and the minister would disown his prince as a prince; and the people would not look upon their duty as duty."

Ⅷ

The really constructive part of the reaction came only with the neo-Confucian School of the Sung dynasty. Legge describes neo-Confucianism as more Taoistic than Confucian①, Suzuki, however, attributes the cause of it more to the Buddhist teachings. ② So also does a modern Chinese scholar, Liang Chi Chao, who says that the neo-Confucianism of the Sung Period was nothing but Buddhism in a Confucian garb. ③ There is little doubt that both Buddhism and Taoism had contributed to its stimulation, although the Taoist influence seems to be the more dominating factor. It is found on record that two of the leaders of the Sung philosophy, namely, Chau Tun I (周敦颐 1017-1073) and Shao Yung (邵雍 1011-1077), were either directly or indirectly under the influence of a Taoist Chen Hsi I (陈希夷) also known as Chen Chuan (陈抟老祖) to whom the conception of the

① Legge, Preface to the Yi King, S. B. E., Vol. XVI, p. xvi.

② D. T. Suzuki, Brief History of Early Chinese Philosophy, p. 6.

③ Liang Chi Chao, Learning in the Ching Period, Shanghai, 1922, pp. 14-15.

"Diagram of the Supreme Ultimate Explained", [1] (太极图说) has been traced. Chau is also reported to have had lengthy interviews with a Buddhist priest by the name Siao Ya (寿涯). [2] As a matter of fact, the very concepts and terminology of the Sung philosophy had been taken from the Appendices of the Yi King, which, as we have shown before, owed much to the Taoist influence.

To mention even the names of the neo-Confucian philosophers would be impossible. There were scores of them. The really important ones, however, were few. The honour of being the founder of the school must unquestionably go to Chou Tun I, but Chu Hsi (1129-1200) is the best known of all. Professor Bruce pays him so high a tribute as to say that "present-day Confucianism—that is, the system of ethical and metaphysical concepts current in China for the last seven hundred years-is rather Chu Hsi's philosophy than that of Confucius". [3] In the words of Professor H. A. Giles, "the teachings of Confucius have been universally understood in the way in which Chu Hsi said they ought to be understood," [4] and "to his influence must be traced the spirit of materialism which is so widely spread among educated Chinese." Professor Bruce would take issue with Professor Giles on the point that Chu Hsi's philosophy is materialistic. It is not strictly the place here to discuss this question. If Professor Giles would just modify the term materialistic so as to make it sound less modern, his position is nearer to the truth than that of Professor Bruce. [5]

The paramount problems of the Sung philosophers are the nature of the universe and of man, the evolution of the many from the one, and the ethical implications of these problems. To discuss these in detail would be to anticipate a part of the next chapter. Suffice it to point out here that the supreme point they wish to establish and drive home to every student is that the universe is moral in nature and that human

① 陈抟.

② 僧寿涯.

③ J. P. Bruce, Chu Hsi and His Masters, London, 1923, pp. ix-x.

④ H. A. Giles, Civilisation of China, p. 93.

⑤ C. f. P. J. Maclagan, Chinese Religious Ideas, 1926, pp. 104-121.

virtue is organic to it. Around this central point they have evolved elaborate systems of moral philosophy, which in their fantastic ideas of the origin of things remind us of some of the Pre-Socratic philosophers, and in their attempts to establish links where these are not to be expected, suggest such thinkers as Bruno. But their strong moral emphasis makes them stand out in a class by themselves. From them, Confucian morality receives the support of a metaphysical basis. If a label is in any way desired for such a basis, we would venture the term "naturalistic" for reasons to be advanced at a later stage of the present essay. ①

For historical interest, there is one more point in connection with the neo-Confucian movement which deserves brief mentioning. As early as the second generation of the Sung philosophers, there was already in evidence a divergence of development owing to the different [sic] in temperament of the Cheng brothers. Cheng Hao (程颢号明道 1032-1085) or Cheng Ming Tao, by which name he is better known, was more an intuitionist, while his brother Cheng Yi or Cheng I Chuan (程颐号伊川 1033-1108) was more empirically inclined. The former held that man, the microcosm, is a perfect mirror of the universe, the macrocosm. Quoting Mencius, he said: "All things are already complete in us. When upon self-examination we find ourselves in harmony with the universe, our delight is great. But if this harmony is lacking, the self and the universe are still in opposition to each other, not yet in unison, how can there be any delight." [sic]② From this line of thought was developed the philosophy of Lu Shiang Shan (陆象山 1140-1192) whose famous saying expressing the heart of his system is, "The Classics are merely footnotes to myself", and the philosophy of Wang Yang Ming [sic] (1472-1529) in the Ming dynasty,③ in which it

---

① Petrucci warns us against the term "Pantheism" as applied to the Sung Philosophy. See Petrucci, Philosophie de la natur dans l'art d'estreme orient, p. 32.

② Cf. Mencius, Bk. VII, Pt. i, Chap. 4.

③ Cheng's and Lu's writings have not been translated into any European language known to the writer. Parts of Wang Yang Ming's works have been translated by F. G. Henke, London, 1916, in his "The Philosophy of Wang Yang Ming".

is maintained that apart from the mind there is neither reason nor thing and that for all moral purposes it is enough to bring forth the intuitive knowledge of the mind. ① In this line of thought it is not difficult for us to recognise the affinity to Buddhism, particularly of the dhyana school.

Cheng I Chuan's line of thought was best represented and most fully developed by Chu Hsi. For our present purpose it is sufficient to have just one quotation from Chu Hsi to show how his position is diametrically different from the other school as represented by Wang Yang Ming. "If we carry our knowledge to the utmost, we must investigate the principles of all things we come into contact with, for the intelligent mind of man is certainly formed to know, and there is not a single thing in which its principles do not inhere. But so long as all principles are not investigated, man's knowledge is incomplete. On this account, the "Learning for Adults", at the outset of its lessons, instructs the learner in regard to all things in the world, to proceed from what knowledge he has of their principles, and pursue his investigation of them, till he reaches the extreme point. After exerting himself in this way for a long time, he will suddenly find himself possessed of a wide and far-reaching penetration. Then, the qualities of all things, whether external or internal, the subtle or the coarse, will be apprehended, and the mind, in its entire substance and in its relation to things, will be perfectly intelligent. ②

The method advocated by Chu Hsi is really the inductive method, without in any way straining the meaning of the term. Its difference from the modern scientific method in the West is not in spirit or attitude but in the lack of development of its technique. As far as its application to man's moral task is concerned, its purport is that in order that man may conduct himself properly in life and play his part in the family, the state, and the world, a knowledge of his relation to external things and

① Cf. Hu Shih, The Development of the Logical Method in Ancient China, Shanghai, 1922, pp. 2-3.

② Commentary on the fifth Chapter of the Great Learning. See Legge, Chinese Classics, Vol. I.

to other persons is essential. This knowledge comes, according to Chu Hsi, from investigation, careful study, and the accumulation of experience. But he emphasises also that as the result of such investigation and accumulated knowledge, there will come an insight which enables us to penetrate a moral situation. Wang Yang Ming complains of the tediousness of this process and even declares it to be humanly impossible. For this reason he resorts to the idea of intuitive knowledge. "The objects under heaven need not be investigated and the task of investigating things can only be carried out in and with reference to the individual's character and mind."① The mind is naturally capable of knowing. —Conquer the selfish passions and reinstate reason, and the intuitive knowledge of the mind will be free from its impediments and will function to the full capacity.②

It is interesting to observe that Chu Hsi has been preferred to Wang Yang Ming in the development of Chinese moral ideas. The two agree, almost point to point, as far as notions of the excellence of life and man's coail [sic] [social?] duties are concerned. Their quarrel is not along this line at all, but with regard to the method of knowing one's duty. This preference shown to the school of Chu Hsi exhibits not only the practical bent of the Chinese mind, but it proves also that with the victory of the empirical philosophy Confucianism, pure and simple, gains the upper hand again over and against its rivals Buddhism and Taoism as a philosophy of life. The verdict seems to be that to become perfectly human, man has not only to look within himself as Wang Yang Ming thinks, but also outwards to one's fellow-beings and even external things so that in relation to them he may find his place in society and in the world. The possibilities and implications of this line of thought, we dare say, have been by no means exhausted even by the elaborate system of Chu Hsi and may still be further developed. If so, Confucianism is not dead, but yet had [sic] a future.

---

① See Henke, op. cit., p. 178.

② Quoted by Hu Shih, op. cit., p. 3.

IX

Government encouragement has helped to sustain this victory won by the school of Chu Hsi. Competitive literary examinations as a means of selecting candidates for government service may be traced as far back as the seventh century of the Christian era. The classics have been the basis of these examinations all these centuries. But during the Ching dynasty for two centuries and a half, until the examination system was abolished in 1905, only Chu Hsi's interpretation of the classics would be accepted by the government. This meant, of course, that for the great bulk of scholars only Chu Hsi's commentaries were read and studied. This really was the main cause responsible for the arrested development of Confucianism or any moral ideas in China. The inert state of Buddhism and Taoism, due largely to government restriction afforded no incentive to any further development of Confucian thought.

During the last decade, China is entering upon a new stage in moral ideas as well as in everything else. Traditions are set aside. Particularly Confucianism is in disrepute. What will emerge from the present kaleidoscopic changes, no prophet would risk his reputation to predict. Yet it seems what has been the foundation of the Chinese social fabric for two thousand years will surely have to be taken into consideration in the reconstruction of China. It is, therefore, the most opportune moment to make a careful analysis of the Confucian moral tradition, to lay bare its essentials, and, as far as possible, to trace some of its ramifications so as to really give an adequate idea as to what it really is as it has been developed through all the stages which we have just surveyed.

Chapter Ⅲ An Analysis of the Chinese Moral Tradition

I

From the brief review in the last chapter it becomes clear that the Confucian system has come to be the moral tradition of the Chinese people. For two thousand years it has supplied the Chinese with their moral ideas and determined their social and political institutions. Our study in the last chapter reveals also the fact that the Confucian system itself is the product of a long process of development. Confucius, great as his influence may have been, was not the inventor of the system which now bears his name. He transmitted but did not invent, as he himself once asserted.① But, nevertheless, he must be given the credit of having standardised the moral and political precepts already traditional previous to his time. He accomplished this by impressing certain ideas sufficiently upon his disciples so that there came to be after his death a distinct school standing ever champion to the moral and political tradition of the Chinese which had come down from time immemorial to the Confucian period.

The centre of Confucius' own teaching is the concept of Jen. This term has been translated by various English words, such as Benevolence,② Perfect Virtue,③ and Humanity.④ According to Chu Hsi, "Jen is the total virtue of the original nature of man."⑤

Chu Hsi's "total virtue of the original nature of man" implies that the original nature of man is social in character. This was developed by

---

① Analects, VII, 1.

② Arthur Smith and W. A. P. Martin.

③ James Legge.

④ Ernst Faber.

⑤ See Chu Hsi's Commentary on the Text of Analects XIII, 12.

Mencius. ① It was the central theme of his discourses and the subject of controversy with his contemporaries. ② Confucius had taught that to be a good man is to be perfectly human. Mencius added that this is so, because man is by nature good, that is, he is by nature a social being. Jen, then, would best be rendered by the expression "Perfect Virtue of Humanity".

Among the criticisms in various forms and against the Hedonism of Yang Chu and the Utilitarian Doctrine of Universal Love of Moh-ti, Mencius defended vigorously and eloquently his doctrine of the goodness of human nature. But no philosophical justification was forthcoming until the Book of the Doctrine of the Mean was written. ③ There, Nature in the great universe is represented to be good and homogeneous with the nature of man. This is no doubt a generalisation based on very limited observations of the regularity and beneficence of nature, as we shall see more clearly later, but it had been the deep-rooted conviction of the Chinese moralists as early as the times of the Book of Odes and the Book of History. In the life and sayings of Confucius, this implicit trust in the Moral Order is evident. The same may be said also of Mencius. ④

① Cf. Mencius Bk. III, Pt. I, 1.

② See Mencius Bk. VI. and Bk. VII. Two of the seven books of the Works of Mencius are devoted almost exclusively to the subject of the goodness of human nature. It shows clearly the emphasis of Mencius' teaching and of his own thinking, particularly when we believe the Works to be from his own pen, as we have good reasons to do so. Cf. on the point of the authorship of Mencius' Works, F. C. M. Wei's The Political Principles of Mencius, Chap. III, Shanghai, 1916.

③ See Chapter II of the present essay.

④ Once when he was in danger, Confucius remarked: "Heaven produced the virtue that is in me. Hwan T'ai—what can he do to me?" Hwan T'ai was the man who was attempting at his life. (Analects, VII, 22.) See also Analects IX. 5. Similarly, Mencius, when he was once bitterly disappointed, uttered the following words for his own solace: "To dwell in the wide house of the world, to stand in the correct seat of the world, and to walk in the great path of the world; when he obtains his desire for office, to practise his principles for the good of the people; and when that desire is disappointed, to practise them alone; to be above the power of riches and honour to make dissipated, of poverty and mean conditions to make swerve from the principle, and of power and force to make bend; —these characteristics constitute the great man." (Mencius Bk. III, Pt. II, 2. See also Bk. I, Pt. II, 16.)

As it has been pointed out in the last chapter, the basic doctrine of the Book of the Doctrine of the Mean is the idea of Cheng (诚), which has been translated as "sincerity" by Legge, but for which we have proposed the rendering, "harmony with nature". "Harmony is the way of Nature, to become harmonious is the way of man. He who has attained to harmony hits what is right without effort and apprehends without the effort of thought: he is the sage. "① This is a good summary of the teaching of the book. It is through this concept, Cheng or Harmony, harmony within the man as well as harmony with nature outside, that Confucius' humanity and Mencius' Goodness of Human Nature are metaphysically related. This will be dwelt upon in detail in a later section of this chapter. But to anticipate, we would give this quotation: "Harmony is self-completion—Self completion is humanity. "② Only the man who is able to realise complete harmony is able to develop fully his nature. If he is able to develop fully his own nature, he is able to develop at the same time the nature of other men. When he is able to develop fully the nature of other men, he is able to develop the nature of all things. Able to give full development to the nature of all things, he is in a position to assist the creating power of Heaven and Earth. With this attainment he may with Heaven and Earth form a ternion. ③ This phase of the development of the Confucian System brings us down to the second century before Christ. Although our present critical knowledge of the classics gives no verdict as to the authenticity of the Ta Hsieh, i. e. , the Book of the Great Learning, yet, we have seen reasons to doubt its authorship by Confucius' immediate disciple Tseng Ch'an. ④ It may very well have been another attempt during the same period as the Book of the Doctrine of the Mean to systematise the Confucian teachings. Its author, however, shows a different interest from that of the writer of the Doctrine of the Mean.

① Doctrine of the Mean, Chap. XX, 18. Legge's translation does not bring out the meaning of this passage, for he does not grasp the idea of Cheng.

② Doctrine of the Mean, Chap. XXV.

③ Doctrine of the Mean, Chap. XXII.

④ See Chapter II of the present essay.

His sole concern was the ethico-political problem, pre-eminently Confucian in this respect, leaving metaphysics and speculation entirely untouched.

There seems to have been another group of Confucian scholars, flourishing about the same time, who shared the metaphysical interest of the Chung Yung School (i. e. Doctrine of the Mean) and who were responsible for the Appendices of the Book of Changes. They, too, wanted to find a philosophical justification for the Confucian moral system. After all, ethics could not permanently dispense with metaphysics. As a recent writer puts it, "you can have no rule of conduct without some view of the universe, wherein the action is to take place."① This is found for this group of Confucian apologists in the concept Tao, a concept used frequently by the Master himself and vague and indefinite enough to allow liberal interpretations. These apologists apparently came into contact with the followers of Laotze and Chuangtze of the Taoist School. Thus Taoism furnished Confucianism with the wings on which it soars into the clouds of metaphysical speculation characterising the Appendices of the Book of Changes. But still, even in these Appendices, the fundamental position is ethico-political, and therefore mainly Confucian and not Taoistic.

According to Han Fei (韩非), a writer of the second century B. C., there were at one time as many as eight schools of Confucianists. Probably the Doctrine of the Mean and the Great Learning represent some of these schools of Confucian thought. During the earlier years of the Han Dynasty when the Li Ki was in the process of being compiled, there was a movement to re-discover and reconstruct the social and political institutions of the pre-Chin times. This was also the work of the Confucian scholars. Again, the influence of contact with the rival schools with which Confucianism had contended the field in the former days, was much in evidence. The Li Yun (礼运), which constitutes the ninth Book of the Li Ki, and which outlines the Confucian ideal state, shows considerable influence of Moh-ti's doctrine of Universal Love, so

① See E. R. Bevan, Stoics [sic] Epicureans, and Sceptics, Oxford, 1913, p. 31.

severely criticised by Mencius. But universal love becomes only the ideal towards which human society makes its progress, not something to be regarded practicable immediately in an imperfect world. Only by learning to love one's own kin first is one able to extend one's affection to the more distant folk when the conception of relationship is enlarged. Hence, in the Li Ki the purport of which is primarily to rediscover and reconstruct the pre-Chin institutions, we still find a new development of the Confucian moral philosophy which characterises the Confucianism of this period.

After the state recognition of Confucianism and its establishment as the state system, the benumbing effect put a stop to this developing process. All the attention of the Confucian scholars for a long time to come was absolutely engrossed in the editing of the old manuscripts, genuine or forged, and in the writing of the commentaries thereon. We hear no more of different Confucian schools or new development of Confucianism for twelve hundred years until we come to the Sung Dynasty.

Contact with Buddhism and with the re-invigorated Taoism was an impetus to which the Confucian thinking responded, at first rather sluggishly and haphazardly, to be sure, but vigorously and fruitfully in the School of "Chu Hsi and His Masters" of the 11th and 12th centuries after Christ. Lu Hsiang Shan (陆象山) and his contemporary Chu Hsi disagreed in several important points in regard to the nature and acquisition of man's moral knowledge. This difference became more accentuated through the teachings of Wang Yang Ming (王阳明 1462-1518 A. D.). But Chu Hsi's orthodoxy prevails in the long run and has been the accepted teaching for the last four hundred years until modern influence threaten [sic] now to dethrone it.

Ⅱ

Bearing in mind this historical development, we may now proceed to examine in detail the basic ideas of the Confucian system, not in its original form as found in the time of Confucius or even that of Mencius, but as it has developed through the ages.

The philosophy of life of the Chinese as conceived by the

intellectual class is best expressed in the Imperial Preface to the first edition of the Encyclopaedia of the Philosophy of Human Nature,① published in the third year of the reign of Yung Lo (永乐 1414 A. D.) by order of the second emperor of the Ming Dynasty. ② The following is the translation of an extract from that preface: "In the beginning before the sages were born into this world, the Tao was to be found only in the nature of the universe. After the advent of the sages, the Tao became embodied in their teachings. Now that the sages are gone, the Tao is to be found in the Classics. The Classics contain the facts showing how the sages, during their life-time, governed the empire. If the principles of the classics are made clear, there is the possibility of understanding the purpose of the universe and of the sages, and the possibility of attaining to perfect peace. If, on the contrary, the principles of the classics are not understood, the human heart would be corrupt and licentious teachings and evil deeds would permeate and injure society. Under such circumstances, how could it be expected to attain to perfect peace? We are aware of this danger, and, therefore, decreed some time ago that the scholars in the Court should compile and edit the Five Classics and the Four Books and should also prepare a classical encyclopaedia by collecting various discourses and commentaries on the classical

① The Chinese title of the work is Shin Li Ta Chuen published during the reign of Yung Lo in the year of 1414 A. D.

② The Ming Emperor, second of the Ming Dynasty, whose reign was designated by the title of Yung Lo, was a great and intelligent patron of Chinese Literature, particularly that of Confucianism. It was during his reign and by his order that the famous Chinese Encyclopedia, the Great Encyclopedia of Yung Lo, was compiled. This was a gigantic literary enterprise, done by 2000 scholars in five year, about the year 1410 A. D. It consisted of 22877 sections with another 60 sections of index. There were 11000 volumes of the Chinese style of the size of 1/2' x 18 x 12, amounting altogether to 917480 leaves or some 366000000 words. "Even the mighty river of the Encyclopaedia Brittanica 'shrinks to a rill'," says Prof. Giles, "when compared with this overwhelming specimen of Chinese industry." (H. A. Giles, The Civilisation of China, p. 201.) Only three copies were ever in existence at one time, they being entirely done by hand-writing. Two were destroyed in 1644 A. D., and part of the remaining copy in the year 1900. Some volumes may now be seen in London at the British Museum and the London School of Oriental Studies. Such is the fate of this unique work in Chinese literature.

literature. Any writing conducive to the exposition of the principles of the classics are to be accepted, and anything contrarywise to be rejected. Then, further, selections should be made from the writings, discourses and sayings of the scholars of the former ages which may supplement and help to promote the orthodox teachings, and thus another work may be formed under the title of 'Encyclopaedia of the Philosophy of Human Nature'."

According to this view, which has been the view of the Confucian School for centuries, truth in the classics is the same truth as may be discovered in nature governing the conduct of men. Since the classics are valued for their political and moral principles, nature is to be studied, as far as the Confucian School is concerned, only for whatever light it may shed on the moral and political problems. In other words, the study of nature is, with the Confucian scholars, only a handmaid to moral and political philosophy. Furthermore, since the truth to be learned from nature is now already contained in the classics, the study of the latter would naturally make the former unnecessary. In this we find the chief reason for the retarded development of natural science in China up to the present time.

Except in the Appendices of the Book of Changes where we find some interesting speculation about cosmology, there is therefore little in the Five Classics and the Four Books, the so-called canonical books, which could come under the category of study of nature or even natural philosophy. Not until we come to the writings and sayings of the Sung philosophers can we find any keen and interesting observation of nature, though this, too, is bound to seem crude and casual to the modern student. The considerable influence of the Sung philosophers on the moral tradition of the Chinese would justify our examination of what they have to say in this respect. But before we do this, let us consider first some of their metaphysical notions concerning the universe.

According to the teachings of the Sung School, everything in the physical world is the result of the interaction of the five elementary constituents, metal, wood, water, fire and earth. These five elementary constituents are produced by the interplay of the two principles, Yang and Yin, or the Active and the Passive Principles. Yang and Yin themselves in turn have proceeded from the Primeval Principle which the Sung philosophers call the Ultimate (太极). ① Whether there is anything beyond the Ultimate was the subject of controversy between Chu Hsi and his great rival Lu Hsiang Shang. Chou Lien Chi (周濂溪), the founder of the Sung School of Human Nature, employed the notion of the Infinite, "wu chi" in Chinese, as something which was even before the Ultimate came into existence. This, according to Chu Hsi, was, however, only to indicate that our thinking should not regress ad infinitum, but should stop with this first term, the Infinite. The Infinite with Chou Lien Chi is, accordingly, merely a limiting notion rather than the beginning of actual existence, which is really the Ultimate (Ta Chi).

The Ultimate, like the Absolute in Hegelian Idealism, is not something existing apart from the individual things. Its existence is immanent rather than transcendant [sic]. There is, indeed, the ultimate of the universe, but at the same time there is an ultimate for everything in the universe. Before there was the universe, there had already been the Ultimate. This Ultimate, when in action, produced the Yang or the Active Principle, and when it became again dormant, it produced the Yin or the Passive Principle. Yet, the Ultimate is all the time nothing separate from the Yang and Yin, but immanent in them. Indeed, it is immanent in the five elementary constituents, namely, metal, wood, water, fire and earth, and in every individual thing, when the universe has come into existence. There is only one Ultimate, yet it is everywhere. ② A later exponent of the same idea in the Sung School puts it in the following way: "The myriads of things in the universe have each a principle. But all principles have proceeded from the same source, which is the Ultimate. The Ultimate is really the name for the

---

① Cf. M. Granet, La Religion des Chinois, Paris, 1922, pp. 115-125, and J. P. Bruce, Chu Hsi and his Masters, London, 1923, pp. 126 ff.

② Shin Li Ta Chuen or Encyclopaedic of the Philosophy of Human Nature, (hereafter referred to as E. H. N.) Sect. XXVI, leaf 5.

totality of all principles. Whenever there is the principle, there is the substance to give expression to it, i. e. the Li (理) and the Chi (气). When differentiated as two, we see the Yang and the Yin. When separated as five, we have the Five Constituents. All existences and happenings in the universe have their origin in this process of differentiation and interaction. When embodied in a man or in a thing, it becomes the nature of the man or of the thing. Therefore, the nature of man or of any thing is really the Ultimate in the man or the thing. In terms of moral life, Jen and I (Humanity and Appropriateness) correspond to Yang and Yin; the Five Virtues, Jen, I, Li, Chi and Shin (Humanity, Appropriateness, Right Procedure, Wisdom and Constancy) correspond to the Five Constituents."① In substance, the meaning of this passage is as follows. The Ultimate is the Truth working in the great universe of which man is only a part. The same truth is found operating everywhere in much the same way, whether in activity or at rest, for rest is also a phase of the operation of the principle.② While it is in operation, we see phenomena which are the resultants of the interacting forces, i. e. the Five Constituents. Humanity is the Ultimate, when it lies dormant in man. Appropriateness in Attitude is the same Ultimate in reaction to a given situation. Good actions are the results of the Five Virtues in various combinations. In other words, nature and man are homogeneous to each other, because they are both in their own ways embodying the same Principle. It has been observed in the last chapter that the Sung philosophy is greatly under the influence of the Yi King, the teaching of which is based upon the notion of what Professor Bruce calls "the Ultimata". [sic] All changes follow a cyclic order with four stages described as Yuen, Heng, Lee, and Ching, translated by Professor Bruce as Origin, Beauty, Utility, and Potentiality. A thing develops from its origin, flourishes in beautiful forms, comes to fruition which

---

① E. H. N., XXVI, 7.

② Only apparently, for Yin and Yang are always there together in everything according to the Sung philosophy.

gives utility, and finally lies in dormant [sic] only to begin the cycle again in ripeness of time. This is evidently the course of the seasons of the year, with which the Four Ultimata can easily be correlated. but Chu Hsi attempts to bring into the same scheme of correlation the Five Elements and the Five Virtues. It is amusing to see how one of the elements and one of the virtues are disposed of by Chu Hsi. ① The scheme is arbitrary. But what Chu Hsi intends to show in substance is, to use Professor Bruce's words, that "pervading the whole cosmos are four principles; they are ethical in character, they enter into all physical phenomena, —these ethical principles which pervade the universe enter into the nature of man; they are exemplified in the character of the Noble Man, and find their highest expression in the Sage or Saint". ②

The process in which the individual things come into existence is represented by the Sung philosophers through the notions of Li (理) and Chi (气), which in translation would be Principle and Substance. The relation between Principle and Substance in the Sung philosophy may be compared with the Form and Matter of Aristotle. ③"Anything that has shape is Chi" (substance), says Chu Hsi. "Principle is

① E. H. N., XXXVII, 3. Cf. Bruce, Chu Hsi and His Masters, pp. 172 ff.

② Bruce, op. cit., p. 172.

③ It is very tempting to trace some kind of historical connection between the Sung philosophy and Aristotle. It is not impossible for Aristotelian ideas to have influenced Chinese thought before the eleventh century through the Nestorian missionaries, who first came to China in the seventh century. Owing to our very scanty knowledge of the Nestorian missionary movement, we are not able to get much light on the subject. So far, the only suggestive fact we have come across is that Sergius of Resain, who died in the year 536 A. D., was a great Aristotelian scholar and was a Syrian Nestorian. Thus says Hans Heinrich Schaeder: "Das wissenschaftliche Interesse der Nestorianer stechte auch die bald nach ihrer Abspaltung enstandene sweite syrische Sonderkirche der Monophysiten an. Waehrend aber jene vorzuglich medizinische und logische Studien pflegten und sich an Aristoteles hielten, trat bei den Monophysiten ein staerkeres Interesse an neuplatonischer Metaphysik hinzu. Der Bedeutendste und fruchbarste Uebersetzer unter den Syrern, des aus diener Bewegung hervorgegangen ist, Sergius von Resain (gest. 536), schrieb nicht nur eine zusammenhaengende Darstellung der aristotelischen Logik und uebersetzte nicht nur ausser aristotelischen Schriften die Isagoge des Porphyrius und den Galen, sondern auch die pseudoaristotelische Abhandlung ueber die Welt und die Traktate des Ps. Dionysius Areopagita." (Hans Heinrich Schaeder, "Der Orient und das Griechische Erbe," Sonderdruck aus Die Antike, IV Band, Berlin, 1928, p. 253.)

shapeless."① Again: "There are Principle and Substance in the Universe. Principle is that which transcends shapes. It is the Tao, the root of all things. ② Substance is that by which the thing takes shape; it is the vessel which receives and holds the Principle, the means of giving rise to the various existences. Hence, in coming into existence, man as well as things must be endowed with the Principle (the Li) before he can have his nature, but also with the Substance (the Chi), before he can have his body. —There is in the universe no substance without Principle, or Principle without substance."③

This does not make the relation between Principle and Substance very clear. As a matter of fact, the relation has never been definitely stated by any of the Sung philosophers. Chu Hsi hints at it again on several other occasions, but the question is, after all, not very satisfactorily settled by him. He is quite definite, however, that they are separate and not identical, although he is equally certain that in any given things it is impossible to differentiate the two. ④"Logically," he said, "there was first the principle of the thing, and then the thing came into existence. But it was the principle only, not any prototype of the thing."⑤ This is congruous with his idea that principle alone could give rise to nothing; substance is essential as the medium of expression. Yet, he would not deny absolutely that Substance is subsequent to Principle. He once said, indeed, that "whenever there is the Principle, Substance invariably comes into play to generate the thing,"⑥ but when he was definitely asked

---

① E. H. N., XXVI, 1.

② The distinction between the two terms Tao and Li in the terminology of the Sung philosophers in general and of Chu Hsi in particular is thus explained by Professor Bruce: "It must not be forgotten that both terms refer to the same entity. —The two terms, however, represent different aspects of this entity. The term Tao calls attention to the vast and comprehensive; the term Li calls attention to the minute and infinitesimal, and refers to the innumerable vein-like principles inherent in every individual thing,—Li derives its name from the fact that everything has each its own rule of existence; Tao expresses the fact that everything conforms to one Moral Law and is part of one Moral Order." (J. P. Bruce, Chu Hsi and his Masters, p. 165.)

③ E. H. N., XXVI, 1.

④ E. H. N., XXVI, 3.

⑤ Ibid.

⑥ Ibid., XXVI, 3.

whether it was the Principle that generated the thing, he answered: "Where the Principle is, there is also the Substance in operation to generate the thing, for Principle itself has no shape or body."①

It seems that Chu Hsi maintains that both Principle and Substance are both unlimited and co-eternal. "How is any limit to come in?" asked he.② They are co-eternal to him, for while logically Principle is prior to Substance, there can be no such priority in order of time. There is always Principle and always Substance. "Without Substance, Principle would have nothing to hang on."③ But logically one must be prior to the other. In point of principle, Li (Principle) is first, except that it must not be said that now, at this moment, Principle is, and then, at the next moment, Substance comes into existence.④

So much for the metaphysics of the Sung School. Let us turn now to the knowledge of the physical world, the regularity of which is one of the basic ideas of the Confucian ethical system. We read in the first chapter of the Book of the Great Learning about the investigation of nature as the starting point of the process of moral cultivation.⑤ Yet, as late as the 11th and 12th centuries after Christ, the ideas of the Confucian scholars concerning nature were by no means profound. A few quotations may serve as illustrations.

"In the beginning when the universe was still in the state of chaos, one may imagine there was nothing but the two elements, Water and Fire. The dregs of water became earth in course of time. When we look around now from a place high enough to command a wide range of view, the hills present a wave-like appearance. All the hills must have once been water. It is not ascertainable now how that water became solid. At the first stage it must have been very soft, and later it became hard and rigid. —The vilest part of water became earth, and the finest part of fire

① Ibid.

② Ibid.

③ Ibid., XXVI, 1.

④ Ibid.

⑤ In Chinese it is K'a Wu Tzi Tse (格物致知).

became wind, lightning, thunder, the sun, the stars, and the like."①

"Heaven is spherical, and therefore it must rotate. The earth is square, and therefore stationary."②

"Immediately before the winter solstice, heaven and earth are closed up. The universe may be said to be quiet and inactive. But the sun and the moonare still incessantly in revolution. There is still activity. Action and inaction are therefore not distinctly differentiable."③

"Changes in the universe are unfathomable and beyond our grasp. Yet, Yin and Yang are regular in their operation. The change of cold into heat or day into night is quite according to a constant principle. This is the virtue of constancy."④"The regular functioning of heaven and earth is due to the principle of constancy. If man should abide by the same principle which changes not, he would become one with heaven and earth."⑤

It is on casual observations like these that the Confucian moralists based their "weltanschauung".

But the idea of the orderliness of nature in Chinese moral philosophy has not resulted from the scientific study of natural phenomena, as it has been the case in modern Europe, but it has come entirely from the meditation of the poetic mind on the beauty and beneficence of the universe. It is indeed a faith, an ideal, which finds its reflection in nature. Such notions as the Yin and Yang, and the Five Elements or Agents are not scientific or even pseudo-scientific concepts, but notions created by the human mind to satisfy certain of its own persistent desires to see in nature the same rationality as is presupposed in man.

This faith in the regularity of nature is, of course, not entirely groundless. As it has been pointed out by S. W. Williams, life in China as a whole is regular enough to give rise to the expectation of an orderly

① E. H. N., XXVI, 13.

② E. H. N., XXVI, 10.

③ Ibid.

④ Ibid.

⑤ Ibid.

universe. "Industry receives its just reward of food, raiment, and shelter, with a uniformity which encourages its constant exertion. "① It is needless to say that flood, drought, and famine are not unknown in China. Yet, in spite of these, the Chinese sense of the regularity of nature persists.

Further, the comparatively early application of whatever astronomical and meteorological knowledge available to agriculture and its popularisation among the people even in their everyday life, has gone to confirm this belief in cosmic orderliness. Thus writes Smith in his "Chinese Characteristics": "The Imperial Almanac is the authorised exponent of the threefold harmony subsisting in China between heaven, earth, and man. Whether the Imperial Almanac is equally trustworthy in all parts of the Emperor's broad domain, we do not know, but in those regions with which we happen to be familiar the almanac is itself a signal service. At the point marked for the 'establishment of spring', spring appears. In several different years, we have remarked that the day on which the 'establishment of autumn' fell was distinguished by a marked change in the weather, after which the blistering heat of summer returned no more. —It is not inanimate nature only which in China is amendable [sic] to reason and to law, but animated nature as well. For some years we have noticed that on a particular day in early spring the window-frames were adorned with several flies, where for many months no flies had been seen, and on each occasion we have turned to the Imperial Almanac with a confidence justified by the event, and ascertained that this particular day was the one assigned for the 'stirring of insects'. "② We are not prepared to vouchsafe that Smith's observation in this respect was any more scientifically accurate than his observations in other parts of his book. Yet, it is easy to see that what impressed him must have impressed the average Chinese and contributed to their belief in the regularity of nature.

We have seen in the preceding chapter that quite a distinct

---

① S. W. Williams, The Middle Kingdom, London, 1884, Vol. II, p. 95.

② A. H. Smith, Chinese Characteristics, London, 1900, pp. 240-241.

conception of a deity governing the universe is found in the pre-Confucian literature, the Book of Odes and the Book of History. In the sayings of Confucius as recorded in the Analects, this conception becomes more or less obscure. The word Heaven comes into more frequent use. In the Works of Mencius, the term Shangti (the Supreme Lord) appears only once, and that only in passing. This change is more marked in the Book of the Doctrine of the Mean a century or more later. There, in the whole book, some fifteen references are made to the spiritual aspect of the universe. Only once the term Shangti, by far the most theistic term in the Confucian literature, is used. ① In most of these passages the more impersonal term Tien or Heaven is used when one might expect the use of such a term as Shangti. Tient-Ti (天地), a more naturalistic expression, becomes more frequent in the Doctrine of the Mean, while in the Analects it is not found at all, and is rare in the Works of Mencius. ②

In the writings of Hsuntze, who was only some fifty years Mencius' junior, the naturalistic tendency becomes still more evident. The idea of divine governance in the universe totally disappears, and that of impersonal law of nature takes its place. "Heaven has a constant regularity of action," he writes. "Yao was not necessary to support its order, nor could Chie (a bad character in ancient China) destroy its order. Respond to it in governing a country, and success will result; follow it in misgoverning [sic], and calamity will result. If the fundamentals for life are plentiful and are economically used, then Heaven cannot impoverish the country; if the essentials of life are sufficient and the activities of men in preparing them are well timed,

---

① D. M. XIX.

Thus writes Suzuki: "About the time of Confucius, or even as early as when the first part of the Yi King Commentaries (i. e. Appendices) was written, the significance of Ti was almost lost sight of, while T'ien came to occupy the more important place in the religious system of China. —The most efficient and practical and religious way of serving it was to put all its moral laws such as the five Eternal Codes into practise and did not necessarily consist in offering prayers or singing hymns or sacrificing victims to an imaginary, invisible presence that at best had no immediate relationship to the world below. The heavenly way was the human way." (Suzuki, op. cit., pp. 140-141.)

② Mencius, Bk. II, Pt. 1.

then Heaven cannot affect the country. If the right Way of Life (Tao) is cultivated and not opposed, then Heaven cannot send misfortune; flood or drought cannot cause a famine; extreme cold or heat cannot cause suffering; supernatural power cannot cause calamity. But if the fundamentals of life are neglected and used extravagantly, then Heaven cannot cause the country to be rich; if the essentials of life are scarce and the activities of men in preparing them are inopportune, then Heaven cannot make that country prosperous. If a person rebels against the right Way of Life (Tao) and acts unseemingly, then Heaven cannot make him fortunate. Therefore, even if flood or drought do not come, there will be famine; even if cold or heat do not approach, there will be suffering; even if supernatural power [sic] do not act, there will be calamity." Hence, human prudence is more reliable than any amount of religious piety. "How can exalting Heaven and wishing its gifts be as good as heaping up wealth and using it advantageously? How can obeying Heaven and praising it be as good as adapting one's self to the appointments of Heaven and using them? How can hoping for the proper time and waiting for it be as good as seeing the opportunity and acting? How can relying on things increasing themselves be as good as putting forth one's energy and developing things? —Therefore, if a person neglects what men can do and seeks for what Heaven does, he fails to understand the nature of things."①

Here the Confucian teaching of self-reliance finds its clearest expression.② Its bluntness is indeed later modified by the religious inclinations of such Confucian scholars of the early Han period as Chia Yi (贾谊) and Tung Chung Shu (董仲舒) who did much to mould Confucianism as we have it now. But at the same time the naturalistic attitude represented by Hsuntze is fundamental to the Chinese mentality, and therefore the Chinese are ever ready to respond heartily to Oliver Cromwell's well-known saying: "Put your trust in God, but

① Works of Hsuntze, tr. by H. H. Dubs, London, 1928, pp. 173-174.

② Ibid., p. 183.

mind to keep your powder dry."[①] In the writings of the Sung philosophers, the naturalistic tendency dominates and the theistic conception of Shangti retires entirely to the background. The following is a passage from the writings of the philosopher Cheng, whose ideas Chu Hsi respected more highly than those of any of his masters: "Viewed as material it is called Heaven (天); viewed as the controlled it is called the Lord (帝); viewed as mysterious it is Shen (神); viewed as the creative power it is Kwei Shen (鬼神); and finally, when viewed from its character, it is Chien or Active Principle (乾). But it is the same thing, no matter what you call it. Various terms are used according to the point of view from which we look at it at the moment."[②] "Lord" therefore connotes nothing more theistic than the Stoic term "God", which is equated with Reason or Nature or the Cosmic Fire.

But Confucian philosophy even as interpreted by the Sung scholars is teleological, though not theistic. The universe is not devoid of purpose. In spite of the fact that Chu Hsi once quoted with approval from one of the Cheng brothers that "Heaven and Earth are without purpose"[③], yet on another occasion he said that Ti (帝) is related to Tien (天) as heart (心) in the sense of the controlling element in the conscious life is to man.[④] "If there were no purpose in the universe, a cow would give birth to a colt and plum flower would grow on a peach tree," he said.[⑤] But we would like to point out again that remarks like this

---

① This naturalistic tendency is so marked in the teachings of the early Confucian masters that Suzuki is able to write about them in the following words: "Their Heaven (tien) or Heavenly Way (tien tao) or Heavenly Order (tien ming) is a sort of natural law that is not personal but somewhat deterministic. When we do not follow its regulations we suffer the consequence merely because we violate it, and not because we have incurred the displeasure of some august being. The Heavenly Way is thoroughly moral, and would not tolerate anything that contradicts it, but no religious significance seems to have been attached to their conceptions. Man is a moral being pure and simple; there is no intimate relation between morality and religion, as the latter is generally understood by Christians. Throughout the writings of Confucius we are unable to find any religious appeal made either by him or by his followers to a power supernatural or transcendental." (Suzuki, op. cit., p. 48.)

② E. H. N., XXVI, 11.

③ Ibid., XXVI, 16.

④ Ibid.

⑤ Ibid., XXVI, 17.

could not be taken to prove the theism of Chu Hsi, for, in the same passage as we find the statement just quoted, he also made the point that what is called Lord or Ti is merely Principle or Law, not something else. The best English equivalent to express his idea would perhaps be Order, in contradistinction to Chaos. ① Indeed, there are sayings of Chu Hsi which we may cite to show that his philosophical position is anything but theistic. For instance: "The seasons follow one another and things flourish in the world. This is because it ought to be so, and therefore it is so. There is no deliberate planning about it. This is the way of Heaven and Earth."② The Sung philosophers were altogether too much under the influence of Taoism to be really theistic. Thus, Chu Hsi says, "The seasons come and go, and things flourish in the world. What have Heaven and Earth to do about the planning of it? When the sages act according to this universal principle, there is of course no need of meddling with anything."③ This sounds very Taoistic, but in the Analects we have a record of a similar saying from the mouth of Confucius himself. "Does Heaven speak? But the seasons pursue their courses and all things are continually produced, but does Heaven say anything?"④

This feature of the philosophy of the Confucian School assumed more prominence as the Confucian thinkers came more and more under the influence of Taoism. It is more marked in the Book of the Doctrine of the Mean and in the Appendices of the Book of Changes. In those books the conception of the universe becomes more and more naturalistic, and when we come to the Sung School there is even a mechanistic tone to it. Thus said Chu Hsi: "In the beginning there were only the two principles of Yang and Yin (Activity and Passivity). These two principles were acting and reacting to each other just as the two stones of a mill. When the rubbing on each other becomes rapid enough, much was produced. As there was no outlet the earth was then formed in the centre. The finer substance became heaven, the sun, moon and stars, rotating on the periphery with the earth stationary at

① Ibid., XXVI, 16.

② Ibid.

③ Ibid., 17.

④ Analects, XVIII, 19.

the centre. The earth therefore is not really underneath. "① Chu Hsi was once asked how the first man was produced. His answer was: "When the creative principle assumed the form of Yang and Yin and then of the Five Constituents, man was formed by combination. The Buddhist calls this transformation. It still happens frequently in the living world today, for instance, lice. "②

The universe runs its natural course as regularlyas the seasons of the year. Every period of 129600 years sees a new heaven and a new earth. ③ There is therefore periodically the dissolution of the then existing universe and the coming into existence of a new one. How much this may have been due to Indian influence is an interesting point. ④ Among the Sung thinkers this idea of periodical change of the universe had its exponent in Shao Yung (1010-1077), whose philosophy is known to have had its origin in Taoism, although he was a professed Confucianist. In the teachings of Chu Hsi, periodicity or the universe is not so mechanical, but the idea is there still. He was asked whether Heaven and Earth would become corrupt. He replied: "They will not become corrupt, but they just follow the natural course. There will be a time when men get to be extremely immoral, and then there will be chaos and struggle. All men and things will then be exterminated, and a new world will begin all over again. "⑤

The universe, according to the Sung School, may be likened to an

---

① E. H. N., XXVI, 12-13.

② Ibid., XXVI, 18.

③ Thirty years make a generation or Shih (世), 12 Shihs make a revolution, or Yun (运), 30 Yuns make a Meeting, or Hui (会), and 12 Huis make a world period. Thus a world period consists of 129600 years.

④ The Indian or Buddhist reckoning of the ages of the world does not seem to agree in figures with the Chinese reckoning. According to the Buddhist, "a 'Period' (kappa), or 'Great Period' (mahakappa, kalpa), of cosmical evolution, is to be divided into four 'Incalculables' (asankheyya), or 'Incalculable Periods' (asankeyyakappa, asankheyyakalpa). These last are always mentioned in the following order: (1) Period of destruction; (2) of duration of destruction (when the world remains destroyed); (3) of renovation or rather revolution; (4) of duration of the world renovated. Each Incalculable is divided into twenty Intermediate Periods." (Ages of the World, E. R. E., Vol. 1.)

⑤ E. H. N., XXVI, 13.

immense stove. Things simply become decomposed and disappear. It is a naive idea, of course, the question as to the source of material for the production of the new Heaven and Earth does not seem to have bothered the mind of Chu Hsi. ①

From the preceding paragraphs this general statement may be made in regard to notion of the Confucian moralists concerning the universe. For them the universe is perfectly orderly, working in regularity and according to law. This they call the nature of Heaven and Earth, or of the universe in our modern terminology. The result of this orderliness and regularity is prosperity for everything. But the orderliness and regularity of the universe are possible, only when everything in it is true to its own nature and plays its part faithfully. As long as the faithfulness of everything to its nature is maintained, the universe will be in harmony, and all parts in it will be benefited. The parts are by nature to work together, and working together is the secret of the whole. Man ought to live his life according to this principle. His highest moral aim is a life harmonious within himself and harmonious with his fellow-men as well as with nature in the great universe. "Harmony is the way of Heaven, and to become harmonious is the way of man. "This is the concept of Cheng (诚), which we must examine next.

Ⅲ

Cheng is the principle of falling into line with the working of the universe. It is of general applicability for everything, and not just for man alone. But the universe is already, and will ever be, in harmony, one part with another. "Harmony is the way of Heaven", here Heaven meaning Nature. It is, however, the task of man to become harmonious. He is intended by nature to be so, but he can become so only by moral effort and assiduous cultivation. The last chapter of the Book of the Doctrine of the Mean describes this virtue of Cheng in the most extravagant terms. The man who practices Cheng and has attained it to the highest degree, it is said, would be assisting the transforming

① Ibid., XXVI, 11.

power of the Universe and forming a ternion with Heaven and Earth. ① He would be fulfilling not only the nature of his own but that also of other men and things. Indeed, this virtue of Cheng is the beginning and end of every thing; without it there could be nothing. ② The individual of the highest harmony is like a spirit with powers beyond our comprehension. ③ The crown of moral cultivation for man is therefore the virtue of Cheng. But this Cheng is nothing but the manifestation of the principle of general applicability in man himself. It is the virtue of the universe appropriated by man.

The Sung philosophers define virtue itself as nothing but the appropriation by the individual of this general principle of the universe. "The virtuous man is he who has appropriated the principle of the universe and applied it to his own life. Because he has appropriated this principle, his conduct is without exception according to rationality (li)."④ Virtue then is what he has been appropriated by the human heart. ⑤ Again: "The following of the rationality of the universe is Tao, and its appropriation is virtue."⑥ "What is appropriated internally is virtue, and what is manifested is conduct."⑦ "From this it may be concluded that virtue is what is appropriated by the individual of the general principle of the universe". ⑧ As it is the virtue of the universe to work harmoniously, so it is the highest virtue of man to be in harmony with Nature.

It is then the same principle of general applicability running through the whole universe, viz., the principle of Cheng or Harmony. But the manner of its manifestation varies with the station of life occupied by the individual. This is the notion of duty. Duty is the

---

① D. M. XXII.

② Ibid., XXV.

③ Ibid., XXIV.

④ E. H. N., XXXIV, 30.

⑤ Ibid.

⑥ Ibid., XXXIV, 31.

⑦ Ibid., XXXIV, 30.

⑧ Ibid., XXXIV, 34.

general rationality qualified by the specific circumstances under which each man has to apply the principle. It is something made obligatory to the agent by the general principle of rationality on the one hand, and by the specific circumstances on the other. In other words, duty is the demand of man's own nature as articulated by the situation in which he finds himself at the particular time. Thus said Chu Hsi: "All beings have their specific principles to follow, but all principles have the same source. All beings have rationality, and rationality is one. Owing to the differences of station in life, the applicability of this principle of rationality varies. Thus the sovereign ought to be beneficent, and the minister ought to be respectful; the son ought to be filial, and the father ought to be affectionate. All things are endowed with the same rationality, but it varies in application in each case."①

Reacting to the mystical teachings of the Buddhist and the Taoist of the time, it was very natural for the Sung philosophers to glide over from the idea of harmony with nature to identity with nature. Sheh Liang-cho (谢良佐) of the Sung School writes: "Nature is rational, and so is also man. Following rationality, therefore, man become one [sic] with nature. For then I am no longer I, nor is rationality rationality. All is but nature."②

But, as a rule, careful distinction is made between rationality as the law of nature and rationality as embodied in the life of man. Chu Hsi differentiates in very picturesque language four terms which are of frequent use in Confucian moral philosophy. These are: Li, Ming, Shing and Cheng (理，命，性，情)。The first we have translated as rationality, for literally it means principle or what is right and orderly. Ming, the second, is not easy to render into English. Dr. James Legge in translating the opening passage of the Book of the Doctrine of the Mean appended this note: "By Shen or 'nature' it is to be understood the nature of man, though Chu Hsi generalises it so as to embrace that of brutes also; but only man can be cognisant of the Tao (the Way) and

① Ibid., XXXIV, 21.

② Ibid., XXXIV, 21.

Chiao (instruction). Ming, he defines by Ling, 'to command', 'to order'. But we must take it in a gloss on a passage from the Yi King (the Book of Changes) quoted in the dictionary —'Ming is what men are endowed with'."

But Chu Hsi has made it clearer than Legge understand him to have done. "Li", he says, "is the essence of human nature. Ming or Destiny is Li in application. Shen or Human Nature is what man has received from Nature, and Ching or Affective Life is Shen functioning."① The same thing viewed as coming from nature is Destiny, but as received by the individual is nature or the nature of the thing. Destiny and nature of the thing according to Chu Hsi are merely Nature in the individual from different points of view. ② Hence, while it is the duty of man to live in harmony with Nature, his aim is not to be mystically identified with it. This leads us to the consideration of human nature.

Much has been written and said on human nature in Confucian moral philosophy. Mencius made the statement that "the ability possessed by men without having been acquired by learning is intuitive ability, and the knowledge possessed by them without the exercise of thought is their intuitive knowledge". ③ Cheng I-Chuan, on the other hand, almost arrived at the conclusion that in man, as we find them at present, there is nothing which may be called the original nature of man. ④ He did not deny, however, as Hsuntze did, the goodness of human nature. While man, as he is now, has had his nature deteriorated, he is

---

① Ibid., XXIX, 1.

② Compare with the following passage: "What Nature endows is called Ming. What is endowed in me is called Shin. When this becomes manifest in everyday conduct, it is called Li. Hence, whether you call it Li or Ming or Shin, it is the same thing and not different things. When Li is consistently followed to the end, Shen is said to have been completely developed. When Shen is fully developed, Ming is made manifest. Further, Ming is the same as Tao. Viewed as being in operation, it is Ming. Ming is in fact the universal creative force working in the creature". (E. H. N., XXIX, 17.) This has been so repeatedly stated in the E. H. N. that the meanings of the terms Li, Ming and Shen as understood by the Sung teachers cannot be mistaken. See also E. H. N., XXIX, 2-3.

③ Mencius, Bk. III, Pt. 1, 15.

④ E. H. N., XXIX, 15.

nevertheless, intended by nature to be good, i. e. for virtue. ①

The Confucian doctrine of the goodness of human nature deserves more careful consideration. In the history of Confucianism it was not emphasised until Mencius brought it into prominence. There are passages in the pre-Confucian classics which seem even to teach the evil nature of man. For instance, "The heart of man is precarious and the heart of Tao is only faint."② Confucius has left us no definite teaching on the subject. The remark that "by nature men are much the same, but by habits they become different" is ambiguous. That human nature is essentially good is a distinct contribution by Mencius to the development of Confucian moral philosophy. As we have seen, the controversy between Mencius and Hsuntze was due largely to the misunderstanding of the latter about what Mencius meant by the goodness of human nature. As a matter of fact, Hsuntze himself defined good as that which tends towards maintaining peace and order, and bad as that which is dangerous and causes disturbances. In other words, what is good is social, and what is bad is anti-social. ③ This was what Mencius taught also, and by saying that human nature is good he only meant that man is by nature a social being. Hsuntze understood Mencius to have taught that man is born good, which Mencius did not mean at all. According to Mencius man is not happy, nay, not man at all, unless he lives a life that develops his social relationships and fulfils his social functions. Man is not born with virtues, but his nature is such that its proper development will manifest itself in the virtues honoured by society. Mencius would endorse without reservation the statement by one of his contemporaries in Greece, unknown to him of course, that "the virtues come to be in us neither by nature nor in spite of nature, but we are furnished by nature with a capacity for receiving them, and are perfected in them through custom". ④ Isolated passages in the Works of Mencius

---

① Ibid., XXIX, 5.

② Shu King, Pt. II, Bk. II, 15.

③ Monlin Chiang, Chinese Principles of Education, Shanghai, 1918, p. 37.

④ Aristotle, Ethics, 1103 a.

as well as in Aristotle's Ethics may be cited to prove that Mencius or Aristotle believes in the innateness of virtue. ① But this is no more the teaching of the Chinese advocate of the doctrine of the goodness of human nature than that of the great Stagyrite [sic] of ancient Greece. Mencius repeatedly says in his Works that "we must seek before we find it, and would lose it, if we should neglect it". ②"If it loses its proper nourishment," he says, "there is nothing which will not decay away. "③ Again: "The great end of learning is to seek for the lost heart. "④

Discussion on the Confucian doctrine of the Goodness of Human Nature is apt to lead to confused thinking, unless we bear in mind its historical development as outlined above, with particular reference to the teachings of Mencius, who has practically moulded the doctrine as the Confucian School has understood it at least for the last seven hundred years. The term "hsing", of which "nature" is the English translation, has various meanings. Twenty-nine may be pointed out, and of these some twenty have philosophical significance. ⑤ It is therefore easy for any exponent of Chinese philosophy so to translate the

---

① See for instance, Mencius, Bk. VI, Pt. 1, 6, 8, and Aristotle Ethics, Bk. VI, chap. 13 (Weldon's translation): "For it seems that the moral qualities are in some sense innate in everybody. We are just, temperate, courageous and the like from our very birth."

② Mencius, Bk. VI, Pt. I, 6.

③ Ibid., Bk. VI, Pt. I, 8.

④ Ibid., Bk. VI, Pt. I, 11.

⑤ "Littré trouve à ce mot vingt-neuf acceptions differentes, dont une vingtaine environ ont un sens philosophique. La Nature, c'est, tantot l'ensemble de tous les êtres qui composent l'Univers, tantôt l'ordre etabli dans l'Univers, ou le système des lois qui président à l'existence des choses et a la succession des êtres, tantôt une sorte de personnification de l'ensemble de ces lois, tantôt ce qui constitue tout etres en general, crée ou increé, ou encore l'essence, la condition propre d'un être ou d'une chose." (F. Farjenel, L'Idée de nature dans la philosophie de l'ecole confucéene, Journal Asiatique, IXe Serie, XVI, 1900, p. 15.)

Thus Farjenel writes: "tandisque, dans note langue, le mot 'Nature' exprème le plus souvent l'ensemble des propriétés qu'un être tient de sa naissance, que ces proprietes coient bonnes ou mauvaises, dans la langue chinoise, au contraire, le mot sing (性) designe presque toujours le principe d'ordre universel qui préside a l'harmonie des choses; qui est dans le domaine physique la loi des mouvements et des transformations, dans le domaine moral la règle que les hommes doivent suivre pour rester dans la voie droite; en un mot, le principe de vie des êtres en même temps le principle du bien." (Farjenel, op. cit., p. 23.)

term as to give what Farjenel has aptly pointed out "not the ideas which the authors have wished to express, but rather those which the translator desires to find in order to justify his own hypothesis".

In view of the teachings of the Confucian masters from Mencius to Chu Hsi, however, the term "nature" may be taken to mean the principle according to which a person or thing may become what he or it ought to be. This is clearly the meaning of the first sentence in the Book of Chung Yung or Doctrine of the Mean, which reads: "What heaven endows is the nature of man." To get the real meaning of this sentence we must not attach to it any theistic idea. Heaven here connotes only Nature. But the sentence means something more than the truism that what is from nature is natural. According to the Confucian teaching, Nature is Principle. We see, then, how for a man to act contrary to the principle of his own nature is bad. By thus equating nature with principle, nature comes to mean what ought to be rather than what is without further ado.

From the beginning, the Confucian moralists recognised that the moral constitution of man is not simple but composite. The distinction between "the heart of man" (人心) and "the heart of Tao" (道心) is an old one. Mencius speaks of the "great part" and the "little part" of man. "Those who follow that part of themselves which is great are great men, and those who follow that part which is little are little men."① But he does not conceive of human nature as having one part in antagonism to another. There is the sensuous element which is not to control the life of man. But it is not to be exterminated or suppressed. What it needs is direction and organisation, not annihilation. "The senses of hearing and seeing do not think, and are easily obscured (i. e. misled) by external things.—To the mind belongs the office of thinking. By thinking it gets the right view of things; by neglecting thinking, it fails to do this. These—the senses and the mind—are what Heaven have [sic] given to us. Let a man first stand fast in the supremacy of the nobler part of his constitution, and the inferior part

① Ibid., Bk. VI, Pt. 1, 15.

will not be able to take it from him. It is simply this which makes the great man."①

Mencius here recognises clearly the supremacy due to mind or the rational part of man. But this supremacy is not to be maintained by subduing the sensuous appetites. They are only to be protected from being misled by external things and this can be assured by following the lead of the mind. This is a point which brings the Chinese and the Greek views of life closely together and contrasts both with that of the Indian.②

In the same way, the Li Ki analyses the nature of man into "the energy of their physical powers" and "the intelligence of the mind", which correspond [sic] to Mencius' "senses" and "mind". "For their (i.e. men's) affections of grief, pleasure, joy, and anger there are no invariable rules," says the Li Ki. "They are moved according to the external objects which excite them, and then there ensues the manifestation of the various faculties of the mind."③ These various faculties need to work harmoniously so as to secure the welfare of the individual and his moral progress. All Confucian teachers agree that affections are natural to man. To suppress them is to mutilate man's very nature. But there should be harmony among them, and this harmony is possible only when intelligence assumes control. Even Hsuntze, who believes human nature to be evil, teaches, quite contrary to his own general position, that the desires are to be considered necessary and to be satisfied. Thus he writes: "Human nature is the production of Nature; the emotional nature is the essence of human nature; desires are the reactions of the emotional nature. The emotional

---

① Ibid.

② Compare with the following comment on Aristotle's ethical teaching: "No element of that nature — here Aristotle's ethical teaching bears a genuinely Hellenic aspect — is absolutely rejected and pronounced wholly bad; of each just this is demanded, that is should fill no more space than the space which is its due. What this due space is, Aristotle certainly leaves to be decided by the judgment of the 'wise', or as he expresses it, with at least equal frequency, of the 'respectable' man." Gomperz, Greek Thinkers, Vol. IV, p. 248.

③ Li Ki, Bk. XVII, Pt. II, Sec 8. S. B. E., Vol. XXVIII, p. 107.

nature cannot escape from assuming that what a person desires can be had. The starting point of wisdom must be to consider the desires necessary, but to guide them. "①

The analysis of the mental life of man in its relation to morality receives further consideration later in the Sung period. The point that the affective side of life is natural and therefore not to be neglected or suppressed, becomes more distinct. This is one of the features of the Sung philosophy which differentiates it quite markedly from Buddhism, and therefore it is entirely mistaken to regard it as mere Buddhism in Confucian garb, which is the verdict pronounced by such an outstanding scholar of the present day as Liang Chi Chiao. Chang Ts'ai (1022-1077), one of the Sung masters, was once asked whether it would be right to speak of the nature of man as good and of his affective side as evil. The reply was: "The affective side of life is the nature of man in operation. It needs to be properly guided. But how can we call it evil?"②

What does the guiding? Like Mencius and Hsuntze, the Sung teachers would say, the mind. According to them, the function of the mind is so to organise the life of man by guiding and directing its affections as to bring out the essence of human nature, which is good. It is due to the mind that the human desires are duly satisfied, and the nature of man properly fulfilled. Accordingly, the mind does not only make human life happy, but it alone makes it possible. Hence, one of the Sung philosophers has this saying: "Mind may be described by one word, Life. "And since in the teachings of the Sung School, life is the virtue of the universe also, in that its purpose is to produce life, we can understand why they believe that rationality or the mind is the secret of the universe as well as the essence of man. ③

To guide, however, means a direction, a goal. While it is recognised that the mind guides the affections and organises the life of

① Works of Hsuntze, trans. by H. H. Dubs, p. 295.

② E. H. N. , XXXII, 1.

③ Ibid. , XXXII, 11.

man, the Sung philosophers teach that the mind is only an agent through which some determined principle operates. There is no guidance in the mind as such. "There must be a goal for the human mind. Without a goal, it would be drifting with external things and there would be no harmony with Nature."①

Distinction is made between the Tzi (志 Purpose) and the driving power which is called the Yi (意 motive). ②"By purpose is meant the object of the mind—towards which it presses straight ahead. Motive is the devising, calculating and busily active element. —Purpose is the plan of action publicly embraced, while motive is private and confined to the consciousness of the agent alone."③

The question of the criterion of right and wrong must be raised at this point. it is commonly believed that Confucian morality, being traditional, refers every question of right and wrong to the past. There is a considerable amount of truth in this view. Tradition decides most of the moral questions in every day [sic] life. The ancient sages and worthies set the standard of morality for the Confucianist. But there are moments when appeal is made to individual judgment and a criterion other than tradition is then required. What would this criterion be? One of Confucius' disciples felt that the traditional period of three years' mourning for one's parents was too long, and thought that one year ought to be enough. When this question was put to Confucius, he asked his disciple whether one year's mourning would make him feel at ease with himself. "It would," was the reply. Then Confucius rejoined: "If you can feel at ease, do it."④

Feeling at ease with one's self is the criterion of individual judgment in questions of moral perplexity. Indeed, "appeal to one's own heart" (问心) is still proverbial in China today. It is not the same as "conscience" to which Confucian moral philosophy has the equivalent

① Ibid., XXXII, 3.

② Ibid., XXXII, 23.

③ Ibid.

④ Analects, XVII, 21.

"intuitive knowledge". It is rather an inner feeling arising from the satisfaction of one's inner self. Mencius taught that the virtues are to our minds as colours are to the eyes or sounds to the ears. There is a kind of pleasantness or agreeableness in each case. "What is rational and appropriate is agreeable to my mind," said he, "as the flesh of 'grass and grain fed animals' is agreeable to my mouth. —The sages only apprehended before me that of which my mind approves along with other men. "①

The Confucian moralists, however, teach no subjectivism in morality. Our private feeling alone would not make a thing right or wrong. Their conception of man as a social being and as an organic part of nature makes this view impossible. What they mean is rather that the right would give us satisfaction just as beauty and harmony do to our sight and hearing. They recognise also the position of moral experts in the field of human conduct as experts are recognised in other fields of human experience. Even the great advocate of moral intuitionism, namely Mencius, refers constantly to the ancient sages while he teaches the goodness of human nature. ② Just as Aristotle, in defining virtue as "a state in the relative mean determined by reason", qualifies his statement by adding, "as the man of practical wisdom would determine", so the Confucian moral teachers set up as the moral standard that which satisfies our own mind in the light of the moral experience of the past. ③

We must turn now to the process of moral cultivation which receives much attention from the Confucian teachers. In the Book of the Great Learning, there is outlined a programme of the development of the individual from the cultivation of the inner life to the culmination of the highest moral achievement when the whole empire is transformed by the influence of one man. This programme is summed up in the following words: "Things being investigated, knowledge became

① Mencius, Bk. VI, Pt. I,7.

② Ibid. , Bk. III, Pt. I, 1.

③ See Aristotle, Ethics, 1106 b.

complete. Their (the ancients) knowledge being complete, their thoughts were sincere. Their thought being sincere, their hearts were then rectified. Their hearts being rectified, their persons were cultivated. Their persons being cultivated, their families were regulated. Their families being regulated, their states were rightly governed. Their states being rightly governed, the whole kingdom was made tranquil and happy."① Then it is further added: "From the Son of Heaven (the Emperor) to the mass of the people, all must consider the cultivation of the person the root of every thing besides."② Personal morality, then, is considered the very basis of social welfare, and its culminating point is the moral transformation of the whole series of communities to which the individual belongs until the kingdom becomes tranquil and happy. Therefore, Plato's Sage-King is also the goal of moral development in Confucian ethics.

The first step in the programme of moral cultivation is the investigation of nature, the nature of things. What this actually means is the subject of heated controversy between the School of Chu Hsi and that of Lu Hsiang Shan and Wang Yang Ming. Unfortunately, there is little on this question in the teachings of the earlier masters. In the Analects there are suggestive remarks about the necessity of objective study as distinguished from mere speculation. In Confucius' opinion, no amount of thinking could ever take the place of learning.③ He thinks that while learning without thought is labour lost, thought without learning is perilous.④ But throughout the Four Books there is no reference at all to any method of learning or investigation. Even the object of investigation itself is ambiguous. The whole passage on the investigation of nature is missing in the Book of the Great Learning from which we have quoted the programme of moral cultivation. Owing to this omission, Chu Hsi, in editing the book, adds the following note which gives the essence of the method of investigation as understood by

---

① Great Learning, [sic] Chap. 1.

② Ibid.

③ Analects, XV, 30.

④ Ibid., II, 15; cf with Ibid., II, 17 and 18.

the School bearing his name, and which, on account of his influence as an interpreter of Confucian teachings, has been accepted as orthodoxy by the adherents of the Confucian doctrine: "The above fifth chapter of the commentary explained the meaning of investigating things and carrying knowledge to the utmost extent, but it is now lost. I have ventured to take the views of the scholar Cheng to supply it as follows: The meaning of the expression 'the perfecting of knowledge depends on the investigation of things' is this—If we wish to carry on our knowledge to the utmost, we must investigate the principles of all things we come into contact with, for the intelligent mind of man is certainly formed to know, and there is not a single things in which its principles do not inhere. But so long as all principles are not investigated, man's knowledge is incomplete. On this account, the Great Learning, at the outset of its lessons, instructs the learner, in regard to all things in the world, to proceed from what knowledge he has of their principles, and pursue his investigation of them, till he reaches the extreme point. After exerting himself in this way for a long time, he will suddenly find himself possessed of a wide and far-reaching penetration. Then, the qualities of all things, whether external or internal, the subtle or the course, will be apprehended, and the mind in its entire substance and relation to things, will be perfectly intelligent. This is called the perfection of knowledge."①

It is therefore a mistake to think as some writers on Chinese philosophy do, that Confucius had laid down formally the lines which scientific investigation of his followers must pursue.② The so-called lines of investigation quoted in full above are only from the pen of Chu Hsi almost seventeen centuries after Confucius. It has been aptly pointed out that the method advocated by Chu Hsi and his followers against their opponents in the School of Wang Yang Ming is in spirit an inductive method and approaches very nearly the scientific method employed in modern investigation of nature, but that the failure to develop a technique of investigation alone is responsible for the lack of

① Great Learning, Chap. V.

② Cf. M. M. Dawson, Ethics of Confucius, London, 1915, p. x.

progress in scientific study in China. This, however, is not the whole reason. We need to trace the cause to a step further back. In our opinion the stunted growth of scientific study in China has been due largely to the fact that the investigation of nature is too exclusively a handmaid of moral philosophy. Just as science in Europe had to shake off the yoke of Mediaeval theology before it could make its independent progress in the modern world, so nature must be investigated for its sake and the result evaluated on its own merits before much could be accomplished in a scientific way. With the Confucian teachers, however, it is only a preliminary step in the moral cultivation of the individual.

This tendency reached its climax in the philosophy of Wang Yang Ming. We have seen that Chu Hsi supplied that chapter in the Great Learning on the investigation of nature lost in the text. Wang Yang Ming differed radically from Chu Hsi's interpretation. The title of the chapter, still to be found in the text, consists of four Chinese characters—K'a Wu Tze Tzi (格物致知). Now according to Chu Hsi, K'a (格) means "to investigate", and Wu (物), "things". K'a Wu, therefore, means "to investigate external things". The third character Tze (致) means "to complete", and the fourth Tzi (知), means "knowledge". Tze Tzi, therefore, means "to complete our knowledge". Wang Yang Ming's interpretation is totally different. For him, K'a ought to mean "to rectify" and Wu "action"; Tze means "to apply", and Tzi "innate knowledge". Thus, what is for Chu Hsi "the investigating of external things in order to perfect our knowledge" is, for Wang Yang Ming, "rectifying actions by applying to them our innate knowledge". The major premise of Chu Hsi's argument is that "the mind of man is intended to know and there is not a single thing in which its principles do not inhere". That for Wang Yang Ming is, however, the innate knowledge of man. One of his fundamental precepts is that "outside the human mind there is no principle or any thing at all". In other words, he is a thorough-going subjective idealist in moral philosophy.① Accordingly, Wang's moral philosophy dispenses entirely with the study

① F. G. Henke, The Philosophy of Wang Yang Ming translated from the Chinese, London-Chicago, 1916.

of nature. It is the doctrine of Mencius developed one-sidedly. ①

True, there are passages in the Works of Mencius, which when taken isolatedly, would go to support the position of Wang Yang Ming. ② But the spirit of the teachings of both Confucius and of Mencius as well as the general trend of the thought in the Great Learning and in the Doctrine of the Mean would be favourable to Chu Hsi's interpretation rather than that of Wang Yang Ming. We have, in the Doctrine of the Mean particularly, explicit statements in support of Chu's empiricism against the intuitionism of the Wang School. For instance: "There are those who are born with the knowledge of their duties, others who know them by study, and still others who acquire the knowledge after a painful feeling of their ignorance."③ Again: "Extensive study of what is good, accurate inquiry about it, careful reflection on it, clear discrimination of it, and earnest practice of it. The superior man, while there is anything he has not studied, or while in what he has studied there is anything he cannot understand, will not intermit his labour. —If any man succeeds by one effort, he will use a hundred efforts. If any man succeeds by ten efforts, he will use a thousand."④

As a matter of fact, until the controversy arose between the Schools of Chu Hsi and Wang Yang Ming, the Confucian teaching had been that the human mind, while endowed with the capacity for learning, has to acquire knowledge through instruction and learning before it actually know. On a previous occasion we have pointed out that the substance of the Doctrine of the Mean is summed up in a nutshell in the saying: "From harmony to illumination is Nature; from illumination to harmony is instruction. When there is harmony, there is illumination, and when there is illumination, there is also harmony."⑤

① Mencius said: "All things are already complete in us." (Mencius, Bk. VII, Pt. I, 4.) Wang Yang Ming said: "Every man is endowed with this moral innate knowledge. Only some fail to apply it." (Works, Vol. VIII.)

② Cf. Mencius, Bk. VI, Pt. I, 6, 7, 8; Bk. VII, Pt. I, 3, 4, 15.

③ Doctrine of the Mean, Chap. XX.

④ Ibid.

⑤ Ibid., Chap. XXI.

This means that the virtue of harmony, when practised, will make clear the truth underlying it, and when the truth is clearly understood, it will result in the virtue of harmony. The first process illustrates the nature of man, and the second shows the purport of instruction. Beyond the point of the investigation of nature, there is little that divides the school of Chu Hsi and that of Wang Yang Ming. They both agree that perfect development of the self means peace within and a fulfilment of social obligations without.

Internal peace, according to the Doctrine of the Mean, requires, first of all, genuine accord between motives and overt action. Actions ought to be as genuine expressions of the inner feelings "as we hate a bad smell or as we love beautiful colours". Then, further, the emotions must not be allowed to upset the poise of the mind which consists in the harmony of our internal feelings with one another. "If a man be under the influence of passion, or of terror, or of fond regard, or of sorrow and distress, he will be incorrect in his conduct." Even his senses will then function incorrectly, and no consistent rational life would be possible, for this requires freedom from such disturbances. ①

It is to be observed that in the first place harmony in Confucian ethics is not something superimposed upon, or introduced from outside into, the internal life of the man. Confucian moral philosophy starts with the man as a whole with all the feelings and emotions as a part of his mental equipment. They are not antagonistic at first and then to be reconciled to one another. ② The mind is defined, as we have seen, as the sum total of the nature and the feelings of the man, and feelings are considered only the nature of the man in actual operation. The three, then, namely, mind, nature and feelings, are not external to one

① Cf. Great Learning, Chap. VII.

② See D. M. Chap. I.

Thus says the Doctrine of the Mean: "While there are no stirrings of pleasure, anger, sorrow, or joy, the mind may be said to be in a state of Equilibrium. When these feelings have been stirred, and they act in their due degree, there ensues what may be called the state of Harmony. This Equilibrium is the great root from which grow all the human actings in the worls [sic], and this Harmony is the universal path which they all should pursue."

another and become related afterwards, but are aspects of the same thing from the very first. Harmony of the internal life is not so much to be acquired as to be maintained and developed.

In the second place, the subjection of the desires and appetites to reason, which characterises the ethics of Plato in his Republic is not to be found in Confucian teachings. ① In the Confucian harmony there is to be co-ordination, not suppression, of the feelings and emotions. As it is in the ideal state of the Confucian political philosophy, so it is in the moral teachings, good government consists not so much in enforcing laws with an iron hand, but in exerting a benevolent moral influence so that each member of the community may be conscious of its [sic] obligations to the others and of the necessity of developing others in the process of developing themselves. The initial assumption in both cases is of course the goodness of human nature. As long as favourable circumstances are secured, it is believed, moral development will result of its own accord.

In comparison with Greek ethics, Chinese thinking in moral philosophy is less intellectual than the teaching of Socrates. Knowledge does play a part, as we have seen, in the attainment of the good, as far as the Confucian moralist is concerned, but he would not go so far as to say with Socrates that "knowledge is virtue". ② He would rather agree with Aristotle that "mere intellect has no motive power, but must be directed to a certain end". ③ Both Aristotle and the Confucian moralist see the whole man in the situation. The intellect supplies the knowledge, but knowledge to be effective morally must first be incorporated into the man's character before it can result in "firmness of purpose, constancy in practice, and appropriateness in expression". ④

For this reason, the Confucian moralist believes in the method of cultivating virtue by subjecting one's self to the moral influence of the

① Cf. Plato's Republic, Bk. IV.

② Confucius once said that he never acted without knowing why and that empirical knowledge in moral matters was to be considered only of secondary importance. (Analects, VII, 27.)

③ Aristotle's Ethics, Bk. VII, Chap. 2. Weldon's translation.

④ Ibid., cf. Analects, XV, 32.

best men. "Seek the company of only those who are your moral superior"; "frequent the company of men of principle that one may be rectified"; "it is virtuous manners which constitute the excellence of a neighbourhood"; these are precepts for self-cultivation in the Confucian school. The personal influence of friends on one's character is considered to be of the greatest importance, so much so that Confucius thinks that "the faults of men are characteristic of the class to which they belong". ① A good deal of the teachings of the Confucian moralists deals with the practical moral cultivation as well as moral principles. With Aristotle they believe that ethics has to do not only with what the good is, but also with how to make men good. Confucius himself was an example of this. He told how he availed himself of every opportunity for self-improvement. "When I walk along with two other men, they may serve me as my teachers. I will select their good qualities and follow them, their bad qualities and avoid them. "② Moral cultivation is a life-long task to be incessantly pursued. ③

The Summum Bonum of this long process of moral cultivation is Jen. ④ What this virtue Jen is, Confucius seldom discussed directly, but there are numerous references to it in the Analects indicating how it could be attained and who might be classified under its category. ⑤ Mencius has in his Works some concise descriptions of Jen. "Jen is man's heart"; "it is the distinguishing characteristic of man. "⑥ These are the nearest [sic] approach to a definition to be expected from the ancient teachers in China, who in both their language and in their mode of thinking were more practical than technically logical. Jen, according to Confucius, is the highest attainment in man's moral cultivation, and according to Mencius, it is the distinguishing characteristic of the

① Analects, I, 8, 14; IV, 1, 7.

② Analects, VII, 21; IV, 17.

③ Analects, XVI, 10.

④ The Chinese Character for Jen is, as we have seen, 仁.

⑤ Cf. Analects, IV, 3, 4, 5, 6; VI, 20; VII, 14; XII, 1, 2, 3; XIII, 19; XV, 8, 9; XVII, 6; I, 3; V, 4, 7, 18; VI, 24; XIV, 2, 7; VI, 28.

⑥ Mencius, Bk. VI, Pt. I, 11; Bk. VII, Pt. II, 16.

human being. We have therefore taken it to mean the perfect development of man as a social being. ①

Unfortunately for the proper understanding of this very important term in Confucian ethics, Mencius who in such passages as have just been quoted, has helped much to define Jen, is also the man responsible for putting Jen (perfect humanity) on a par with I (appropriate attitude), whereas the latter, as we shall try to make clear in the next section, is, strictly speaking, not to be understood at all apart from Jen. Indeed, Mencius is responsible for making Jen only one of the Four Cardinal Virtues, viz., Jen, I, Li and Chi (commonly translated Benevolence, Righteousness, Propriety and Wisdom). ②

Owing to the influence of Mencius on Chinese moral philosophy in later ages, the ambiguity of the term Jen continued for a long while. As great a Confucian scholar as Han Yu (韩愈) of the Tang Dynasty was misled by it. In his famous essay "On Truth", he defines Jen as universal love, thus limited the connotation to only one of its manifold aspects, which causes much confusion of thought. ③

The confusion in the use of the term lasted until the Period of Neo-Confucianism in the Sung Dynasty. One of the Sung philosophers makes the following statement in vivid language: "Jen is life and non-Jen is death. When a certain part of the body is paralysed and insusceptible of irritation or stimulation, it is said to be 'not-jen' (不仁 which is a common expression in Chinese). The stone of a fruit capable of germination is called the 'jen' of the fruit tree (果仁), (another Chinese expression of common use) because there is life in it. Inferring

---

① See chapter III of the present essay.

② The Chinese terms are 仁,义,礼,智.

③ The following is Cheng I-Chuan's criticism of Han Yu's definition of Jen: "Love belongs to the emotional side of man's life, whereas Jen refers to the character of the man. How can Jen be taken to mean 'love' alone? Mencius once said, indeed, that compassion is Jen, but he had already said that compassion was the beginning of Jen, hence it is not the whole of Jen. Han Yu made the mistake of identifying 'universal love' with Jen. The man who has Jen as his character will naturally cherish 'universal love', but 'universal love' is not Jen itself. (E. H. N., XXXV.)

from these usages, we may get the meaning of the term. "① While this is more or less a pun, it contains much that will help the proper understanding of the term as the Confucian teachers of the Sung school conceive it. ② It is in the light of the interpretation of the Sung teachers, particularly that of Chu Hsi, that we have proposed to translate the term Jen by the English expression "the Perfect Virtue of Humanity".

The Sung School carries the interpretation of the idea of Perfect Humanity even a step further. Professor Suzuki of Kyoto, Japan, in his "Early History of Chinese Philosophy", calls attention to the expression "fellowship feeling", used by Cheng I-Chuan (程伊川) of the Sung Dynasty in interpreting the term Jen. ③ But in our opinion Cheng I-Chuan's idea would be better expressed, if instead of Professor Suzuki's "fellowship feeling", we should use the term "fellowship attitude" to convey what is implied in Cheng I-Chuan's Chinese term. It is more an attitude than a feeling that is referred to here. The idea is that man is organic to the universe and to his fellow-men in the same way as all things in the universe are organic to one another. Hence, Cheng said: "When this attitude is embodied in man, it is Jen. With this attitude, I and my fellow beings are seen in the same light. "④

Pushing this idea still further, Chu Hsi makes this "organic attitude" the basis of man's highest virtue of perfect humanity. Without it man would be felling [sic] like an isolated being and no virtue of humanity could ever be developed in him, for he would not be able to feel related to his fellow men. "The organic attitude is the principle of Jen, and Jen is the principle of love," says Chu Hsi. ⑤ Again: "When

---

① E. H. N., XXXV, saying of Shieh Liang-cho.

② Cheng I-Chuan describes Jen as "fellowship feeling". (Professor Suzuki's translation). Professor Suzuki writes: "This feeling is that of humanity itself—All virtues spring from Jen. They are no more than the modifications of this fundamental feeling, as in various ways, it becomes related to the will, intelligence, desires, and the impulses." (Early History of Chinese Philosophy, p. 51.)

③ See note 325.

④ E. H. N., XXXV.

⑤ Ibid.

there is this organic attitude, selfishness is dispersed. With selfishness dispersed, there would be no longer any obstacle to the development of the original nature of man."

Thus the perfect development of man makes the really harmonious relation in which man stands to the rest of the great universe. By doing his part as an organic part of the universe, he finds himself as he is intended to be by nature. The result is, according to Chu Hsi[,] that man is one with nature. Selfishness is the barrier between man and Nature, as well as between man and man. When selfishness is done away with, man becomes true to himself and to the universe of which he is a part. But, as we have seen, to be true to one's own nature is the secret of becoming in harmony with Nature. Jen, or Perfect Humanity, is only a particular manifestation in man of the Cheng or Universal Harmony in Nature.

The trend of thought of the Chinese moralists as far as we have dealt with in this [sic] last two sections may be summarised in the following brief propositions: (a) Man's nature is originally good. (b) Selfishness which is due to the failure on the part of man to realise his social nature and of his place in the universe is the obstacle to his perfect development. (c) When selfishness is overcome, the organic attitude which ought to be natural to man is then restored and becomes operative in the man's life. (d) The culmination of this is the Perfect Humanity, which expresses itself in kindness, affection and love, but which is not to be identified with any of these.

IV

Having considered the Confucian idea of the universe and that of man's place in it, we must now turn our attention to another ethical concept which the Chinese moralists designate by the term I. The question is, how would a man of virtue conduct himself in any given situation of moral significance?

The term I has been translated into English as "justice" or "righteousness". But neither of these translations conveys adequately to the English reader the relation of I to Jen or its place in the Confucian ethical system.① In the Analects of Confucius we do not find Jen and I mentioned together. For Confucius, Jen is the more fundamental concept with which no other moral concept can stand on the same footing. Mencius is the first to use the terms Jen and I together, as if they were co-ordinate, which is a mistake. In some places, however, he seems to have laid hold of the true meaning of I. Thus, he says, "Jen is man's heart, and I is man's path."② Moreover, while he fails to make clear the exact relation of I to Jen, he hints frequently at the idea that Jen is more subjective and internal, whereas I is more objective and external. "The Mencian Jen is the affectional and aesthetic aspect of the Confucian Jen, while his I is the volitional and ethical aspect. One is love, grace, and a subjective feeling; while the other is duty, moral 'ought', and an objective consideration for others. One is the expansion of the altruistic feeling, and the other is the inhibition of egoism, and thus each complements the other. Again, the one is the human heart itself, the abode where a man finds his home (Mencius Bk. IIIa); and the other is the walk which must be traversed by all men. The one is 'not to will what ought not to be willed', and the other is 'not to do what ought not to be done'. (Bk. IVb)". This passage from Professor Suzuki's "Early History of Chinese Philosophy" is illuminating, but in our opinion it is not free from misleading language. The relation between Jen and I is not that they complement each other. I is really Jen functioning. The one depends upon the other and issues from it. In other words, Jen refers to the character of the man, while I to his attitude towards, or reaction to, a given situation. I, then, varies with the situation which is external to the man. It is a function of Jen. In this sense, Kao-tze who debated this question with Mencius was really right, while Mencius himself won the debate but did not have the argument.③

I is a generic term, under which may be placed many specific

---

① Couvreur gives the following meanings of I: "Vertu qui nous porte a rendre à chacun ce qui lui est du; justice; sentiment du devoir; conscience; ce qui est juste et raisonnable; ce qui convient." (L. Couvreur, Les Quatres Livres, 1895, p. 722.)

② Mencius, Bk. VI, Pt. I, 11; cf. Bk. VII, Pt. II, 31.

③ Ibid., Bk. VI, Pt. I, 4, 5; cf. E. H. N., XXXVI, 1-4, XXXIII, 18; XXXVII, 2, 36.

virtues. It means what a man's attitude ought to be. ① The proper attitude of one man towards another is designated by the Chinese term Shu (恕), for which "reciprocity" is a good equivalent in English. ② A Sung philosopher interprets it to mean " extending the same consideration to others as we have of ourselves". ③ This is of course in line with the spirit of Confucius saying: "Do not do to others what you do not want done to yourself. "④ This is but one species of I.

Referring to this last saying of Confucius, an English writer makes the observation that "it excites surprise, and probably incredulity to state that the golden rule of our Saviour 'Do unto others as you would have that they should do unto you', which Mr. Locke designates as 'the most unshaken rule of morality and foundation of all social virtue' has been inculcated by Confucius, almost in the same words, four centuries before". ⑤ James Legge, the notable sinologue, [sic] of the 19th century in England and translator of the Chinese Classics, after having quoted the above remark, added that he had taken notice of this fact in reviewing both "The Great Learning" and "The Doctrine of the Mean", and that he would be "far from grudging a tribute of admiration to Confucius for it", but, to our surprise, he hastened to comment that "when a comparison is drawn between it and the rule laid down by Christ, it is proper to call attention to the positive form of the latter". "The letter of Confucius," said Legge, "only forbids men to do what they feel to be wrong and hurtful. "⑥ It is probably due to Legge's

① D. M. Chap. XX.

② Legge uses this term in translating Analects XV. 23. "Tsze Kung asked, saying, 'Is there one word which may serve as a rule of practice for all one's life?' The Master said, 'Is not Reciprocity such a word? What you do not want done to yourself, do not do to others'" But in translating the same term in another passage in the Analects, Legge uses a longer expression, which is "the benevolent exercise of the principle of our nature to others. " (Anal. , IV, 15.) This latter passage, however, has to be read in the light of the context, which will bring out the same idea of reciprocity.

③ E. H. N. , XXXVII, 26.

④ Analects, XV, 23.

⑤ Quoted by Legge in his Prolegomena to the Chinese Classics, Vol. I, p. 110.

⑥ Ibid.

influence that Confucius' saying has come to be known among Western students of Chinese ethics as the "Silver Rule". For people who know the Chinese classics only by hearsay such criticism may be excusable. But it is amazing that Legge should have held the same opinion when he himself is the translator of the "Doctrine of the Mean" where we find the following passage, which Legge's own critical study would ascribe to Confucius himself: "In the way of the superior man there are four things, to not one of which have I as yet attained. —To serve my father, as I would require my son to serve me: to this I have not attained; to serve my prince, as I would require my minister to serve me: to this I have not attained; to serve my elder brother, as I would require my younger brother to serve me: to this I have not attained; to set the example in behaving to a friend, as I would require him to behave to me: to this I have not attained. "①

This, then, is the Confucian idea of reciprocity. There is in the moral philosophy of the West a classical saying which will perhaps help us to understand what it means. Kant, in formulating his categorical imperative lays down a principle like this: "So act as to treat humanity, whether in thine own person or in that of any other, in every ease as an end withal, never as a means only. "② This is also the idea of the Confucian Reciprocity.

This becomes still clearer, when Shu, or Reciprocity, is considered together with another virtue, namely, Chung (忠) which may be translated as "Faithfulness to one's own nature". ③ Cheng I-Chuan explains it as "so to develop one's self as to leave no room for regret". ④ But it refers to something more than just the inner nature of the man. It refers to the self in any given situation. Whatever the circumstances may be, a man must be true to himself, to the humanity that is in him. It is I with regard to one's self.

---

① Legge's own translation of D. M. Chap. XIII, 4.

② Kant, "Fundamental Principles of the Metaphysics of Morals", Abbot's translation, 1879.

③ Cf. Legge's translation [sic] Analects, IV, 15.

④ E. H. N., XXXVII, 18.

To the Confucian, self always has a social aspect. Man is and must be morally related to his fellow-men. He is born in the midst of a network [sic] of social relations. Thus the end of self cultivation is to give rest and tranquility to the whole world,① which is an obligation incumbent upon the individual in society never to be shunned under any circumstances according to Confucian ethics. ②

It may be pointed out here that the Confucian conception of the individual in society is essentially in terms of duties rather than in terms of rights. Even self-cultivation is conceived of as a social obligation. Every man owes [sic] to his fellow-men the duty of trying "to give rest to others". In other words, Confucian moral philosophy regards man not as an isolated individual born with only his own capacities to develop, and his own interests to pursue: he is always regarded as a member of a community born in the midst of various social relations. The question that concerns the moral philosopher in China is not merely the relation of one man to another, abstractly conceived, but rather that of a man to his parent, his wife, his child, his brother, his friend, his superior, or his subordinate. It is a one-many relation.

This is the crux of the issue between Moh-ti's universal love and the Confucian doctrine of affection according to differences of relationship. Moh-ti thinks of man and society in abstraction, as if that alone matters, while the Confucianist wishes to treat a man as having various feelings and obligations towards different members of the community.

Hsuntze's [sic] criticism of Moh-ti is that he "has insight about what is universal, but not about the individual."③ In other words, he takes man in the abstract and not as he is with feelings and emotions. So in exhorting man to do that whichis idealistic, he forgets to take sufficient care of man's emotional life and thus fails in achieving his aim. In the words of Hsuntze again, "The Confucian doctrine causes men to

---

① Analects, XIV, 45.

② Ibid., XVIII, 7.

③ Works of Hsuntze, pp. 184-185.

gain both, (i. e. justice and emotional nature), the Mician [Mohist?] doctrine causes men to lose both."①

Thus, while Confucius and his school do teach about "love for all"② they feel, nevertheless, that the mental constitution of man requires him to confine his affections to a more or less limited circle. "The benevolent embrace all in their love, but what they consider of the greatest importance is to cultivate an earnest affection for the virtuous. Even the wisdom of Tao and Shun did not extend to everything—their benevolence did not show itself in acts of kindness to every man."③ As it has been aptly said by a modern writer in the West, "love may be quite real within a relatively narrow circle, but to claim our fellow-men simply as our fellow-men is to assert a measure of actual sympathy and comprehension which is absurdly far from real".④ The Confucian philosophy is, to borrow the words of another modern ethical writer, that "what does and always does guide men is their personal relation to the little circle which they actually influence".⑤ Hence, the Confucianist would say that while we should maintain always an attitude of open-mindedness and good will towards our fellow-men in the world at large, we ought to feel at the same time our first obligation in our everyday life to those with whom we stand in specific social relations. This gives rise to the well-known Confucian teaching of the five relationships, prince and minister, parent and child, husband and wife, elder brother and younger brother, friend and friend. Each of these relationships means a certain claim on the man. Life is responses to these claims. The Confucian philosophy of life is therefore a philosophy of duties rather than of rights.

The first duty is that owed to the state. Biographies of great men in the history of China furnish abundance of illustrations that when at

---

① Ibid., p. 216.

② Analects, I, 6.

③ Mencius, Bk. VII, Pt. I, 46.

④ Warmer Fite, Individualism, p. 205, quoted by Graham Wallas, Great Society, p. 150.

⑤ Leslie Stephen, The English Utilitarianism, Vol. II, p. 329. Cf. L. T. Hobhouse, Rational Good, p. 80.

certain crises in life one's duty to the state clashes with that to the family, even to one's parents, which in ordinary times assumes first importance, the first, that to the state, always prevails. In the old Confucian terminology it is the relation between sovereign and minister. But sovereign in the olden days occupied the same place in the mind of a Chinese as the state does with us in the modern time. In the last analysis it is really what a man owes to the community. The highest aim in self-cultivation is to exert one's moral influence on the social and political conditions of the state, to use a modern term, so that every one may enjoy "tranquility and happiness".

Next come the family duties, of which those to one's parents are of the greatest importance. Professor Giles of Cambridge calls filial piety "the key-stone of the arch" in Chinese life, social and political alike. ① There is much truth in this observation. It is of course a virtue one would expect the Chinese family to stress. It is a patriarchal type of family prevalent from time immemorial which has until very recent days furnished the pattern of the Chinese political organisation. The authority and dignity of the father is really the foundation of Chinese society. Professor Giles observes that when filial piety is taken away, "the superstructure of centuries crumbles to the ground". ② Much that is going on under our eyes in China at the present moment vindicates the truth of this statement.

No other theme in Chinese literature has received as much attention as the theme of Filial Piety. There is a whole book devoted to its teaching, entitled the Classic of Filial Piety. Tradition ascribes it to the Saint Peter of the Confucian School, Tseng Ch'an (曾参), but very likely it is a product of a much later period. ③ In this book, obedience to the parents is magnified into a virtue with ramifications covering all the

① H. A. Giles, Chinese Civilisation, p. 72.

② Ibid.

③ The Classics of Filial Piety came from the School of Tseng Ch'an. Its authorship is uncertain. Although there is little doubt that there was a document bearing this title early in the Han dynasty, the text we have at present is not older, as far as we known, [sic] than the eighth century of the Christian Era.

excellences conceivable in a man's conduct. "Of all excellences, filial piety is the first" is a well-known proverb in China. Indeed, a perusal of the Classics would easily convince one that Filial Piety is elevated to the rank of a religion with the parents as the centre of devotion. The practice of ancestor worship with the masses of people in China gives it even a stronger religious colouring than the teaching of Filial Piety pure and simple would have.

Let us now consider the teaching of Filial Piety. It is a virtue that naturally assumes great importance in a society which is organised on the basis of the patriarchal family, as we have already observed. In some other communities of a similar character, the authority of the patriarch may be upheld by religious sanctions. With the Chinese, however, the sanction is largely social, which is the result from the teaching of filial piety of the Confucian school.

We have seen that in the teachings of Confucius, Jen is the greatest virtue. In as late a book as the Li Ki we still find traces of this, and there filial piety is only one of the Ten Principles ensuing from the Five Human Relationships, giving no indication whatever [sic] that any one of these principles is to be unduly emphasised. When we come to the Classic of Filial Piety, however, a different attitude is evident. Here, filial piety is all-important. "The Master said, 'Of all creatures with their different natures produced by Heaven and Earth, man is the noblest. Of all the actions of man there is none greater than filial piety.'"① Indeed, it is "a perfect virtue and all-embracing rule of conduct through which they (the ancient kings) were in accord with all under Heaven". [sic]② and it is furthermore "the root of all virtues and the stem out of which grows all moral teaching". ③

This idealising process goes on in the Classic of Filial Piety, until the virtue of reverence for parents assumes the position of a cosmic principle underlying the whole universe. It is said to be "the constant

① S. B. E., Vol. III, p. 480.

② Ibid., p. 465.

③ Ibid., p. 456.

method of Heaven, the righteousness of Earth, and the practical duty of man, Heaven, and Earth," so it goes on to say, "invariably pursue the course that may be thus described, and the people take it as their pattern. The ancient kings imitated the brilliant luminaries of heaven and acted in accordance with the varying advantages afforded by earth, so that they were in accord with all under heaven, and in consequence their teachings, without being severe, were successful, and their government, without being rigorous, secured perfect order."① Such would be the far-reaching effect of this one virtue, when it dominates the social and political life of a nation!

But what is this virtue in actual practice? Confucius himself defines it as serving the parents, when alive, according to propriety (i. e. the rules of conduct recognised by the community), burying them, when dead, according to propriety, and offering sacrifices to them, after death, according to propriety.② In the Li Ki, the same teaching is put in a more elaborate form: "The Master said, 'The service which a filial son does to his parents is as follows:—In his general conduct to them, he manifests the utmost reverence; in his nourishing them, he endeavours to give them the utmost pleasure; when they are ill, he feels the greatest anxiety; in mourning for them (dead), he exhibits every demonstration of grief; in sacrificing to them, he displays the utmost solemnity. When a son is complete in these five things, he may be pronounced able to serve his parents.'"③ We notice in this passage a special stress on the emotional aspect of the filial service. This is the idea of what Confucius called "reverence". "The Master said, 'The filial piety of nowadays means the support of one's parents. But dogs and horses likewise are able to do something in the way of support;—without reverence, what is there to distinguish the one support given from the other?'"④ A feeling of affection and reverence is, therefore,

---

① Ibid., p. 473.

② Analects, Bk. II, Chap. 5.

③ S. B. E., Vol. III, p. 480.

④ Analects, Bk. II, Chap. 7.

essential to filial piety.

But filial piety does not stop there. It requires also that the son must take the greatest care of his own body, for every hair and every bit of his skin are received from his parents and therefore ought to be jealously protected from any possible injury. Honour and disgrace reflect upon one's parents, and therefore virtue is cultivated to bring them glory, and misconduct is avoided so as not to cause them shame. Indeed, the Classic of Filial Piety teaches that this all-embracing virtue of filial piety only "commences with the service of the parents", but it is "to proceed to the service of the ruler and to be completed by the establishment of the man's characters", so that he may be known to posterity as a good and faithful son of his parents. ① A man with filial piety as the controlling principle in his life, then, will always consider most carefully the possible consequences of his own actions to the good name of his parents, living or dead. "He who thus serves his parents in a high situation, will be free from pride; in a low situation, will be free from insubordination; and among his equals, will not be quarrelsome. In a high situation, pride leads to ruin; in a low situation, insubordination leads to punishment; among equals, quarrelsomeness leads to the wielding of weapons." Therefore, "if these three things be not put away, though a son everyday contributes beef, mutton, and pork to nourish his parents, he is not filial". ② No wonder, rulers of China had for ages encouraged this value of filial piety. It alone, when well cultivated, will make the people ever bent on peace and therefore easy to control.

In this way, filial piety comes to be regarded as the fountain head [sic] of all moral excellences and the foundation of character. It has come to assume religious importance, which the practice of ancestor worship enhances and strengthens.

It has often been the criticism of modern students that the Confucian moral system treats the relation of parent and child rather

---

① S. B. E., Vol. III, p. 466.

② Ibid., p. 481.

one-sidedly. The obligation of the parent is ignored, so the criticism goes. While it is true that the duty of the child is emphasised far more than that of the parent, it is not fair to say that the latter has been entirely neglected. The Three Character Classic which for centuries up to only some twenty years ago had served as the primer for every child going to school, enumerates clearly ten virtues appertaining to the Five Relationships, and that of the parents has not been omitted. In reply to a question as to what would constitute good government in a country, Confucius said, "There is good government, when the prince is prince and the minister is minister; when the father is father, and the son is son."① Further, we find the following passage in the Li Ki: "What are things which men consider right? Kindness on the part of the father and filial duty on that of the son; gentleness on the part of the elder brother, and obedience on that of the younger; righteousness on the part of the husband, and submission on that of the wife; kindness on the part of the elders, and deference on that of the juniors; with benevolence on the part of the ruler, and loyalty on that of the minister. These ten are the principles which men consider to be right."②

The Five Relationships are sometimes characterised by five corresponding virtues which are as follows: Propriety for princeand minister, affection for parent and child, distinction for husband and wife, order for elders and juniors, and faithfulness for friends. "Distinction" here referring to the relationship of husband and wife is often misinterpreted. It is usually understood to mean the distinction in functions between husband and wife. The study of social institutions in ancient China, however, does not justify such an interpretation. There is of course, division of duties between husband and wife in the family, but that in a large patriarchal family as was found in China of the olden days and is still found to a certain extent in China of the present time, is really a division between men and women in the family group rather than between husband and wife. "Distinction" then, assumes the

① Analects, II, 11.

② Sacred Books of the East, Vol. XXVII, p. 379.

importance of a foundation stone of society only when it refers to the marital relation itself and not just to the parties to it. The virtue of distinction appertains [sic] to the relation of "man and wife" as distinguished from any other intimate relation between the sexes. It is the institution of marriage that is emphasised here. Unfortunately the ambiguity of the term used has led to the common misinterpretation which is generally now the accepted meaning.

It is hardly necessary to dwell long on the virtue of faithfulness between friends. It is the virtue of one's private dealings with one's fellow-men. Thus the five relationships may be divided under three headings: (1) Men's political duties; (2) Men's family duties; and (3) Men's private duties.

V

I represents what ought to be done in a given situation. But what is the procedure of doing it? This gives rise to the concept of Li, a term generally translated as Propriety in English.

The term Li is sometimes taken by sinologues to mean politeness or courtesy, and sometimes ritual or ceremony. Thus Callery writes: "Ceremony epitomises the entire Chinese mind, and in my opinion, the Book of Rites is per se [sic] the most exact and complete monograph that China has been able to give of herself to other nations. Its affectations, if it has any, [sic] are satisfied by ceremony; its duties are fulfilled by ceremony; its virtues and vices are referred to ceremony; the national relations of created beings essentially link themselves in ceremonial—in a word, to that people ceremonial is man as a moral, political and religious being, in his multiplied relations with family, society, and religion."①

But, obviously, "ceremony" does not represent adequately the full significance of the term Li in the Confucian moral system. William's own comment upon the passage just cited from Callery, quoted by him in his "Middle Kingdom", is that "it shows how meagre a rendering is

① M. Callery quoted by Williams in "Middle Kingdom".

'ceremony' for the Chinese idea of Li, for it includes not only the external conduct, but involves the right principles from which all true etiquette and politeness spring."①

Couvreur gives several renderings for this one term: "covenances, bienséances, usages, cérémonies, témoignage, de respect, urbanité, politesse, etc."② A Chinese author writing in French defines it in these words: Le 'Li' étant un ensemble de régles morales et sociales, a pour function de preciser de devoir social, de régler de conduct personelle, de perfectioner les sentiments de l'homme, d'améliorer les moeurs."③ In our opinion, it is all this, but more. Let us turn to the Confucian literature to ascertain its real meaning.

A casual reading of the Analects would reveal the multitudinous usages of the term.④ It means in many places the system of official rituals, at religious sacrifices and court ceremonies, in diplomatic intercourse and on other formal occasions. In other places, it means merely the appropriate procedure of conducting one's self [sic] in everyday life, in other words, the recognised mode of behaviour. In all the various meanings, however, we find the idea that one's feelings are to be expressed only in such ways as have been established by usage and sanctioned by public recognition. There is a recognised mode of giving outlet to one's feelings which has proved to be profitable to the community as well as to the person concerned. This is the essential idea of Li, and therefore as its most adequate English translation we propose the expression "the proper procedure".

As Filial Piety is idealised in the Classic bearing that title, so is Li idealised in the writings of Hsuntze and later in the Li Ki. In the works of Hsuntze we find this passage: "Of the things that are in heaven there are none brighter than the sun and moon; of the things that are on earth there are none brighter than water and fire; of goods [sic] there are

① A. H. Smith, Chinese Characteristics, 1900, pp. 171-172.

② See C. Yuen, La Philosophie moral et politique de Mencius, Paris, 1927, p. 185.

③ Ibid., p. 186.

④ Cf. Analects, I, 12; II, 3; III, 9, 17, 18, 26; VIII, 2, 8, etc.

none brighter than pearls and jade; of things that are human there are none brighter than the rules of conduct (Li) and justice (Yi)".① Hsuntze recognises, indeed, that Li is but man-made, yet he would trace further back to heaven for its ultimate source. "The code of proper conduct (Li) has three sources; Heaven and Earth gave birth to it—this is a source; our ancestors made it fit the situation—this is a source; our princes and teachers formed it—this is a source."②

Being more or less a rationalist, Hsuntze is naturally not satisfied with a sanction for Li which is purely external. He seeks to justify it also from the consideration of man's own nature. He believes that when Li reaches its perfection, it will express men's emotions and sense of beauty to the fullest extent, thus to produce joy as its legitimate result. This being the case, it is necessary therefore to secure for Li that harmony and proportion which alone will satisfy the emotions not merely as they arise severally, but as they represent the nature of man as a whole. "The rite is of the second degree," Hsuntze writes, "when either the emotion or the sense of beauty overcomes the other. It is of the lowest degree when it reverts to the state of emotion and returns to its primitive state."③

The process of idealisation goes on, however, in the writings of Hsuntze, until it becomes the first principle of the universe. In the following passage we find the most extravagant [sic] language used to describe the significance of Li: "Li is that whereby Heaven and Earth unite, whereby the sun and moon are bright, whereby the four seasons are ordered, whereby the stars move in the courses, whereby rivers flow, whereby all things prosper, whereby love and hatred are tempered, whereby joy and anger keep their places.—He who follows it is safe; he who does not follow it is in danger. He who follows it will be preserved; he who does not follow it will be destroyed."④ In short, Li

① Works of Hsuntse, trans. by H. H. Dubs, 1928, p. 182.

② Ibid., p. 219.

③ Ibid., p. 223.

④ Ibid., pp. 223-224.

has come to be identified with harmony, which as we have seen, is the cosmic principle according to the Confucian moralists. Thus interpreted, it is naturally the first duty of man.

There are certain traces of the influences of the teachings of Hsuntze in the Li Ki. But the main emphasis of the Li Ki is on Li as a means to check the licentious expressions of human emotions. In the following passage we have a description of the first institution of Li which reminds us of the political philosophy of Thomas Hobbes: "It belongs to the nature of man, as from Heaven, to be still at his birth. His activity shows itself as he is acted on by external things, and develops the desires incident to his nature. Things come to him more and more, and his knowledge is increased. Then arise the manifestations of liking and disliking. Then arise the manifestations of liking and disliking. When they are not regulated by anything within, and growing knowledge leads more astray without, he cannot come back to himself, and his heavenly principle is extinguished. —On this we have the rebellious and deceitful heart, with licentious and violent disorder. The strong press upon the weak; the many are crud to the few; the knowing impose upon the dull; the bold make it bitter for the timid; the diseased are not nursed; the old and young, orphans and solitaries are neglected; —such is the great disorder that ensues. Therefore the ancient kings, when they instituted their ceremonies and music, regulated them by consideration of the requirements of humanity. By the sackcloth worn for parents, the wailings, and the weepings, they defined the terms of the mourning rites. By the bells, drums, shields, and axes, they introduced harmony into their seasons of rest and enjoyment. By marriage, capping, and the assumption of the hair-pin, they maintained the separation that should exist between male and female. By the archery gatherings in the districts and the feastings at the meetings of the princes, they provided for the correct maintenance of friendly intercourse."① Li here refers undoubtedly to the social institutions handed down from the past, which it is its function to

① Li Ki, Book XVII, Sec. 11-13, S. B. E., Vol. XXVIII. pp. 96-97.

maintain.

In the Confucian School, Li is often mentioned together with music. Li and Music with Law and Punishment, constitute "the method of kingly rule". Their several functions are defined as follows: "Ceremonies afforded the defined expression for the affections of the people's minds; music secured the harmonious utterances of the voices; the laws of the government were designed to promote the performance of the ceremonies and music; and punishments, to guard against the violation of them. When ceremonies, music, laws, and punishments had everywhere full course without irregularity or collision, the method of kingly rule was complete. "①

These four have therefore one sole aim, that is, the moral welfare of the people which alone can assure order and peace in the country. ②

It seems here that music is taken not as a fine art to be judged on its own merits, but only an instrument in the hands of the government for the political and moral education of the people. The Li Ki explicitly says that "the greatest achievements of music were not in the perfection of the airs" which certainly ought to be the aim of music as an art. The ancient kings, according to the Li Ki again, "did not seek how fully they could satisfy the desires of the appetite and of the ears and eyes, but they intended to teach the people to regulate their likings and dislikings, and to bring them back to the normal course of humanity. "③ But it would not be really correct to classify this as a "moralistic conception" of music. ④ Music in the Confucian system in general and in the Li Ki in particular is not music as we understand the term nowadays. It represents originally that part of the court and religious ceremony in which songs and dances are employed as tradition requires it from time immemorial. Since the Confucian School, particularly during the period

① Ibid., p. 97.

② Ibid., p. 93, 95.

③ Ibid., pp. 95-96. Cf. pp. 112-113.

④ See Art. by D. L. Phelps on "The Place of Music in the Platonic and Confucian Thought Systems of Moral Education", in the [sic] Journal of the North-China Branch of the Royal Asiatic Society, Vol. LIX, 1929.

when the Li Ki was taking its present shape, has for its function the training of the young for a political career, a knowledge of the court ceremonies is essential. A process of rationalisation soon sets in. Music in the court in the form of songs and dances, traditional and primitive in character, must find its meaning. It, too, as everything else in the hands of the Confucian moralist, assumes a moral significance, not music as such but music forming a part of the traditional court system. Rationalisation of music is even easier than that of ceremony. It is harmony, and it is idealised to be "an echo of the harmony between heaven and earth". ① "In listening to the singing of the Ya and the Sung (both are forms of court music), the aims and thought receive an expansion. From the manner in which the shields and axes are held and brandishes (in ceremonial dances) and from the movements of the body in the practice with them, now turned up, now bent down, now retiring, now stretching forward, the carriage of the person receives gravity. From the way in which the pantomimes move to their several places and adapt themselves to the several parts of the performance, the arrangement of their ranks is made correct, and their order in advancing and retiring is secured. In this way music becomes the lesson of Heaven and Earth, the regulation of true harmony, and what the nature of man cannot dispense with. "② The attempt to rationalise is quite obvious here.

Summing up, we may say that, by rationalisation, ceremonies and dances are regarded as the orderly and harmonious expressions of the human feelings and emotions, essential to the development of the nature of man. Particularly, Li comes to mean with the later Confucianists the recognised way of carrying into action whatever is considered right and proper in a given situation. ③ It is "the embodied expression of what is right". ④

The knowledge of Li is elevated also to the rank of virtue comparable to the concept of moral insight or wisdom in Greek ethics.

---

① S. B. E., Vol. XXVIII. pp. 100-101.

② Ibid., p. 128.

③ E. H. N., XXXIV, 20.

④ See Sacred Books of the East, Vol. XXVII, p. 389.

This knowledge, as we have already pointed out in a previous section, must be incorporated into man's character before it can become effective in conduct. Mere intellectual comprehension is not sufficient; it must be a penetrating insight. Then, it will be followed by true courage. Thus, knowledge when identified with the man, will result in courage. This is how courage is mentioned in the Doctrine of the Mean alongside with [sic] knowledge and humanity.① But strictly speaking, the cardianl [sic] virtues of the Confucian system are Humanity, Appropriate Attitude, Proper Procedure, and Wisdom. Courage seems to be considered only as a sort of derived excellence as we have interpreted above.

In the Han dynasty the Confucian teachers added a fifth virtue, namely, Constancy, which has since taken its place alongside with the four just mentioned.② There are now in Confucian ethics five virtues just as there are five elements, five tastes, five sounds, and even five directions, namely east, west, north, south, and central!

Martin is the only writer on Chinese moral philosophy, as far as we are aware, who has ever attempted to correlate these five virtues in Confucian ethics. Thus he writes: "Benevolence (Jen) leads the way in prompting the positive efforts for the good of others; justice [sic] (I) follows to regulate its exercise, wisdom sheds her light over both; good faith (our translation, constancy) imparts the stability necessary to success; order, or a sense of propriety (Li), by bringing the whole conduct into harmony with the fitness of things, completes the radiant circle; and he whose character is adorned with all these qualities may be safely pronounced totus teres atque rotundus."③

This is a good attempt to bring out the relation of the five virtues, but the representation still leaves room for improvement. That there is such a relation between them and that they are not separate virtues,

① Cf. D. M. Chap. XX. Unfortunately, Legge's translation fails to bring out the meaning of this passage.

② E. H. N., XLIV, 4-5; cf. Ibid., XLIV 3, XLIII, 9, 10.

③ W. A. P. Martin, The Lore of Cathay, p. 221.

each standing alone, are evident from the writings of the Confucian moralists from the Analects down the ages. Confucius says that the content of an action is the proper attitude of the agent, this attitude has to be expressed in accordance with the recognised procedure and in a spirit of modesty, and, finally, constancy is necessary for the execution of the purpose. ① The Sung philosophers go into elaborate schemes of correlation. The most fantastic, though not entirely uninteresting, is that of Chu Hsi. He tries to establish a relation of the five virtues with the five cosmological elements on the one hand and with the seasons of the year on the other. In the case of the seasons he fails of course to find the fifth, and he seeks to get over this difficulty by saying that earth, one of the five elements, is immanent in the other four, just as constancy is essential to all virtues. ② But he grasps the essential point, when he says that "Jen is the fountain head of all excellences; I, Li, and Chi (Appropriate Attitude, Proper Procedure, and Wisdom) all proceed from Humanity. "③ So also says another Sung writer, Cheng I-Chuan: "Jen carries with it all the other four virtues; for what is right to do is I, how to do it is Li, knowledge of all this is wisdom (Chi), and persistence in practice is constancy (Shin). "④

Ⅵ

The man with the virtue of Humanity is the model of manhood. He is man indeed. When circumstances are favourable, such a man will radiate with his transforming influence until the family, the state, and the empire all shine with its reflected glory. Confucius to the very end of his life dreamed nothing but the time when tranquility and happiness reigned throughout the empire on account of his own efforts and influence. His ideal is described in a passage in the Analects which reads as follows: "I have heard that rules of states and chiefs of families are

① Analects, XV, 17.

② Cf. Bruce, Chu Hsi and his Masters, pp. 171 ff.

③ E. H. N. , XXXV.

④ Ibid. , XXXVII, 1. [sic]

not troubled lest their people should be few, but are troubled lest they should not keep their several places; that they are not troubled with fears of poverty, but are troubled with fears of a want of contented repose among the people in their several places. For when the people keep their several places, there will be no poverty; when harmony prevails, there will be no scarcity of people; and when there is such a contented repose, there will be no rebellious upsettings [sic]. So it is. —Therefore, if remoter people are not submissive, all the influence of civil culture and virtue are to be cultivated to attract them to be so; and when they have been so attracted, they must be made contented and tranquil."①

The idea in this passage develops into the Confucian Utopia in the Li Ki which is a much later product, as we have seen. This development shows much of the influence of Taoism and Mohtism. Especially the latter is pronounced. But the central idea is still Confucian. It is to be found in the Seventh Book of the Li Ki, from which we quote the following extract: "When the Grand Course was pursued, a public and common spirit ruled all under the sky; they chose men of talents, virtue, and ability; their words were sincere, and what they cultivated was harmony. Thus men did not love their parents only, nor treat as children only their own sons. A competent provision was secured for the aged till their death, employment for the able-bodied, and the means of growing up to the young. They showed kindness and compassion to the widows, orphans, childless men, and those who were disabled by disease, so that they were all sufficiently maintained. Males had their proper work, and females had their homes. (They accumulated) articles (of value) disliking that they should be thrown away upon the ground, but not wishing to keep them for their own gratification. (They laboured) with their strength, disliking that it should not be exerted, but not exerting it (only) with a view to their own advantage. In this way, selfish schemings were repressed and found no development. Robbers, filchers, and rebellious traitors did not show themselves, and

① Analects, XVI, 1.

hence the outer doors remained open and were not shut. This was (the period of) what we call the Grand Union. "①

In such a state the people would govern themselves and the ruler would be only a figurehead [sic]. It would be an anarchy of the ideal type. This state of things could be brought about when Li instead of law regulates the conduct of man, when virtue instead of force is the ruling power in human society. Therefore at the end of the book in the Li Ki, from which we have just quoted, there is this sentence: "Hence, the ancient kings cultivated Li in order to give expression to I, practiced constancy so as to be true to nature. This was the State of Nature indeed."

Only when this state of society is brought about would the Confucian sage consider himself to have reached the goal of moral cultivation and to have fulfilled his mission as a part of the universe, promoting the creative process in it so as to form with Heaven and Earth a ternion. This is the highest excellence spoken of in the opening sentence of the Book of Great Learning. It is the Summum Bonum of the Confucian moral system.

Would the metaphysical basis of the Confucian philosophy of life warrant the faith of its adherents in the ultimate achievement of such a lofty goal? Is the nature of man such that when free and adequate expression is given to it, it would lead to the harmonious living of all human beings together in the same community? Is there really a place in the universe for the amelioration of the world by moral efforts? With little speculation but much confidence the Confucian moralist answers all the above questions in the affirmative. In times of adversity his one source of consolation is his trust in Ming (命), which means for him the moral order of the universe. Again, Confucius himself serves as a good example. When everything looked dark and when the last hope of translating his ideas into political reforms was disappointed, he still held on to his faith with these words: "I do not murmur against Heaven, and I do not grumble against men. My studies lie low, and my penetration

① Sacred Books of the East, Vol. XXVII, pp. 364-366.

rises high. But there is Heaven:—that knows me!"[①] These are words showing best the spirit of the Confucian moralist. They shine with the dignity of a staunch believer in the goodness of nature. Virtue has its own reward. Indeed, the Confucianist would endorse whole-heartedly [sic] what Aristotle says about virtue: "But still, even in these mishaps, nobleness shines through when a man bears contentedly many a great mischance, not from insensibility to pain but because he is noble and high-spirited."[②] Aristotle conceives of happiness as "a kind of working of the soul in the way of perfect Excellence".[③] "It comprises," says Gomperz, "rather what one might call the normal and healthy condition of the whole soul."[④] So also is the Confucian conception of happiness. For the true Confucianist, the satisfaction which comes from a virtuous life is the satisfaction from within and is inherent in virtue itself. It is not something added to virtue but is a quality of the virtuous life independent of external circumstances. In the twenty-second book of the Li Ki it is called blessing, and the definition of blessing given in that book is as follows: "Blessing here means perfection;—it is the name given to the complete and natural discharge of all duties. When nothing is left incomplete or improperly discharged;—this is what we call perfection, implying the doing of everything that should be done in one's internal self, and externally the performance of everything according to the proper method."[⑤]

This reminds us much of the Stoic outlook on life. Indeed, the similarity between the philosophy of life of the Stoics and that of the Confucian teachers is rather striking. But there are also points of difference. In the first place, the Confucianist and the Stoic agree that happiness coincides with virtue and the good with duty. For both, happiness is not to be found in a particular sort of sensation or sum of sensations. It is a quality of life. But while the Stoic emphasises the

① Analects, XIV, 27.

② Ethics, 1100 b.

③ Ibid., 1102 a.

④ Gomperz, Greek Thinkers, London, 1901, Vol. IV, p. 242.

⑤ Sacred Books of the East, Vol. XXVIII, p. 236.

attitude of the will as the sole element of happiness, the Confucianist lays stress on the kind of life conducted in the midst of social relationships. For the Stoic, good is what leaves the will satisfied, but for the Confucianist, it is the nature of the man fulfilled. ①

In the second place, cosmic rationality or rather the moral order is the key word of both the Confucianand of the Stoic conception of the universe. The cosmological views of both are distinctly theological, everything working towards a certain end. Further, both the Confucianist and the Stoic shape their philosophies of nature for a practical purpose which is strongly moral in character. But, again, when we carry the comparison further [sic], we begin to discern a difference. The Greek temperament is more logical and metaphysical, while the Chinese bent of mind is more ethical and social. As a consequence the Stoic universe is pantheistic, and that of the Confucian can best be described by the term "moral order", suggesting at times a sort of ill-defined deism.

It is logical rigidity, too, which leads the earlier Stoics to deny the possibility of acquiring virtue by practice, whereas this is one of the salient points of the Confucian moral system. ② Both the Confucianist and the Stoic teach about Fate or Destiny. The logical rigidity of the Greek mind requires that "every movement in the universe was as much the expression of a supreme Purpose as the voluntary movements of an animal were of its individual purpose". ③ Accordingly, the world is a great machine. Although the Confucianist comes very near to such a conception of the universe, he recoils from surrendering the individual will and initiative. On the contrary, he is more inclined to agree with Kant that "everything in nature works according to law, and rational beings alone have the faculty of acting according to the concept of law, that is according to principles, i. e. have a will. ④ Of course, Stoicism,

---

① Cf. Zeller, Stoics, Epicureans, and Sceptics, London, 1870, p. 216; E. R. Bevan, Stoics and Sceptics, p. 28.

② See Zeller, p. 239.

③ Bevan, p. 44.

④ Kant's Fundamental Principles of the Metaphysics of Morals, (Abbot's trans.) p. 41.

too, strains itself to find room in its system for the individual will, and with the Confucianist it is ready to concur with Kant, when he says that "for the Divine will, or in general for a holy will, ought is out of place, because the volition is already of itself necessarily in union with the law."①

There are certain minor points of resemblance between the Stoic and the Confucian philosophy such as the doctrine of innate perception of moral value, but the most striking similarity between the two, which we must not fail to mention, is the doctrine of conformity to nature. For the Stoic, "it is only when your will is directed in harmony with the Divine Will that you can have peace of mind. And for you such peace of mind is the supreme good, or rather the only good, and disharmony the only evil".② According to Bevan, the technical term of the Stoic is "in agreement with nature." Zeller says that, "The meaning is that the life of the individual approximates to or falls short of the goal of happiness, exactly in proportion as it agrees with or differs from the universal law of the world and the particular nature of man." "In short," continues Zeller, "a rational life, in agreement with the general course of the world, is the highest good or virtue."③ But once more the resemblance goes only a certain extent and then divergence begins to appear. When the question is raised, when is a thing in harmony with its own nature? Or what is the nature of the good which conformity to nature will realise? The answer given by the Stoic differs from that given by the Confucianist in accordance with the different conceptions of the ultimate value of life maintained in the two systems. The Stoic has no higher goal than the "peace of mind". When pressed again, he would go no farther than such a bare assertion as this: "The universe is directed to realise a value which you, as a human being, could appreciate, if you know the whole."④ In other words, the general tone of the Stoic moral

① Ibid., p. 43.

② Bevan, p. 55.

③ Stoics, Epicureans, and Sceptics, p. 215.

④ Bevan, p. 49.

philosophy would be too metaphysical for the Confucianist. It is in terms of the cosmological process in which the individual runs the risk of being immersed. The Confucianist ever has his eyes fixed on the social life of man and the fulfilment of his duties thereof. "The Tao of the Superior Man is rooted in his own nature and attested by the masses of the people. It is examined by comparison with the principles of the three (ancient) kings, and is found to be without blemish, set up before heaven and earth, and nothing in it is found contrary to the mode of operation. He presents this principle to the spiritual beings and no doubt about it arises. He is therefore prepared to wait for the rise of a sage a hundred ages after, and has no misgivings."① The terms here employed are extravagant. Reference is made to a sphere more extensive both in time and in space than the one of our immediate experience. But the Confucianist, even when he is soaring on the wings of speculation and seeing things with the eye of faith, never loses sight of the social side of life. The welfare of the masses of the people is ever the final court of appeal for the truth of any teaching.

The Stoics, we admit, are by no means unaware of the social aspect of life. "The desire for society, they hold," says Zeller, "is immediately involved in reason. By the aid of reason, man feels that he is a part of a whole, and consequently that he is pledged to subordinate his own interests to the interests of the whole. —From the consciousness of this unity, the desire for society at once arises in individuals endowed with reason."② But, nevertheless, the desire for public life which characterises the Confucianist, is no passion for the Stoic. ③ After the loss of national autonomy the Greeks lost also their zeal for service in the state, which pervades the writings of Plato and Aristotle. The wise man of Post-Aristotelian philosophy will serve indeed his brethren—particularly that of Stoicism with its cosmopolitan teachings—but he is not to concern himself with them. The necessity of inner tranquility and

① Doctrine of the Mean, Chap. XXIX, 3.

② Zeller, pp. 294-295.

③ Ibid., pp. 307-308.

freedom would not permit such concern.[①] Indeed, this aspect of Stoicism suggests to us Buddhism rather than Confucianism. Action without desire, poise of the mind, and complete detachment from the world of fear and of worry and sorrow are the ideals of Indian philosophy of life, not Chinese. In this, therefore, Stoicism parts company with the Chinese moralist and joins hands with the Hindu.

① Bavan, [sic] p. 66.

Chapter Ⅳ
The Transmission of the Confucian Moral Teachings in Chinese Society

We would have entirely a wrong conception of Confucian Ethics, if we should think of it only as a philosophical system. At one time indeed, it was only one of the several systems of morals competing for supremacy in China. That was over two thousand years ago. But even then it was not a mere system of academic philosophy. From the very beginning, when Confucius first formulated it, it has been a tradition in Chinese society. Prior to Confucius, it had its root in the moral and political heritage of the ancient Chinese handed down from time immemorial, and after him it has ever been the cherished teachings of the Confucian School which represents the traditional culture of the Chinese people. In short, it is always more an ethical culture than a mere academic system of philosophy.

The point never to be forgotten in our study of the Confucian moral tradition is the fact that it has its root deep down in the pre-Confucian regime. Confucius took the old Chinese civilisation as he knew it and formulated it to give us what we have learned to call Confucianism now.

Then, further, it ought to be borne in mind that it is an essential part of the Confucian moral teaching for every man to endeavour to serve the community through the government, and that for the Confucianist this service could best be rendered by working to perpetuate the traditions handed down from the sages in the past. For this reason, the Confucian scholars were for many centuries up to very recent time the governing class of China. They were the people most eager to serve the government and were at the same time those best trained for the service.

The influence of Confucian moral teachings is due to a considerable extent to the role which Confucianism plays in the educational system of the country. From the time of Tung Chung Shu of the second century before Christ, the dominating influence in Chinese education has been Confucian. For over two thousand years both the educational policy of the Chinese government and the contents of education have been determined by the Confucianists. Particularly during the long period of over a thousand years, that is from the inception of the system of competitive literary examinations in the eighth century as an institution for the selection of candidates for civil officers to only about twenty years ago, the Confucianists had in their hands a powerful instrument to impress upon the nation their ideas of right and wrong. Thus writes Legge: "The plan of competitive examinations, and the selection for civil offices only from those who have been successful candidates … have obtained for more than twelve centuries. The classical works are the text books. It is from them almost exclusively that the themes proposed to determine the knowledge and the ability of the students are chosen. The whole of the magistracy of China is thus versed in all that is recorded of the sage, and in the ancient literature which he preserved. His thoughts are familiar to every man in authority, and his character is more or less reproduced in him. "①

But the Confucian scholars exerted their influence not only from the top in positions of authority in the government, but also at the bottom in the village school and among the people in the market place [sic]. To quote Legge again: "The official civilians of China, numerous as they are, are but a fraction of the students, and the students, or those who make literature a profession, are again but a fraction of those who attend school for a longer or shorter period. Yet so far as the studies have gone, they have been occupied with the Confucian writings. In many schoolrooms there is a tablet or inscription on the wall, sacred to the sage, and every pupil is required, on coming to school on the morning of the first and fifteenth of every month, to bow before it, the first thing, as an act of worship. Thus all in China who receive the slightest tincture of learning do so at the fountain of Confucius. They learn of him and do homage to him at once. I have repeatedly quoted the

① James Legge, Prolegomena to the Chinese Classics, Vol. I, 1861, p. 94.

statement that during his lifetime he had three thousand disciples. Hundreds of millions are his disciples now. It is hardly necessary to make any allowance in the statement for the followers of Taoism and Buddhism, for, as Sir John Davis had observed, 'whatever the other opinions or faith of a Chinese may be, he takes good care to treat Confucius with respect'. For two thousand years he has reigned supreme, the undisputed teacher of this most populous land."① Ku Hung Ming observes that the school in Confucian China may be likened to the church in European countries where Christianity is the state religion. "The aim of the school in China," he writes, "is not, as in modern Europe and America today, to teach men how to earn a living, how to make money, but, like the aim and object of the Church religion, to teach man to understand what Mr. [James Anthony] Froude calls the primitive commandment, 'Thou shalt not lie' and 'Thou shall [sic] not steal'; in fact, to teach men to know what is right and wrong."② Thus the scholars who had failed in the examinations and had to satisfy themselves with the humbler profession of teaching schools really did as much as their more successful brethren in propagating the Confucian ideas.

The text books used in the schools are Confucian through and through from the first day of the boy's schooling to the time when he passes out of the hands of a school master. ③ Let us examine some of the elementary texts which were in use in China up to the time when the educational system was changed by government order in the year 1905.

The first is the famous Three Character Classis [sic] (三字经), so called because of the fact that its sentences are all of three characters each. It was first compiled by a Confucian scholar, Wang Peh-hao of the Sung dynasty, about the year 1050 A. D., but it did not receive its final shape until some time in the Yuen dynasty (1280-1368 A. D.). From that time on for some six hundred years, it was the first book put into

① Ibid.

② Ku Hung Ming, The Spirit of the Chinese People, pp. 59-60.

③ We refer here to the time before the educational system of China was changed in 1905.

the hands of the Chinese boys throughout the length and breadth of the Chinese Empire.

S. W. Williams sums up the contents of this little primer in the following words: "The handbook [sic] begins with the nature of man and modes of education, and it is notable that the first sentence,—which a Chinese learns at school, contains one of the most disputed doctrines in the ancient heathen world."

Thus begins the book:

> "Men at their birth are by nature ethically good,
> Though alike in this, in practice they widely diversify.
> If not educated, the natural character grows worse.
> A course of education is made valuable by close attention."

"The importance of filial and fraternal duties are then inculcated by precepts and examples to which succeeds a synopsis of various branches of learning in an ascending series under several heads of numbers. —Its influence has been perhaps as great as the classics during the last four dynasties from its general use in primary schools, where myriads of lads have 'backed' it, who have had no leisure to study much more."①

Next is Millenary Classic (千字文), usually the book with which the boy finishes his first year of schooling. It is a book, as William puts it, unique among all books in the Chinese language and whose like could not be produced in any other in that it consists of just a thousand characters, no two of which are alike in form or meaning.② It is not a good book for young lads from the pedagogical point of view. We used to dread it in our first days of schooling. But, nevertheless, owing to its peculiar character of having a thousand different characters all unlike in form, a practice has grown up in China to use the characters and lines from this book as labels in the place of numerical figures just as the letters of the Greek and Latin alphabets are often used in the West for

① S. W. Williams, The Middle Kingdom, pp. 529-530.

② Ibid., p. 532.

similar purposes. This makes it one of the most familiar books to the masses of people. ①

Like the Three Character Classic, this text contains much that helps to propagate the moral teachings of the Confucian School. Thus:

"Observe and imitate the conduct of the virtuous,
And command your thoughts that you may be wise.
Your virtue once fixed, your reputation would be established;
Your habits once rectified, your examples will be correct.
Sounds are reverberated in the deep valleys,
And the vacant hall re-echoes all it hears;
So misery is the penalty of accumulated vice,
And happiness the reward [sic] of illustrious virtue.

Leave behind you none but purposes of good;
And strive to act in such a manner as to command respect.
When satirised and admonished, examine yourself,
And do this more thoroughly when favours increase."

It is a natural question to ask how much of the teachings embodied in such prmers [sic] as these would really be assimilated by the young minds for which they are written. Pedagogically speaking, the result could not have been very fruitful. But we must take into consideration the method of "backing" the book in general practice in all Chinese schools under the old regime. Much that was learned by heart in our early days stays with us through life and often comes back to us in manners quite surprising even to ourselves. We grow up, so to speak, to what we learned unintelligently in our childhood. This is why these classical primers are so frequently quoted by the average man and so

① The author of the Millenary Classic was Chou Hing-tzi, who flourished about 550 A. D., and. [sic] according to an account given in the history of the Liang dynasty, he wrote the book at the order of the emperor. He was given a thousand characters all different in form and meaning, and was requested to make a connected poem with them. This he did successfully, much to the gratification of the emperor.

familiar to the masses of the people.

After a year or so with such primers as these, the pupil is then initiated into the classics proper. The usual order is the Great Learning, the Doctrine of the Mean, the Analects and the Works of Mencius. Following the Four Books are the Five Classics, namely, the Book of Odes, the Book of History, the Book of Changes, the Book of Rites, and the Spring and Autumn [Annals] together with the Commentaries, particularly those of Tao. Concurrently with the [C]lassics, however, is also taught, generally at rather an early stage of the classical training, a book by Chu Hsi, the title of which is translated by Williams as the "Juvenile Instructor" (朱子小学). This work is of considerable influence in the spreading of Confucian moral ideas among the Chinese people. The first part of the book deals with the duties we owe to our kindreds, our rulers, and our fellow-men as well as those which we owe to ourselves in our everyday life. Illustrations of these principles are cited from ancient history. Then, in the second part, there is to be found a collection of wise sayings of eminent men together with numerous examples of distinguished persons intended to illustrate the effects of good principles, thus establishing the truth of the teachings in the first part of the book. ①

The secret of the Confucian method of education seems to lie largely in the abundant references and constant appeal to historical characters. The names of such personages as Yao, Shun and Yu, King Wen and King Wu, and so on, are found frequently in the Four Books, for instance. Practically the whole of Bk. V. of the Analects consists of moral teachings by concrete examples cited from ancient or contemporary history. The same is also true of the greater part of Bk. VI and Bk. XI. Historical personages are held up as illustrations of virtue for the imitation of the people. "Confucian ethics," says Prof. Beach of Yale University, "may be described very briefly as a system of imitation."② For example, nothing is more effective in inculcating the

① S. W. Williams, The Middle Kingdom, p. 540.

② Ethics of Confucius, by H. P. Beach, in Sneath's Evolution of Ethics.

virtue of filial piety among the Chinese people than the so-called "Twenty Four Filials" found in many toy-books and almanacs. These are paragons of men and women in Chinese history exemplary in their conduct towards their own parents, or, in the case of a woman, towards the parents of her husband. ① The following is one of the twenty-four as translated by S. W. Williams in his "Middle Kingdom":

> "Wu Mang, a lad eight years of age, who lived under the Tsin dynasty, was very dutiful to his parents. They were so poor that they could not afford to furnish their beds with mosquito curtains, and every summer night, myriads of mosquitos attack them unrestrainedly, feasting upon their flesh and blood. Although there were so many mosquitos, yet Wu would not drive them away, lest they should go to his parents and annoy them. Such was his affection. "②

Before the introduction of modern industry and commerce into China and the growth of the population in the large cities, 85%, if not more, of the Chinese people lived in small towns and villages. Even today the greater part of the population is still to be found in such small communities. the Chinese town or village is a homogeneous community, the members of which are well acquainted with one another and many of them are bound together by blood or marriage ties. In the olden days such a rural community knew no need of government except what government they managed to constitute among themselves.

The town or village government is in the hand of the gentry, which means the men recognised by public opinion to be the elders of the community owing to their age or special ability or distinction. A retired official, for instance, always finds a place in this aristocratic circle. A literary man or school master gets his recognition on account of his knowledge, real or imaginary. These people are, as a rule, well

---

① See "Chinese Recorder", 1900, pp. 390-402.

② Williams, The Middle Kingdom, p. 539.

educated in the Confucian teachings, and since they constitute both the law-making body and the tribunal of the town, the influence of Confucian ideas on moral and social questions can easily be imagined. Thus, the Confucian scholars make the regulations for the towns and villages, mould public opinion, set the examples to the people, interpret the traditions, and, in a word, create an atmosphere in which the folk in the town or the village live and die.

What has been said about the town and the village applies also to the clan. As a matter of fact, the clan constitutes the town or the villages in many cases in China. When this is true, the ancestral hall serves also as the town hall and the elders of the clan constitute the council of elders for the town. The only particular feature which distinguishes the clan-town from the ordinary town is the practice in the clan that the generation to which a man belongs according to the clan reckoning by its genealogy affects considerably his standing in the community. Other things being equal, the higher is his generation, the greater prestige he has, and therefore the greater weight his opinion carries.

The rules thus laid down for the clan or the town by the council of elders are published by posting up in the ancestral hall for the information and proper regulation of the conduct of the members of the community. Various sanctions are attached for the breach of these rules, which are strictly enforced. ① The punishment for the gravest offence is expulsion from the clan or the town. Particularly when it is from the clan, the expulsion is much dreaded. The man becomes practically an outlaw. He will have lost not only the community privileges which are often of material importance, but he will be forever [sic] cut off from all his blood ties and considered a disgrace to his immediate kins and relatives. On his account, his sisters and brothers as well as his sons and daughters would meet with difficulties in their matrimonial negotiations. A man thus ostracised is in a worse social position than even a leper.

① See Y. K. Leong, Village and Town Life in China, pp. 25 ff.

Such then is the significance of the clan organisation and the way it enhances the propagation of Confucian ideas. Ku Hung Ming one of the earliest Chinese students to receive a Western education abroad and easily one of the ablest of his generation, compares the family in the Chinese sense of the term to the church in countries where Christianity is the recognised religion in so far [sic] as it serves to "awaken and kindle in the mass of the population in China the inspiration or living emotion necessary to enable and make them obey the rules of moral conduct". "The family—with its ancestral tablets or chapel in every house and its ancestral hall or temple in every village and town" is, according to Ku Hung Ming, the most effective organisation for the transmission of moral ideas in China from generation to generation. ①

Another powerful instrument for the propagation of Confucian ideas in Chinese society is the use of proverbs. A proverb has been aptly defined as "the fruit of the longest experience expressed in the fewest words". [Arthur H. Smith, "The Proverbs and Common Sayings of the Chinese", Chinese Recorder Vol. 13 No. 2 (March-April), p. 109] It has the weight particularly with the unreflective mind, because of its familiarity to the ear, its general acceptance by the people, and, in the last analysis, the volume of experience represented by it. "It is a Universal Major Premise from which it is natural for Orientals to reason", says Arthur Smith in his "Chinese Proverbs". "Hence, with many Asiatic races a proverb is itself an argument, and no solicitude is entertained with regard to Undistributed Middles, or any other vices pertaining to a science of which nothing is known, and for which, were it known, nothing would be cared."② "No nation attaches more importance to proverbs than do the Chinese," says Smith in another place, "They are constantly used in conversation and in public speech and the orator in China who can find proverbs covering the issue which he is pressing usually gains his point.—Proverbs probably exercise a

① See Ku Hung Ming, The Spirit of the Chinese People, p. 65.

② Arthur H. Smith, Chinese Proverbs, 1902, p. 8.

larger influence upon the people than any other form of literature."[1] They "are literally in the mouth of every one from the Emperor upon the throne to the woman grinding at the mill. —An ignorant Chinese woman who knows not even the simplest character will quote an adaptation of a passage from the Book of Changes, as naturally as the Emperor quoted the old woman".[2] Indeed, much of the teaching of the Confucian classics has found its way into the minds of the uneducated mass of the Chinese people through the proverbs which are so much in currency in their everyday life. According to the result of Arthur Smith's study, the proverbs which have their origin in the classics cover a very wide range. Citations from the Four Books seem to be especially numerous and frequent.[3] Thus writes Professor Beach of Yale University: "The ever present and constantly used proverb has done much to popularise Confucian views of right. As all proverbs are deemed axiomatic statements of universal truths, they have great weight."[4]

Those who concern themselves with the moral education of the young through the ages have not been slow in capitalising the proverbs for their purpose. Various complications are to be found in the educational literature in China. One of these is the "Rules of Disciples", or "Ti Tsu Kui"(弟子规) in Chinese, which is the first sentence taken from the work itself.[5] It consists of a collection of classical sayings arranged in rhymes for the easy memorisation of the school children. There are ninety lines of four sentences each with three characters in each sentence. Thus runs the first line in transliteration:

> "Ti tzu kui, sheng jen shun;
> Shou hsiao ti, ts'u chin hsin."

---

① Arthur H. Smith, The Proverbs and Common Sayings of the Chinese, Shanghai, 1888, p. 2.

② Arthur H. Smith, Chinese Proverbs, p. 9.

③ Ibid., p. 47.

④ Ethics of Confucius, by H. P. Beach, in Sneath's Evolution of Ethics.

⑤ The Chinese title of the book is 弟子规.

In translation it would be:

"The Rules of the disciples
Are instructions of the sages.
First show filial and fraternal love,
Then be industrious and honest."

Further on we find the following lines characteristic of the book:

"Love all men, be intimate only with the perfect.
If you have any strength left, use it for study.
When your parents call for you, answer immediately;
When they command, fulfil the order without being lazy."

Another compilation of the same kind, but of a wider range, is the Cheng Yu X'iao (成语考).① This work was compiled by Chiu Chin, alias Wen Chuang, a famous scholar of the Ming dynasty (1419-1495 A. D.). It is generally used in school for older pupils as a sort of compendium of Chinese literature. Quotations from it are on the lips of everybody.

We must not forget to mention in this connection the "Family Instructions" of Chu Pai-lu (朱伯庐), which is a collection of only thirty couplets of different lengths in rhymes. The teachings contained therein are primarily for application to everyday life in the family.

"It is before it rains that you must provide yourself with a shelter;
Do not wait till you are athirst for sinking a well."

"If harmony reigns in your family, you will be happy,
Though you may not have wherewith to live;
If you pay in due time what you owe to the government,

① See Sir James Lockhardt's translation.

You will be joyous, though you have nothing left in your bag."

"Those who bring fortune to their family by oppressing others,

Will not, as it is just, enjoy it for a long time.

The men who transgress the social relations and the cardinal virtues,

Will soon disappear and perish."

And the tract finishes with these lines:

"If there is a man fulfilling his duty,
Yielding to his fate,
Complying with the circumstances and obeying heaven,
That man is near reaching at the aim."

Some writers do not think much of the influence of the Sacred Edicts as an institution of public education under the Ching dynasty. But their continuous and extensive use as a means of civic instruction for the two centuries and a half could not have failed completely in producing some effect. The French sinologue L. Weiger is of the opinion that "among the numerous writings published for the improvement and instruction of the people by their rulers, none have been more influential than the Sheng Yu or Sacred Commands". ① When China was still under the rule of the Manchus, people in the village as well as in the town used to gather around an expositor of the sacred edicts, who in much the same fashion as the village story teller [sic] with all his dramatic gestures and intonations, explained to the simple folk in popular form what Weiger calls "the quintessence of Confucianism", profusely illustrated with classical and historical

① L. Weiger, Moral Tenets and Customs in China, translated by L. Davront, 1913, p. 16.

anecdotes.

The Sacred Edicts consist of sixteen apothegms written by the second emperor of the Manchu dynasty, Kang Hsi, in 1670 A. D. , and annotated by his son and successor, Yung Cheng, in 1724 A. D. . The work was later paraphrased from the original Wen Li, i. e. literary, style into several colloquial forms, so that it might be used for lecture purposes in the vernacular. One of these vernacular paraphrased editions used in the Mid-Yangtze region and particularly in the province of Hupeh was prepared by Wang Yu-pu, a high official during the reign of Yung Cheng. We give in the following the sixteen apothegms of Kang Hsi to show the nature of these sacred edicts. ①

1. Pay just regards to filial and fraternal duties, in order to give due importance to the relations of life.
2. Respect kindred, in order to display the excellence of harmony.
3. Let concord abound among those who dwell in the same neighbourhood, in order to prevent litigation.
4. Give the chief place to husbandry and the culture of the mulberry tree, in order to procure adequate supplies of food and raiment.
5. Hold economy in esteem, in order to prevent the lavish waste of money.
6. Magnify academical learning, in order to direct the scholar's progress.
7. Degrade strange religions, in order to exalt the orthodox doctrine.
8. Explain the laws, in order to warn the ignorant and obstinate.
9. Illustrate the principles of a polite and yielding carriage, in order to improve manners.
10. Attend to the essential employments, in order to give unvarying determination to the will of the people.
11. Instruct the youth, in order to prevent them from doing evil.
12. Suppress all false accusing, in order to secure protection to the innocent.

① We follow here Weiger's translation.

13. Warn those who hide deserters that they may not be involved in their downfall.
14. Complete the payment of the taxes, in order to prevent frequent urging.
15. Unite the pao (保) and chia (甲), in order to extirpate robbery and theft. (The pao and chia were divisions of a neighbourhood under the Manchu dynasty.)
16. Settle animosities that lives may be duly valued.

From this we may get an idea how much emphasis was laid on moral education of the people and how strongly Confucian the general tone was. This is particularly true of Wang Yu-pu's paraphrased edition. Its ten chapters bear these titles: I. Filial Piety; II. Harmony between brothers; III. Concord among neighbours; IV. Importance of Husbandry; V. On theft; VI. Preservation of life; VII. On the necessity of schools; VIII. The education of youth; IX. Rites and ceremonies; X. Heterodox doctrines.

To illustrate the nature and style of the paraphrased editions of the Sacred Edicts, we reproduce here in translation an extract from the first chapter of Wang's version:

"Among the duties proceeding from the 'Five Relations' and which men must fulfil upon earth, the first is that of filial piety. Above is heaven, below is earth, and man stands between the two. Since you were born between heaven and earth, you must understand that this law of piety towards your parents follows from the natural goodness which heaven has shared out to you. If you do not know how to be dutiful towards your parents, you are like the brute creation, destitute of natural goodness, and unworthy to be reckoned among human beings. If this reason should be too deep for your understanding, I will give you one more striking, so listen carefully."

"Recall for a moment whence came your body. Among the men now living upon earth, is there a single one who is not born from parents? Well then, consider in detail the anxieties which you gave to them and the fatigue which they bore for you from your earliest infancy, and you will realise then if you are bound to revere your parents or not."

"When they were still carrying you in their arms, and you were hungry, you could only open your mouth and cry, but you were unable to provide yourself with food. If you did not die of hunger, it was because your parents were good enough to feed you. When you were cold, all you could do was to shiver, but you were unable to provide yourself with clothes. If you were not frozen to death, you owe this boon to the care of your parents."

"Further, your parents were all eyes and ears to you, day and night to watch and listen to you. Were you smiling? They were happy. Were you crying? They immediately sought to amuse you. Later, when you had grown up a little, and you were trying to walk, your parents stood by your side holding your hands, leading you step by step, lest you should hurt yourself by falling or knocking against anything."① And so on the popular lecture goes.

Besides formal education and the deliberate efforts of the government to inculcate the moral principles of the Confucian school, there have been also private attempts to improve the moral conditions of society through popular tracts prepared and distributed freely for the purpose.

There are comparatively few tracts purely Confucian in spirit or in form. Among these few is to be found for instance, the booklet entitled, "A Tract on Rules of Propriety". It illustrates well the matter-of-fact attitude of the Confucian towards moral teachings. A moral life is good, because it is the most sensible thing. Unlike Taoism or Buddhism, it holds up no reward or punishment in a future life to enforce its principles of morality. Its general tone is purely "secular". It appeals exclusively to the man's sense of justice and self-dignity. For the orthodox Confucianists [sic], morality needs no further inducement than its own reasonableness and attractiveness. Voltaire did not always succeed in representing to the West in the eighteenth century the Chinese culture which he seems to have admired very highly, but he made one statement describing perfectly well the Chinese attitude

① Weiger, pp. 7-9.

towards this moral life. Speaking of the Chinese literati, he wrote: "Beaucoup de lettrés sont, á la vérité, tombés dans le materialisme; mais leur morale n'en a point été alterée. Ils pensent que la vertu est si necessaire aux hommes et si amimable par elle-même, qu'on n'a pas même besoin de la connaisance d'un Dieu pour la suivre. "① To support Voltaire's observation, we may quote the first and last paragraphs from the tract we have just mentioned, viz. "A Tract on Rules of Propriety":

"A man who, during all his life, does nothing that people may praise and who, after death, became rather like vegetables, may be truly said to have spent his life in vain. Therefore, good men are always pain-taking in the exercise of fidelity, filial piety, humanity and rites; they help the unfortunate, the old and the poor; they do good and protect the neighbour; they use kind words to exhort people; they instruct their sons and younger brothers in the doctrine of the Books; in one word, they try, in all their actions, to be useful to men; thus they will not be looked on as having lived in vain."

"In short, the time allowed to man on this earth is not considerable. Sun and moon are like the weaver's shuttle; days and nights flee like an arrow; from birth to death, time is as the twinkling of an eye; and if it is so, why not be a good man? Why do evil, and avoid doing good? Good men, who like to perform good deeds, fear always to be unable to finish them; they abstain from idly spending their time, saying always that life and death are uncertain, that today one knows not if he will see tomorrow. The proverb says, 'At night, when you pull off your shoes and stockings, you do not know if, on the next morning, you will put them on or not.' Then, how can you lose your time and neglect to do good?"②

There are also tracts of religious nature, prepared and circulated by the adherents of Taoism and Buddhism. The distribution of these religious tracts has a motive distinctly religious. It is a common belief in China that such a good deed as the [sic] financing the printing and

① Oeuvres completes de Voltaire, tome 3; Essai sur les moeurs, Chap. II, p. 81.

② Weiger, pp. 136 ff.

distribution of a certain number of tracts with a view to improving the moral character of society and awakening the religious consciousness of the people, would increase the merits of the benefactor. Such tracts always include in their contents some moral exhortation which has in every case a strong Confucian element. Both Taoism and Buddhism have found it expedient to come to terms with the moral teachings of Confucianism in order to make the right appeal to the Chinese people.

Taoism has a very popular tract entitled the T'ai Shang Kan Ying P'ien (Book of Reward and Punishment by the Grand Supreme), which is characteristic of the tracts issued under Taoist auspices. In the preamble, it describes how the Spirits sent from Heaven inspect daily the conduct of every man on earth and take note of their deeds, both good and evil. For every good deed a man would have his term of life on earth proportionately lengthened, and for every evil deed, he would have it similarly shortened. "There are several hundreds of great and small transgressions; if one seeks for long life, one must avoid these. —Gather acts of virtue and heap up merits. —Be compassionate to the animals. Be loyal, filial, loving to your younger and respectful to your elder brothers. Make yourself right that you may convert others. Have pity on the orphans and be compassionate to widows. Revere the aged and be tender-hearted to the young. —Such is called a good man. All men respect him. Heaven protects him. Happiness and glory follow him. All evil things keep away from him. The spiritual powers guard him. He succeeds in whatever thing he attempts. He may become a genius."

One more tract has yet to be mentioned. This is "The Precious Regulations". It is a product of the Sung dynasty and therefore has been in circulation for perhaps seven or eight hundred years. Legge and Curant consider it to be Taoist in origin, but both its language and its contents incline us to agree with Weiger that it is a Buddhist work, although there are to be detected in it certain Taoist elements. Indeed, it is one of the documents illustrating the eclectic tendency in Chinese society to amalgamate the three religions, Taoism, Buddhism and Confucianism. ①

The most striking feature of the book is its description of the Ten Courts of Hell, through which every departed soul has to go and receive its desert according to the kind of life it led while on earth. In the "Temple of Hell" in each of the metropolitan cities in China, one would find, in some places even today, figures representing in the most minute details what is supposed to be the fate of the evil doer [sic] or the reward of the good man in the underground world, before the soul passes into its next form of incarnation. The same scenes are depicted by wood-cuts in such books as the Precious Regulations. From court to court, the soul of the evil-doer is conducted to serve its sentence until it has received its due. "Those who cause quarrels in their village, who hate and injure their superiors; those who, by false rumours, stir up troubles; all these men will suffer torments at the seventh court. When these [sic] torments will be over, the culprits will be sent before the eighth and be examined there. —Those who do not serve, feed and bury their parents, who are to them a cause of fear, of anger, of dissatisfaction, and do not amend themselves, are all noted down at the first court which cuts off the allowance of clothes and victuals assigned to them by fate; when they are brought down after their death, some cruel devils hurl them down headlong into the eighth hell where they pass through all the dungeons; when they come before the tenth court, they are changed forever into animals." ②

In this way, religion has come to give sanction to the moral teachings of the Confucian School, although the Confucian scholar as such disdains any appeal to religion. In a word, Confucian morality represents the long moral experience of the Chinese people, and, up to very recent time [sic], all the social forces in China played a part in its propagation.

---

① Ibid., 392.

② Ibid., pp. 373, 377.

Chapter Ⅴ
Embodiment of the Confucian Tradition in Chinese Civilisation

I

We have now to face the problem of the embodiment of Confucian moral teachings in the civilisation of the Chinese people. To what extent has the Confucian moral tradition affected the life of the Chinese, or in other words, how far is China really Confucian?

It is hardly necessary for us to call attention again to the fact that Confucianism as a system of ethico-political philosophy did not originate with Confucius himself, except in its systematised form, which was the result of a serious attempt at idealisation and rationalisation by which the Chinese sage tried to rescue the ancient Chinese institutions then falling rapidly into disuse and decay. In substance, the Confucian system is deeply rooted in the remote past of the Chinese nation and represents a traditional outlook on life handed down from time immemorial.

Entrenched behind long established traditions, the Confucian School fought a severe and protracted battle for over two centuries until the struggle ended in its victory which culminated in the year 135 B. C.

Since then the Confucian tradition has had almost complete sway over the Chinese for a period of more than two thousand years. During this long period there have been times when its new rivals, Buddhism and Taoism, received more than their usual share of court favour and popular support, more or less at the expense of the state orthodoxy. But historians can point out no instance ever since the second century before Christ which would indicate that the recognised position of Confucianism was in any way disputed. On the other hand, history shows that while the Buddhist and the Taoist had to undergo periodical persecution, sometimes of great severity end of grave consequences the Confucianist has met with no open opposition at all since the days of the First Emperor. Indeed, Confucianism has come to be so much identified with Chinese life that it is really more accurate to speak of Confucian China than to speak of Buddhist China, although followers of Buddha in China are almost as numerous as those of Confucius.

But, specifically, what does Confucian China mean? Without attempting to evaluate the ethical and political ideals of the Confucian School, which will be our topic in the next chapter, it is to be noted here that in the judgment of the Confucianists themselves, these ideals are still far from being realised, for since Confucius' day, no follower of the Sage has yet been elevated to the rank of Saintly Man (圣人).

Our problem, however, is not whether the highest ideas of Confucianism have been reached, but rather how much influence Confucianism has exerted on the civilisation of China up to the time of the Revolution in 1911, for it must be remembered that we are not speaking of the years after the establishment of the Republic. The answer to this problem requires a brief survey of the great departments of Chinese culture, of which we propose to begin with Chinese government and law.

Ⅱ

It must be pointed out that as far as the general organisation of the Chinese government is concerned, the amount of Confucian influence has been comparatively slight. When the Han dynasty became the successor to the Chin at the end of the third century before Christ, much of the political system installed by the First Emperor was taken over, and this has persisted in broad outlines up to the time within living memory. Only the names of the different departments of the central government were at a later period adopted from the Chau Li or Chau Kwan, a book in the present Confucian Canon which was forged probably in the first Christian century by Liu Hsin. ① On account of the

① See Note 74, Chap. II.

general belief for centuries in later periods that this book was a part of the genuine Confucian Canon the mere names of government portfolios helped towards the stability of institutions which originally had little to do with the Confucian tradition. ①

Of greater significance, however, is the political theory underlying the actual operation of the Imperial Government throughout the dynasties from the time of the Book of History, centuries before Confucius, to days within living memory. "The Great God has conferred even on the inferior people a moral sense, compliance with which would show their nature invariably right. To make them tranquilly [sic] pursue the course which it would indicate is the work of the sovereign. "② The Emperor is a vicegerent of the Supreme Lord above, whose will he must follow by securing tranquillity and order for the myriads of people under his rule, so that they may develop to the fullest capacity the moral nature that is in them. Failure to discharge this duty would mean the forfeiture of the throne. A good ruler is one who would work "to secure tranquillity of the lower people, aiding them to be in harmony with their condition. "③ Public discontent is, therefore, an indication of misrule. Especially, when the dissatisfaction of the people is aggravated by natural calamities, such as drought or

① Cf. Friedrich Hirth. The Ancient History of China, New York, 1908, pp. 110-114, and H. B. Morse, The Trade and Administration of China, London, 1921, pp. 42-45. Thus says Hirth: "This division of all official business into six categories as described in the Chou-li, has become the prototype of the six boards of Government (lie-pu) of later dynasties, and the corresponding divisions made in the administrative offices down to our own days. The six ministries, or boards, are but slightly different. " p. 111. In a foot-note, he adds, "This has been so for the last three thousand years, and it was not until quite recently that, under the pressure of negotiations with foreign powers, the head of a newly created board, the Wai-wu-pu, or 'Board of Foreign Affairs', was assigned a rank above all the presidents of the other boards. The creation of a seventh board, in addition to the time-honoured six, is a thing which would have been impossible in conservative China previous to the era of reforms, initiated by the Emperor Kuang-su in 1898 and forced upon the recalcitrant conservatives under foreign pressure after the troubles in 1900. "

② The Announcement of Thang, Shu King, S. B. E. , Vol. III, pp. 89-90.

③ Ibid. , p. 139. (The Grant Plan).

flood, it is generally interpreted to be Heaven's disfavour towards the reigning family. When this is the case it would be the time for a rebellion when the reigning emperor would be publicly denounced as a criminal and a sinner against Heaven and the people. His mandate to rule would be considered already taken away from him. If the rebellion proved to be a success, then it would be conclusive evidence that Heaven's will was with it, and the leader would be declared the new emperor and another dynasty established. This, in a nutshell, is the story of every change of dynasty and is purely Confucian in spirit.

But how is the emperor to discharge his duties as head of the state? His position in the empire is similar to that of the head in the family. He is expected to maintain concord and peace and prosperity among the multitudes under his rule, not so much by the work he does, for he is to do but little, as by his moral example and his personal influence. There is, however, this important difference between the head of the family and that of the state. Confucian teachings recognise no circumstances under which members of a family would be justified in changing its head by violence. But the right of changing the imperial line by revolution is one of the political tenets of the Confucian tradition. Consequently, the one is of frequent occurrence, while the other is never known.

In accordance with the Confucian idea the policy of the imperial government is generally that of laissez faire. Confucius' own political ideal is shown by the following remark of his: "In hearing litigations, I am like any other body. What is necessary, however, is to cause the people to have no litigations."① Again, he said, "He who exercises government by means of his virtue may be compared to the north star, which keeps its place and all the stars turn towards it."② The head of the imperial government is, then, to be as calm and apparently inactive as the north star. The influence of his virtue alone would be of sufficient governmental efficacy. When this ideal of government is reached, as it is supposed to have been reached in the time of Yao, the Sage-King of

① Analects, XII, 13.

② Ibid., II, 1.

the Book of History, the people "would rise with the sun, working until it is time to rest at sunset, not conscious of any good that the emperor has done them at all". ① The best government is that which governs the least, and the imperial government of China for two thousand years had certainly kept very close to this Confucian maxim.

In this way, the Confucian Classics determine the spirit of the operation of the Chinese government. It is, therefore, no exaggeration to say that the Classics serve as the unwritten constitution of the Chinese people, quotations from which would either help or hinder the action of the government in Peking or of its representatives in the local districts. Reckless rulers may act at variance with the Classical teachings, but none of them would dare to defy them openly.

Democracy is often ascribed to the political life of the Chinese as one of its special features. It is true, indeed, that there is no bar even to the humblest peasant in his ambition to climb to the highest position in the government, short of the imperial honour, which could become his only by a successful revolution. The institution of competitive literary examination as a means of selecting candidates for the civil service places political power within the reach of every body [sic] who is capable of demonstrating his ability.

It is possible, perhaps, to show that this principle is of great antiquity, even earlier than the Confucian school. But there is little doubt that it is the Confucian classics which have stamped it firmly upon the political mentality of the Chinese, so that no one ever thinks of questioning it. The classical example is recorded in Mencius. Shun was called by Yao from the field to the throne. Although this example has not been repeated in later history, there are numerous instances of mere peasants becoming the prime minister of the state.

Equal opportunity of this sort for participation in political power is, however, not the same as political democracy in a modern state. It is not a part of the Confucian political philosophy that the ruled should have a voice in determining how they should be ruled. The emperor,

① 日出而作,日入而息,帝力何有于我哉.

like the head of the family, demands absolute submissiveness from his subjects, who have only the ultimate right to rebel when dissatisfied. He rules, indeed, for the welfare of the people, but he alone is to determine what that welfare is and how it ought to be realised, until he is dislodged from the throne by force. This has been the practice for the last twenty centuries, because there is no better political idea in the teachings of the Confucian school.

Let us turn next to an examination of the Chinese Code as it was in force fully during the Ching dynasty, which came to an end only in 1911, and partially even today under the Republican regime.

European jurists used to have very high opinion of the Chinese code. Alabaster speaks of it as having "nothing (or not much) which is not consistent with common sense."① The reviewer of Sir George Staunton's translation of the Ta Tsing Leu Li (the Code of the Ching Dynasty) thus wrote in the Edinburgh Review: "When we turn from the ravings of the Zendavesta or the Puranas to the tone of sense and business in this Chinese collection, it is like passing from darkness to light,—we scarcely know an European code that is nearly so free from intracacy [sic], bigotry and fiction."② This of course, held good only a century ago, when much in the Western codes was still waiting for improvement. But it shows sufficiently that the Chinese Code was favourably considered by European justists a hundred years ago.

It would be arbitrary to say that this or that statute in the Ta Ching [sic] Code has been the result of Confucian teaching. Both may have their common origin in the social environment of the Chinese people. Yet, it is necessary to remark that since the falling into disrepute of the professional jurists, i. e. the Fa Chia, after the overthrow of the Chin dynasty at the end of the third century B. C., the legislators of the Chinese have been Confucian scholars who aided the founder of each new dynasty to re-codify the law and to set up the government afresh. This accounts for the Confucian tone which runs throughout the code. Thus,

---

① E. Alabaster, Notes on Chinese Law and Practice, London, 1906, p. 20.

② Quoted by S. W. Williams, Middle Kingdom, 1848, Vol. I, p. 306.

Sir George Staunton, in the preface to his translation of the Ching Code, writes: "The vital and universal operating principle of the Chinese government is the duty of submission to parental authority. — It may easily be traced to even the earliest of their records; it is inculcated with the greatest force in the writings of the first of their philosophers and legislators; —and it continues to this day powerfully enforced both by positive laws and by public opinion."①

It is quite obvious that if any law is to be effective in China, it must not prescribe anything in open contradiction to the traditions preserved in the Confucian Classics and championed by the Confucian School. As a matter of fact, we find in many places in the Code almost slavish adhesion even to some of the details in the ethical code. Thus, for instance, the Li Ki says that "marriage is the union of the representatives of two different surnames in friendship and in love",② and the law provides that marriage is a contract not between the man and woman entering into it, but between their families, and that every contract of marriage must be made with the free consent of the two families, whereas the consent of the prospective bridegroom and bride is not even mentioned. ③ This idea is carried to its logical conclusion, when the code further provides that "if after betrothal the girl is engaged by her family to some third party—" "if after the contract has been entered into—the family of the wife refuses to proceed with the ceremony—" "in all cases the grandparents or the parents shall be deemed the principals in the contract of marriage; if these are dead, the nearest relations shall be deemed the principals". ④

It is strange to find that the same principle does not apply to questions of dissolution of marriage. According to the code, a marriage may be dissolved by mutual agreement of the couple owing to

① Ta Tsing Leu Lee, trans. by Sir George Thomas Staunton, London, 1810, pp. xviii-xix.

② Li Ki, S. B. E., Vol. XXVIII, p. 428.

③ Ta Tsing Leu Lee, Sec. 101.

④ See Ta Tsing Leu Lee, Sec. 101, and V. A. Ryasonovsky, The Modern Civil Law of China, p. 133.

incompatibility of temperament or character, which makes harmony in married life difficult. In this case, neither consent of the families nor sanction of the court is deemed necessary. ① It seems that the principle in operation here is no longer the Li Ki idea of family responsibility in marriage questions, but that of harmony between husband and wife as essential to married life, which is another teaching of the Confucian moral system.

But the Chinese people have little to do with the government or the law court. Millions of them would have lived their lives in exactly the same manner even were the code blotted entirely out of existence. What actually regulates and guides the conduct of the masses is not law, but social customs and institutions, to which we must now turn our attention.

Ⅲ

Social Institutions

The first social institution that should engage our attention is the so-called "great family", by which we mean a family of the patriarchal type comprising the parents, the married sons and their wives, the children of these sons, and sometimes their grandchildren, thus making a family of four generations. A family of five generations is occasionally heard of but very rarely. One of four generations, however, is not uncommon. There is one in almost every community of considerable size, while a family consisting of parents, married sons and their wives and children is a phenomenon to be found every where.

There may have been economic reasons why the Chinese family stayed together in this way as long as possible. In an agricultural community, there is some material advantage in postponing the division of the family land. We can quite understand too, how public opinion in course of time comes to sanction what is economically advantageous and ascribe to it some moral value. In the case of the "great family" in China, the teaching of filial piety plays an important part in making it

① See Ta Tsing Leu Lee, Sec. 102.

possible. The family, particularly its head, takes a great deal of pride in being able to continue living together, which is generally considered a sign of virtue.

Filial piety, according to Confucian teaching, is an expression of gratitude on the part of the son for the kindness and care bestowed on him by his parents during his childhood. Etymologically, it means support of the parent. The Chinese term Hsiao (孝), from which we have the English translation "filial piety" means old age resting on a son. It indicates that the duty of the son is to show his gratitude to his parents by giving them the comfort and care they need in their declining years, not just by furnishing them merely the necessities of life, but by meeting willingly their desires as far as possible.

There is a great desire on the part of the aged parents in China to see their sons, even after they are married, living together in the same household. No joy would be greater to a Chinese of the old type than to watch his married sons and their families sharing the same family meal in the same family hall with food cooked in the same family kitchen. "Five generations sharing the same hall" is a noble aim to which every Chinese family would aspire if nature allows it at all to get near to the desired goal.

The Li Ki interdicts the possession of private property by the sons and their wives during the life-time of the parents, or even one of them. The Ta Tsing Leu Li (the Code of the Tsing Dynasty) makes such possession unlawful. The family property according to statute law, cannot be divided without parental consent. In practice, the mother usually gives her consent to the division, after the death of the father, and she would go to live with one of the sons, the oldest as a rule. The house of a family of means or of some social standing generally consists of two halls, called the "upper hall" behind and the "lower hall" in front, with a sort of inner hall in between them. The old couple would be occupying the chambers behind the "upper hall", while the sons with their respective families divide the other chambers among themselves, in order of seniority, counting the chambers first the one on the left side of the upper courtyard, then the right, then the left on the lower courtyard, and finally the one on its right. This has given rise to the custom of referring to the sons and their families as the first and second chambers, etc. which is kept up even after the division of the family, and even when the family has grown to be a clan of several thousand members. In other words, "chambers" has come to mean branches of a family, and there are, of course, old "chambers" and young "chambers", making the reference rather confusing except to those who are accustomed to it. It is sufficient to show, however, that the clan is only an extension, both in idea and in structure, of the great family.

Life in the patriarchal family, very often a group of twenty odd members, is taxing on the temper and patience of the married sons, particularly of their wives, who on the whole have to bear the brunt of it all. The gloomy picture painted of it by Arthur H. Smith in his "Village life in China" is no doubt an exaggeration. It is always dangerous for an alien to generalise from what he is allowed to see in a country as large as that of China. ①

But it is a fact not to be covered up that the friction between the "chambers" is a thing of frequent occurrence. Concord in the family is a virtue constantly inculcated by Confucian moralists, chiefly perhaps because there is such an urgent need of it in order to make life tolerable at all. But the "great family" is at the same time encouraged, for it is believed to be the thing to please the old parents and to demonstrate the filial piety of the sons.

The great authority vested by law in the head of the family helps to keep it together. We have already had occasion to observe how the law regards marriage as a contract between the families and not between the individuals directly concerned, holding the heads of the families responsible for the execution of the contract and consequently giving them a firm grip upon the younger generation.

Besides parental consent, two other essential factors enter into marriage to make it valid. The one is that the match must be made through go-betweens and the other is that the contract must be signified

① A. H. Smith, Village Life in China, A Study in Sociology, London, 1900.

by the exchange of documents and gifts according to prescribed forms. Both of these have their details carefully described in the Li Ki and are considered a part of the Confucian code. "Male and female, without the intervention of the match-makers," says the Li Ki, "do not know each other's names, and unless the marriage presents have been received, there shall be no communication nor affection between them."① Except a comparatively small section of the population touched by modern influence, this is still the custom unto our own days.

As to the actual ceremonial part of the marriage, which would be called wedding in the West, it is extraordinarily simple. Neither custom nor law requires any celebration by, or registration with, any religious or civil authority. What is essential is merely obeisance by the new couple to the ancestral tablets and to the parents and elder relatives of the bridegroom, thus initiating the bridge into the family, and, further, a wedding feast must be given to relatives and friends as a formal announcement of the marriage as having taken place. Here again we find the origin of the custom in the Classics of the Confucian school. In the Li Ki, we find the following passage: "The day and month of the marriage should be announced to the ruler (not applicable in the case of an ordinary person) and to the spirits of ancestors with purification and fasting; and the bridegroom should make a feast, and invite his friends in the district and neighbourhood, and his fellow-officers; thus giving its due importance to the importance to [sic] the separate position of male and female". ②

We have quoted the above passage from Legge's translation, but it needs to be added that the last phrase in it is not accurate. The purpose of the wedding ceremonies is not so much to "give due importance to the separate position of male and female," as to distinguish the relation of this couple thus joined together in legal wedlock from any other possible relation between man and woman. In other words, the true idea underlying the marriage ceremonies is the "solemnisation of the

① Li Ki, S. B. E., Vol. XXVII, p. 78.

② Ibid.

matrimony". As it has already been pointed out in another connection,[①] the mistake in translation, quite common among sinologues, arises from a misunderstanding of the Chinese term pieh (别) which means "distinction", and hence Legge's phrase "separate position of male and female", whereas the true meaning is "the distinction of the relation of this couple from any unauthorised relation between the sexes". Similarly, Legge makes the same mistake in translating another passage which also has a bearing on the subject under consideration. We reproduce his translation here with alternative rendering in brackets to give the correct idea: "The Master said 'the ceremonial usages serve as dykes to the people against bad excess to which they are prone. They display the separation which should be maintained between the sexes (They exhibit the distinction which should be kept between proper and improper relation between the sexes) that there may be no occasion for suspicion, and the relation of the people be well defined.'" It is said in the Book of Poetry (I. viii. Ode Vi. 3, 3.):

"How do we proceed in hewing an axe-handle?
Without another axe it cannot be done.
How do we proceed in taking a wife?
Without a go-between it cannot be done.
How do we proceed in planting hemp?
The acres must be dressed length-wise and cross-wise.
How do we proceed in taking a wife?
Announcement must first be made to our parents."

"In this way, it was intended to guard the people against doing wrong, and still there are some women among them who offer themselves to the male."[②]

The context makes it clear that what is intended here by "separation" or pieh is not separation of the sexes, but solemnisation of

① Chapter IV, Surpra.

② Li Ki, S. B. E., Vol. XXVIII, p. 297.

the matrimony.

There are other customs concerning marriage to be at least mentioned in passing. In view of the clan organisation marriage is interdicted between a man and a woman having the same clan ancestor or even the same surname which is generally taken to be a sign of common ancestry. For the same reason a man is not allowed to marry the widow of a fellow-clansman, since the widow is a member of the clan by marriage. On the other hand, maternal blood relations even as close as first cousins may marry, [sic] But it is strange to note that while a man is allowed to marry his first cousin on his mother's side, he is not permitted, according to law, to marry this cousin's daughter, who in English terminology, would be his second cousin. This is due to the transference of the idea of clan organisation by generations to the maternal relations. Thus, the man's first female maternal cousin is called his "maternal cousin-sister", and her daughter would be his "maternal cousin-niece". It would be incongruous for a man to marry a maternal blood relation belonging to a generation either higher or lower than his own, for "between the old and the young there should be a proper order",① which is one of the "five relations of humanity", never to be confused, if Confucian morality is to be maintained.

Turning now to the law of divorce as found in the Code of the Ching Dynasty, we find the idea of filial piety playing again an important role. Of the seven causes justifying a husband in divorcing his wife, two have their origin in definite Confucian teaching. The first of the seven causes is barrenness. The Li Ki teaches that the purport of marriage is "to continue the posterity of former ages and to produce those who shall preside at the sacrifices". ② According to Mencius, failure to have a son behind one's self to carry on the family line is the greatest of the three most unfilial sins. ③ The third cause for divorce is "neglect of the husband's parents". Tradition has it that Tseng Ch'an (曾参) ,one of the most outstanding personal

① Mencius, Bk. III, Pt. I, Chap. IV, 8

② Li Ki, S. B. E. , Vol. XXVIII, p. 428.

③ Mencius, Bk. IV, Pt. I, Chap. 26.

disciples of Confucius, divorced his wife on the ground that she did not have a pear properly cooked to suit his old mother's taste. ①

For the protection of the wife, the law provides for three "principles of justice" which will nullify any of the "seven causes". One of the three, namely the first, is that if the wife had mourned three years for her husband's parents, none of the seven causes of divorce would apply to her, except adultery which is by law an absolute cause for divorce. ② The interpretation is not that the three years' mourning [sic] makes the wife a daughter of the parent mourned and therefore gives her a secure status in the family, for such a status is not any better than that which she acquired at the marriage when she and her husband did obeisance to the ancestral tablets of the family and to the parents of her husband. It is rather to be understood that the mourning is a sign of such profound respect paid to the husband's parent that he owes her for it a gratitude by the demand of filial piety which binds him to her in such a way that only death can do them part. This element of gratitude is implied also in the second protecting principle which provides that if the family had become rich since the wife entered it by marriage, she was not divorced for any of the seven justifying causes enumerated by law.

There is no absolute equality between husband and wife either in the law code or in the Confucian ethical system. The wife must obey the husband. But she occupies an honoured position in the family. Nothing is farther from the truth than to think that a Chinese wife is an abject being. She is her husband's consort on every formal occasion, such as the celebration of his birthday or the conferring of government honour on him for civil, military, or literary merits. When maltreated, she has the right to claim divorce. Divorce can be obtained by her according to law even on the ground of incompatibility

---

① The Seven Justifying Causes are as follows: (1) Barrenness, (2) Wanton Conduct, (3) Neglect of husband's parents, (4) Quarrelsomeness, (5) Theft, (6) Envy, (7) Inveterate infirmity. See Ta Tsing Leu Lee, Sec. 116. Taunton's trans p. 120.

② The Three Principles of Justice are: (1) If the wife has mourned three years for her husband's parents; (2) if the family has become rich after having been poor previous to and at the time of, marriage; and (3) if the wife has no parents living to receive her back again.

Ta Tsing Leu Lee, Sec. 116. Taunton, p. 120.

of temperament. "Under the old law, a wife could bring action for divorce under the following conditions: (1) because of incompatibility of temperament, (2) because she was cruelly treated, (3) because she had been deceived by false statements in the marriage contract, (4) because her husband had been, or had become, a leper, (5) because her husband had absconded and had not been heard of for three years."① From this we may see that the Chinese wife is a member of the family occupying a position of dignity and being invested with definite rights.

Similarly, the paternal power of a Chinese father over his children is sometimes exaggerated. Neither law nor custom has given him any absolute power. According to the Ten Principles governing the Five Human Relations, which the Confucian system prescribes, it is incumbent upon the parents to bring up the children and to treat them affectionately. At the same time, the Code of Law provides "that if a father, mother, paternal grandfather or grandmother (maternal grandparents having no right over the grandchildren) chastises a child or grandchild in a severe and uncustomary manner, so that he or she dies, the party so offending shall be punished with 100 blows. ② When any of the aforesaid relations are guilty of killing such disobedient child or grandchild designedly, the punishment shall be increased to 60 blows and a year's banishment". ③

Furthermore, Chinese paternal right does not imply the power of selling children or grandchildren against their wishes. Such an offence is punishable with 80 blows. Neither can parents compel their children to marry contrary to law, under pain of severe penalties. The law requires parents to care for and support their children with servitude for a term of from 2 months to 4 years as penalty for the neglect. ④

Paternal despotism in the sense of power of life and death, has therefore neither the sanction of the moral code nor that of the legal

① S. G. Su, The Chinese Family System, 1922, p. 72.

② It is to be noted that 100 blows is a grave punishment. See Ta Tsing Leu Lee, trans. by Taunton, pp. 1-2, "Description of the Ordinary Punishments".

③ Ta Tsing Leu Lee, Sec. 319, Taunton, p. 347.

④ Ta Tsing Leu Lee, Secs. 102, 117, Taunton, pp. 110, 122.

system. On the contrary, while children are expected to be obedient to their parents, their obedience is to be neither absolute nor blind. Even the Classic of Filial Piety provides that "when a case of unrighteous conduct is concerned, a son must by no means keep from remonstrating with his father". ① Therefore, the saying sometimes quoted that "when a father wants his son to die, the son must die willingly", ② is both illegal and unorthodox from the point of view of Confucian teaching.

Ⅳ

Philanthropy

Philanthropic work is the expression in action of compassion and sympathy in the presence of suffering by others. Buddhism, which is the great religion of compassion and sympathy, not only for human beings but for all sentient beings, naturally supplies the greater part of the motive power for the philanthropic work that is being done in China. But philanthropy has not been alien to the Chinese before the introduction of Buddhism. Relief work for the destitute dependent is on record in the earliest literature of the Chinese. Mencius' theory of benevolent government involves much that is intended to mitigate human suffering wherever it may be found. ③

It is particularly significant to note that philanthropic work in Chinese society comes under four categories, viz. support of the aged, the orphans, the widows, and the sick. These four classes are exactly what Mencius enumerates in his Works as the "destitute of the people" and specifies as the first objects of the regard of a benevolent government. ④ Dr. Y. Y. Tsu, in his monograph, "The Spirit of Chinese Philanthropy", comments that "the preference of these four classes of dependents to others as objects of public charity and care is

---

① [sic]Hsiao King, S. B. E., Vol. III, p. 484.

② 父要子死,子不可不死.

③ Mencius, Bk. I, Pt. I, Chap. 7, of R. Petrucci, Philosophie de la Nature dans l'Art d'Extreme Orient, p. 24.

④ Mencius, Bk. I, Pt. II, Chap. 5.

based upon definite social judgments". "The care of the aged," he writes, "is motivated not only by humanitarian ideas, but also by the customary regard for age which is strong in the patriarchal society of China. The care of the orphans is motivated not only by the recognition of their helplessness, but also by the value of children, engendered by ancestor worship. The care of widows is motivated not only by purely chivalrous ideas, but also by the social ethic which demands that widows should neither be remarried nor earn their living independently."① But regard for the aged, ancestor worship, and fidelity of the widow for her deceased husband are all characteristics of the Confucian moral code. Does it not confirm once more our general observation that Chinese society and the Confucian system are inseparably intertwined?

V

Literature

The relation between Chinese literature and the Confucian system is very close indeed. We need to mention only that for over two thousand years literati and Confucianists have been almost synonymous. The Chinese term of which "Confucianism" is a translation is Ju Chiao meaning the Teaching of the Ju, and Ju according to K'ang Hsi Dictionary, means "a scholar". From a date as far back as the eighth century of the Christian era, which marks also the beginning of the Elizabethan Age of Chinese literature, a knowledge of the Confucian classics has been the main avenue to a political career, and for the last one thousand years it has practically been the sole basis on which candidates are selected for the civil service. In other words, Chinese literature, both on its production and in its selection, has for the last twenty centuries largely been in the hands of people who are steeped in Confucian ideas.

Chinese literature is generally classified under four main headings, viz. Classics, History, Philosophy, and Collected Works. "Classics"

① Y. Y. Tsu, Spirit of Chinese Philanthropy, New York, 1912, p. 43.

means the Confucian Classics and the commentaries on them, and this class stands at the head of the list. Until very recent times a fundamental difference if [sic] made among literary circles between Classics and History on the one hand and Philosophy and Collected Works on the other. The Classics and History are believed to be records of the past experience of the community, while philosophy and the works of the prose writers and poets are merely opinions of individuals not yet tested by actual experience. In this way the fourfold classification itself is made to express the same ethical emphasis and regard for the past which are so characteristic of the Confucian teachings. It is a motto with more than one eminent scholar in the history of China "To study the Classics on the odd days of the month and history, on the even days". ① Philosophy and the literary works occupy only the odd moments of the serious student.

The moral purity of Chinese literature so frequently pointed out by Western writers is, therefore, not a matter of mere accident. ② Nothing is deemed worthy of the name literature, unless it measures up to a certain moral standard. A work of doubtful character is kept out of the official catalogue by strict censorship, regardless of its literary merits. Moral value rather than literary beauty is the first requisite of good literature in China, although the latter is by no means left out of consideration. "Literature serves only as the medium of moral truth" is a well-known saying in Chinese. ③ Belles-lettres without any definite moral purpose are disparagingly described as "the small art of the wood-weevil", to be compared at its best to the work of a clever craftsman. ④

But even this last type of literature is deeply influenced by the moral emphasis of the orthodox writings. Short stories in such collections as the Liao Chia, translated by H. A. Giles under the title of

① 刚日读经,柔日读史.

② E. g. H. A. Giles, Civilisation of China, pp. 128-129.

③ 文以载道.

④ 雕虫小技.

"Strange Stories from a Chinese studio", and the Kin Ko Chi Kwan, rendered into English by E. B. Howell under the title of "Madam Chuang and Other Stories", [sic] are thoroughly permeated by a moral purpose, and these are among the most widely read popular works in China. The stories are told more to illustrate certain moral principles than to depict life as it is. Tragedy as a type of literature is unknown in China. It would shock too much the Confucian mind which fondly clings to the belief that the reign of law in the universe will never permit the righteous to suffer for no good end. This is one of the reasons why the drama is such a late development in Chinese literary history. It did not appear until the 14th century and then only under foreign influence. The Chinese mind is too fond of moralising to face the real picture of life.

Ⅵ

Art

Among the outstanding characteristics of Chinese art, Western critics have been especially impressed by its "cohesion, solidarity, order and harmony", which Mr. Binyon believes to be due to the spiritual desire behind it and to the power which can only result from "some cherished and heart-refreshing ideal". ①

As a whole, the aim of Chinese art is not to represent nature as it is. Let us take painting as an illustration. While there are stories about Chinese painting which remind us of the grapes of Zeuxis in Greek art, yet even these stories are told with a tone distinctly Chinese. A well-known artist of the 6th century of the Christian era, by the same [sic] Chang Seng-yu②, painted two dragons without eyes on the walls of a temple at Nanking. Being asked why he did not complete his work by painting the eyes in, he replied that the dragons furnished with sight might fly away. This was challenged by a sceptic. The eyes of one dragon were painted in. So soon as this was done, the wall was suddenly crashed to ruins in thunder and lightning and the dragon

① L. Binyon, Painting in the Far East, London, 1908, p. 261.

② 张僧繇.

soared into the sky. ① The suggestion is not, as in the case of Western art, clever imitation of reality, but rather life that the artist is able to breathe into his work. "The inner informing spirit, not the outward semblance, is for all painters of the Asian tradition the object of art, the aim with which they wrestle." ②

What then is this life? Mr. Binyon calls it rhythm, that principle which the artist discovers in himself as the essence of "the impulse towards creation", and which he in the triumphant moments of his art succeeds in embodying in material things, thereby endowing them with life. ③ Indeed, rhythmic vitality or spiritual rhythm expressed in the movement of life is the first requisite of the art of painting according to the canons laid down by a sixth century Chinese master, Hsieh Ho. In explaining what this means, Mr. Binyon says that the artist is supposed to be able to "pierce beneath the mere aspect of the world to seize and himself to be possessed by that great cosmic rhythm of the spirit which sets the currents of life in motion". "We should say in Europe," adds Mr. Binyon, "that he must seize the universal in the particular." ④ The greatest achievement in Chinese art is really the fusion of the spiritual and the material.

All this suggests Taoistic rather than Confucian thought. In point of fact, Chinese art, particularly painting, has developed largely under Taoist influence. The strong emphasis on the unity of man with nature and the fond searching for a symbolic value in every natural object are characteristically Taoist. Herein lies the explanation of the predominance of subjects taking from nature in Chinese art and the early appearance of landscape themes. Art critics call our attention to the fact that the Chinese artist feels absolutely at home with external nature. In painting nature he does not seem to be portraying anything external to him, but appears to be entering voluptuously into the happiness and joy

---

① See H. A. Giles, A Chinese Biographical Dictionary, under Chang Seng Yu.

② Binyon, op. cit., p. 9.

③ See L. Binyon, The Flight of the Dragon, London, 1911, p. 15.

④ Ibid., p. 13.

offered him in the works of nature. "The winds of the air have become his desires, and the clouds his wandering thoughts; the mountain peaks are his lonely aspirations, and the torrents his liberated energies. Flowers, opening their secret hearts to the light and trembling to the breeze's touch, seem to be unfolding the mystery of his own human heart, the mystery of those intuitions and emotions which are too deep or too shy for speech. —It is not man's earthly surrounding, tamed to his desires, that inspires the artist; but the universe in its wholeness and its freedom, has become his spiritual home."① In other words, the horror and dread of nature, which haunted the mind of even the cultivated European till nearly a century ago, is not to be found in the Chinese artist. Nature is not treated as a force to be harnessed but contemplated and enjoyed for its own sake. It is not regarded primarily as an accessory to human life or as a background to human events, but as the spiritual home of man where he finds his rest and solace.

To the Chinese artist, nature is so rich in meaning and significance that it is unnecessary for him to resort to allegories to express his deeper spiritual experience. The objects of nature are all suggestive and expressive under his brush. Thus writes Petrucci: "Les Orientaux, pour lesquels l'homme gardait ses proportions réelles dans l'immensité du monde, n'ont pas eu besoin de ces allégories qui nous sont familières. Ils ont choisi les images, évocatrices des idées, dans les formes naturelles."② The bamboo with its nobleness and straight-forward posture, the plum-tree with its white flowers resting with dignity on the twigs braving the wind and snow of the winter day, and then the jade, calm and delicate, with all its value and beauty resulting from careful cutting and polishing out of apparently coarse material—these and other such themes appear frequently in Chinese paintings. ③ In this way, the Chinese give expression in their art to their conviction of the continuity of the universe and the kinship between their own life and the life of

① Ibid., pp. 24-25.

② R. Petrucci, op. cit., p. 148.

③ Ibid., pp. 142-147.

animals and birds and trees and plants.

In architecture as well as in painting, the deep longing of the Chinese mind to harmonise with nature rather than to tame it to human use is made manifest. To quote Mr. Binyon again, "a building (in China) was regarded less in itself than as a fusion of man's handiwork into Nature, the whole surroundings of the same making part, and perhaps the chief part, of the architect's conception."①

In the realm of art, the influence of Confucianism is not to be compared with that of Taoism and Buddhism. Petrucci has aptly pointed out, "grand par sa valeur politique et morale, par sa sa sageuse prudente, par son raisonnement plein de clairvoyance, le systéme de K'ong-tseu compose une doctrine dont l'action ne peut guère s'exercer dans le domaine du sentiment."② But Petrucci is hardly doing full justice to Confucianism, when he says that "elle ne comporte point de doctrine qui fournisse une interpreation [sic] de la nature universelle et de l'infinite des êtres."③ It is not necessary for us to allude to as late a stage of development as the Sung Neo-Confucianist to show that Petrucci's statement is too strong. We are prepared to admit that even as early as the Doctrine of the Mean and the Appendices of the Book of Changes already reveal [sic] certain traces of Taoist influence. But there is the germ of Confucian philosophy of nature in Mencius, which makes possible the more elaborate development in the Doctrine of the Mean, the Yi Appendices, and even in the Sun philosophy.④ Neither is early Confucianism entirely devoid of sentiment towards nature. In the Book of Odes (the Shi King) [,] moral and social ideas are frequently introduced by illustrations drawn from the life of birds and flowers. To a certain extent, Confucius himself shared in the same love of nature with his Taoist brethren. Standing by a stream one day, he was moved to make the following remark: "It passes just like this, not ceasing day

① Binyon, Painting in the Far East, p. 21.

② Petrucci, op. cit., p. 22.

③ Ibid.

④ E. g. Mencius, Bk. VII, Pt. [sic] Chapters 1, 4.

or night."① Here in nature he saw the great principle operative in human life. Nature objects were full of meaning to him. "The wise find pleasure in water," he said, "the virtuous find pleasure in hills. The wise are active; the virtuous are tranquil."② Water suggested activity, and hills tranquility to him. Then again, he said, "When the year becomes cold, then we know how the pine and the cypress are the last to lose their leaves."③ This is the same sentiment so frequently met with in the Chinese paintings of the Sung dynasty.

We may recall that the central doctrine of the Confucian moral teaching is that the nature of man is fully developed only in his relation to other men and to the world around him. Since this is also essentially the spirit of Chinese art, we would naturally expect to find a certain amount of influence by the moral tradition on the art ideals. ④

The Confucian influence is manifest, however, particularly in the moral emphasis which is so prominent in Chinese art as well as in other departments of Chinese culture. A Japanese critic of Chinese art observes that "even painting was held in esteem (in China) for its inculcation of the practice of virtue". ⑤ Further, he writes, "and art was prized for its service to the moral needs of society. Music, it is to be noted, was placed in the highest rank, its function being to harmonise men with men and communities with communities."⑥

The channel of this Confucian influence on Chinese art and particularly on painting, is not difficult to trace. The great painters in China through the ages have been poets, men of letters, philosophers

---

① Analects, IX, 6.

② Analects, VI, 21.

③ Analects, IX, 27.

④ Cf. Binyon, The Flight of the Dragon, p. 22: "And with the idea of rhythm in our minds, we are led to think, above all, of the relation between things;—the relation between one form and another, and between one colour and another. A man is not an isolated being; it is by his relation to others and to the world around him that he is known and his nature made manifest. To achieve a beautiful relation to another human being is to realise a part of perfection."

⑤ Kakuzo Okakura, The Ideals of the East, New York, 1920, p. 30.

⑥ Ibid., p. 28.

and statesmen who in most cases are steeped in Confucian ideas. ① It is true that the paintings were [sic] done by these men in their solitary moments when they were tired of their daily routine, perhaps somewhat wearied of the world, seeking through art the rest they were so sure to find in Nature. But even then, they were unable to leave their Confucian training and frame of mind entirely behind. For them anything worth while [sic] and of permanent value must maintain that poise of mind, that sense of proportion, so characteristic of Confucian morality.

VII

Religion

The fact that every Chinese is a Confucianist, a Buddhist, and a Taoist at the same time is so obvious to every student of Chinese religious life and has been so widely known that it is scarcely necessary to stress it here. Since Confucianism is one of the main elements entering into the "Weltanschauung" of the Chinese, it necessarily affects his religious outlook on life.

Even Buddhism and Taoism themselves, as understood by the average Chinese, have not excaped [sic] the influence of the moral teachings of the Confucian school. As the social framework and the moral tradition of the people are fundamentally Confucian, it is essential for a religion to take them carefully into consideration and to make full allowance for them in order to maintain its footing in Chinese society. The Buddhist and the Taoist are not unaware of this, and in their long history in China they have been constantly reminded of it by criticisms and even by persecutions. The criticisms levelled at them are invariably on social and ethical grounds. Religious questions play only an insignificant part. ② So also when the Buddhists and the Taoists are persecuted, the persecution is motivated by social and moral reasons. As a measure of expediency, therefore, the Buddhist and the Taoist have taken special care not to clash unnecessarily with orthodoxy and on

① See Petrucci, op. cit., pp. 50, 132.

② E. g. Han Yu's Anti-Buddhist and Anti-Taoist Essay, entitled Yuen Tao.

moral issues, and, as a matter of tactics, embody much of its ethical teaching in their own literature, particularly in the popular tracts they circulate among the people from time to time, as we have already had occasion to notice. ①

In the popular religion of the Chinese, too, the Confucian element is prominent. By popular religion we mean that body of religious practices and beliefs which is, strictly speaking, neither Buddhist, nor Taoist, nor Confucian. If we are prepared to accept the rather exaggerated statement that ancestor worship as now practised by the masses of people is the real religion of the Chinese, then the Confucian influence on Chinese religious life is great indeed. But such acceptance is hardly possible. While, according to the Confucian Classics, ordinary men are to worship only their ancestors, they have many other objects of worship in actual practice. And if we take the Classics alone, ancestor worship could hardly be placed under the category of religion.

In every Chinese community, large or small, there are a number of temples, neither Buddhist nor Taoist, but dedicated to some national or local heroes who during their life-time had accomplished something for the benefit of the community or the nation. The benefit may be of material or spiritual character. The only essential is that the people feel a lasting sense of gratitude towards the benefactor. The famous viceroy Chang Tze-Tung (张之洞) is not deified, but throughout a considerable region in central China where he was a governor during the first years of the present century, many temples have been erected to him, simply because the dyke he built near Wuchang, a city on the Yang-tze and opposite to the mouth of the Hau River, is still a source of blessing to hundreds and thousands of farmers. On the other hand, Kwan Yu (关羽) and Yoh Fei (岳飞) are worshipped almost as military gods, (indeed, the former is often referred to by Western writers on China as the Chinese War God) not because of their military achievements, for both of them were defeated in war and Kwan was killed after his defeat, but because of their uprightness and loyalty to their respective princes in

① See surpra Chapter IV.

spite of adverse circumstances. Their virtues, not their military valour, it is believed, have set a high standard to the people and therefore won their gratitude. Such benefactors, so the Book of Rites (Li Ki) prescribes, ought to receive sacrifices from the people as their expressions of gratitude. ①

With the same motive, according to the Li Ki, objects of nature such as the mountains and the rivers, the forests and the woods, are worshipped as a part of the state religion. Gratitude which underlies filial piety and ancestor worship, is also the motive promping [sic] the worship of heroes and of natural objects.

It is easy to see that all this merely illustrates the tendency of the Confucian tradition to rationalise practices in Chinese society which have been kept up as social survivals from a lower stage of culture. But this rationalisation has enabled such survivals to continue for a much longer period.

Let us examine some of the popular religious ideas current in Chinese society. For this purpose, no better material can be found than in such a collection of popular short stories as the Liao Chia, already referred to. ② Although Professor Giles is somewhat exaggerating when he says in the preface to his translation that "the porter, the boatman—and the chair-coolie—no less than the man of letters, —may be seen poring [sic] with delight over the elegantly narrated marvels of the Liao Chia", yet it is certainly true that no Chinese who reads intelligently at all can possibly remain ignorant of this wonderful collection of fascinating short stories. For our present purpose, the work is important, not for its elegant style or its place in the history of Chinese literature, but for the fact that it reflects vividly and faithfully some of the popular beliefs and convictions characteristic of the average Chinese.

---

① See Li Ki, Bk. XX. "The Law of Sacrifices". S. B. E., Vol. XXVIII, pp. 207-208: "According to the institutes of the sage kings about sacrifices, sacrifice should be offered to him who had given good laws to the people; to him who had laboured to the death in the discharge of his duties; to him who had strengthened the state by his laborious toil; to him who had boldly and successfully met great calamities; and to him who had warded off great evils."

② 聊斋志异.

The stories are chiefly about the unseen and the supernatural, not entirely according to the author's conception of those matters, but to a large extent according to the thinking of the people for whom he was writing. Most of them were not the author's own stories. "I am rather animated," writes Pu Sung-ling (蒲松龄) in the preface, "by the spirit of Su Tung-po (苏东坡) who loved to hear men speak of the supernatural. I get people to commit what they tell me to writing and subsequently I dress it up in the form of a story; and thus in the lapse of time my friends from all quarters have supplied me with quantities of material."

Of the different types of stories told in the Liao Chia, three classes are the most numerous. The first of these three classes are intended to illustrate the operation of the principle of retributive justice, the second class tell of the departed spirits with their abodes underground, and the third are narratives of the weird foxes and of spirits of flowers and trees.

Retributive justice is certainly one of the most ancient and the most fundamental religious concepts of the Chinese. That the good or their descendants will receive rewards and the evil, punishments, is a deeply rooted conviction ever since the days of the Shu King. "The virtuous man may live and die in suffering and disgrace; let him be cheered. His posterity will reap the reward of his merits."① The one remarkable thing is that this conviction has survived all the hard experience of life, never shaken as it was among the Jews. The Book of Job has no counterpart in Chinese literature. Every tragedy ends in the vindication of the good and the chastisement of evil. The Indian idea of metempsychosis introduced into China through Buddhism, makes the problem simpler and removes some of the practical difficulties involved in retributive justice. But it is the Confucian notion of retribution that has prepared the soil for the Indian doctrine of karma and thus smooths the way for the introduction of Buddhism.

The Chinese idea of the departed spirits as believed by the popular

---

① Legge, Shu King, Prolegomena, See Also [sic] Mencius.

mind and recorded in the Liao Chia stories is that after death the soul goes to an underground world where it will stay until the time of its next transmigration, which is determined by the infernal authorities according to a calculation of merits and demerits. These departed spirits may revisit this world and even enter into intimate relationships with the living. A ghost mistress is the subject of more than one story in the Liao Chia. As a rule these spirits who return are rather friendly, not more to be dreaded than human beings, if they are properly treated. Ghosts have to obey the universal principles of morality and of social decency as much as men. They, too, have to respect fate and can no more interfere with the desert of men according to their deeds than we can. They may be bribed in the performance of their duties as public officials can be, but are not immune from the consequences. They may show their gratitude for kindness received and are permitted to become agencies for redressing their own grievances, but only within limits set up [sic] the accepted principles of justice. In other words, a ghost can harm an enemy only in equitable revenge and can help a friend only in so far [sic] as he deserves help. In short, the Confucian moral code applies in the underground world as it does with us in this.

The stories of the weird foxes constitute a special feature of the Liao Chia. It is a common belief among the Chinese, particularly in the northern provinces, that foxes by pursuing a certain method of spiritual cultivation could acquire the power of assuming human forms at will, and in this way entering into relationships with human beings. Sometimes these weird foxes would be rather mischievous and play all sorts of mean tricks upon men. But as a rule they are amenable to reason and are subject to the same feelings and affections as we ordinarily are. Other species of animals and even plants may acquire the same power as the foxes. Very often they mingle with men in society and enjoy their company and fellowship. Such, then, is the popular belief.

This kind of belief is the basis with the Taoists. For them the world is fundamentally one. The same tao or principle pervades the whole universe. While man is the height of all forms of existence within the realm of nature, there is no impossible [sic] barrier between him and the other creatures. Further, the lower animals as well as man are capable of transcending the limitations of their particular form of existence. When this is achieved, they become immortals, free from all the bounds of nature. But as immortals they are not to be non-moral. The same moral principles are still binding upon them, even upon the lower animals, as soon as they have transcended the line of their own species and entered into the realm of spirits. Indeed, only by developing morally are they able to make spiritual progress. An immoral act, however seemingly insignificant, will surely mean a serious setback to the elixir-seeker in the search for the life of absolute and ever-lasting [sic] freedom and bliss. A grave offence may annul all the achievements and necessitate a fresh start from the bottom again. Morality is all-important in the Chinese religion, even as it is popularly conceived. Once [sic] we would suggest that this moral emphasis is due to the wholesome influence of the Confucian tradition. It is owing to the influence of the Confucian tradition, too, that Taoism with all its romantic tendencies in such a writer as Chuang-tze (XX) has not led to fanaticism in thought or in practice. Both as a modifying factor and as a sobering influence, the Confucian tradition exerts itself in the domain of the real religion of the masses in China.

Ⅷ

General Characteristic of the Chinese People

Generally speaking, the Chinese are what Confucianism has moulded them to be. The greatest virtue in the Confucian code is Jen or Perfect Humanity, and the finest manifestation of it, according to the Doctrine of the Mean,① is affection towards one's own parents. It is scarcely necessary to repeat here that the Chinese have made their reputation as the people who honour their fathers and mothers. Liang Tun-yen (梁敦彦), one of the first modern Chinese educated abroad, was reported by a personal friend of his to be really joyful in getting a

① Doctrine of the Mean, Chap. 20.

high government appointment, not because he was ambitious, but because his promotion and advancement would gladden the heart of his old mother.① This kind of sentiment is typically Chinese. Even Arthur H. Smith, author of the book entitled "Chinese Characteristics" has to admit that "the popular conscience (in China) responds to the statement of the claims of filial piety as to no other duty".② It is not to be understood, of course, that every son in China supports his old parents willingly and cheerfully. Not every widowed mother is happy in the home of a married son. But the fact remains that whenever friction arises between parent and child, public opinion is more ready to support the claim of the parent against the rights of the child. Broadly speaking, it is not to be contested that China is a land of filial piety as no other country is.

The social emphasis of the Confucian tradition has not failed to bear its fruits. The Chinese have been described as being particularly fond of each other's company. "One of the main enjoyments of the Chinese seems to be chatting with one another, and whether they are old friends or perfect strangers makes very little difference."③

There is little chance of happiness if men are drawn together without knowing how to respect each other's feelings. Hence, an elaborate code of etiquette which has for its purport "lubricating the friction which is sure to arise in the intercourse of man with man". [Smith, Chinese Characteristics] This is one of the meanings of Li in so far as it signifies an accepted way of conduct in social intercourse which enables people to know exactly what to do under given circumstances and what to expect from others.

The Chinese are praised also for their patience, their contentment, and their cheerfulness. They have impressed themselves upon the foreign observer as being patient not only in their daily routine but also with the ills they have to bear. It is only an illustration of the Confucian

① Ku Hung Ming, The Spirit of the Chinese [People], p. 7

② A. H. Smith, Chinese Characteristics, p. 176.

③ Ibid., p. 167.

teaching of ever "remaining quiet and calm, and waiting for the appointments of Heaven". Is this not also the cause of the deplorable lack of adventure among the Chinese and of the passivity with which they tolerate many evils, political as well as physical, which may be overcome with a little more exertion on their part?

The Confucius of history was pre-eminently a man of common sense, with a practical bent of mind, reverent in regard to the past, calm, dignified, and not easily excited. This may serve also as a general description of the Chinese people. In the words of E. A. Ross, "the Chinese mind is of a practical cast. They excel the Anglo-Saxons—in common sense. They keep to the level road of experience."① Again: "Fiery or headlong action is the last thing to be expected of yellow men. They command their feelings and know how to bide their time."② In short, the Chinese are conservative. Conservatism is the key-note of the Confucian tradition and the chief characteristic of the Chinese culture.

We may conclude this part of our study with the following quotation from a western writer who spent almost the whole of his long life in China: "Widely as the Chinese have departed from the meagre outline of a religious system left them by Confucius, they have generally adhered to his moral teachings. Developed by his followers, received by the suffrages of the whole people, and enforced by the sanctions of the Three Religions, the principles which he inculcated may be said to have moulded the social life of one-third of the human family."③

---

① R. E. Ross, The Changing Chinese, New York, 1919, p. 52.

② Ibid., p. 52.

③ W. A. P. Martin, The Chinese, Their Education, Philosophy, and Letters, New York, 1898, p. 125.

Chapter Ⅵ
Social Values of the Confucian Moral Tradition

I

Confucianism as a Social Force.

We have in the foregoing pages tried to show how the Chinese moral tradition is practically identical with Confucianism for the last two thousand years. We have endeavoured to trace in broad outlines the history of Confucianism, setting forth the main stages of its development and making clear that Confucianism as we have it now, and in fact as it has been a social force in China during the last seven hundred years at least, is not purely the teachings of Confucius and his immediate disciples, but has been modified and expanded through the ages, particularly in the period of the Chin and the early Han dynasties, approximately from the middle of the third century before Christ to the beginning of the Christian era, and then later in the Sung period, during the 11th and 12th centuries after Christ. It is Confucianism as so modified and developed, and not merely as originally taught by its early masters, that has played a part of the social force in China and moulded the Chinese as they are, and therefore for our purpose its historical development is of great importance. Then, next, we have attempted an exposition of the Confucian moral system, laying out its main doctrines and showing how its basic concepts are related to one another, with Cheng, or Harmony with Nature, as the cosmic principle. The highest virtue attainable by man, we have seen, is the virtue of Jen, or Perfect Humanity, and I, Li, Chi, and Shin, that is, Appropriate Attitude, Proper Procedure, Wisdom, and Constancy, are merely stages in the manifestation of the virtue Jen. Such specific virtues as Filial Piety, Loyalty to one's self, and Reciprocity, are all derivations from the virtue I, which in turn is only the virtue Jen in operation. After this, we have a description of the ways and means by which the Confucian moral ideas and precepts have been propagated in history. It seems that all the social forces have been marshalled to implant Confucianism in the Chinese mind. This is followed by a study of the chief departments of Chinese civilisation, with the intention to detect in them the trace and influence of the Confucian moral ideas, and we are led to think that Confucianism has been closely intertwined with Chinese life, both private and public.

We have now to turn our attention to another question, the answer to which depends much on what we have already set forth. We wish to make an estimate of the social values of Confucianism both as an ethical system and as a social force in China. As we are facing directly the question now, it behoves [sic] us to remind ourselves once more that we are here dealing not with a mere philosophical system with academic interest for only a limited group of students of moral ideas, but that we are face to face with a tradition which has penetrated deeply into the social fabric of a large population. Its fate is therefore intimately bound up with the moral welfare of a whole nature, constituting no less than a quarter of the human race.

It may not be out of place to recall a few of the historical facts that have already been mentioned, but the implications of which can only be treated in this connection. We have seen that the Confucian system has been until very recent years the political and moral orthodoxy of China since its establishment as a state system under Emperor Wu of the Han dynasty in the year 125 B. C. Its establishment was a really epoch-making event. But what did it actually mean and what is its true place in the history of China? It is an ingenious suggestion that Professor Otto Franke of Berlin has made in his very stimulating paper, "Der geschichtlic [sic] Konfuzius." Professor Franke maintains that the establishment of Confucianism as a state system in the second half of the second century before Christ has meant really the social consolidation and unification of the Chinese people, and that, but for it, China might have split into a group of nations, each with its own social and moral tradition, instead of becoming one united Chinese nation under the auspices of the Confucian School through the last twenty centuries. Ingenious as this theory sounds, we find it difficult to agree entirely with it in view of the historical facts. Making all necessary allowance for the Confucian interpretation in the writing of Chinese history, which has often been cited as a good reason for not taking all records in Chinese history at their face value, there are nevertheless, certain facts in the early Han period which must not be overlooked in our consideration of the position of Confucianism in Chinese society at that time. To put it in plain language, our problem is whether Confucianism was an instrument wielded by the Han emperors to consolidate the Chinese people as Professor Franke maintains, or did the statesmen of that time merely give recognition to a fact already in existence. We wish to draw attention to this distinction, for it goes to determine whether Confucianism has been able to find favour with the Chinese people only through government encouragement, or had already won its way into the hearts of the Chinese on its own merits before its recognition by the government.

It is to be noted, first of all, that although the Edict of the First Emperor in 213 B. C. condemning all ancient books to be burnt was directed against the traditions of all the pre-Chin philosophical schools, with naturally the exception of the Jurists whose teachings were being put into execution then, active opposition to this drastic measure seems to have come only from the Confucian circles. This is not to be ascribed to Confucian conservatism alone. The First Emperor's policy was no less contrary to the Taoist teaching of non-action or the Mohist doctrine of non-militarism than to the Confucian idea of ever clinging to the past. But the persecution of scholars following the burning of books told only on the disciples of Confucius. The other schools were apparently too weak or too indifferent to the political and social affairs of the time to be of any serious concern. Then, after the overthrow of the Chin and the establishment of the Han dynasty, we find no constructive ideas forthcoming to advise the government with regard to the reorganisation of the Empire except those of the Confucianists. We shall perhaps be told that this is simply another example of Confucian bias in Chinese history writing. But the Confucian historian does not seem inclined even to pick out some of the rival suggestions, if there be any, for criticism. And it is still a questionable point whether the Chinese Herodotus Szema Ch'ien was a thorough-going Confucianist in his thinking. There is at least no concealment on the part of the Chinese historians that the early Han emperors, including Emperor Wu during whose reign the establishment of Confucianism took place, had a strong inclination towards Taoism. This learning, however, affected [sic] chiefly their personal religious life, so to speak, for example, their search for the elixir of life.

As far as the social and political reconstruction of the country was concerned, they fell back upon Confucian ideas in every case. This does not mean that the Han system of government was purely Confucian. It took over much from the short-lived Chin regime, which was largely under the influence of the Fa Ch'ia (法家) or the Jurists. With the downfall of Chin, the jurists found themselves also in dispute with the people and chose to retire to oblivion. Indeed the persecution of the Confucianists by the order of the First Emperor appears to have produced the same effect as persecutions generally do. The soil was fertilised by the martyrs' blood and the seeds were scattered far and wide. By the time when the Han dynasty was well established, even Kao Ti (高帝), its founder, to whom Confucianism in itself connoted little, felt it at least a measure of prudence to honour Confucius by paying respect in person to the tomb of the Sage in Shantung. It seems evident, then, that the dominating influence in Chinese society at that time was already Confucianism. Much happened between 195 B. C. when Confucius' tomb was visited by Kao Ti and 135 B. C. The Confucianists had had two more generations to strengthen their hold upon the public mind. The act of the emperor, Wu Ti, in setting up Confucianism as the state system was then significant, not as the beginning of the social consolidation of the Chinese people, which by that time, we maintain, had already been achieved by Confucianism, but as the timely recognition of a strong social force at work among the people and its installation as a political power. From this date on, politics, religion, and education join [sic] hands. The Confucian School has come to occupy the position in China which the Roman Catholic Church under the leadership of the Pope aspired at one time to secure for itself in Europe.

Confucianism started out then in the second century before Christ as a strong social force, tending to the conservation of institutions and ideas of Chinese society that had been developing and accumulating through the ages. Its position was recognised and fully utilised by the government. Largely through the examination system, initiated in the second century B. C. during the early Han and developed to the form as we knew it in practice some two decades ago, in the time of the Tang dynasty, the government was able to select candidates for the civil service from among those who were steeped in the teachings underlying the social institutions as well as regulating the daily life of the people. This went on for centuries until China was completely moulded by Confucian influence.

In the nineteenth century, however, forces began to undermine the Confucian civilisation. China came in contact with the West on a large scale after the Opium War with England. Repeated defeat in battles and humiliation in international dealings with the Powers of the West drove home to the Chinese their inferiority, at least in material civilisation. Three British gun-boats easily scattered and disabled scores of Chinese war-junks on the Pearl River. Even the picked soldiers of the Chinese army found the European warfare altogether too much for them. Upon the memorials of such trusted statesmen as Tseng Kuo fan and Li Hung-chang, the government began to send students abroad in order to learn how to build arsenals and to reorganise the Chinese army. The famous Viceroy Chang Chi-tung of Central China conceived the idea that the Western Powers had the source of their military strength in a better productive system. Factories and iron works were built under his administration in the Wuhan cities at the junction of the Yangtze and the Han River, which is the very centre of the country. A bolder attempt was yet to follow in 1898. Inspired by the Confucian scholar, the late Kang Yu-wei, the Emperor, who was then under the control of the

Empress Dowager, was to bring about a coup d'etat by which the whole political system was to be reformed more or less along Confucian lines though with many ideas borrowed from the West through Japan. One is tempted to imagine what China would have become, if that reform movement had been carried through instead of meeting with its premature frustration on account of the conservative and self-seeking Manchus. However, the tide was not to be turned. Even the reactionary but shrewd Empress Dowager Chu Hsi saw the necessity of some change. The step taken was a natural and necessary one, but it was a severe, almost fatal, blow dealt at the root of Confucianism as a political force in China. The literary competitive examinations were abolished in the year 1905 and a new school system along Western lines was put in their place. Yet, Confucius was still to be worshipped in the new schools as in the olden days, and from the primary school up to the university the Confucian classics still formed a part of the curriculum. It was, of course, a different matter, when the classics constituted only one of a dozen subjects engaging the attention of the student, whereas before they were the sole concern. Classical knowledge was no longer the only avenue to a political career.

All these attempts to bring China up to the standard of the European nations in military strength and international prowess did not produce the expected results in time to match the growing impatience of the country. Every blame was laid at the door of the Manchu government, justly or unjustly. The brilliant victory of the Japanese over the Russians in 1904-1905 demonstrated anew what modern political organisation could make even of an Asiatic nation. The Manchu obstacle to the forward march of the Young China must be removed. The Revolution of 1911 achieved an easy victory. The Manchus were finally gone, and a republic, in name at least, was established early in 1912. The magic wand of the political change, however, failed again to turn lead into gold. China was still as sluggish as ever in her movement towards the desired goal. The axe must be laid at the very root of the tree. China's ideas must be radically changed. The so-called "New Thought" movement was started about the year 1917, and it reached its zenith about 1922, when the Nationalist Movement, more political and thorough-going in character, had its second wind and just began to plan its northern expedition with the object of unifying China under a definite political platform as stated in Sun Yat-sen's well-known "Three People's Principles". The Nationalist Movement, in its military aspect, has been a success, and this is largely because it has held constantly before a nation its economical and international problems, which according to the nationalist leaders are the real causes of China's backwardness.

Thus, the awakening of China has been due largely to her experience with the West. The long process of her rejuvenation and transformation has been rather kaleidoscopic in its external appearance, sometimes confusing even to a sympathetic observer. But throughout there has been a master motive, namely, to enable China to measure up to the economic and military standard of the Western nations, so that she may share with them the same prestige in international relations. In this process of change, particularly during the period of the "New Thought" Movement, Confucianism both as a political and as a moral system has been closely scrutinised. Its social values have been seriously questioned and its basic principles ruthlessly attacked. It has been condemned as the worst ally of absolute monarchy. All the gloomy conditions of womanhood in China have been charged up against it. The doctrine of Filial Piety has been held responsible for all the social evils. The backwardness of China in economical development as well as in intellectual progress is considered to be the logical consequence of its conservatism. The "Three Principles" of Confucian morality, namely, authority of the prince over the minister, (or, in modern language, that of the superior over the subordinate) the father over the son, and the husband over the wife, must therefore be eradicated from the minds of the Chinese, and the Five Relationships must be done away with in China society. The "New Thought" movement did not last long enough to give all these questions and their implications a thorough thrashing out. Some of these criticisms were echoed and re-echoed throughout the country during the early stages of the recent Nationalist Revolution when the radical element was in control. But now the attention of the thoughtful section of the country is too busily occupied in political and economic questions to give a due share to such problems as Confucianism and its place in the social reconstruction of China, which do not seem to be pressing with such urgency as the others.

But the problem of Confucianism in China social life cannot be so easily set aside. It is too intimately bound up with our whole social structure and our time-worn civilisation to be summarily dismissed. True, its position in the life of the New China cannot, and should not, be the same as in the past. It presupposes a "great family" system with almost unlimited paternal authority. Its philosophy of life is based on the idea of a small community such that every man knows his neighbour well and intimately. He stays long enough in it to love it and to feel identified with its traditions. By these traditions his duties are dictated to him according to various moral circumstances. In other words, he lives by customary morality, not by general principles with the possibility of a broad margin for individual judgment and initiative. The magistrate of the district, which is the political unit in China, works through the clan or the village community corresponding to it, which is the social unit, and the central government exercises its control only through the district magistrate. As long as the district magistrate is an adept in Confucian teachings and Confucianism [is] the controlling social force in the village community, this system works smoothly and well. With the new economic forces which tend to break up the clan and the "great family" system, giving more independence to the individual, yes, to the woman as well as to the man in many cases, and with the greater mobility of the population resulting from better means of communication, such as more motor roads and more railways, in addition to the steamship and steam-launch traffic along the many waterways in the country, with all these changes which make an intimate community of comparatively small size rarer and rarer as time goes by, Confucianism as a system of social institutions will find its bottom knocked out. At the same time, reverence for the past which has hitherto been the main support of the Confucian tradition can never have the same hold upon the Chinese mind again. Political and economic unrest can no longer be ascribed conveniently to the moral inefficiency of the head of the state in sustaining the ideal administration outlined by the sage-kings of the ages gone by. Efforts are nowadays made to get an accurate social diagnosis and to apply remedies unknown to classical China but already proved effective in other lands. Contact with other civilisations, in many ways by no means inferior to our own, has shattered that self-satisfied conviction that the best concerning moral and social matters is already in the classics of the Confucian School and little could be found to supplement it. After the signing of the Nanking Treaty at the end of the Opium War in 1842, Tseng Kuo-fan referred to it in a private but serious letter as "merely taking delight in Heaven, when one with a great state serves a small one", which is a quotation from Mencius. Such a platitude would satisfy China no more. ①

Would this mean that Confucianism is to be rejected en bloc by the young China? To Confucianism the credit is due that it has wrought the Chinese into a social unity. It has formed the backbone of the Chinese civilisation. Under economic and international pressure we are endeavouring to become a nation, or rather a state, which in its modern sense China has never been. In the first enthusiasm in changing from a cultural community into a national state, fanaticism and rash judgments are to be expected. But a calmer moment will soon arrive. Our social heritage is not to be totally discarded. Our cultural basis is still essential. For a small section of the nation a new outlook on life could easily be adopted, a religion or a philosophy. But the bulk of the population will have to move more slowly. For their sake the change must not be too abrupt. Some sort of community must be maintained. Social institutions have to be adjusted to new circumstances and new ideas have to be inculcated. But this will take time. Is Confucianism so thoroughly rotten that it must be hurled overboard, or is there to be found in it some element or elements which may be retained to advantage in the new social system that is to be ushered into China? Let

① Tseng Kuo-fan's Letters to his Home (in Chinese only). See letters to his grandfather dated the 17th day of the 9th Chinese month, 1842.

us consider some of the criticisms levelled against it during the recent years as indicated above.

Ⅱ

Confucianism as a Political Theory

Confucianism has been denounced as the worst ally of absolute monarchy. There is no doubt that the Confucian tradition has made the honour of the sovereign one of its moral precepts. Every minister owes absolute loyalty to the sovereign he serves. Alongside with the teachings of the Five Relationships [,] Confucianism has the dogma of the Three Principles, as we have seen. Loyalty to the sovereign, reverence to the father, and obedience to the husband are considered the basic principles of morality. This, however, should occasion no wonder, when we remember that Confucianism has been for twenty centuries under the fostering care of absolute monarchs and that its canonical literature has been edited almost invariably by imperial orders.

But it is only fair to point out that Confucianism teaches no blind loyalty, as the writings of Mencius will amply prove. There, we find clearly the teaching that a sovereign or prince reigns not in his own right, but only as long as it is the will of Heaven and the desire of the people for him to rule. ① In case of misrule, that is, when the sovereign or prince fails to work for the welfare of the people under him, not only rebellion but sometimes tyrannicide is justifiable. There is little doubt that for Mencius the state is a means whereas the welfare of the people is the end, and the sovereign or prince is only the person entrusted with the control of the means in order best to secure the realisation of the end. We may say that to Mencius the sovereign is to the state as the state is to the welfare of the people.

Even in the writings of Mencius, however, we find no evidence of any definite conception of a democracy in our modern sense of the term. What the Chinese sage teaches is really that the sovereign must have due regard for the feeling of the people in his governmental measure. But he has no

① E. g. Mencius, Bk. V, Pt. I, Chap. 5.

idea of providing an organ to express the public opinion which is essential among other things to a true democracy. Groaning under the oppression of misrule, the Chinese, according to the best of the Confucian tradition, can only choose between long suffering and rebellion. But to tolerate a bad government is no Confucian teaching.

This teaching of the people's right to rise in rebellion, when not satisfied, is, to a certain extent, responsible for the laissez faire policy on the part of the government as a measure of prudence. This is in itself one of the Confucian political tenets. "He who exercises government by means of virtue may be compared to the north polar star," which to the Confucian masters remains ever stationary, doing nothing. ① When little is attempted by the government, there is of course little occasion to cause a rebellion. But the sovereign is supposed to govern by his virtue. Disorder and calamity in the country are attributed to the deficient moral character of the head of the state. Uprising becomes again justifiable. This has given rise to the periodic civil war in China. Too much is expected from the moral influence of the head of state. It is due to the error of extending the government of a small community, such as a patriarchal group, to an extensive empire.

There is no lack of insight in the Confucian teachers into the importance of the economic basis of national prosperity. They understand, too, that with the economic conditions are closely linked the moral welfare of the people. Confucius was travelling to the state of Wei, when one of his disciples, Jan Yu, acted as driver of his carriage. The Master observed with admiration, "How numerous are the people." Yu said, "Since they are thus numerous, what more shall be done for them?" "Enrich them", was the reply. "And when they have been enriched, what more shall be done?" The Master said, "Teach them."② Mencius' emphasis on the material welfare of the people is even more distinct. While he realises that if men "are well fed, warmly clad, and comfortably lodged, without being taught at the same time,

① Cf. F. C. M. Wei, Political Principles of Mencius, 1916, pp. 44 ff.

② Analects, XIII, 9.

they become almost like the beasts," yet, on the other hand, he takes every opportunity to urge the provision for the material needs of the masses. "A sage governs the empire so as to cause pulse and grain to be as abundant as water and fire. "①

As to a detailed scheme of governmental organisation, Confucius was almost silent. He seems to have had the system of the Chau dynasty still in mind, which he wanted to revive. The Duke of Chau, framer of the Chau constitution, was the source of his inspiration. Mencius' Works record certain bare outlines of a "benevolent government," suitable only to a state resting on a feudal basis and largely agricultural in character, which was the only political system known to him. ② Even of this he professed to know but little. It had been mutilated beyond recognition by his time, with most of its records already destroyed by the princes of the feudal states. All these pre-Chin political institutions, however, were found much too antiquated by Chinese statesmen as early as the early Han dynasty. Hated as the First Emperor was, the political system conceived by him was almost taken en bloc by the Han emperors in the second century B. C. with some modifications suggested by the Confucian advisers, of which the censorate and the examination system were the outstanding ones. When the government established Confucianism as a state system, it was therefore regarded as a system of moral and political philosophy, rather than as a political system, strictly speaking. In other words, it would not be doing gross injustice to Confucianism to say that the inability of Confucianism to supply China with a concrete system of governmental organisation has been proved by history during the last two thousand years when the Confucian scholars have had a free hand in Chinese practical politics. Wang Mang (9 B. C. - 25 A. D.), a Confucian fanatic in political ideas and known to history as a [sic] usurper of the throne at the end of the Western Han dynasty, did make a strenuous effort to set up a socialistic scheme of government embodying on broad outlines the political system as may be gleaned from

① Mencius, Bk. III, Pt. I, Chap. 4; Bk. VII, Pt. I, Chap. 23.

② Ibid. , Bk. V, Pt. II, Chap. 2; Bk. III. Pt. II, Chap. 2; Bk. III, Pt. I, Chap. 3.

the early Confucian classics, but with much interpretation that was original with him. This scheme met with a premature end, and Wang Mang died as a martyr of his own enthusiasm. The only lasting result of this short-lived moment is a number of books forged to give sanction to the reforms, and among these is the Book of Chau Li, frequently taken erroneously by writers on Confucianism as a source book of political ideas and institutions of the pre-Chin China. ①

Thus it is through political ideas rather than through the actual working out of governmental organisation that Confucianism has influenced Chinese political development, at which point we have dwelt at greater length in a previous chapter. ② The conception of the government as only a form of division of labour to meet the needs of society, ③ the idea of the authority to rule as a trust from Heaven for the welfare of the people, ④ the emphasis on the necessity of securing for the people a satisfactory means of livelihood, ⑤ the stress laid on education as an essential function of the state, ⑥ the denouncement of war as resulting from the military ambition of the ruling class, ⑦—all these are ideas not unworthy of even the best in the development of political thought. There is even a grain of truth in the idea, though much exaggerated by the Confucian School, that the central problem of politics is at bottom moral in nature. "If the people be led by law, and uniformity sought to be given them by punishment, they will try to avoid the punishment, but have no sense of shame." ⑧ Legislation alone is not sufficient. To be effective, it must be in response to a sense of

---

① For a brief account of Wang Mang, see Hu Shih, "Wang Mang, the socialist emperor of nineteen centuries ago", in Journal of the North China Branch of the Royal Asiatic Society, Vol. LIX, 1928.

② Cf. Chap. V, above.

③ See Mencius, Bk. III, Pt. I, Chap. 4.

④ See Mencius, Bk. V, Pt. I, Chap. 5.

⑤ See Mencius, Bk. III, Pt. I, Chap. 4; Pt. II, Chap. 9.

⑥ See Mencius, Bk. IV, Pt. I, Chap. 1.

⑦ See Mencius, Bk. IV, Pt. II, Chap. 4.

⑧ Analects, II, 3.

equitableness among the people, for only then is its proper observance adequately guaranteed by a strong public opinion. It is only "when the people are led by virtue, and uniformity sought to be given them by the rules of propriety, they will have the sense of shame and moreover, will become good". ① It is considered a sign of primitiveness to confuse politics and morality and to consider that what is morally right is within the scope of governmental activity. We are nowadays inclined to think it a mistake to regard whatever against morality as against the state, and therefore punishable by it. Such confusion would be failing to recognize the fact that in the nature of the case morality must go beyond legislation. It would certainly be intolerable paternalism to have the state constantly dictating to us what to do and what not. Yet, Confucianism is still holding one ideal before the world, however poorly stated it may be. It is not only true that much depends upon the moral integrity of those who wield the political powers of the nation, but the true moral theory must become also the social and political theory. There ought to be but one single moral outlook for both private and public life, and not a double standard as generally in practice in the modern world.

Ⅲ

Confucianism as a Social Theory

We propose to review this subject mainly under two headings: the conception of womanhood and the dogma of Filial Piety. It has been said that the neglect of education for women in China is due to the teachings of the Confucian School, and that Filial Piety has so crushed the individuality and initiative, nay the personality, of the son that it must be regarded not as the fountain-head of all moral excellences, as hitherto believed in China, but as really the source of all social evils, of which modern China must seek to rid herself. This is a severe indictment. Let us examine it.

There is no lack of good reasons for discontent with the conditions

① Ibid.

of the Chinese women which existed until recently when they have been partially remedied. While education was highly esteemed in the country, old China provided nothing for the proper schooling of the female half of her teeming population. Some would go so far as to say that women were purposely kept ignorant. Few were able to read and write in the olden days. Was it not saying in currency then that "it is a virtue for women not to be possessed of literary talents"?① Polygamy was in practice. It was permitted by law and sanctioned by public opinion. The position of a concubine or secondary wife in the family as well as in society was distinctly inferior to that of the principal wife. Although the position of the principal wife was generally one of dignity, her rights were not many and by no means adequate. The law of divorce was decidedly in favour of the husband, although the wife was not totally left without legal protection. Was not all this due to the Confucian teachings? It may be pointed out that one of the fundamental tenets of the Confucian moral tradition has been the notorious "Three Principles", one of which is that the husband is the "Heaven" of the wife and therefore she owes him absolute obedience and reverence. Indeed, it is a Confucian doctrine that every woman has "Three Obediences" as the controlling principle of her life and conduct. At home before marriage she must obey her father, when married she must obey her husband, and after the death of her husband she must obey her son! Since unmarried life was inconceivable in old China, a woman, according to this precept, would have no time in her life when she could consider herself a free agent. Such was the lot of a woman in China!

Much of this, characteristic of life in a patriarchal family, was due to a particular type of social structure at a certain stage of social development. Confucianism had helped to preserve, but had not created it. Perhaps the same conditions would have continued, even if instead of Confucianism, Taoism, Mohism, or the Juristic School should have dominated China during the last two milleniums. [sic] The unfavourable conditions of womanhood in old China may be charged up against

① 女子无才便是德.

Confucianism only in so far as it had failed to remedy them as we moderns would expect it to have done.

As an illustration of what we mean we may take the question of female education. Education in China for centuries had been education in the classics, primarily intended as preparation for a political career. Women being not intended for political activities, a literary education for them would be pure luxury. The twelfth book of the Li Ki, however, shows that the education of the daughters was by no means entirely neglected. Prescriptions for the proper bringing up of a daughter are in that book given alongside with those for the education of a son. The kinds of education for the sexes are different. But [sic] this is only due to the different social functions they are supposed to discharge in later life. These prescriptions reflect clearly the social structure which the Confucian School helped to preserve and perpetuate, and to that extent it must be responsible for all the social evils arising therefrom.

A stronger case can be made out against Confucianism in the teaching of Filial Piety. It too, is a feature of the patriarchal family. But through the Confucian moral tradition it has been perpetuated and glorified. We have seen that in the teachings of Confucius and Mencius this virtue occupies yet no such dominating position. Even in the Great Learning and the Doctrine of the Mean, classics of a distinctly later period, it is not regarded as such an all-embracing moral excellence. There is no lack of evidence, of course, that both Confucius and his immediate disciples attached great importance to the teaching of Filial Piety, but Filial Piety as a dogma to the extent that man's moral excellence is to be measured by it and it alone, was formulated in the Classic of Filial Piety.

Distinction ought to be made between filial piety as affection for one's parents and Filial Piety as a dogma in the later Confucian School. The former is a sentiment, respected by men everywhere. It is an expression of gratitude of a child towards the parents, particularly during their declining years. As a dogma in the Confucian School, however, many of its consequences are undesirable. A modern Chinese writer has aptly said that by its virtue a Chinese becomes merely a son of his father and ceases to be a man.① In encouraging conservatism, it tends to damp initiative and smother individuality. Man becomes enslaved to the past, when he has to regard first the desires of his father and perhaps of his grandfather. This is the case, particularly when the old man is of a strong character and dominating will. There are plenty of good sons in China who manage to transcend this difficulty without being unfilial. The private letters of Tseng Kuo-fan, one of the most orthodox Confucian scholars of the 19th century, clearly show that when a Chinese son really has initiative, as Tseng himself had, he will find the means to exercise it without violating the principle of filial piety. There is always a way to get around a point. Generally it is those sons who have little initiative or are not very keen to exercise it who are slavish in obeying their parents. But it must be admitted that Filial Piety, while it does not check initiative in every case, by no means fosters it.

Furthermore, there is little doubt that Filial Piety has proved a social burden to many a good Chinese son. It involves a system of social structure in which every generation has to bear the burden of the foregoing one. A man has to support his parents as well as to maintain himself and his own family. Sometimes it really means that his father with all his social burdens is resting on his shoulders. It is such a drainage upon the man's financial strength as to make saving for his own old age impossible, and except in cases of extreme prudence and insight he will have to depend upon his son and the wheel turns around once more. So long as one has a son, one's future is secure. What is invested in supporting one's parents will have its dividends paid in one's children. Hence the Chinese proverb, "So long as a man has a son, however poor he may be, he is not reduced yet to absolute poverty."

This is possible, however, only in a society in which life is comparatively simple, and conditions change but slowly, if at all. When the task of maintaining one's self and a family is no longer such a simple

① Hu Shih, History of Chinese Philosophy, (Chinese) Vol. I, Shanghai, 1919, p. 129.

matter, when the education of the young is becoming more and more expensive, and when it is felt particularly that every generation should start out in the journey of life with as light a burden as possible, the almost all-absorbing duty of supporting one's parents and of meeting their wishes looks now somewhat antiquated, and for many young men in China at present, and especially for their wives with a new sense of liberty, "filial piety" is simply unbearable. The old dogma has lost its grip upon the young, and the pendulum is in many cases swinging to the other extreme.

But filial piety is not to be entirely discouraged. There is a certain beauty and sweetness in responding to the unselfish love of the mother and in showing gratitude to the old father who has laboured to give one the best in life. True, in many cases this may be pure idealism. But the ideal is worth keeping up. At least it makes old age less melancholy, and smoothes down somewhat the ruggedness of our vigorous years. It should be emphasised, however, that gratitude to one's parents is not to be necessarily expressed in the way hitherto understood in China, but through the bringing up of children. What is received from the past is to be transmitted to the future in compound interest. Instead of the past generation resting on the shoulders of the present one, we may have the picture of each generation leading the next one by the hand along the path of life. In this way the old doctrine may receive a new interpretation which is not totally strange to it in spirit.

Similarly, the Confucian concept Li must be re-interpreted. In the Confucian system of ethics, it means, as we have had occasion to see, a proper procedure of action by which a man's appropriate attitude towards another man in a given moral situation may be expressed so as to gain public approval as well as to satisfy his own sense of propriety. It also means, and this is its older meaning, a system of social institutions with a detailed code of action. In a society where life is simple and contact with the outside world is slight, the line of the least resistance is to follow the beaten path. Old customs are kept up. Li comes to mean a system of casuistry more than anything else. Thus it becomes stereotyped and loses its power to adapt. The iron grip of the past is firmly fixed on the present. The only way is to emphasise more the conceptual meaning of Li and free it of its institutional implications. This means giving up Confucianism as much as possible as a system of customary morality and retain its basic teachings as the framework of a new system of moral philosophy, so as to maintain the continuity of Chinese thought on the one hand, and make it possible to add to it new blood on the other. The question then, remains whether there is anything in the Confucian teachings worthwhile to be rescued from the overwhelming tide of modern ideas that is sweeping over China at present.

Ⅳ

Confucianism as an Ethical Theory

We have had occasion more than once to refer to the conservative tendency of the Confucian School. This tendency is strong in all its teachers. Confucius would cling fondly to the remnant of an old rite which had long fallen into desuetude. ① Mencius, in general of a more progressive spirit, still looked to the past for his standard of morality and political wisdom. "Never has any one fallen into error, who followed the laws of the ancient kings."② Even Hsuntze, who advocated the following of the recent, rather than the ancient, kings, was not free from the conservative spirit of his school. Thus he wrote: "The superior man is cautious about untried doctrine, actions which have not been previously seen, and plans which have been unheard of among people."③ It is this kind of backward look that colours all their teachings, and certainly it has had its influence upon the Chinese mind. However, they would countenance no pharisaism, into which much of the Confucian moral code has degenerated as in practice in later ages. Confucius condemned as thieves of virtue those who only would render lip-service to high principles of morality but make no sincere effort to

① Analects, III, 17.

② Mencius, Bk. IV, Pt. I, Chap. 1.

③ Works of Hsuntse, trans. by H. H. Dubs, London, 1928, p. 299.

put them into practice. ① Such people were hypocrites in his eyes. Mencius has a lively description of this class of men in his Works. One day a disciple put a question in the following terms: "Confucius said, 'They are only your good careful people of the villages at whom I feel no indignation, when they pass my door without entering my house. Your good careful people of the villages are the thieves of virtue. '—Their whole village styles those men good and careful. In all their conduct they are so. How was it that Confucius considered them the thieves of virtue?" Mencius replied: "If you blame them, you find nothing to allege. If you criticise them, you have nothing to criticise. They agree with the current customs. They consent with an impure age. Their principles have a semblance of right-heartedness and truth. Their conduct has a semblance of disinterestedness and purity. All men are pleased with them and they think themselves right, so that it is impossible to proceed with them to the principles of Yao and Shun. On this account they are called 'the thieves of virtue'. "②

Conservative as the Confucian masters were, they insisted in their teachings on a sincere endeavour to carry into action the highest principles known to them. They would tolerate no mere outward conformity, and still less would they tolerate compromises with inferior principles with a more attractive appearance and a more pleasant sound. "These good careful people of the villages—their words have not [sic] respect to their actions, and their actions have not respect to their words, but they say-'The ancients! The ancients! Born in this age, we should be of this age, to be good in all that is needed': Eunuch-like, flattering their generations; such are your good careful men of the villages. "③ Such also are many who condemn conservative morality nowadays but practice nothing better, only "eunuch-like, flattering their generation!" Honest and uncompromising following of the truth is therefore the standard held up by the Confucian masters before their

---

① Analects, VII, 13.

② Mencius, Bk. VII, Pt. II, Chap. 37.

③ Ibid.

followers.

Turning now to the basic ideas of the Confucian ethics, we find the goodness of human nature the most outstanding. For centuries after Mencius this doctrine was not universally accepted by even those who called themselves Confucianists. Besides Hsuntze, Tung Chung-shu of the early Han and Han Yu of the Tang dynasty, both outstanding representatives of the Confucian School, deviated somewhat from Mencius concerning the nature of man. Since the Sung period, however, Mencius' teaching has prevailed and has ever been held as Confucian orthodoxy. To some people this doctrine may seem to be misrepresenting the actual nature of man. But it must be pointed out that while Confucianism does not take the depravity of man as the starting point of its moral philosophy, it by no means follows that it teaches the spontaneous good of man. The good in man must be assiduously cultivated according to a natural process not to be interfered with by impatience. Furthermore, good means good for social life, that is, for Jen and I. It means the development of the germ of social feelings in every normal human being. The feeling of compassion, according to Mencius, is essential to man, for it is natural to him, just as the feeling of shame and dislike, the feeling of approving and disapproving, and the feelings of modesty and compliance [sic].① These feelings are the principles (or rather, for a better translation, the beginnings), of the virtues of Jen, I, Li, and Chi (Humanity, Appropriate Attitude, Proper Procedure, and Wisdom). Such germs of virtue are in men as are the four limbs of their bodies, says Mencius. "Let them have their complete development, and they will suffice to love and protect all within the four seas."② Man is not born a full-fledged sage, but he is endowed with capabilities of attaining to sagehood. Even Confucius claimed no spontaneous moral excellence for himself. The difference between him and the ordinary man is, as he once put it himself, that he applied himself to continuous self-cultivation, while others have

① Ibid., Bk. II, Pt. I, Chap. 6.

② Ibid.

neglected it. ①

There is certain nobleness in this Confucian teaching which is worth our attention. The highest good is the development to the highest possible standard of the good that is man's birth-right: "To illustrate illustrious virtue, to renovate the people, and to rest in the highest excellence."② Moral excellence is an end in itself, unaffected by fortune or misfortune in this world. "With coarse rice to eat, with water to drink, and my bended arm for a pillow;—I have still joy in the midst of these things," says Confucius. ③ On the other hand, riches and honour acquired by unrighteous means are to the superior man as a floating cloud. ④ The world being as it is, "he who seeks to be rich, will not be able to practise virtue."⑤

Nor is this firmness in the cause of virtue derived from the thought of any reward to come after this life. Any idea of reward for good deeds in a paradise or heaven is foreign to Confucian thinking. It is the concern of a Confucianist indeed, that he should leave a good name after him. The Master said, "The superior man dislikes the thought of his name not being mentioned after his death."⑥ This is not because he attaches any great importance to a posthumous reputation, but because he fears that there is nothing in his life worthy of being mentioned after death. "The superior man is distressed by his want of ability. He is not distressed by men's not knowing him",⑦ for "what he seeks is in himself, while only the mean man seeks what is in others", of which posthumous reputation is an instance. ⑧ The highest aim is to be man indeed, by developing to the highest degree what is latent in humanity. To achieve this aim "the determined scholar and the man of virtue will

① Analects, Bk. V, 27.

② Book of Great Learning, The Confucian Text.

③ Analects, VII, 15.

④ Ibid.

⑤ Mencius, Bk. III, Pt. I, Chap. 35.

⑥ Analects, XV, 19.

⑦ Ibid., XV, 18.

⑧ Ibid., XV, 20.

not seek to live at the expense of injuring their virtue, but will even sacrifice their lives to preserve their virtue complete". ①

This, then, is the Confucian conception of the intrinsic value of virtue. Humanity is considered as capable of the highest possible development, not to be belittled and still lessto be discarded at the earliest possible moment. Indeed, it is the best man has in himself. The greatest virtue of man is to be man indeed. This gives the Confucianist a sense of dignity and self-respect, which is best illustrated when Mencius says, "To dwell in the wide house of the world, to stand in the correct seat of the world, and to walk in the great path of the world—to be above the power of riches and honours to make dissipated, of poverty and mean condition to make swerve from principles, and of power and force to make bend:—these characteristics constitute the great man. "② It is the same sense of self-respect that leads a high official in the government in the older days to prefer death to disgrace, and makes a man in the street stand any amount of maltreatment so long as his personal dignity is not violated. To a large extent, on the other hand, this had developed into the Chinese habit of always wanting to save his "face".

The whole theory of moral cultivation is also based on the same idea of the goodness of human nature. Mencius, for instance, takes great care to emphasise that we need to do no violence to humanity in order to fashion of it the highest virtues of man. ③ It is his constant effort to show that virtue is natural, not artificial, in the sense that it is the outcome of the proper development of man's natural instincts and propensities, not their curtailment and mutilation. "All men have somethings [sic] which they cannot bear; extend that feeling to what they can bear, and benevolence will be the result;—all men have somethings [sic] which they will not do;—extend that feeling to the

① Ibid., XV, 8.

② Mencius, Bk. III, Pt. II, Chap. 2.

③ Ibid., Bk. VI, Pt. I, Chap. 1.

things which they do, and righteousness will be the result."① Mencius seems to think that even if our nature is only imperfectly developed, there is still in us a feeling of fellowship with others and a certain sense of propriety with regard to certain actions. This he takes to be natural, which some modern psychologists may not readily admit. The point that concerns Mencius, however, is that such are the feelings that make the human society. We need only to extend the scope of the feeling of sympathy and widen the range of the sense of propriety, and the seed of morality will bear fruits a hundred fold.

Even from the standpoint of modern psychology of morality, Mencius has in his teachings much that is true. For the moral welfare of man, his natural tendencies must not be suppressed, but sublimated and organised. The wise king would seek first to satisfy the primary needs of his people before attempting to lead them along the path of moral development, and morality consists in sublimating the feelings in us which seem to be working against each other.② Love of music and love of beauty do not stand in the way of moral development. They are natural propensities which can be wrought into a noble character. Indeed, our stunted moral development is often due to the failure to extend our everyday natural feelings to a wider application, which is largely the result of the lack of imagination. King Hui of Chi ordered a sheep to be substituted for an ox as the sacrifice for the consecration of a bell. For him the difference between the sheep and the ox was that he had seen the frightened appearance of the latter, but the former did not signify any definite concrete living animal to him. So Mencius argued that if the king could extend his imagination to the suffering of the people under his rule who were perishing by the thousands every year from cold and famine, he would certainly seek to work for their relief and betterment, which would be the beginning of a government according to the principles of humanity. Mencius may have oversimplified the moral situation, but he had made the important point that

---

① Ibid., Bk. VII, Pt. II, Chap. 31.

② See Mencius, Bk. I, Pt. I, Chap. 7.

it would be futile to found a system of morality on the attempt to work against human nature.

Yet, it is to be questioned whether a too naive belief in the goodness of human nature has prevented the Chinese moralist from seeing man as he really is. Hsuntze, the advocate of the evil nature of man, is as firm a believer as his opponent Mencius that every man, if only he would try, is able to attain to the moral height of the greatest sage in Chinese history. The difficulty is under-estimated and man is regarded by far too much as a master of his environment. There is a certain inconsistency in orthodox Confucianism which has escaped the notice of its greatest minds. The Confucian teachers spare no pains in insisting that men live no isolated life, but are born each one of them into a network of social relationships from which they are not able to abstract themselves. Man, in other words, is incurably social and can only be happy in society. The end of moral development is social, whereby the individual and society are intimately linked together. But in the process of development man is taken merely as an individual entirely unencumbered by his social environment and unburdened by his social heritage, in short, as if he could with himself turn a page absolutely new in the history of man. It is sheer over-confidence in the moral strength and creative power of the human being in face of all the social obstacles which the Christian theologian would perhaps call the original sin.

On the other hand, it is a mistake to assume that the Confucianist is entirely unaware of the obstacles in the way to [sic] moral progress. Hsuntze tried to give expression to this consciousness through his doctrine of the evil nature of man. The Sung School introduced the concept of Chi (Substance) in contradistinction to Li (Principle). The Chi seems to have some sort of inertia which holds back the development of the Principle. The obstacle must be overcome before moral progress can go the whole way.

Furthermore, it is incorrect to think that the Chinese under the Confucian influence have come to be absolutely arrogant animals without any sense of their own shortcomings. It is true that the Confucianist knows no confession as an institution, nor does he take delight in giving publicity to his own moral failings. Yet, from Confucius down through the many generations of his distinguished disciples, there is no lack of evidence that the good Confucianist often turns his searching inspection inwards. "I daily examine myself thrice," said Tseng Ch'an, one of Confucius' immediate disciples.[①] Tseng Kuo-fan, the Chinese statesman during the Tai Ping Rebellion, and a great Confucian scholar of the 19th century, sprinkles his letters to his brothers with a sincere sentiment of self-reproach and self-accusation. But alongside with this there is at bottom a decided sense of moral potency which is characteristic of the Confucianist.

The Confucian theory of human nature naturally leads to its emphasis on education. Man is endowed by nature with the possibilities of moral development which put the attainment of sagehood within the reach of every individual. In its opening sentence the Book of Chung Yung or Doctrine of the Mean says, "What is endowed by Nature is the nature of man; to follow this nature is the Way; & [sic] to cultivate one's self in accordance with the Way is education." Education is essential to everybody for his [sic] moral welfare.

But how is it that in Confucian China this strong emphasis on education is everywhere contrasted so pathetically with appalling illiteracy? The reason is not far to seek. There are two causes of which one only can be directly traced to the Confucian moral system.

Obviously, there are two motives underlying education as far as the bulk of the people is concerned. The one is to enable them to get a livelihood, and the other to help them to live the life of good citizens or good members of the community. Broadly speaking, the one motive is vocational, and the other moral, taking the term "moral" in its widest sense to include what is called citizenship nowadays.

Now, in China until very recent times, the one vocation for the people is agriculture. This they learn in the farm and no schooling is necessary. The ability to read and write is of only secondary

---

① Analects, I, 4.

importance. Particularly when the man's interest in [sic] confined almost exclusively to the small community, the members of which remain there all the time, except when some of them are drafted into the army, the need of writing as a means of communication is hardly felt. For practical purposes then, illiteracy is not regarded as an evil. The consequence is that only a small section of the community prompted by the ambition to enter into political career [sic] ever makes book learning a serious business. For this, however, Confucianism is not directly responsible.

Nor is formal schooling or the ability to read and write absolutely essential for moral cultivation, which Confucianism emphasises. "The virtue of those in governmental positions is like the wind, and that of the people is like the grass. When the wind blows upon the grass, the latter must be bent." The moral of this well-known saying of the Confucian School is that the example of those in governmental positions alone is sufficient to maintain the moral level of the nation. Although the Classics contain all the moral truth, the knowledge of them is not essential to the people, for they will reap all the benefit through the moral influence of their officials. It is this notion of the literati as the torch-bearers of moral truth, coupled with the fact that they alone ever come to wield governmental power, that has led to the elevation of the scholars to the top of the social classes. But it is this notion too, that explains the phenomenon that emphasis on education has not been directed against illiteracy. Education means only moral education and therefore does not necessarily imply the ability to read and write. Only in recent years when this ability assumes the importance as a means of prompting [sic] a new national consciousness that the movement to combat illiteracy comes to be of nation-wide significance. With the multiplication of newspapers and of other kinds of reading matter and with the increased commercial value of the ability to read scientific books, the emphasis on education will perhaps shift from a moral to a vocational basis, which, whether we will or not, is rapidly coming to be the situation in China now.

It is owing to this doctrine of the goodness of human nature that in spite of the continuous working of Buddhism in China for centuries the relation between man and woman is never regarded as something unclean or short of the highest ideal. "There are first Heaven and Earth, and then the ten thousand things; first the ten thousand things, and then the distinction of the male and the female, and then the institution of marriage; first the institution of marriage, and then the relationship of parent and child; first the relationship of parent and child, and then that of prince and minister; first the relationship of prince and minister, and then the order of superior and subordinate; first the order of superior and subordinate, and then civilisation is well grounded."① Civilised society is the product of a process by which man seeks to satisfy what is in him and in the couse [sic] of which the family, the political community and all the civilised institutions come into existence.

The goodness of human nature is not a doctrine peculiar to the Confucianist. He shares it with the Taoist. It is a Chinese idea. Herein lies the great contrast between Taoism and Buddhism, which are both different in other respects from Confucianism. While the Buddhist regards the nature of man incurably evil and therefore concentrates all his attention on its elimination, the Taoist, on the contrary, being Chinese and not Indian in origin, has for the ultimate goal of his religious exercises the perpetual continuation of the good things appertaining to this body, except that its limitations must be removed. Hence, when Buddhism works constantly against human nature, Taoism is fundamentally for its preservation. At bottom the difference is between the Chinese and the Indian mind.

The Confucianist is different from the Taoist again in that he emphasises that man is essentially social in nature. Therefore while Taoism seeks for the realisation of its goal in an ultramundane sphere, the arena of Confucian activity is always human society. For the Confucian moralist, cloister morality is a contradiction in terms. Virtue does not consist in "deserting the common life and going out into the

---

① See Appendix of the Yi King entitled "Shu Kua".

wilderness to seek for occasion on which to manifest one's superiority"; but "in the conduct of the good citizen, the dutiful son, the kindly neighbour, and, in particular, the upright official who would resist to the death the corrupt tyrant"; and, finally, in "the maintenance of human life, that all along the rich valleys with their million homesteads the husbandman may reap the harvest he has sown in the fields untainted by blood, that he may cherish wife and child and be nurtured by them in age, and pass duly honoured to the tomb; that worthy officers be found to serve just and benevolent kings; that wars may die away; that crime may be repressed, not by punishment, but by the example of virtue; in a word, that peaceful industry and happy family life undisturbed by civil wars, official corruption, royal avarice, and military ambition, may be the lot of one third of the human race."① In short, social betterment is the ultimate end of the moral cultivation of the individual. "What the Great Learning teaches, is—to illustrate illustrious virtue, to renovate the people, and to rest in the highest excellence."② As the text further shows, the illustrating of the illustrious virtue is closely bound up with the renovating of the people, standing to each other in the relation of "root and branch", and "to know what is first and what is last will lead near to what is taught in the Great Learning".

This aim Confucius held constantly before himself. When the prospect of a political career for him was at the gloomiest, he did give expression to a passing feeling of despondency and despair. "My doctrines make no way. I will get upon a raft and float about on the sea."③ But this did not represent his real sentiment, for he reproached a rash disciple, who upon hearing this remark of the Master was pleased with it and desired to accompany him on the adventure. His deepest conviction in life was that he would endeavour to do what he considered

① L. T. Hobhouse, Morals in Evolution, 1925, pp. 542 ff.

② Book of the Great Learning, "The Confucian Text".

③ Analects, V, 6.

to be his duty in spite of the impracticable nature of the times. ① And his duty, as he considered it to be the duty of every ideal Confucian scholar, was "to cultivate himself so as to give rest to all the people."② Confucian morality has therefore a social significance through and through. Virtue is no abstract term. It connotes definite social duties according to the claims of the various social relationships. It bears its richest fruits only when, on its account, the state is governed rightly and the whole world made tranquil and happy.

We turn next to a brief review of the metaphysical basis of the Confucian moral theory. Our study has shown that to the Confucianist the universe works regularly with all its parts in harmony with one another and that morality is life in accordance with this cosmic principle of harmony. We have also seen how this Confucian conception of the universe as a moral order is really the basis of the cheerfulness and optimism so characteristic of the Chinese outlook on life, and has given strength and comfort to the Chinese in times of troubles and adversities. It was, indeed, the central idea of the religion of the ancient Chinese even as early as the Shi King and the authentic portions of the Shu King. Confucius was not a religious teacher, strictly speaking, but it was from this conception of the universe more or less coloured by religious sentiments that he derived his solace when danger crossed the path of his life. ③ In the same spirit, Mencius stood up for the cause of truth. "When neither a premature death nor long life causes a man any double-mindedness, but he waits in the cultivation of his personal character for whatever issue."④ But neither Confucius nor Mencius was a victim of the belief in fate or destiny. Confucius was described by one critic as one "who knows the impracticable nature of the times, and yet will be doing in them". ⑤ Another critic referred to his "one-idead obstinacy", in refusing to resign to fate but seeking persistently to

① Ibid., XIV, 41.

② Ibid., XIV, 45.

③ See Analects, VII, 22; IX, 5.

④ Mencius, Bk. VII, Pt. I, Chap. 1.

⑤ Analects, XIV, 41.

achieve his own purpose. ① He said once indeed, that if his principles were to advance, they would be advanced according to destiny. ② But this was not fatalism with him as a close study of the passage shows. It was simply an expression of his conviction that no bad means could serve a good end, however prudential it may look. So also was the case with Mencius, when he said, "There is an appointment for everything. A man should receive submissively what may be correctly ascribed thereto." But he hastened to add, "Therefore, he who has the true idea of what is Heaven's appointment will not stand beneath a precipitous wall."③ Mencius rather believes in the ultimate victory of a good cause. In advising Duke Wen of T'eng when the latter was facing a grave international situation, he said, "If you do good, among your descendants, in after generations, there shall be one who will attain to imperial dignity."④ This was slender consolation, of course, to the Duke, but it reveals to us what Mencius had to fall back upon when he was reduced to straits.

It was on this conviction that the Confucian teachers all stood in their moral teachings. The world is a moral order. In the last analysis mankind is fundamentally one in the basic principles of truthful and honest living. "Let a man's words be sincere and truthful," said Confucius, "and his action honorable and careful: such conduct may be practised among the rude tribes of the South or the North."⑤

It is hardly correct to speak of such an attitude of the Confucian School as the metaphysical basis of its moral system. It is more of the nature of faith than a metaphysical idea. It is rather a moral tendency of the heart projected into the external universe than the result of philosophical reflection logically worked out. Confucius had no inclination for metaphysical speculation. He discouraged all curiosity in that direction among his disciples. As a consequence, the metaphysical

---

① Ibid., XIV, 42.

② Ibid., XIV, 38.

③ Mencius, Bk. VII, Pt. I, Chap. 2.

④ Mencius, Bk. I, Pt. II, Chap. 14.

⑤ Analects, XV, 5.

side of the Confucian system remains undeveloped. The Sung teachers did indeed make a serious attempt to fill this great gap by building on the ideas found in the Appendices of the Yi King, which as we have seen are the result of Taoist influence on early Confucianism. Chu Hsi went as far as to try to bring into prominence the investigation of nature as the starting point in the programme of moral cultivation. But the basic notion of the Confucian tradition that morality is all in all proves too deep-rooted for even Chu Hsi to get very much ahead. The study of nature and reflection thereupon are doomed to remain handmaids of moral philosophy with little chance for independent development.

This has been not only one of the main causes of the backwardness of natural science in China, but it has yet another consequence which we are beginning now to realise. With the onrush of scientific ideas from the West, the naive trust of the Confucian tradition in the benevolence and moral character of the universe begins to shake. A greater vision of the universe and a more detailed knowledge of nature are working havoc on the basis of the moral system of the Confucian School because of the feeble foundation on which it has been resting. For the ordinary mind, the universe is now too immense to discern in it a moral purpose. The struggle and suffering in organic nature as a whole casts serious doubts on the orderliness and harmony that have been assumed by the Confucian theory of the cosmos.

One thing, however, is fortunate. There is no fundamental conflict between Confucianism and science. Nothing in the Confucian tradition would lead to the persecution of a Roger Bacon or justify the condemnation of a Copernicus. On the other hand, it is to be expected that modern science will give the Confucianist a deeper insight into the secrets of nature and a more comprehensive view of the universe so that he may be helped to see that the regularity of the realm of natural as well as of moral occurrences which his predecessors have believed and taught is no delusion, although it takes a keener eye to discern and a more profound knowledge to sustain. In spite of all the conflict and strife, there is still a thread running through Nature which may be described as purposive and the true significance of which is only slowly being revealed by accumulated knowledge which science makes possible.

There is yet one more point before we leave this subject. While Confucian moral thinking is pervaded by the idea of the harmonious working of the cosmos, harmony here has too much the suggestion of merely falling into line with a static system in order to avoid jarring with what is existent. It needs to be deepened and enriched through the idea of development and progress. Harmony must not be the merging of the individual in a system already closed. It must imply the enrichment of the system by the introduction into it of a new element which the individual represents, and yet, at the same time, the fulfilment of the nature of the individual through its relation with and development through the system which gives it the opportunity to cooperate with other elements. Such a richer and more fruitful conception of harmony can come only from a comprehensive study of Nature through its various stages of development. In other words, the simple and naive faith of Confucianism is no longer sufficient. Intuition and dogma must become knowledge based on experience. Confucian ethics can no longer start from a few dogmatic statements and select its data from natural phenomena to illustrate them by skillfully reading into them, when necessary, the meanings that are favourable to the thesis. Nature itself must be studied. Chu Hsi's programme must be consistently and faithfully carried out so that the moral cultivation of the individual as well as the betterment of society may be based on the investigation of facts. The universe is not to be dogmatically interpreted in terms of moral philosophy, but efforts must be made to show that morality itself is no stranger in this great universe. This after all is the true conviction of the Confucian teachers and it is the task of New Confucianism to uphold and explain it to the world.

四

THE SPIRIT OF CHINESE CULTURE*

by
Francis Cho-Min Wei

* 本篇是韦卓民先生在一九四六年应美国海威特(Hewett)基金会的邀情,在马萨诸塞州的安多佛-牛顿神学院、牛顿中心、剑桥的圣公会神学院、纽约协和神学院的系列演讲合集,一九四七年正式出版。该书旨在通过对儒、释、道、法等中国古典哲学和宗教的阐述而揭示中国文化的内核,并从中探索适宜基督教与中国文化接触与融合的途径。美国著名历史学家、耶鲁大学赖德烈(Kenneth Latourette)教授在该书序言中对他如是评价:在向英语世界阐释中国文化的精神方面,无人堪与韦卓民比肩。

Forward

We have here a subject of central importance treated by a master. Nothing is more fundamental to a people's life than the ideals which shape it. To understand the Chinese we must know the basic convictions which underlie their culture and which have been instilled in them for centuries. The momentous revolution through which the Chinese have been passing for the past five decades has affected every phase of their civilization. Even the spiritual heritage of the nation is weakened and at times appears to be disappearing. For many the assumptions which control the morals and the outlook on the universe and its meaning seem to have gone and nothing is taking their place. Self-seeking and inner frustration are tragic features of a chaotic picture. Yet the ancient patterns have by no means completely passed. They still condition the Chinese. Presumably they are to do so for untold generations. If we are to know the Chinese we must become aware of the systems of thought and the religions which have had so large a share in making them what they are.

This insight into the Chinese is of peculiar importance for Americans. The course of history has brought them ever more intimately into relations with that great people. In a variety of ways they have assumed large and increasing responsibilities in China. If they are not to err grievously they must really know the Chinese and seek to understand the springs of the attitudes and actions of these trans-Pacific neighbors.

Toward the comprehension of the spirit of the Chinese and their culture Dr. Wei is a superb guide. A Chinese by birth and nurture, he knows his people and the unseen forces which have molded them. He is a specialist on the religion and the philosophies of his people. He is intimately familiar with the pertinent documents. More than that, he has never been uprooted from the ongoing life of the nation as have so many of his Western-trained fellow-countrymen. He has shared the vicissitudes of the nation, partly as president of one of the educational institutions which the Japanese invasion forced into painful westward migration, and partly through connection with the government. At the same time he knows the Occident and so is able to bridge the gulf between that part of the world and China. He has studied both in the United States and Great Britain and has been lecturer at several of the leading universities in the United States. Sympathetic with the deepest insights of the Chinese spirit, he is also a Christian. Few can equal him and none can surpass him as an interpreter of the Soul of China to the English-speaking world.

K. S. Latourete
New Haven, Connecticut, January, 1947

Preface

I am sending forth this series of Hewett Lectures delivered in 1946 chiefly because so many people who heard them at Andover-Newton Theological School, Newton Centre, Massachusetts, the Episcopal Theological School, Cambridge, Massachusetts and Union Theological Seminary, New York, have expressed their desire to see them in print. This may mean that there are others who are interested in the subject.

It is needless to say that the subjects I have attempted to cover in the six chapters are so broad and in many ways so complicated that I had to pick only the salient points for my treatment. As far as possible I have avoided technical and most of the controversial issues which are dealt with in some of my other writings. What is presented in this book represents at least the point of view of one Chinese student of the philosophy and religions of his own people, after many years of research and reflection. Naturally this point of view may not be that of many Western writers who have treated the same topics. One advantage the present writer has is that he has not only studied the philosophy and religions of his own people, but has actually lived through them and has grown up in the atmosphere of the cultural heritage of the nation.

I wish to take this opportunity to express my appreciation to the Hewett Foundation Committee for its invitation to be the first oriental to deliver the lectures to the audiences in the three theological seminaries, together with many from outside these institutions of theological learning, who gave me such cordial attention at the delivery of the lectures.

Francis C. M. Wei
New York,
May 30, 1946

Contents

Chapter Ⅰ Christianity and Chinese Culture

Chinese Civilization and Culture

When a Chinese starts talking about his own country and his people he is apt to seem bombastic even though he exercises self-restraint. But the bare facts must be presented. One of the greatest countries of the world, extending from the island of Hainan to Manchuria and from Sikiang to the mouth of the Ussuri River, a compact continental area covering nearly all of Southeastern Asia, cut off by vast mountain masses on two sides and protected by the waters of the sea on the other two, China is geographically very favorably situated. Hers is about as large a territory as that of the United States of America.

Through many centuries and up until recent times, the Chinese have developed their own civilization in almost complete isolation from the rest of the world except for the most casual contacts, and that only when their civilization had practically taken its definite shape. This civilization has influenced Korea, Japan, Mongolia, Turkestan, Tibet, Siam (Thailand), Annam (Indo-China), and Malaya. There is a variety of soil and climate, agricultural products and minerals. The Chinese population is at present between one-fourth and one-fifth that of the whole world; it is intelligent, industrious, practical, frugal, and capable of hardship and long-suffering (sometimes almost too much so), always cheerful, always optimistic, extremely human, full of humor and common sense— all kept in balance by a keen sense of proportion. This has been the result of a long process of cultural development with written records of some four thousand years, and "no other nation with which the world is acquainted has preserved its type so unaltered"①.

A keen western student of the civilizations of the world has made a

① Quoted by P. M. Roxby in article "China" in Encyclopedia Britannica. 14th ED.

succinct statement about the culture of the Chinese which is worth quoting. "The Indian and the Chinese civilizations along with Western Civilization," says Hendrik Kraemer, "are the three great and representative creations of the human spirit in the history of mankind, each one revealing a fascinating and very characteristic aspect of the human mind and its endless possibilities."①

We would like to point out that a distinction ought to be made between civilization andculture, two terms which are often improperly used interchangeably. Civilization is the accumulated sum total of the achievements of a people up to a given time in their dealing with the physical environment and in trying to live together in a community; and culture is the spirit of that civilization embodied in human personalities. The former can be kept in literature and in the arts. It has a more concrete form and cannot be easily lost to posterity even if it should cease to be a living thing. Modern scholarship has succeeded, for instance, in recovering much of the classical civilization of Europe and has learned through archaeology and excavation more and more about ancient civilizations of even more remote ages. But it is far more difficult to reconstruct a dead culture. "When its living embodiments become extinct it may fall into complete oblivion."

Even a rapid survey of the historical development, or a brief description of the characteristics, of Chinese culture, would be beyond the scope of this book. We shall confine our attention to the religion and the moral tradition of the people in the hope that by this study we may catch the spirit of their culture, and see whether the Christian message will find in it something congenial as a point of contact and as a medium for its presentation.

The Presentation of Christianity to the Chinese

We are, therefore, approaching the Chinese religious and moral tradition not as anthropological studies for their pure intellectual

① H. Kraemer, The Christian Message in a Non-Christian World, New York, 1938, p. 147. By permission of the International Missionary Council.

interest, which has its proper place and value, but rather as a praeparatio evangelica, to use Eusebius' expression. There will be more in this chapter on the value of such an approach. For the present let it suffice to observe that, "if the Church is to become the Church …of China …she must capture not only the hearts and wills of the people, but also their mind, their aesthetic sense, their imagination. Not only the grace and majesty of architecture, but the beauty of art, literature and music must spring from the very soul and soil of the people to express their adoration, as their instinct and genius prompt, when purified by Christ. What the creators of Norman and Gothic, what Raphael and Botticelli, Bach and Handel, Tyndale and Cranmer, Dante, Milton and Robert Browning have done for Western Christianity, glorifying God and exalting the spirit of man, must be done by Asiatics for Asia",① by Chinese for China. And above all, we want to add that if Christianity is to be properly understood and received by the Chinese we can ill afford to neglect their cultural background.

It is hardly necessary to say that we do not study the Chinese culture and religion as antiquarian research. The culture of the Chinese is still the living culture of a large section of mankind and the religions in China are still potent spiritual forces operative today among millions of people.

Why should Christianity, then, be sent to the Chinese? Do they not already have their own religions, better suited to their own needs, their climate and condition? Is it not impertinent to try to proselytize a people as highly cultured as the Chinese?

These are old questions and are still being asked in their new forms. According to J. N. Farquhar, people often say in India that all religions are true and therefore they are all the same. ② It is easy enough to show that if religions have something in common, if they have developed in some cases similar teachings and institutions and inculcate much the same

① C. E. Storrs, Many Creeds, One Cross, New York, 1945, pp. 8-9. By permission of The Macmillan Company, Publishers.

② J. N. Farquhar, Are All Religions True, Mysore, 1920, p. 2.

ideas of morality, therefore, to that extent, they are good and true. But it doesnot follow that they are the same. Resemblances between Christianity and some of the religions in the Orient do not make any of the religions a good substitute for the Christian faith. Beneath the superficial similarities we often find radical differences. In the religions of the Chinese there is saintliness; there is spiritual mastery and noble achievement among the choice spirits; but this should not cool our fervor to preach the Christian Gospel to the Chinese.

Another objection may be raised. It may beurged that Christianity has been developed in the West. It has become a part of the Western culture. Other racial groups with different cultures and living under different conditions may have their religious experience in a different way. Why should we go to disturb their faith? Why not let them alone? And these are common questions, asked today in many places even among good Christian people. What is the answer?

The usual answer is that Christianity is the absolute religion. It is the perfected expression of religion as such, the consummation of the religious yearning of all men in all times and places. But as Ernst Troeltsch has pointed out, "The actual history of religion knows nothing of the common character of all religions, or of their natural upward trend towards Christianity … Christianity is itself a theoretical abstraction. It presents no historical uniformity … hence it can in no wise be represented as the finally attained unity and explanation of all that has gone before."① "If Christianity possesses any validity, that validity is to be restricted to Western Europe; for any religion to claim absolute validity is simply naivetê." ②Therefore, this "does not preclude the possibility that other racial groups, living under entirely different cultural conditions, may experience their contact with the Divine Life in quite a different way … And they may quite sincerely regard this as absolutely valid for them". ③

① Ernst Troeltsch, "The Place of Christianity among the World Religions" in his Christian Thought, London, 1923, pp. 12-13.

② Ibid., p. 17.

③ Ibid., pp. 26-27.

This is Troeltsch. How different is his position from that of Karl Barth and Hendrik Kraemer! Barth endeavors "to lay bare the exclusive nature of Biblical religious truth as wholly sui generis". ① He, rejects all natural theology. To regard all religions as more or less worthy vehicles of divine revelation is, for him, virtually to deny all revelation. There is no continuity between "nature" and "grace", or between "reason" and "revelation". ②Hence between Christianity and the other religions there is "no point of contact". ③

This is also Kraemer's own position in his volume, The Christian Message in a Non-Christian World. For Kraemer Christ fulfils these religions [i. e. the non-Christian religions] by contradicting them. For Christ, the power of God and the wisdom of God, stands in contradiction to the power and the wisdom of man. Yet, Dr. Kraemer also maintains that we should not deny that God has been working in the minds of men outside the sphere of the Christian revelation, and that there have been and may be now acceptable men of faith, who live under the sway of the non-Christian religions-products, however, not of these non-Christian religions, but of the mysterious workings of God's spirit. ④ Here it is admitted that even in the non-Christian religions God does not leave Himself without witness; His spirit works there.

Is it because of his tremendous zeal for the Christian missionary movement that Kraemer is so strong in his language in condemning the non-Christian religions? He seems to be afraid that in seeing too much in these religions there may be the danger of diluting our enthusiasm for Christian propaganda. Every Christian will agree with him that "God has revealed the Way and the Life and the Truth in Jesus Christ and wills this to be known through all the world". ⑤ But to quote Kraemer himself, "no man, and certainly no Christian, can claim the power or

① Hendrik Kraemer, op. cit., pp. 115-116.

② Ibid., pp. 118-119.

③ Ibid., p. 131.

④ Cf. Ibid., pp. 123-124.

⑤ Ibid., p. 107.

the right to limit God's revelatory working."[1] God has revealed Himself also in religions and philosophies outside of Judaism and Christianity. Of course, when the philosophies and religions raise any protest against the cardinal elements of the Christian faith, it is right to say that as far as that goes the God of the philosophers and the scholars, however lofty the conception may be, is not the God and Father of Jesus Christ,[2] But it is, on the other hand, quite possible and not infrequent that we find in the great non-Christian religions suggestions of the Christian God and in some places an atmosphere congenial to the presentation of the Christian truth, where we find even a praeambula fidei. Wherever this is the case, we believe with Thomas Aquinas that gratia non tollit sed perficit naturam (grace does not destroy but perfects nature).

We take the Christian message to the non-Christian world, not because it is in total darkness, not because the people in it have never been granted by God even a glimpse of His glory in their groping, but because we have the Good News and "its very nature forbids us to say that it may be the right belief for some but not for others".[3] We do not go to the nations called non-Christian, because they are the worst in the world and they alone are in need; we go because they are a part of the world and share with us in the same human need, the need of redemption from ourselves and from sin, the need to have life complete and abundant and to be remade after this pattern of Christlikeness.[4] This motive is so impelling that in spite of the condition of the Church and its present position in the world, which seem to make it poorly equipped for renewed missionary consecration and activity, we still go to those parts of the world where the name of Christ is less frequently proclaimed in order to share our knowledge of Him, inadequate as it may be, with others. This must be admitted. The question is what

---

① Ibid., p. 122.

② Ibid.

③ Statement adopted at the meeting of the International Missionary Council, Jerusalem, 1928. Jerusalem Meeting, Vol. 1, p. 404.

④ Ibid., p. 406.

method should be used in the missionary work and what should be the Christian attitude towards the old religions that are already found deeply rooted in a country like China.

Christianity and the Religions of the Chinese

We leave to later chapters the treatment in greater detail of the religions which are generally known under the names of the Classical Religions of China-Confucianism, Buddhism, Taoism, and the Religion of the People. For the present let us confine our attention to the problem of the Christian attitude towards these religions and how far they may be utilized in presenting the Christian message to the Chinese people. It may be that the best approach to this problem is a review of the Christian missionary movement in China up to the present time.

It is well known that Christianity is nothing new to the Chinese. One tradition has it that the first missionary to China was St. Thomas the Apostle. But we can find little or no reliable historical evidence for this.

The history of Christianity in China, however, goes back as far as the seventh century of the Christian era. According to a stone monument uncovered in 1623 or 1625 A. D. near Sian, the old capital of China, a monument erected in the year 781 A. D. and known since its discovery as the Nestorian Tablet, the Nestorian missionary A-lo-pên arrived in the Chinese capital of the T'ang Dynasty in 635 A. D. during the illustrious reign of the great emperor, T'ai Tsung. The emperor regarded the new religion quite graciously. Tradition has it that he even accepted it himself. While we cannot be sure of this, he at least studied it, and from several of his successors on the throne it received considerable favor. It is in the Chinese records that imperial decrees were issued ordering its dissemination. But two hundred and ten years later in 845 A. D. the Buddhists in China were persecuted by the Emperor Wu Tsung as a result of court intrigue, and the Nestorians, who in the eyes of the Chinese at the time were merely another Buddhist sect, suffered the same fate. When the storm blew over, Buddhism was able to rise again, but not Nestorian Christianity. By 987 A. D. it was reported that there were no Christians in the Chinese Empire. The first attempt to Christianize China thus came to an end apparently because the Nestorians went too far in compromising with Buddhism, an older religion in the country. Christianity paid a heavy price for losing its identity. It had no contribution to make to the religious life of the Chinese, at least from the point of view of the Chinese who could not distinguish it from another religion.

The second attempt to plant Christianity in China was made during the Mongol Dynasty which began in 1279 A. D. , more than four hundred years after the fatal persecution of the Nestorians. In 1289 Kubilai, the Mongol ruler, established an office in his government for the supervision of Christians in China. Who were these Christians and where did they come from? There seem to have been some thousands of Nestorians in the country at that time. In the early part of the fourteenth century they were found in eastern China around Hangchow and Chinkiang, in the northwest in Kansu, in the north in modern Hopei, and in the southwest in Yunnan. Apparently they were not the remnants of the Nestorians from the earlier period. They were known as Arkagun, almost entirely of foreign birth. How and when they got to China is not certain. They must have come from the Uigurs with the conquering Mongol army, and the Uigurs were a Turkish people, in part Nestorian, with whom the Mongols had been in contact.

But these Nestorians were not the only Christians in China under the Mongols. There were also Roman Catholics. Two Italian merchants, Maffeo and Nicolo Polo, brothers, were asked by Kubilai to take letters from the Imperial Court to the Pope asking that "a hundred teachers of science and religion be sent to instruct the Chinese in the learning and faith of Europe." ① The missionaries from Rome were slow in coming and not a hundred actually came. The first to arrive was John of Montecorvino, a Franciscan. More Franciscans came later to join him, and their missionary work had a good measure of success. But in

① K. S. Latourette, History of Christian Missions in China, New York, 1929, p. 67. By permission of the Macmillan Company, Publishers.

1368, the Mongol rule in China came to an end. With the foreign rulers went also the foreign missionaries from China. The Nestorians seem to have disappeared at the same time, and according to Professor Latourette, "no certain traces of the Faith were found by the Jesuits in the latter part of the sixteenth century." ① Thus closed another chapter of the Christian movement in China. Like the Christians in the T'ang Dynasty the Christians in China during the Mongol Dynasty failed to leave any permanent influence on Chinese life and thought. It is true that they were in the country for less than a hundred years and they were too intimately associated with the much hated foreign rulers to be popular with the Chinese. Also because of the adopted policy of the Mongols to be indifferent to the Chinese culture and to stand aloof from the Chinese civilization, the Christians who depended upon the favor of the Mongol rulers for their existence in China would not and could not be closely related to the Chinese religious or moral traditions. But such reasons would not apply to the Nestorians under the T'angs. They were in China for a much longer period. The T'ang Emperors, who showed them favor until they were persecuted along with the Buddhists, were Chinese and were great patrons of the Chinese culture and civilization. The Nestorians failed because they erred at the other extreme. They were so closely associated with the Buddhists that they lost their distinctiveness. Instead of using external resemblances as mere points of contact to present their own faith, they sacrificed their identity and the essentials of their own religion. The price they paid for this was extinction.

After the Nestorians and the Roman Catholics under the Mongol Dynasty, Christianity disappeared from China for almost two centuries. Francis Xavier, who went to Japan as a missionary in 1549, planned to enter China also but he only reached an island near Canton in 1551 and died there the next year, without reaching the mainland. Later missionaries were able to carry out his hope to enter China. Among the Jesuit missionaries who worked in China there was the famous Matteo

① Ibid., p. 75.

Ricci, a mathematician and astronomer as well as a great missionary. It was the policy of the Jesuits to reach the upper classes in Chinese society without neglecting the poor and the uneducated. This met with a good measure of success. Chinese scholars and high officials such as Hsü Kuang-ch'i and Li Tzu-chao were won, and the Jesuits were in favor with the Imperial Court.

Soon the Dominicans came also and they were followed by the Augustinians. In spite of sporadic persecutions the Christian work went ahead and flourished. This third attempt to evangelize China promised a rich harvest. But then rose the controversies among the missionaries as to the Chinese term to be used for God, as to whether Chinese Christians should be permitted to participate in the age-long ceremonies in honor of Confucius as the greatest teacher of the Chinese and in commemoration of the deceased ancestors, and as to whether Christians should be allowed to contribute to Chinese community festivals. For the Jesuits who favored a liberal policy, the term Shang-ti used in the ancient Confucian classics, particularly in the Book of Odes and the Book of History, ought to be a good translation for the term God in the Bible and in Christian prayers. To the Dominicans, however, this was a pagan term and they preferred the term T'ien Chu which literally translated would mean "the Lord of Heaven". They were apparently not aware that this was a Buddhist term for very inferior gods. The Franciscans and the Augustinians sided with the Jesuits against the Dominicans. The more liberal-minded groups were inclined to interpret the rites in honor of Confucius and of the deceased ancestors as purely civil ceremonies without any religious significance and the community festivals as mere community activities, which were and have always been the Chinese interpretations. Of course, everything concerning the more spiritual side of life is capable of degenerating into superstition and these rites in the minds of the uneducated Chinese may at any time have a superstitious element. The Dominicans condemned such rites and would ban the Chinese Christians from participating in them. The questions were first referred to the Chinese Emperor who, being a Chinese scholar—and though a Manchu quite inclined to encourage

Chinese culture—was in favor of a broad interpretation. The liberal groups of missionaries were, therefore, winning the issue. But the Dominicans appealed to Papal authority which held an opinion opposite to that of the Emperor. The interview of the Papal legate and his interpreter with the Emperor K'ang Hsi in 1706 only aggravated the situation, practically resulting in the expulsion of the representatives of the Pope from China. Among the missionaries the controversy dragged on; it was finally ended only by the Pope's decree in 1742 in favor of the view taken by the Dominicans. This enraged the Emperor Ch'ien Lung, on the throne at that time, who held about the same opinion on the matter as his great predecessor, K'ang Hsi. At least he could not tolerate in his domain the presence of foreigners who would regard the authority of a non-Chinese ruler outside of China as superior to his own and he would not make the fine distinction between ecclesiastical and political authority. This was, of course, prior to the day of extraterritoriality! Christian missionaries were practically banned and persecutions became more severe and more frequent in various localities. The Christian community declined steadily both in numbers and in morale so that "in the first quarter of the nineteenth century, the future of the church", to use Professor Latourette'swords, "was very dark". ① Such was the Christian movement in China during the sixteenth, seventeenth and eighteenth centuries, the third attempt to plant the church in Chinese soil.

The failures of the first three attempts to bring Christianity to China were so unfortunate that we would pause to recount the cause of their failures before we consider the present Christian movement in China.

The Nestorians of the T'ang Dynasty and the Christians during the Mongol period left no significant traces behind them in China. There is the tablet found in ancient Sian; there have been unearthed a few tracts from the Tun-huang grottoes; and there are a few casual references to these Christians in the Chinese records. As far as Chinese life and

---

① Ibid., p. 181.

thought are concerned, Christianity might never have been in the country, even though as Professor Latourette has pointed out, "Nestorians were in China probably continuously for nearly two and a half centuries, or for almost the length of time that elapsed between the founding of the Church and the acceptance of the faith by Constantine." "Why was it," Professor Latourette asks, "that the fate of the same religion was so different in two empires which were probably so nearly equal in area, population, and culture?" Professor Latourette gives his own answers, which we would not take the time to quote here. The one we would venture is that the Christians both during the T'ang Dynasty and in the Mongol period had failed to understand the essence of Chinese culture and to make a real impact upon it or utilize it as a medium for presenting Christianity to the Chinese.

Present Christian Movement in China

Since the early years of the nineteenth century a new and more vigorous movement has been forging ahead to bring Christianity to the Chinese again. In this movement the Protestants have been playing a more important part. In every way the result seems to be encouraging. True, the Chinese Christians in China constitute only a little more than one-half of one per cent of the Chinese population. If we should count only those outside the Roman Catholic Church they are only about one-tenth of one per cent. But our total impact upon the nation as a whole is far greater than our numerical strength. In every walk of life in the country we find Chinese Christians in responsible positions and they hold the respect of the people for their ability, their sense of responsibility, their reliability, their devotion to the work to which they are entrusted, and their moral integrity. Although this cannot be said of every Chinese Christian, as Chinese are also human, yet it represents the general impression, and in matters like this it is the general impression that counts. The impression has been particularly favorable during the war years, not only on account of the refugee work and relief activities often undertaken by missionaries and Chinese Christians alike at great risk and sometimes by supreme sacrifice of life, but also because of the Christian attitude towards life brought more into prominence by the unusual times, the willingness of Christians to bear hardship for a good cause, their capacity for suffering, if necessary, their firmness in standing for the right and the true, their unflinching faith that the righteous will triumph. When those around them are in despair, they have hope and see a meaning in the apparently adverse course of events. They refuse to be discouraged by evil and their faith is often justified.

This is saying much, and yet when we think of the small minority in which we Christians find ourselves in the population of four hundred and sixty-five million, more than 99 percent of which is still to be reached, when the Church in China is confronted with social, economic, political, moral, and cultural problems unprecedented in history, we cannot feel complacent about the Church in China.

In comparison with the development of Buddhism in China, however, the Christian movement among the Chinese has much to feel proud of. In this comparison we must take the Christian movement since the landing of Robert Morrison in China in 1807, as there was so little of Christianity left in the country from the earlier attempts to evangelize the Chinese. From 1807 to the present time only one hundred and thirty-eight years have elapsed. Buddhism was introduced into China in about 67 A. D. according to history, although from casual references in the Chinese historical records it may have been known in China much earlier than this. Yet, taking even 67 A. D. as the date of the introduction of Buddhism into China, there were certainly not the number of ordained Buddhist monks who were Chinese by the end of the second century of the Christian era as we have ordained Christian ministers in China today; and monks in the Buddhist community would correspond to ordained ministers in the Christian Church. We know for certain that the first Chinese Buddhist monk was ordained only after the third century of the Christian era.

We cannot boast that there are many Chinese, clerical or lay, who have a grasp of the Christian teachings and of what the Church really stands for, leaving aside technical theology and the controversial issues as to the nature and function of the Church. Chinese Christian literature is still at the initial stage of development and aside from the translations of the Bible we are not sure how much of it is of permanent value. But on the other hand, history tells us that for more than two hundred years Buddhism in China depended on Buddhists from other countries for the production of Buddhist literature in the Chinese language and that literature consisted exclusively of translations. Genuinely Chinese interpretation of Buddhism by Chinese Buddhist scholars did not begin until 291 A. D. when sutras sent back by the first Chinese pilgrim to the West, Chu Tzu-hsing, who left China in 260 A. D. to cross the Gobi desert to Yu-t'ien in search of Buddhist literature, were translated into Chinese by one of his disciples, adapting to Buddhist use terms and concepts in Taoist philosophy and in the Book of Changes, which became the method in interpreting Buddhist ideas to the Chinese until at least the middle of the fourth century. Kumārajiva, who was brought as a captive to the Chinese capital, Changan, in 401 A. D. and died there in 413 A. D. , translated thirty-nine—some say seventy-three—Buddhist works into Chinese. He was a great translator. But his translations could not be compared with those of Hsüan-tsang, the noted Chinese Buddhist traveler, translator, and scholar, who returned to China in 645 A. D. after seventeen years in India, and whose Ta T'ang Hsi Yu Chi or Memoirs of the Western Regions has become a standard work for study not only of Buddhist history but also of geography and Indian antiquities. But Buddhism in China had waited for almost six hundred years for such a genius; what then is a century and a half for Christianity in China? People who are impatient today with the quality of Chinese Christian literature may well bear this in mind.

And it is so easy to overestimate the influence of Buddhism. No one can ever deny that the Buddhist influence on Chinese painting and sculpture has been very significant. Buddhism has left many traces in popular Chinese religious thinking. During the T'ang Dynasty some of the noted Chinese literary men were markedly impressed by it. A few Buddhist tracts have been widely used, but how much they have been understood is another question. Perhaps very little, for the Buddhist literature is after all a closed book to the Chinese except for a select few. Karma is a good supplement to the Chinese idea of retribution handed down from remote antiquity and deeply planted in the Chinese mind, but the teachings that all is impermanence, that there is no ego, and that nirvana is the only calm, "the three-fold corner-stone upon which rests the entire fabric of Buddhism, be it Hinayanism or … Mahayanism,"① have been grasped by very few indeed in China. After eighteen hundred years of Buddhism we can hardly find any trace of the teaching of Gautama, the Buddha, or of his followers in the family and the social structure of the Chinese, in Chinese economic thought or practice, in law, government and political ideas. In these areas of Chinese life Confucianism has found no rival in Buddhism. Buddhism is other-worldly and, as an ultra-mundane system of religion and philosophy, is impotent in the field nearest to the Chinese heart. Furthermore, Buddhism is soothing but not at all pungent as a spiritual force, and society needs some caustic all the time lest it be soothed to sleep.

Has Christianity been sufficiently and effectively enough a gad-fly to the present day world as the demon was to Socrates? That is what we Christians in China would want our faith and our life to be in our country a real impact upon the nation which is in the making under our very eyes.

How can this be brought about? First of all, Christianity must be understood, and understood by the Chinese without the odium of a foreign religion. This means that the Chinese culture must be utilized as amedium for the presentation of the Christian religion to the Chinese, that Christian teachings must be put, at the initial stage at least, in terms of Chinese thought-forms and according to the Chinese philosophical, religious, artistic and social genius. We would want to experiment and see how far the old Chinese ways, the old Chinese symbols and methods of self-expression in prayer and worship can be adapted to Christian use, what there is in the Chinese philosophical and religious tradition that is congenial to Christianity, and what elements

① Yamakami Sogen, Systems of Buddhistic Thought, Calcutta, 1912, p. 7.

of truth we can find there that may serve as our first point of contact.

This is not what Frank Rawlinson in his book, Naturalization of Christianity in China, is thinking about. We do not search for resemblances. We do not have much confidence in the comparative method which is too abstract for our purpose. We agree with Kraemer here that "no help can be derived from an abstract approach to religions in the abstract, but only from a concrete approach to a concrete reality".① In attempting to find resemblances by the comparative method, one is apt to select certain features of a religion or to single out certain teachings entirely from their context. But no such abstractions can do justices to the religion we study. We must see these features and understand these ideas in the spirit of the whole. As Wilhelm Koepp has put it succinctly in German, "Systematisch Erkennen dient der Erkenntnis vor allem durch die klare Einstellung alles Einzelnen in die umfassende Ganzheit des Erkenntnis-gegenstandes. Die Durchsichtigkeit des Ganzen lasst jede Einzelkeit in neuer und heller Eindentigkeit erscheinen." (Systematic knowing serves knowledge above all by a clear presentation of all details in a comprehensive whole of the objects of knowledge. The transparence of the whole enables each detail to appear in a newer and more illuminating distinctness.)②

Interpreting Christianity in Terms of Chinese Culture

When one undertakes to study any cultural system, it is necessary to attempt to enter into its spirit by trying always to see it as a whole. Then, and not until then, are we in a position to interpret the single ideas in it, and the "power to interpret", to quote Professor Hocking, "is the power to say more truly or in more understandable language what an idea or a usage 'means'; to interpret is to give a voice to what is relatively inarticulate and defenseless".③ In this way we are not

① Op. cit., p. v.

② Einführung in die Evangelische Dogmatik, Tübingen, 1934, p. 11. Translation mine.

③ W. E. Hocking, Living Religions and a World Faith, New York, 1940, p. 198. By permission of the Macmillan Company, publishers.

conceiving God as "the Pedagogue"[1] but attempting to find "in the revealing light of Christ" "the groping for God"[2] of the non-Christian religions and philosophies in China, and thereby getting hold of the best in those systems and incorporating it into the heritage of the Ecumenical Church.

In doing this we do not for a moment surrender our conviction that the Truth revealed in Jesus Christ is absolute. But we believe that its expression is not final, for we believe that the Spirit of truth will continue to guide us into all truth.[3] Does not even Kraemer say that "all religions, not excepting the 'primitive' ones, can be called religions of revelation"?[4] If so, it must be the revelation, inadequate as it may be, of the One God, not of other gods. As the late Archbishop of Canterbury, William Temple, puts it, "The conscience of the heathen man is the voice of Christ within him—though muffled by his ignorance. All that is noble in the non-Christian systems of thought or conduct or worship is the work of Christ upon them and within them. By the Word of God—that is to say, by Jesus Christ—Isaiah, and Plato, and Zoroaster, and Buddha, and Confucius conceived and uttered such truths as they declared. There is only one divine light; and every man in his measure is enlightened by it."[5]

It must be admitted that, to have an expression of the Christian teachings nearer to finality, we must bring to the altar of God, the Creator of the whole universe and the fountain of all truth, the historic cultures of all peoples, representing the accumulated experience of many large sections of mankind for long ages and have them consecrated to His Church. We believe that the revelation of God is progressive and until man grows to the fulness of the stature of His Son it remains unfinished. With Professor Hocking we believe in "the perpetual contemporaneousness, personalness, and novelty of the unfolding of the

---

① Kraemer, op. cit., p. 117.

② Ibid., p. 139.

③ John, 16:13.

④ Op. cit., p. 142.

⑤ William Temple, Readings in St. John's Gospel, First Series, New York, 1939, p. 10.

meaning of its truth". ①

We agree with Professor Hocking that "like every living being, Christianity has two selves—its potential, or ideal self, and its empirical or actual self. The latter is the Christianity of our present grasp and practice. In its ideal character, Christianity is the 'anticipation of the essence of all religion, and so contains potentially all that any religion has. But it is quite too complacent to say this of the Christianity of our apprehension". ② Kraemer admits this, for he says, "We have also, fortunately, unlearned the rash and erroneous identification of empirical Christianity with the revelation of Christ in consequence of which this empirical Christianity, which belongs to the relative sphere of history, was wrongly regarded and treated as of absolute character. "③

There is, therefore, room for this empirical Christianity to improve itself, to make it a more adequate and more effective expression of the life and spirit of its Founder. It is not just because "when the several great systems of faith are brought, as now, into intimate contact, there is a new era of broadening, in which each religion extends its base to comprise what it finds valid in other strands of tradition". ④It is the intrinsic right of Christianity to claim truth as its own wherever it finds it, for there is only one God and one Truth, and its base is broad enough to comprise all truth wherever found. Professor Hocking looks very hard for values in other religions which Christianity does not have, and he finds a dignity, a sweep, a sense of the instant majesty of God in Islam; naturalness of the meditative element and serenity of spirit in Hinduism; the enjoyment of the impersonal element of ultimate truth in Buddhism; and the intense humanity, the prevalent cheerfulness and the inner gaiety in Confucianism. ⑤ Do we have to broaden the base of Christianity to comprise these virtues in our religious life or are they virtues which we as Christians are expected to cultivate according to our

---

① Op. cit., p. 197.

② Ibid., p. 249.

③ Op. cit., p. 145.

④ Hocking, op. cit., p. 190.

⑤ Ibid., pp. 255 ff.

faith, but have not cultivated them? And is not this failure largely due to the fact that Christianity is "a western religion" because of its "embroilment with western civilization and history"?①

The remedy is not religious eclecticism which Professor Hocking proposes as the world faith of the future, but a new interpretation of Christianity in terms of every civilization with which it comes in contact. In this way the special strength and virtue of all the religious traditions may be brought into the Christian Church, each as a new emphasis to supplement the "empirical" Christianity which we at present recognize as predominantly western, and we may have an entirely fresh vision of the glory of our Faith. In this light our study of other religions and cultures should not lessen in any way our sense of urgency in taking our Good News to peoples with cultures different from those of the West but enhance it, for we see clearly that not only do those peoples need the Faith of the Christian Church, but also the Christian Church needs their cultures in order to give it a fuller expression that it may become more ecumenical. We do not pose Christianity as the thesis and the other religions as the antithesis with a new world faith as the synthesis. This Hegelian dialectic may be a lure to the mind that relishes Hegelianism, but Christian faith sees in Christ the full revelation of God, and the full understanding of Him is possible only when we see Him face to face. If Oscar Buck is right that "it is in Asia— not in America or Europe or Africa that the future of the Christian religion will be determined",② the Christian Church must come to grips with the problem of finding its new interpretation in terms of the Asiatic cultures, and that of the Chinese is not the least of them.

Christianity has nothing to fear from this. In the words of Professor Hocking, "it has lived for two millennia in company with a diverse activity in western philosophizing and in letters, and for three hundred years with a group of independent sciences. Alone among the great religions, Christianity has fought out its issues with the natural

① Ibid., p. 242.

② Christianity Tested; New York, 1934, p. 19.

sciences, has passed through the purge of scientific study of itself as an object, its 'higher criticism', its comparative science of religion, its psychology of religion. It has met outspoken criticism on the part of these free agencies; and it has gained from this ordeal a capacity not alone to defend itself but to perceive what is defensible and what not defensible …It has been disciplined, hardened, and made agile."①

This being the case, Christianity has nothing to fear in her contacts with the Eastern cultures, but has everything to gain from them. Truth will triumph. "We shall find much that is congenial in the Chinese culture for the presentation of the Christian message. A new emphasis of our religion may thus be brought into prominence to supplement Western Christianity and to enrich the Christian heritage by bringing into it the cultural heritage of China, which may mean the Christianization of that culture by purging from it whatever elements and features are not compatible with Christianity. In this way there may arise a Chinese theology, as we have had Greek theology and Latin theology, European theology and American theology, each according to the genius of the people, not to divide the Church in China from the Church in other lands, but to give a fuller expression to the Church of God in the world. This is an adventure in faith that demands of us daring experiments in Christian thinking and Christian living. A new day has dawned upon the world, especially upon China, an old nation, becoming young again. We must attempt great things for God. He will accomplish wonders for us. We must live in high expectancies. In this spirit we approach the problem of the cultural heritage of the Chinese and the Christian Church in China.

The Plan of This Book

In the following five chapters we shall take up the study of Confucianism as the culture of the Chinese people, Buddhism as it has affected this culture, Taoism as a religion in China, and the interpretation of Christianity to the Chinese against their cultural

① Op. cit., pp. 238-239.

background.

This is an ambitious task. Each one of these topics should require a whole book for its proper treatment in our limited space, therefore, the study must needs be very brief. We shall devote two chapters to Confucianism, partly because for our present purpose it is more important, being the real culture of the Chinese people, and partly because in books on that subject there has been so much misinterpretation which we shall attempt to correct. To present Confucianism as it has developed in the course of more than two thousand years from the pre-Confucian period to at least the end of the twelfth century of the Christian era, the Confucian literature, particularly of the earlier periods, must be critically studied and we have time only to indicate the bare results of critical scholarship. In this way we hope to show not only the historical development of the Chinese culture but also some of the traits of the Chinese mentality.

In our study of Buddhism we shall make no attempt even to outline the teachings of Gautama the Buddha and the philosophies of the various Buddhist schools that have been introduced into China and developed there. We shall endeavor rather to sketch the history of Buddhism in China, to show how it has been received by the Chinese, and what success and failure it has had in influencing the Chinese culture. Here again we desire to present some of our opinions which are not those generally accepted.

We shall make only brief references to Taoism as a philosophy, which in itself is an interesting subject. But we shall seek to present Taoism as a religion with its origin in the second century of the Christian era. The Taoist philosophy has greatly influenced the Chinese culture, but only through Confucianism. Taoism as a religion is a movement among the masses of the Chinese people. In its origin as well as in its later development it is one of the strangest phenomena in the history of religion in the world. For eighteen hundred years it has been the most widespread religious influence among the Chinese. Its foundation is unhistorical and its theology unsound. Taoism has neither the charming philosophy of Buddhism nor the lofty moral teaching of

Confucianism. For a long time it held its ground, but now, with the spread of modern education and scientific ideas in the country, its future seems to be doomed. However, it is not yet a dead issue and we believe it not amiss to devote one chapter to its consideration.

In our concluding chapter we shall indicate the general lines along which we in China may hope to interpret Christianity to the Chinese, what in the Chinese cultural heritage will serve as the best points of contact and where emphasis may be placed. Whatever Christian teachings we may try to interpret in terms of Chinese religious and philosophical ideas will be by way of illustration. There will be no attempt at any systematic reconstruction of Christian theology, which cannot be done in our limited space. We shall recommend a certain form of Church organization which may be more adaptable to the Chinese social structure, but it will be a mere suggestion. If the religious history of the Chinese has taught us any lesson at all, it is the danger of being dogmatic, that anything we consider the best at present will be eventually accepted by a people who always take time in making a final choice. We are, however, sure of one thing, and that is, if Christianity is to take root in China, it must assume a Chinese form, congenial to the Chinese cultural heritage.

Chapter Ⅱ Confucianism in History

What Is Confucianism?

What is Confucianism? Is it a religion or merely a system of moral teachings? Or, is there any system in it at all? These questions have often been asked but are not easily answered. In the first place the answers depend upon the definition of religion which varies with almost every student of religion. But even more important than this is what we understand Confucianism to mean—the teachings of the historic person Confucius as recorded in certain of the classics known as Confucian, and what are the classics which we may ascribe to the man Confucius; or should we include under the term Confucianism all the teachings and all the institutions found in the Confucian classics, some of which are pre-Confucian, and how much the man Confucius had to do with any or all of these; or should we consider Confucianism as it has developed through the ages, at least down to the end of the twelfth century of the Christian era when the Confucian scholar and teacher, Chu Hsi, gave it the interpretation accepted as orthodox for the subsequent seven hundred years? These are not easy questions. When a writer does not answer them first, before drawing the conclusion that Confucianism either is a religion or just an ethical system, the conclusion is not of much value.

Then, again, what is a religion? To make our position clear we say that a man will not have religion unless, first, he realizes that his own power alone will not enable "him to have the kind of life he desires; secondly, that he believes there is a power or powers beyond him with a will like his own which may help him to have the kind of life he desires; thirdly, that he believes there is a way to enlist for his benefit that power or powers not by manipulation or by coercion but by persuasion; fourthly, that he acts according to this belief to enlist the help of that power or powers. If a man does not realize his own insufficiency, he can never develop that consciousness which we call religious. On the other hand if he should stop at that he would be in total despair, and no religious consciousness could develop in him. If he should believe that the manipulative method could be used to achieve his aim because the power or powers beyond himself have no will of their own, he would have what we now call science, but a humanistic science centered upon distinctly human interests and ideals. Should he resort to the coercive method, with the power or powers that have wills, it would be magic. If he should stop at the believing stage without corresponding action, the result would be philosophy, religious philosophy if you like, but not religion. Only when there is action according to the belief is there religion. This is true with religion at the most primitive stage of development as well as with religion at the stage we call the highest. Whether fetishism is religion or magic depends upon the person's attitude towards the fetish and what he does with it to attain his desire. Whether Buddhism is religion or philosophy depends upon whether we take Buddhism as the teaching ascribed to Gautama the Buddha, or as it has developed later in Hinayanism and Mahayanism—and which sect of Mahayanism. Even the attitude of some Christians may be such that their belief may be called magic. On the other hand, the practices which we, from our point of view, call magic are really religious if we should analyze carefully the attitude behind them. We hesitate to introduce the term "superstition" into our discussion, for the term is so ambiguous and so often misused. One English dictionary defines it as "a belief in a religious system regarded (by others than the believer) as unreasonable". Any religious belief, then, may be regarded as superstitious by those who reject it as "unreasonable". We would call a religious belief superstitious only when it is incompatible with the total knowledge of the believer. This, then, is our conception of religion which does not lend itself easily to a simple definition. Whether Confucianism is a religion or not, according to this conception, depends upon what our conception of Confucianism is; we think of it as the system of ethico-political ideas of the Chinese as developed through the ages, and as such we see a religious element in it. It is the cultural system of the Chinese people.

A Chart of Confucian Ethical Concepts

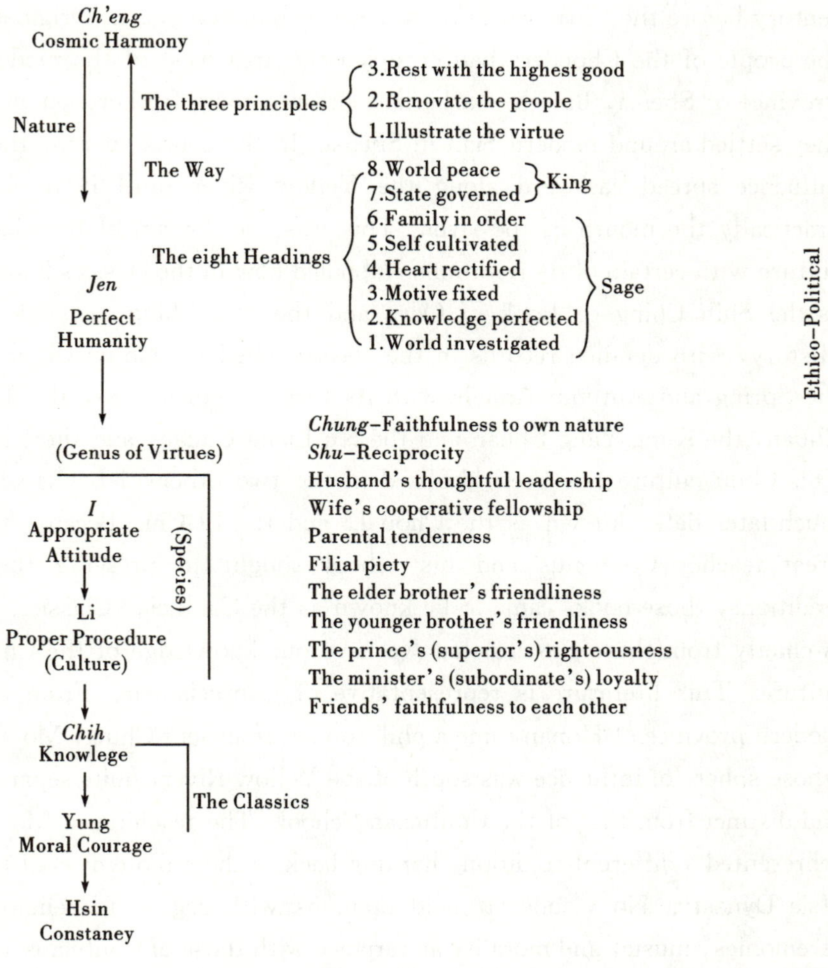

The Four-Center Theory of the Cultural Development of the Chinese

What do we mean by the Chinese? While we maintain that the Chinese people now have achieved cultural unity, we admit that in their racial and cultural formation they are mixed. Different elements have from period to period entered into their make-up through their long history of development.

We maintain further that the culture of the Chinese as we know it now had its origin in that period known in history as the Chou Dynasty from the middle of the eleventh century to the latter part of the third century before the Christian era, over seven hundred years. Originally the people of the Chou era had occupied the area west of the modern Province of Shensi, but the barbarians pressed them farther east until they settled around modern Sian in Shensi. In the course of time their influence spread eastward along the Yellow River until it reached practically the mouth of the river. This was the domain of the Chou culture with certain of its traditions embodied now in the classics known as the Shih Ching or Book of Odes and the Shu Ching or Book of History, with detailed records in the classic called the Ch'un Ch'iu or the Spring and Autumn Annals with its three commentaries, the Tso Chuan, the Kung Yang Chuan and the Ku Liang Chuan, and the I Li. This Chou culture has been idealized in the two other Li books of a much later date, known as the Chou Li and the Li Chi. Because the great teacher Confucius and his school sought to preserve these traditions, those books came to be known as the Confucian Classics. It is chiefly from these classics that we have our knowledge of the Chou culture. This literature is representative of Confucianism. From the modern province of Honan came a philosopher of ancient China, Mo Ti, whose sphere of influence was south of the Yellow River, quite separate and distinct from that of the Confucian School. The teaching of Mo Ti represented a different tradition, harking back to the remote days of the Hsia Dynasty. No wonder it held opinions with regard to religion, ceremonies, music, and morality at variance with those of Confucius and his followers. It had a different cultural background and represented a more remote antiquity. It represented an arrested culture.

Towards the end of the Chou period, in the time of Mencius, at the beginning of the third century before Christ, the Chou culture came into contact, apparently for the first time, with another culture in the South. According to the writings of Mencius, he was encountered by a man, Hsu Hsing, who followed the teachings of Shên-nung, coming from the principality of Ch'u in the South. He criticized Mencius' political ideas which were Confucian and therefore entirely in accord with the Chou tradition. Chen Shan, a disciple of Ch'in Liang and the younger brother Sin, came too to the principality where Mencius was just starting some political reforms, because they were attracted by Mencius' policy. But when they met Hsu Hsing, they were completely won over to his ideas against those of Mencius. Mencius was much irritated. After a long lecture to the two brothers, he said this to them: "I have heard of men using the doctrines of our great land to change barbarians, but I have never yet heard of any being changed by barbarians. Ch'in Liang was a native of Ch'u. Pleased with the doctrines of Chou-kung [Duke of Chou] and Chung-ni [Confucius], he came northwards to the Middle Kingdom and studied them. Among the scholars of the northern regions, there was perhaps none who excelled him …You and your brother followed him some tens of years, and when your master died, you have forthwith turned away from him …In the Praise-songs of Lu it is said, 'He smote the barbarians of the west and the north'… and you become their disciple again; it appears that your change is not good."①

Mencius was fond of using strong language concerning any teaching or cultural tradition which was not of the Confucian School representing the Chou Dynasty. There was coming northwards in his time a strange culture which he considered barbarous. It was the Ch'u culture, which from the passage which we have just quoted, was apparently averse to any complicated political organization and would rather advocate the return to a simpler social structure. It represented most likely the same trend of social and political thinking as that of Lao-tzu whose name or school was not known to Mencius and whose ideas came into contact with the Confucian school in a frontal encounter at a later date, possibly a century later.

There were, therefore, three cultural centers known to China in the

① Works of Mencius, translated by James Legge, Book 3, Pt. 1, Chap. 4, Shanghai, n. d.

latter part of the Chou period: the Confucian culture in the central Yellow River valley, the Sung culture farther south harking hack to an earlier era represented by the school of Mo Ti, and the Ch'u culture which gave rise to the Taoist philosophy as found in Lao-tzu, a book better known as the Tao Tê Ching. And soon appeared on the cultural horizon of China a fourth, that represented by the Legalists, the Fa Chia, of whom Shang Yang, or Lord Shang, and Han Fei are the best known. They flourished in that part of the country in which the Ch'ins had their rise, the upper Yellow River valley, in the northwest. It was this culture, rugged and vigorous, that Shih Huang Ti, the First Emperor of China, rightly called by Derk Bodde China's first unifier, exemplified and made odious to the Chinese historians who were biased by the Confucian tradition.

Which of these four cultures was truly Chinese? We give our verdict to Confucianism for two reasons. First, because China for over two thousand years has been Confucian. The teaching of the Confucian School has moulded her culture, her political system, her social structure, and the general outlook on life of her people. Secondly, the Confucian tradition has in course of time eliminated its rivals not only by winning its supremacy in the minds of the Chinese but also by absorbing into itself the elements in the rival schools which seemed to be essential to its maintenance of that supremacy. It is this composite culture, the Chou culture with elements added to it from the other three cultures, that we call by the name Confucianism, the product of a long course of historical development. Confucianism thus understood is not merely a system of morals or of ethical teachings, but an ethico-political system with a religious element in it. It is a culture, the culture of the Chinese people. Why should it, then, bear the name of Confucius? This leads to our consideration of Confucius in the cultural history of China.

Confucius in the Cultural Development of the Chinese

The life of Confucius covered the period 551-478 B. C. His was indeed a time when evil was rampant. The political and social organization of the Chou dynasty was rapidly crumbling. Disorder prevailed everywhere. ① It was Confucius' conviction that, given a fair chance, he would be able to re-establish a benevolent government after the pattern of that of the sage-kings of China's golden age, with the ancient principles of morality properly set forth. This would be the remedy for all the social ailments of his time. To seek for such an opportunity he wandered from principality to principality, trying to find a prince who would listen to him. But all in vain except for a brief period in his own state of Lu, where he had a chance to put into effect his long cherished political ideas—only to meet with premature frustration, however, when the jealousy of a neighboring state was aroused and the mind of his own prince poisoned by mean intrigues. His influence was to be exerted in a different field.

Confucius returned home to devote his time to literary and educational work. According to tradition, he edited four of the five classics, the Shih Ching, the Shu Ching, the Li books, and the I Ching, writing some commentaries on the last, now known as the I Appendices, and wrote the fifth classic, the Spring and Autumn Annals or the Ch'un Ch'iu. A more radical view held by the famous Confucian scholar K'ang Yu-wei is that he originated them all. ② There is little doubt that his "frequent themes of discourse were—the Odes, the History, and the maintenance of the Rules of Propriety." ③ How much he did in editing the classics now bearing those names is a question. He described himself as "a transmitter and not a maker." ④ If he did actually edit those books, we have no reason to believe that he deleted much or added any of his own ideas to them. A careful study of the Analects, which we accept to be the most reliable records of his teaching, leads us to the conclusion that he paid little or no attention to the I Ching which could have existed in his time only as a book of divination, and as such it

① Cf. Ibid., Book III, Pt. 2, Chap. 9.

② See Kung Tzu Kia Tzu Kao. Cf. Analects, Book VII, Chap. 17; Book IX, Chap. 14.

③ Analects, Book VII, Chap. 17.

④ Analects, Book VII, Chap. 1.

hardly came into his purview. ①

As far as the Confucian Four Books are concerned, there is only one place where the name of the I Ching is mentioned at all and that is in Book VII, chapter 16 of the Analects. There, Confucius is supposed to have remarked: "If some years were added to my life, I would give fifty to the study of the Yi, and then I might come to be without great faults." Much textual criticism has been written on this passage. ② But the Imperial Critical Commentaries on the Classics edited in the early part of the last dynasty have it that in an old text of the Analects, known by the name of Lu Lun instead of the character "I" meaning "changes", another character is used with the same sound but meaning "also". ③ If this is accepted as the correct reading of the text, the solitary documental evidence that Confucius ever had anything to do with the Book of Changes evaporates. Of course, the great historian Ssu-ma Ch'ien of the first century before the Christian era has written in

---

① In all the conversations between Confucius and his disciples and others, as well as in all his sayings recorded in the Analects, there is not a word about the Book of Changes or any of its ideas. Mencius is totally silent about the book, making no reference to it whatsoever. If he knew anything about it, he certainly ignored it completely. Hsün-tzu was another great teacher of the Confucian School about fifty years younger than Mencius. In his works, as we have them now, we find four references to the I, once in Essay V and thrice in Essay XXVII. The authenticity of the latter essay has been questioned by critical scholars of the book, and there is the possibility of interpolation with regard to the reference in the Essay V. It ought to be noted also that all four references are to the so-called Text of the I Ching and not to the Appendices which are supposed by tradition to have been written by Confucius. Hsün-tzu in his Works mentions the classics by name in three different places, but the Book of Changes is never included in the list if Confucius had attached so much importance to the Book of Changes as the historian Ssu-ma Ch'ien does in his well-known historical records, it is difficult to understand why Mencius and Hsün-tzu paid no attention to it.

Mo Ti's silence is more understandable, for he harked back to an earlier tradition than that of the Chou.

② For readers who do not use the Chinese written language easily, see footnote in Legge's translation of the passage.

③ See section 457, leaf 6 in the Commentaries.

his historical records that Confucius was so fond of the Book of Changes in his latter years and read it so constantly and diligently that the leather thongs of the bamboo slips of which the book was made were thrice worn out. But Ssu-ma Ch'ien wrote four hundred years after Confucius' death, and he is not known among modern scholars for his careful higher critical studies in writing his history. The tradition that Confucius wrote any of the ten I Appendices has been questioned ever since the eleventh century of the Christian era. The verdict of higher criticism is that these Appendices belong to the second century B. C. after Taoist ideas had crept into the Confucian stream of thought in a manner unknown to us.

As to the Ch'un Ch'iu, the Spring and Autumn Annals, whether it was from the pen of Confucius himself, there is an old established tradition that it was. Mencius towards the end of the fourth century B. C. , less than a hundred years after the passing of the master, wrote that "Confucius composed the Spring and Autumn" and alleged that the master said, "It is the Spring and Autumn which will make men know me. "① On Mencius' authority we may accept that Confucius wrote a book entitled Spring and Autumn, but the question remains whether our book bearing that title was what Confucius had written. At least we may say that the book as it is does not tell much aside from the three commentaries, the Tso Chuan, the Kung Yang Chuan and the Ku Liang Chuan. From these commentaries one can learn much about a period of ancient Chinese history and political, moral, and religious ideas. ②

For religious and moral ideas in China before Confucius and contemporary with him, that is, up to the beginning of the fifth century before the Christian era, we use as our primary sources the Shih Ching,

---

① Works of Mencius, Bk. III, Pt. 2, Chap. 9, section 8.

② See Bernhard Karlgren, On the Authenticity and Nature of the Tso Chuan, Göteborg 1926.

the authentic portions of the Shu Ching,① and the Tso Chuan. Confucius' teachings are to be found in the Analects. Outside of this book we are on precarious grounds as to authenticity. To quote Confucius from the I Appendices, the Great Learning, the Doctrine of the Mean, the Book of Bites, or the Family Sayings, raises at once the question of dates. Even the last five sections of the Analects are to be used only with care. They show such a different style from that of the first fifteen that we are not sure that they belong to the same period. All Confucius' teachings existed first in oral tradition only. It is probable that the Analects was not committed to writing in any way approaching its present shape until the end of the fourth or the beginning of the third century before Christ. Mencius, in the fourth century or possibly in the early years of the third, did not refer to the book by name and hardly quoted from the text as we have it now, and we know him as a fervent follower of the Sage. There may have been at least two oral traditions in the state of Lu and in the state of Ch'i, both in modern Shantung, and later these were fused. The books known as the I Appendices, the Great Learning, the Doctrine of the Mean, and parts of the Li Chi may have embodied some of the oral traditions not

① Tradition refers to two texts of the Shu Ching, the Modern Script text dictated by the scholar Fu Sheng of the time of Emperor Wen (179-157 B. C.) of the Former Han dynasty, and the Ancient Script text discovered by accident in an old house of Confucius which was pulled down by Prince Kung of Lu in the reign of Emperor Wu (140-86 B. C.). This, so the story goes, was deciphered by Kung An-kuo, one of Confucius' descendants. The reliability of this story has been questioned. In the second century A. D. the two texts were combined by the classical scholar Cheng K'ang-ch'eng (127-200 A. D.). Shortly after his time the Ancient Script text was lost, probably in the third century of the Christian era. A century later there was presented to the Emperor a copy of the Shu Ching asserted to be the original Ancient Script text, but its authenticity has been much questioned.

Critical scholarship accepts only 33 sections of the present Shu Ching as genuine. It was probably these sections that Confucius knew. The remaining 25 sections are of a much later date, probably forged in the fourth century A. D.

Questions have been raised recently by critical scholars in China regarding the genuineness of the first five sections. While the conclusions reached are not to be accepted as final, the points made ought to be further investigated.

preserved in the Analects, but the burden of proof is on those who may wish to entertain such a theory, which to our knowledge has never been developed. Confucius' authority has rather been taken for granted and in doing this too much is taken for granted. There is too much Taoist influence particularly in the Chung Yung or Doctrine of the Mean, in the I Appendices and in the Li Chi or Book of Rites to assign them to a date as early as the Analects in its present form.

After this sketchy critical study of the dates of the Confucian classics, and space only permits a very brief sketch, we may turn to the Chinese religious and moral ideas, first in the pre-Confucian period and then in Confucius' own teachings.

Pre-Confucian Religious and Moral Ideas

In the pre-Confucian period in China we find religion and morality mixed as is natural in any ancient culture. The belief in Shang-ti, the Supreme Ruler, was preeminent. He is the ruler of men in the lower world as in heaven, but more is said of him as ruler of this world. He is not only the source of all material blessings that may come to men, but is also the fountainhead of men's moral nature and social feelings. He hates no one. He is impartial and reigns over the lower world with absolute justice. Especially over the conduct of the rulers he keeps a constant and vigilant watch. ①

This just and impartial rule of Shang-ti develops into one of the fundamental religious and moral concepts of the Chinese. In later periods it takes the form of destiny and fate, supplemented still later by the Buddhist teaching of Karma. In the early days, however, it assumed only the naive form of retribution in this life. Here is a stanza from the Book of Odes:

> "My son, thus plainly have I told
> What sages taught in days of old.
> Give to my counsel reverent heed;-

---

① Cf. Legge, Chinese Classics, Vol. III, Pt. I, Shu Ching, Prolegomena, p. 193.

So shall you shun each guilty deed.
Lo! Heaven in anger seems to threat
With utter overthrow our state.
Not from a distance, need we draw
The proofs of Heaven's avenging law.
Great Heaven is far too wise to err.
If lower sink your character,
And virtue still the less you show,
Your people you will plunge in woe. "①

The Shih Ching is full of such sentiments. The third part of the Classic from which we have just quoted reflects the life and mentality of the ruling class. If we look into the first part of the book we may get some glimpses of the life of the common folk. For them there was an established moral tradition to which they must conform, and to which they looked for guidance in their everyday life.

"Yes, 'twas you the green who dyed,
You who fled the favorite's pride.
Anger rises in my heart,
Pierces it as with a dart.
But on ancient rules lean I
Lest to wrong my thoughts should fly. "②

These "ancient rules" dictated the line of action and even the minute details of conduct. This was and has been the concept of li which is sometimes rendered into English as "propriety". Life of propriety and life in society are synonymous with the Chinese. For them li is culture. A man who lives and acts according to li is a man of culture. Li is the distinguishing characteristic of man.

---

① See also Legge, op. cit., Vol. 4, Pt. 2. Shih Ching, Pt. III, Bk. III, Ode 2, section 12.

② Ibid., Pt. I, Bk. III, Ode 2, section 3.

"Behold a rat! How small its limbs and fine!
Then mark the course that scorns the proper line!
Propriety's neglect may well provoke
A wish the man would quickly court death's stroke."①

Respect for the past and for tradition was, however, common to all classes. The following quotation shows the attitude of those in authority:

"Oh me! the men who lead the state
Forsake the wisdom of the past.
Unruled by maxims wise and great,
They veer with every fitful blast."②

The practice of ancestor worship, which had a very ancient origin with the Chinese as with other peoples of antiquity, helps to reinforce the gripof the past upon the present. As to the nature of the ceremony we would quote an outstanding sinologue who had the opportunity of observing it before modern influence came to China on a large scale and as it had been in existence from the remote past. Thus says Dr. James Legge: "The description is as much that of a feast as of a sacrifice; and in fact those great seasonal occasions were what we might call grand family reunions, where the dead and the living met, eating and drinking together, where the living worshipped the dead, and the dead blessed the living."③

The terms "worship" and "sacrifice" must be understood in their proper context. They have a moral and social, rather than a religious connotation, as the passage from "The Summary Account of Sacrifices" in the Li Chi bears out:

---

① Ibid., Pt. I, Bk. IV, Ode 8, section 3.

② Ibid., Pt. II, Bk. V, Ode 1, section 4.

③ Legge, op. cit., Vol. 4, Pt. 1, Prolegomena, p. 135.

"The sacrifices of such men have their own blessing;—not indeed what the world calls blessing. Blessing here means perfection; it is the name given to the complete and natural discharge of all duties, when nothing is left incomplete or improperly discharged. This is what we call perfection, implying the doing everything that should be done in one's internal self, and externally the performance of everything according to proper method."

"It is by sacrifice that the nourishment of parents is followed up and filial duty to them perpetrated. —Therefore in three ways is a filial sôn's service of his parents shown:— while they are alive by nourishing them; when they are dead, by all rites of mourning; and when the mourning is over by sacrificing to them. In his nourishing them we see his natural obedience; in his funeral rites we see his sorrow; in his sacrifices we see his reverence and observance of the proper seasons."①

From the first part of the Shih Ching we learn also that the Chinese in those early days, as they have ever since, regarded filial piety as an important virtue. The first thought of a man forlorn and far from home would be his parents and their support. Read such an ode as Shih Ching, Part I, Book X, Ode 8, Stanza 1.

The love of home was as characteristic of the Chinese then as it is now. Ode 4 in Part I of Book IX of the Shih Ching shows how the thought of a man from home went back to his parents and brothers. Joy of home is the greatest blessing in life and almost the sole source of comfort and gratification when society is simpler and life nearer to nature.

"Children and wife we love;

① Sacred Books of the East, Oxford, 1885, Vol. 28, pp. 236-238.

Union with them is sweet
As lute's soft strains that soothe our pains.
How joyous do we meet!
Brothers more than they
Can satisfy the heart.
'Tis their accord does peace afford
And lasting joy impart."

"For ordering of your homes
For joy with child and wife,
Consider well the truth I tell
This is the charm of life."①

This ode is interesting, for it shows how much importance was attached to blood kinship.

Friends come in, too, to complete the categories of human relationships:

"The bird although a creature small,
Upon its mates depends;
And shall we men, who rank o'er all,
Not seek to have our friends?"②

This is pre-Confucian Chinese society, simple, unsophisticated. Moral teachings had not been fully developed, but traits characteristic of the present day Chinese were there quite discernible. They were industrious, as depicted in Ode 1 of Book XV, Pt. I, which mentions in detail the routine life all the year round. They were hard-working, cheerful, serene, never lacking a sense of humor.

---

① Legge, op cit., Vol. 4, Pt. 2, pp. 252-53. Shih Ching, Pt. II, Bk. I, Ode 4, sections 7 and 8.

② Ibid., pp. 253-54. Shih Ching, Pt. II, Bk. I, Ode 5, section 1.

"Push not the cart you stand behind;
The dust will but becloud your eyes.
Heed not the troubles of your mind;
'Twill weight you as you seek to rise."①

The status of women then, as it has been until recent years, was evidently low. Much complaint is often heard through the odes from women unhappily married. Theoretically the wife was her husband's equal, but actually, on account of the practice of polygamy, her position though honored and dignified as the mistress in the household, whether that of the king or of the peasant, often became only nominal. Ancestor worship and recognition of descent through the male line alone were largely responsible for this. Sons were to be preferred to daughters. "Sons … on couches lulled to rest, …enrobed, with sceptres play; … their knees the vermeil covers shall display … And daughters … shall be placed upon the ground to sleep, their playthings tiles, their dress the simplest worn."②

The Shu-Ching or Book of History gives more material for the reconstruction of anything approaching an ethico-political system of pre-Confucian China. Again space does not permit a detailed study. Let us take the Fourth Book of Shang entitled The Grand Plan. It is in the modified Ancient Script text now extant, and, according to the best authorities, it was also a part of the Modern Script text.

The Shu Ching is a difficult book to read and more so to interpret. The section we have chosen to represent the book is one of the most perplexing portions. If we should put aside the traditional commentaries and expositions, we may discern in it a picture of the pre-Confucian Chinese outlook on life.

The teaching embodied in this document must have been of ancient origin even at the time it was committed to writing, presumably in the

---

① Ibid., p. 362. Shih Ching, Pt. II, Bk. VI, Ode 2, section 3.

② Ibid., pp. 306-307. Shih Ching, Pt. II, Bk. IV, Ode 5, sections 8 and 9.

early years of the Chou dynasty in the eleventh century before the Christian era. Traditions had already gathered around it and given it a feeling of divine origin. It is one of the few places in the Confucian classics where there is even an intimation of revealed truth. Much of it seems obscure, but viewed in the light of its historical background it contains nothing esoteric or mysterious.

The Grand Plan was a plan for the government and it included in it nine Divisions, given as follows in the order of the text and in terms largely those of Legge's translation:

I. The Five Elements—

1. Water
2. Fire
3. Wood
4. Metal
5. Earth

II. The Five Businesses—

1. Demeanor
2. Speech
3. Seeing
4. Hearing
5. Thinking

III. The Eight Departments of Government—

1. Food
2. Commodities
3. Sacrifices
4. Public Works
5. Public Instruction
6. Administration of Law
7. Inter-state Intercourse
8. Army

IV. The Five Arrangements—
1. Year
2. Month
3. Day
4. Stars and Planets and Zodiacal Signs
5. Calendar Calculation

V. The Royal Perfection—

VI. The Three Virtues—
1. Correctness and Straight-forwardness
2. Strong Government
3. Mild Government

VII. Divination—

VIII. Verification—

IX. The Five Blessings and the Six Adversities—

Five Blessings—
1. Long Life
2. Riches
3. Health of Body and Mind
4. Love of Virtue
5. A Crowning End to Life

Six Adversities—
1. Misfortune Shortening the Life
2. Sickness
3. Sorrow
4. Poverty
5. Wickedness
6. Weakness

This is simply the scheme of political principles around the central idea that the object of government should be the securing of the essentials of public welfare through the moral example and influence of the ruler. Success and failure would be indicated by Heaven through signs in physical phenomena, and in case of doubt divine guidance is to be sought by divination. Thus, "Royal Perfection", "the Five Businesses" and "the Three Virtues" have references to the kind of government desired and the means of securing it. "The Five Elements" represent the necessities of everyday life, "the Five Arrangements" are essential to agricultural pursuits, and "the Eight Departments of Government" are really what the government should consist of in getting its business done. Divination to gauge the will of Heaven, and signs and portents by which to verify its interpretation, would serve as sufficient guide to the ruler. "The Five Blessings" are rewards and "the Six Adversities" are punishments from Heaven. In a word, the Grand Plan sums up beautifully the moral and political tradition of the Chinese before Confucius. The whole book of the Shu Ching is in substance an elaboration of the scheme just analyzed.

The Teaching of Confucius

This moral and political tradition Confucius inherited from the past. He was an ardent admirer of it and his whole life was assiduously devoted to the endeavor of realizing it or, in his own conception, reviving it in his time.

But he failed because he was given no opportunity. He had the power but not the authority. At least this has been the verdict of posterity. He had the virtue but not the throne, as it is stated in the Doctrine of the Mean. ① He turned his attention to education by gathering around himself his disciples for intensive training. He stamped upon them his ideas and his spirit more perhaps through his life than by his teaching. After his death when they were scattered all over the states, they carried his teaching throughout the country. In this way the Confucian School came into existence.

---

① See Doctrine of the Mean, Chap. 28. An English translation of the Doctrine of the Mean is available in The Four Books, translated by James Legge, Shanghai, n. d.

But what were his teachings? We can give only a bare outline here, and for reasons already stated we have drawn our material entirely from the Analects.

The classical term Shang-ti, meaning Supreme Ruler, is not found in theAnalects. But Confucius was not an agnostic. Religion was not his main interest, and he refused to speculate about the unseen. Yet he performed punctiliously his religious duties and attached due importance to such performances. He often used the term "Heaven", but apparently in two different senses. There were occasions when "Heaven" must have had a religious meaning to him, similar to, though not so anthropomorphic as, the classical Shang-ti. But as we read the Analects there seems to be the tendency to regard Heaven as destiny which is the development of the classical notion of the strict justice and impartiality of Shang-ti, and which in later periods after Confucius becomes Nature or the natural course of things.

The state for Confucius is a system of human relationships. This he has inherited from the Classics as brought out in the Grand Plan with Nine Divisions. ① To govern the empire is the same thing as to govern the family. This principle has been developed in a later period in the Ta Hsüeh, the book of the Great Learning, which together with the Analects, the Doctrine of the Mean, and the Works of Mencius, has formed the Four Books. The empire, as the family, is to be governed by personal influence and moral example. In the social relations there is a sufficient foundation for government if those relations are maintained and developed according to their relative significance. This being done, nothing else would be necessary. "He who exercises government by means of his virtue may be compared to the north polar star, which keeps its place and all the stars turn toward it," said Confucius. ② He refers briefly to details of government administration, altogether too briefly. Hence, he has been criticized for his over-simplification of political problems, but he lived in a simple society and he had in mind a

① See infra, pp. 54-56.

② Analects, Book II, Chap. 1.

social and political system handed down from the past and recorded in the Classics, particularly in the Li which later became lost. By li is meant not only the sacrificial, court and social ceremonials and the rules of personal conduct, but also the social and political institutions. ①It was the revival of these institutions that would constitute the external side of a benevolent government to Confucius. In his times these institutions were still existing in name. This was the reason why he believed the first step in political reform would be "to rectify names". ②

His moral teachings are centered around the basic concept of jen. This term has been variously rendered in English. Benevolence is the usual translation, but an unsatisfactory one. Confucius says, to be sure, that jen is to love man. ③ But it is far more than this. He would not easily attribute this virtue of jen to people. He denied it to many who were reputed to possess it. ④ He did not dare to claim it himself. ⑤ What, then, is jen? It is the virtue of man, using the term "virtue" in the sense in which Plato and Aristotle used it. We suggest the translation, "the virtue of perfect humanity".

This concept of jen is really the starting point of moral philosophy in the Confucian school in later ages. The underlying idea is that the purpose of man is to be man indeed. Man's ideal is to be as human as possible. And humanity consists in human relationships, for etymologically jen is the virtue of a man in his relation to another man. The Chinese character jen consists of two parts, which mean respectively "two" and "man". It is interesting to note that the same character comes to mean afterwards "a seed of any fruit tree", and then, "the function of any part of the living body". In other words, jen is the germ of life; it is life itself.

A Japanese scholar of Confucianism sums up the teaching of

① Analects, Book II, Chapters 5, 23; Book III, Chapters 3, 4, 9, 15, 17, 19, 22, 26; Book I, Chapter 12; Book VIII, Chapter 8; Book XII, Chapter 1 ; Book IX, Chapter 3.

② Analects, Book XIII, Chap. 3.

③ Analects, Book XII, Chap. 22.

④ Cf. Analects, Book V, Chap. 19; Book VI, Chap. 5; Book XIV, Chap. 2; Book XVIII, Chap. 1.

⑤ Analects, Book VII, Chap. 33.

Confucius in these words: "He devotes himself to the realization of a religion of ethics, the consecration of Man to Man. To him, Humanity is God, the harmony of life his ultimate. Leaving the Indian soul to soar and mingle with its own infinitude of the sky; leaving empiric Europe to investigate the secrets of Earth and matter, and Christians and Semites to be wafted in mid-air through a Paradise of terrestrial dreams-leaving all these, Confucianism must always continue to hold great minds by the spell of its broad intellectual generalizations, and its infinite compassion for the common people. "①

These are the words of an enthusiast, a fanatic, not with a little exaggeration. The emphasis on the human side of life is indeed both the strength and weakness of Confucius' teaching.

Confucius' Rivals

While Confucius was helping to crystallize and standardize the traditional teachings of his race in morals and politics, particularly through the school he had brought into existence, other schools of thought rose at the same time to contest the field. They all appeared in this period of about three hundred years from the latter part of the sixth century B. C. to the establishment of the Ch'in Dynasty towards the end of the third century B. C. This is known as the Ante-Ch'in period, certainly one of the most prolific periods in the history of Chinese thought. For our purpose it is not necessary to deal with the minor schools. We can review only briefly the school of Mo Ti, the Jurist school, and the Taoists.

According to recent research Mo Ti lived during the period of 479-381 B. C. He was born at about the time of Confucius' death. ②Very probably he was for a time in contact with the Confucian school, for he seemed to have intimate knowledge of its ideas, some of which he criticized severely. Tradition has it that he came from the state of Sung in modern Honan.

---

① Kakuzo Okakura, The Ideals of the East, New York, 1905, p. 27.

② According to Professor Chien Muh's study of Mo Ti, Commercial Press, Shanghai.

Mo Ti like Confucius appealed to the ancient sages for the authority of his social and political ideas, although he was not so conservative as the older teacher. He harked back, however, to the traditions of the Hsia and the Shang dynasties rather than to the Chou. He represented an older culture in that section of the country where the descendants of the Shang were allowed to stay when the Chou Dynasty was established. Instead of King Wên and King Wu of the Chou he would have the great Yü, the reputed founder of the Hsia Dynasty, as the model king. Following the tradition of Yü he advocated frugality even at the expense of rites and ceremonies which Confucius cherished. He considered music an economic waste, quite contrary to the Confucian teaching. He was against aggressive war although he would justify national defence. He is known for his teaching of universal love. He argued that this is the logical inference from the will of Heaven. Universal love, he maintained, is the surest means to avoid conflict between individuals and between states. It is a doctrine based on utilitarianism. Only when the logic of utility fails, is religious sanction resorted to.

When Mencius was at the height of his reputation towards the end of the fourth century B. C. the influence of Mo Ti had spread so far northward that Mencius would say, "the words of Yang Chu and Mo Ti fill the empire." This continued long after Mencius' time. Mo Ti's influence was still flourishing when Han Fei wrote during the second half of the third century B. C. It seemed to be the only rival that Confucianism had at the time. But, strange to say, when Ssu-ma Ch'ien, the historian, wrote his historical records about the beginning of the first century B. C., it had become extinct.

It became extinct because its severe attack on the military policies of the Warring States must have counted against it, and its doctrine of universal love or rather in Mencius' words, "love without difference of degree" failed to catch the imagination of the Chinese, whose social structure and moral teachings were based on personal relationships and not on "the impersonal element of ultimate truth". Furthermore, the Chou culture, the culture which Confucius and his school sought to perpetuate had so permeated Chinese society that another cultural tradition had very little chance.

The Jurists and Statecraft

The Jurists had their stronghold in the state of Ch'in in northwestern China. They were practical politicians and cared little for philosophy. Their aim was the establishment and maintenance of an efficient government.

Unlike the followers of Confucius and of Mo Ti they would not go back to the past for the authority of their policies, nor would they appeal to the ancient sages. It was the opinion of Lord Shang, the Jurist, that those who govern the world do not necessarily hold the same principles, and those who benefit the kingdom do not necessarily initiate the past. ① The best policy is that which takes into consideration the circumstances and needs of the time.

The first step in the political program is the building up of the economic strength of the people. To this end productive industries, especially agriculture, are to be promoted. With the increase of a food supply there will be an increase of population, and with a large population there is more manpower. The next essential is an objective system of law independent of the personal caprice of the sovereign. "Laws should be published in the government offices, and this done, there ought to be a definite idea of what the penalty is in the minds of the people."② The sovereign must maintain his dignity and inspire awe in his ministers. The Jurists in China anticipated Machiavelli's Prince by two thousand years.

The state of Ch'in adopted the policy of the Jurists and built up a strong power which finally eliminated the Warring States and unified China. Ch'in Shih Huang Ti, or the first emperor of the Ch'in Dynasty, was a splendid exemplar of the spirit of the Jurists. He was successful as a statesman. But his yoke was too heavy for the Chinese people. Shortly after his death, his dynasty came to an end. His government was so much hated that the rebelling peasants were able to defeat his

① Cf. J. J. L. Duyvendak, The Book of Lord Shang, London, 1928, p. 172.

② Quoted from Shên Pu-hai who died in 337 B. C..

strong army with their farming implements. The Jurists had the bad fortune of being odiously associated with his memory, so much so that no one would dare again to advocate their teachings. The ancient Chinese abhorred the blood-thirsty god of impersonal legislation. They preferred rulers who exerted their authority through moral influence.

Taoism as Philosophy and the Early Taoists

The origin of Taoism as a philosophy and the dates of the early Taoists, Lao-tzu, Chuang-tzu and Lieh-tzu, have caused so much controversy among students of Chinese philosophy that our feeling is that when we deal with these questions we touch a territory where "fools rush in where angels fear to tread". For our present purpose, suffice it to say that the Taoist ideas were definitely known to Chinese literature as early as the third century B. C. while the term Taoism as a philosophy was not used until the Han Dynasty in the second century B. C. When Ssu-ma T'an and his son, Ssu-ma Ch'ien, wrote the historical records towards the end of the second and at the beginning of the first century B. C. , the story of Lao-tzu, the reputed first Taoist teacher, was couched in the most obscure language, because so little of certainty was known about him. It is our opinion (for reasons which space does not permit elaboration here), that the Taoist teachings did not originally represent the Chinese culture, by which we mean the culture of China before the latter part of the second century B. C. , with its origins in the middle and lower Yellow River valley, and which we have designated the Confucian culture. From the third century B. C. on, Taoism entered into the stream of Chinese thought and exerted an important influence upon it and was partly absorbed by it.

All that we know about Lao-tzu is in the Tao Tê Ching, a book consisting of only about 5, 000 words, one of the great and most charming little books the world has ever produced. It is full of moral maxims in terse language. Many of these have gone into currency in Chinese society and Chinese literature. "The place of what is firm and strong is below and that of what is soft and weak is above", "with gentleness I can be bold; with economy I can be liberal", "He who overcomes men has force; he who overcomes himself is strong." These are only specimens taken at random. The book richly repays reading.

The general theme of the Tao Tê Ching is Tao, a very metaphysical concept. It has been tersely stated for the English reader by Dr. P. J. Maclagan in these words: "Tao is that by which all things come to fulfil the law of their being; and … of what tao is in itself nothing can be said. Putting those two statements together we may deduce this definition: Tao is unqualified Being, plus productive spontaneity."① According to the Tao Tê Ching the world as a manifestation of Tao is a series of natural and spontaneous events. It is the best possible world, including man in it. Any attempt to improve upon it will only make things worse. We must not tamper with something that refuses to be tampered with. Human civilization is man-made and is the product of tampering with nature. It is, therefore, the main cause of human misery and social disorder. Hence, Lao-tzu urges us to return to nature by abandoning all human conventions and artificial devices. Non-action, non-interference, letting nature and spontaneity run its own course, is the only and surest way of good government as well as good living. It is conformity to nature.

Hence, the ideal society is "in a little state with a small population… though there were the individuals with the abilities of ten or a hundred men, there should be no employment of them; … though they had boats and carriages, they should have no occasion to ride in them…. There should be a neighboring state within sight and the voices of the fowls and dogs should be heard all the way from it to us, but I would make the people to old age, even to death, not have any intercourse with it". ②

The same ideas are in Chuang-tzu, but he would go further. Lao-tzu still thinks of improving society and life by conformity to nature. Chuang-tzu does not believe it worthwhile to do that. According to him, "the pure men ofold slept without dreams and waked without anxiety. They ate without discrimination, breathing deep breaths… The pure

① P. J. Maclagan, Chinese Religious Ideas, London, 1926, p. 74.

② Sacred Books of the East edited by F. Max Müller, Vol. 39, p. 122.

men of old did not know what it was to love life or to hate death."①
When all social institutions are ignored and all human differences forgotten, man will become one with the cosmos. "Such a man will bury gold in the hillside and cast pearls into the sea. He will not straggle for wealth, nor strive for fame. He will not rejoice at old age, nor grieve over early death··· His glory is to know that all things are ONE, and that life and death are but phases of the same existence."②

This would be good philosophy for a few care-worn individuals, but it did not attract the bulk of the Chinese who have a practical bent of mind. It was too antisocial, and the Chinese have always been the most social beings. They would never surrender their social structure, give up their social relationships, abandon their culture. Therefore, it was not due to court intrigue nor was it a mere accident that Confucianism was declared to be the state dogma by imperial decree in the year 135 B. C. By that time all the rivals of the Confucian school except Taoism had disappeared and Taoism as a social and political philosophy did not have the characteristics to win the hearts of the Chinese; on the other hand, Confucianism was so Chinese in every way, conservative, always playing safe, taking the middle path, embodying in its teachings the past experience of the nation and conserving in its institutions the social values already worked out and well tested, that it won the day against all its rivals and absorbed into its system some of their teachings.

---

① Chuang Tzu: Mystic, Moralist and Social Reformer, translated from the Chinese by H. A. Giles. 2d ed., rev., London, 1926, pp. 69-70.

② Ibid., p. 137.

Chapter Ⅲ The Development of Confucian Moral Philosophy

The Early Han Confucianism

The Confucianism established by imperial decree as the state dogma in the year 135 B. C. by the Han Emperor Wu Ti was not the Confucian teaching of the days of Confucius. No matter how faithful the Analects may have been as the records of the teaching of the master, its date was some two hundred years after the death of Confucius, and in its oral traditions, which were in more than one form as we have seen, there must have been considerable development. This is evident from the fact that the book records not only the sayings of Confucius but also those of his immediate disciples, and these disciples are referred to as masters, for traditions had already gathered around their respective names.

After the death of Confucius his disciples were scattered. Tradition has it that each of them developed a school by emphasizing some particular aspect of the master's teaching. Han Fei, who wrote during the second half of the third century B. C., spoke of "the eight divisions of the Confucian school". We are unable now from the historical material available to identify all the eight divisions. Two of them, however, stand out quite distinctly. One of these seems to be the followers of Tsêng Ch'an. Tsêng Ch'an was the disciple to whom Confucius said one day, "My doctrine is that of an all-pervading unity". The other disciples could not understand this and when the master had gone out, Tsêng Ch'an explained by saying that it was nothing but the doctrine of being "true to the principles of our nature and the benevolent exercise of them to others". ① To Tsêng Ch'an and his followers the substance of Confucius' teaching was the cultivation of our moral

① Analects, Book IV, Chap. 15.

nature. After Tsêng Ch'an came his disciple and Confucius' grandson Tzu-ssu, and after Tzu-ssu was Mencius. It is difficult to be dogmatic as to the writings left by Tsêng Ch'an and Tzu-ssu. We have sufficient reason to refuse the acceptance of the Ta Hsüeh or the Great Learning and the Classic of Filial Piety as from the pen of Tsêng Ch'an himself, or Chung Yung, the Doctrine of the Mean, as written by Tzu-ssu. We may, however, accept these books as representing the teachings of the school of Tsêng Ch'an. These teachings find their expression in the works of Mencius, which we believe to be writings by Mencius himself with later additions by his disciples.

The other division of the Confucian school is that of Tzu-hsia and Tzu-yu, two of Confucius' immediate disciples also. Although Tzu-yu criticized Tzu-hsia for being too much absorbed with minute details and unable to see the woods for the trees, so to speak,① they agreed in emphasizing the teaching of li which gave rise to the ideas of Hsün-tzu② and the Li Chi or Book of Rites.

The I Ching or the Book of Changes escaped damage through the period when Confucianism was under persecution by the first emperor of Ch'in, for the simple reason that it was regarded as late as that time as a book on divination. For some unknown reason, however, it was raised to the rank of a classic in the latter part of the third century B. C. and our critical study leads us to the conclusion that it was at this time, too, that the I Appendices, i. e., those portions of the I Ching as we have it now embodying all the philosophical ideas, came to be composed.

When Confucianism was established as the state dogma under Wu Ti, in the latter part of the second century B. C., it was Confucianism as embodied in the Shih Ching or Book of Odes, the Shu Ching or Book of History, the I Ching or Book of Changes with the Appendices, the Ch'un Ch'iu or Spring and Autumn Annals, the Li Books, the

① See Analects, Book XIX, Chap. 12. Note that the authenticity of this portion of the Analects from Bk. XVI to the end has been questioned by critical scholarship. However, it represents an old tradition.

② Cf. H. H. Dubs, Hsün-tzu, London, 1927. Hsün-tzu's dates are uncertain, approximately 320-235 B. C.

Analects, the Works of Mencius, the Works of Hsün-tzu, and the Classic of Filial Piety. We are not sure that the Works of Hsün-tzu should be included in the list. Hsün-tzu did not figure prominently in the early Han period, although his ideas were being perpetuated in parts of the Li Chi, which was taking final shape just at that time, and which includes the Ta Hsü-eh and the Chung Yung. In other words, Confucianism of the Earlier Han dynasty was Confucianism in what we call now the Five Classics and the Four Books of the Confucian School.

It is to be noted that Confucianism as developed in the period of early Han had absorbed considerable Taoist thinking. Mencius' teaching in the latter part of the fourth century and the beginning of the third century B. C. was quite intolerant of any idea contrary to the Confucian tradition. For him the Confucian culture was the only culture conceivable. But when the Chung Yung or Doctrine of the Mean came to be written at the end of the third or the beginning of the second century B. C. , almost exactly one hundred years after Mencius, the existence of a culture other than that of the Confucian tradition was recognized by the Confucian scholars. The Chung Yung in its present form is a composite book with at least two documents combined in it, both of about the same date, although there are indications that the first nineteen chapters were earlier. If Chapter 16 should be shifted to follow the present Chapter 23, we would find the idea of the mean only in the earlier document and the doctrine of ch'eng in the later one. What concerns us at the moment is Chapter 10. There we find a culture of "forbearance and gentleness" in the South contrasted on the same footing with a culture of "lying under arms and meeting death without regret" in the North. This was the unfeigned recognition by the Confucian culture of not only the existence but also the position of the culture in the South, which as we take it was the culture giving rise to the Taoist philosophy as represented in the Tao Tê Ching. We have already observed that the two cultures first came into contact in Mencius' time. It had taken fully a hundred years for the southern culture to receive its recognition from the Confucian scholars. The contribution of the Taoist philosophy to the Confucian tradition was a metaphysical basis for the Confucian matter-of-fact moral teachings. This must be made plain.

The Basic Concepts of Confucian Moral Philosophy as Developed in Subsequent Ages

We have tried to make clear in a previous chapter that the center of Confucius' teaching is the concept of jen, which we would translate as the Virtue of Perfect Humanity. To be a man indeed is to be perfectly human. But how can a man be good, be perfectly human, when he lives in an immoral society? He can cultivate his moral nature and keep it only when he maintains an attitude appropriate to every given moral situation, and that is the idea of I, which is generally translated by the English term "righteousness". This is a misleading translation, especially when it is coupled with the coordinate virtue benevolence, the usual English rendering for jen. But I is only the expression of jen in a given moral situation, in the contact of one person with another person. Thus, when a man is dealing with his parent, his proper attitude as a man of moral cultivation, as a man with his humanity developed in him, is that of being obedient and dutiful. That is hsiao or filial piety. His attitude towards his own child, however, is that of being tender; that towards his wife in the home is being able to give her the proper leadership; that towards an elder brother, respectfulness; that towards a superior in an official position, loyalty; and that towards a friend, faithfulness. The Confucian morality is based on the five personal relationships. As there are two parties to each relation, there are naturally ten kinds of moral attitudes, the ten I as taught in the Three-Character Classic, the primer which every child had to read when he went to school before the old educational system was abolished in 1905. The cultivation of his human virtue so as to enable him to express his appropriate attitude in every given moral situation will make him a good man, as good as any man can be, and give him the good life which, when extended to the larger and larger social groups of which he becomes a member as his relationships expand into concentric circles, will mean his family is regulated, his state well governed, and the whole empire tranquil and happy. This is the general theme of the Ta Hsüeh or the Great Learning.

I, therefore, is really jen functioning. The one depends upon the other and issues from it. Jen refers to the character of the man, while I expresses his attitude towards, or reaction to, a given situation of moral significance. It is a generic term, under which may be placed many specific virtues. The proper attitude of one man towards another is "to extend the same consideration to him as we have of ourselves", as a Sung philosopher, Ch'eng I-ch'uan, puts it. ①This is the virtue of shu, which is what Confucius said, "Do not do to others what you do not want done to yourself."② And it is not merely a negative maxim, because the positive side is clearly stated in the Chung Yung where Confucius is reported to have said, "To set the example in behaving to a friend, as I would require him to behave to me."③ The best translation for the term shu is "reciprocity". It is Kant's maxim, "so act as to treat humanity, whether in thine own person or in that of any other, in every case as an end withal, never as a means only". ④ But we must not stretch the parallel too far. Suffice it to say that in general a man's attitude to another man is shu as just explained, and one's proper attitude to one's self is chung, which means "faithfulness to one's own nature". ⑤ Ch'eng I-ch'uan explains it as "so to develop one's self as to leave no room for regret". ⑥It refers, however, not just to the cultivation of one's inner nature. It refers to the self in any given moral situation. Whatever the circumstances may be, a man must be true to himself, to the humanity that is in him, loyal to his human nature. Both chung and shu are species of I, the one with regard to others, and the other to one's self.

---

① Symposium of Sung Philosophy (in Chinese, issued 1415), XXXVII, 26.

② Analects, Book XV, Chap. 23.

③ Doctrine of the Mean, Chap. XIII, section 4.

④ Kant's Critique of Practical Reason and Other Works, trans. by T. K. Abbott, London, 1889, p. 47.

⑤ Cf. Analects, Book IV, Chap. 15.

⑥ Symposium of Sung Philosophy (issued 1415), XXXVII, 18.

But according to the Confucian conception, the self always has a social significance. Man is and must be related to his fellow-men and to society before he can be a man. He is born into a network of social relations. The end of self-cultivation is to get the family regulated, the state well governed and to give tranquility and peace to the whole world, ① which is an obligation not to be shunned. ②

It is to be noted that the Confucian conception of the individual as inseparable from society is essentially in terms of duties rather than in terms of rights. There is no teaching in the Classics referring to human rights of the individual as such. Even the right to rebellion against a tyrant, as stated by Mencius, is a duty to rid the state or the empire of a corrupt government with its divine mandate to rule already removed. Confucian moral philosophy regards man not as an isolated individual born with only his capacities to develop and his own interests to pursue; he is always regarded as a member of a community born in the midst of various social relations with sacred duties to fulfil. The question of the Chinese moral philosopher is not merely the relation of one man to another, abstractly conceived, but rather that of a man to his parent, his wife, his child, his brother, his friend, his superior or his subordinate. It is a one-many relation.

This is why in the Confucian background the teaching of the Mo Ti school that every man should love every other man regardless of social relations could not arouse enthusiasm for any great length of time. Mo Ti thinks of man and society in the abstract as if that alone matters, while the Confucian Chinese wishes to treat a man in his concrete relations with various feelings and obligations towards different members of the community. As Hsün-tzu, the Confucian thinker, criticizes Mo Ti, "he has insight about what is universal in man, but not about the individual as a concrete being," in other words, about man in the abstract, not as a man with feelings and emotions. Thus, while

① Great Learning, the text section; and Analects, Book XIV, Chap. 45.

② Analects, Book XVIII, Chap. 7.

Confucius and his school do teach about "love for all",① they feel, nevertheless, that the mental constitution of man requires him to express his affections to those people related to him in a more or less limited circle; that each social relationship involves a certain claim on the man. Life consists in responses to these claims. The attitude required by the response to such a claim is what the Confucian moral concept I means.

How is the appropriate attitudeI as a function of the man's character jen to be carried into action? I represents what ought to be done in a given situation. By what procedure may I be made effective? The answer is to be found in the concept li a term generally translated as propriety in English.

Li is sometimes taken by sinologues to mean politeness or courtesy, and sometimes ritual or ceremony. A casual reading of the Analects will reveal the multitudinous usages of the term. In all the various meanings we find the underlying idea that one's feelings are to be expressed only in such ways as have been established by long usage and sanctioned by public recognition. There is a recognized mode of giving outlet to one's feelings which has proved to be profitable to the community and wholesome to the individual. This is li. It is the proper procedure of action. Hsün-tzu believes that when li reaches its perfection, it will express men's emotions and sense of beauty to the fullest extent and produce joy and happiness as its legitimate result. To this end it is necessary to secure for li that harmony and proportion which alone will satisfy the emotions not merely as they arise severally, but as they represent the nature of man as a whole. ② Here is a problem for the student of mental hygiene who may have something to learn from ancient Confucian moral philosophy and practice.

There are definite traces of the influence of the teachings of Hsün-tzu in the Li Chi or Book of Rites. This is to be expected, for there is a direct lineage from Hsün-tzu to the reputed author or at least editor of

① Analects, Book I, Chap. 6.

② Cf. Works of Hsün-tzu, trans, by H. H. Dubs, London, 1928, p. 223.

the Li Chi. But the main emphasis of the Li Chi is on li as a means to prevent licentious expressions of human emotions.

In this connection, one should point out that Mencius is in error when he makes mere knowledge or understanding of li to be a virtue comparable to the concept of moral insight or wisdom in Greek ethics, and to the concept chi in Chinese. Properly understood, the four virtues are coordinate; one is derived from the other. So chi or moral insight must be built into man's character before it can become effective in action. Mere intellectual comprehension is not enough. Li calls for true courage. The Doctrine of the Mean gives courage alongside of knowledge and humanity as the "three virtues universally binding". ①

But courage is only a derived excellence. The man of culture with his human nature fully developed in him will have an appropriate attitude towards his fellow being standing in a definite social relation to him in a given moral situation. A man of jen will have the necessary I when he finds himself in a given set of circumstances. He will have the courage to express that attitude in the recognized mode of action which is li, and education is not only to induce the cultivation of this inner nature but also to inculcate the necessary knowledge of the proper action, which knowledge is chi. By constant practice it becomes a part of his character. Hence, to the four virtues, jen, I, li, chi, one derived from the other, not four standing side by side separately, the Han Confucian teacher Tung Chung-shu in the second century B. C. adds a fifth, hsin, constancy, to make the five virtues. There are, therefore, five virtues in Confucian ethics just as there are five elements, five tastes, five sounds, and even five directions, namely, east, west, north, south, and central, for without the center there can be no cardinal points!

The Sung philosophers go into elaborate schemes of the correlation of these five virtues. The most fantastic is that of Chu Hsi (1129-1200 A. D.). He attempts to establish a relation of the five virtues with the five cosmological elements—water, fire, wood, metal, and earth, on the one hand—and on the other with the seasons of the year. There are only four seasons, of course, and he fails to find the fifth, but he seeks

① Doctrine of the Mean, Chap. XX, section 8.

to overcome this difficulty by saying that earth is immanent in the other four elements just as hsin or constancy is essential to all virtues. ① So also says another Sung writer, Ch'eng I-ch'uan: "Jen carries with it all the other four virtues; for what is right to do is I, how to do it is li, knowledge of all this is chi, and persistence in practice is hsin. "②

The Metaphysical Basis of Confucian Moral Philosophy

All this is just moral cultivation. It takes for granted that man is capable of it. But is he? Confucius hardly touched this question. He merely assumed that when man became most human his best would be manifested. This implies the goodness of human nature and it is in the development of this idea that Mencius, in the fourth century B. C., made his greatest contribution to Chinese moral philosophy.

What did Mencius mean when he taught that manis good by nature? Did he mean that man's nature is intrinsically good? He has been grossly misinterpreted by his followers and misunderstood by his critics, and his worst critic was his junior contemporary Hsün-tzu. Hsün-tzu in his works has an essay bearing the title, "Human Nature is Evil". His whole argument is against Mencius' doctrine of the goodness of human nature, but he seems to have failed completely to grasp the meaning and purport of Mencius' teaching. What Mencius means by the goodness of man's nature is that man by nature is social, fit for social living. All his social virtues are potential in him in the sense that they will develop in response to proper environment and stimulus. No less than Hsün-tzu, Mencius is emphatic that virtues are the fruits of discipline and cultivation. "Seek and you will find them; neglect and you will lose them. "③ But unless it is in the nature of man to be good, Mencius would argue, no amount of moral cultivation will ever make him good. He admits that men are different in their moral attainment; for on account of differences in external circumstances, they do not develop

① Cf. J. Percy Bruce, Chu Hsi and His Masters, London, 1923, pp. 171-183.

② Symposium of Sung Philosophy (issued 1415), XXXVII, 1.

③ Works of Mencius, Book VI, Pt. 1, Chap. 6.

their moral nature to its full capacity. Hsün-tzu seems to have failed to understand this. It was possible that he never came into personal contact with Mencius. At least the sixth and seventh books of Mencius' Works do not seem to have been known to him. As to his own teaching on the evil of human nature, his fallacies are many. In the first place, he dwells on the egoistic side of man's nature to the entire neglect of his social side. Secondly, he is dogmatic in regarding social institutions as superimposed upon man and not as results of man's efforts to meet his social requirements. Thirdly, his definition of nature takes no consideration of the possibility of development. Man's nature is good only if man is born good, with all his virtues full-bloom. All that Mencius means by the goodness of human nature is that man's nature intends him for social living with all the social relationships.

But yet another question arises: How can it be shown that man is intended for such social living, to live peacefully and harmoniously with his fellow-men? No answer is given by Mencius. It is not forthcoming until we come to the Chung Yung, or the Doctrine of the Mean and the Ta Hsüeh, or the Great Learning, two books which we believe to be products of the second century B. C. , a hundred years after the time of Mencius. In these, Nature in the great universe is represented to be good and homogeneous with the nature of man. This is no doubt a generalization based on very limited observation of the regularity and beneficence of nature, but it had been the deep-rooted conviction of the Chinese moralists as early as the time of the Book of Odes and the Book of History. In the life and teaching of Confucius this implicit trust in the moral order is evident. The same may be said also of Mencius. ① In the Doctrine of the Mean the basic idea is the idea of ch'eng. The term ch'eng has been translated by Legge as "sincerity". But "sincerity" by no means expresses what ch'eng here means. It is evident from a few quotations. "Ch'eng is the way of nature, to become ch'eng is the way

① See Analects, Book VII, Chap. 22; Mencius, Book III, Pt. 2, Chap. 2; Book I, Pt. 2, Chap. 16.

of man."[①]"He who has attained to ch'eng hits what is right without effort and apprehends without the effort of thought: —he is the sage."[②]"From ch'eng to knowledge is according to nature, and from knowledge to ch'eng is the result of instruction. Ch'eng, then knowledge; knowledge, then ch'eng."[③] Finally, "it is only he who is possessed of the most complete ch'eng that can exist under heaven, who can give its full development to his nature. Able to give its full development to his own nature, he can do the same to the nature of other men. Able to give its full development to the nature of other men, he can give their full development to the natures of animals, and things. Able to give their full development to the natures of creatures and things, he can assist the transforming and nourishing powers of heaven and earth. Able to assist the transforming and nourishing powers of heaven and earth he may with heaven and earth form a ternion."[④] In other words, the man of ch'eng participates in the creative process of the universe.[⑤] The English term "sincerity" is far too inadequate to express what ch'eng means in these passages and in the whole second part of the Doctrine of the Mean. It really means "harmony with nature". It is by developing the harmony in man's inner life and harmony with one's fellow-men in society that Confucius' humanity is manifested, and the capacity of developing and maintaining this harmony is what Mencius means by the goodness of human nature. It is because the nature of the great universe is harmony— "the way of nature" —and because man is a part of nature, that Mencius believes that man can live a harmonious life, that his nature is good.

But the investigation of nature has not been carried to a degree that we moderns would call scientific. We find some interesting speculation about cosmology in the Appendices of the Book of Changes, but in the Confucian canonical books, the Five Classics and the Four Books, there

---

① Doctrine of the Mean, Chap. 20, section 18.

② Ibid.

③ Ibid., Chap. 21.

④ Ibid., Chap. 22.

⑤ In these passages quoted, only ch'eng is substituted for "sincerity" in Legge's translation.

is little that can come under the category of the study of nature. Not until we come to the writings and sayings of the Sung philosophers① of the eleventh and twelfth centuries of the Christian era can we find any keen observation of nature, though this, too, is crude and casual from the modern point of view or when judged even by the standards of the ancient Greeks.

According to the teachings of the Sung school of Neo-Confucianism everything in the physical world is the result of the interaction of the five elementary constituents, metal, wood, water, fire and earth. These five elementary constituents are produced by the interplay of the two principles, yang and yin, or the active and passive principles in the cosmos. Yang and yin proceed from the primeval principle which the Sung philosophers call the t'ai chi, the ultimate. Whether there is existence beyond the ultimate was the issue between Chu Hsi and his great rival, Lu Hsiang-shan. Chou Tun-i, known as Chou Lien-chi, the founder of the Sung school, used the notion of the infinite, the wu chi, as something which was before the ultimate. This, according to Chu Hsi, was, however, only a notion to indicate that thinking could not regress ad infinitum but must stop with the first term, the infinite, which is only a limiting notion rather than the actual beginning of existence which is the ultimate.

The ultimate like the absolute in Hegelian philosophy is not something existing apart from the individual things. Its existence is immanent rather than transcendent. There is the ultimate of the universe, and there is an ultimate for every individual existence in the universe. Before the universe was, however, there had already been the ultimate. This ultimate, when in action, produced the yang or the active principle, and when it again became dormant, it produced the yin or the passive principle. But the ultimate is all the time nothing separate and distinct from the yang and yin, but immanent in them. It is immanent in the five elementary constituents and in every individual thing which is in the universe as a result of the interaction between the

---

① Chou Tun-i, 1017-1073; Shao Yung, 1011-1077; Ch'eng Hao, known as Ch'eng Ming-tao, 1032-1083; Ch'eng I, known as Ch'eng I-ch'uan, 1033-1108; Lu Hsiang-shan, 1140-1192; Chu Hsi, 1129-1200.

yang and yin by the interplay of the five elementary constituents. There is one ultimate, yet it is everywhere in everything. ① The ultimate is the truth working in the great universe of which man is a part. The same truth is found operating everywhere in much the same way, whether in activity or at rest, for rest is also a phase of the operating of the principle. Rest is only apparent, for yang and yin are always together in everything. "While the principle is in operation yang dominates and we see the phenomena in the universe; when it lies dormant yin dominates and we seem to find rest or inactivity. Humanity or jen, then, is the ultimate in man. I or the appropriate attitude is the same ultimate in reaction through man to a given situation. Li or social institutions are the ultimate embodied in human culture representing the accumulated past experience of man which has been the ultimate operating in human life. Nature and man are, therefore, homogeneous, because they are both in their own ways embodiments of the same ultimate, the same truth, the same reality.

The process in which the individual things come into existence is represented by the Sung philosophers through the notion of li and ch'i. We must be careful to distinguish this li which means principle from the virtue li meaning conformity to social usage. They are represented by two different Chinese characters, although they have the same sound. Ch'i here means substance. The relation between principle and substance in the Sung philosophy reminds us much of the form and matter in Aristotle. ② "We shall not pause to consider the parallel in

① Symposium of Sung Philosophy (issued 1415), XXVI, 5.

② It is alluring but difficult to trace some land of historical connection between the Sung philosophy, particularly that of Chu Hsi in the twelfth century A. D., and Aristotle. The philosophy of Aristotle may have come to China through Mohammedanism, but we can find no trace of it there. Buddhism may have served as a channel, but again the history of Buddhism in China gives us no such hint. It is not impossible for Aristotelian ideas to have come to China and influenced the thinking of Chu Hsi through the Nestorian missionaries who arrived in China first in the year 635 A. D. But owing to our scanty knowledge of the Nestorian missionary movement, we do not get much light on the subject. The only suggestive fact which may serve as a hint for further investigation is that Sergius of Resain, who died in 536 A. D. was a great Aristotelian scholar and a Syrian Nestorian theologian. See Hans Heinrich Schaeder, "Der Orient und der Griechische Erbe", Sonderdruck aus Die Antike, IV Band, Berlin, 1928, p. 253.

many respects and in not a few details between the philosophy of the Greek philosopher and that of Chu Hsi, and still less the possible historical connection between them through the Nestorian missionaries in China from Syria. Our immediate concern is what Chu Hsi means by principle and substance. He says: "Principle is shapeless," ①"Principle is that which transcends shapes. It is the tao, the root of all things." Substance is that by which the thing takes shape; it is the vessel which receives and holds the principle, the means of giving rise to the various existences. Hence, in coming into existence, man as well as things must be endowed with the principle, before he can have his nature, but also with the substance, before he can have his body…. There is in the universe no substance without principle, or principle without substance."②

The question as to the definite relation between principle and substance is not satisfactorily settled by Chu Hsi or by any of his predecessors or contemporaries. He is quite definite, however, that they are separate and not identical, although he finds it impossible to separate the two in any given thing. ③

So much in brief is the metaphysics of the Sung school. On how much knowledge of the physical universe is it based? We have already spoken of the regularity of nature which has formed one of the basic ideas of the Confucian moral philosophy from the remotest time. We read in the "Text of Confucius" in the Great Learning, a product of the second century B. C., about the investigation of nature as the starting point of the process of moral cultivation. The fifth chapter of the book on the investigation of nature was lost even before Chu Hsi's time in the twelfth century A. D., and he put in views of the philosopher Ch'eng on the subject to fill the gaps. This is what he wrote and is still found in the Great Learning: The meaning of the expression, "The perfecting of knowledge depends on the investigation of things" is this:—If we wish

① Symposium of Sung Philosophy (issued 1415), XXVI, 1.

② Symposium of Sung Philosophy (issued 1415), XVI, 1.

③ Ibid., XXVI, 3.

to carry our knowledge to the utmost, we must investigate the principles of all things we come into contact with, for the intelligent mind of man is certainly formed to know, and there is not a single thing in which its principles do not inhere. But so long as all principles are not investigated, man's knowledge is incomplete. ①

But how much did the Sung philosopher know about nature? A few quotations will suffice:

> "In the beginning when the universe was still in the state of chaos, one may imagine there was nothing but the two elements, water and fire. The dregs of water became earth in course of time…. All the hills must have once been water. It is not ascertainable now how that water became solid… . The finest part of fire became wind, lightning, thunder, the sun, the stars and the like. "②
>
> "Heaven is spherical, and therefore it must rotate. The earth is square, and therefore stationary. "③
>
> "Immediately before the winter solstice, heaven and earth are closed up. The universe may be said to be quiet and inactive. But the sun and the moon are still incessantly in revolution. "④
>
> "Yin and Yang are regular in their operation, The change of cold into heat, or day into night, is quite according to a constant principle. This is the virtue of constancy…. If man should abide by the same principle which changes not, he would become one with heaven and earth. "⑤

It is on casual observations like these that the Confucian moralists base their "weltanschauung". But it must be noted that the orderliness of nature in Chinese moral philosophy has not resulted from the scientific

① Great Learning, Chap. 5.

② Symposium of Sung Philosophy (issued 1415), XXVI, 13.

③ Ibid. , XXVI, 10.

④ Ibid.

⑤ Ibid.

study of natural phenomena as has been the case in modern Europe. It has come entirely from the meditation of the poetic mind on the beauty and beneficence of the universe. It is indeed a faith, an ideal, which is projected into nature. The yang and the yin and the five elementary constituents are notions created by the human mind to satisfy certain of its own persistent desires to see in nature the same rationality as is presupposed in man.

It is remarkable that this Chinese expectation of orderliness in nature has not been dampened by floods, droughts, failures of crops and famines. Yet, as S. W. Williams, author of The Middle Kingdom, has put it, "Industry receives its just reward of food, raiment, and shelter, with a uniformity which encourages its constant exertion." The comparatively early application of whatever astronomical and meteorological knowledge was available to agriculture and its popularization among the people, even in their daily life, has confirmed their belief in cosmic orderliness.

For the Chinese, therefore, orderliness and regularity are the fundamental characteristics of the universe. But the universe is orderly and regular only when everything in it is true to its own nature and plays its part faithfully. The parts are by nature to work together, and working together is the secret of the whole. Man ought to live his life according to this principle. His highest moral aim is a life harmonious within himself and harmonious with his fellow-men as well as with nature in the great universe. "Harmony is the way of Heaven, and to become harmonious is the way of man." This is the concept of ch'eng, the central idea in the second part of the Doctrine of the Mean.

Ch'eng is the principle of falling into line with the working of the universe. It is of general applicability for everything, and not just for man alone. But there is this difference between man and everything else in the universe. The universe is and will ever be in harmony one part with another except man who can become so only by moral effort and assiduous cultivation. The idea of freedom does not have any significant place in the thinking of the Chinese moralists. It is rather the idea of effort that is important. The virtue of the cosmos is working harmonoiously. "The virtuous man is he who has appropriated the principle of the universe and applied it to his own life."① Virtue is that which has been appropriated by the human heart and incorporated into the human character. "The following of the rationality of the universe is tao and its appropriation is virtue."② "What is appropriated internally is virtue, and what is manifested is conduct."③ "From this it may be concluded that virtue is what is appropriated by the individual of the general principle of the universe."④ When the cosmic principle ch'eng is appropriated by man and has become the virtue of man it is jen. As it is the virtue of the universe to work harmoniously, so it is the highest virtue of man to be in harmony with nature.

Confucian Social Ideals

But how this human virtue is manifested varies with the station of life occupied by the individual. This is the concept of duty. Duty is the general rationality qualified by the specific circumstances under which each man has to apply the principle. It is something made obligatory to the agent by the general principle of rationality on the one hand, and on the other by the specific circumstances. In other words, duty is the demand of man's own nature as articulated by the situation in which he finds himself at the particular time. There is, therefore, no such thing as duty in the abstract. Every duty is a concrete demand on the man, and only the man who has fully developed his human nature by appropriating in himself the cosmic virtue of harmony knows what his duty is and is able to do it. Such a man is man indeed. When circumstances are favorable he will radiate with his transforming influence until his family, the state, and the whole world all shine with its reflected glory. All men will be transformed by his moral influence, so that men will not love their parents only, nor treat as children only

---

① Symposium of Sung Philosophy (issued 1415), XXXIV, 30.

② Ibid., XXXIV, 31.

③ Ibid., XXXIV, 30.

④ Ibid., XXXIV, 34.

their own sons; in society a competent provision will be secured for the aged till their death, employment for the able-bodied, and the means of growing up to the young ; kindness and compassion shown to the widows, orphans, childless man, and those who are disabled by disease, all sufficiently maintained; males have their proper work and females their homes; articles of value accumulated not however for selfish gratification; strength exerted, not however for self-aggrandizement. ① This is the Confucian Utopia as described in the Li Chi or Book of Rites compiled in the second century B. C. , showing much of the influence of Taoism and of Mo Ti, that of the latter being especially pronounced. But the central idea is still Confucian. In this Confucian Utopia the people would govern themselves and the ruler would be only a figure-head. Li instead of law would regulate the conduct of man, and virtue instead of force be the ruling power in society. Only when this ideal society is brought about would the Confucian sage consider himself to have reached the goal of his moral cultivation and to have fulfilled his mission as a part of the universe, promoting the creative process in it. This is the summum bonum of the Confucian moral system.

The Faith of the Confucian Moralist

Would the metaphysical basis of the Confucian philosophy of life warrant the faith of its adherents in the ultimate achievement of such a lofty goal? Is the nature of man such that when free and adequate expression is given to it, it would lead to the harmonious living of all human beings together in a world community? Is there really a place in the universe for the amelioration of the world by moral efforts? Is this world of ours a fit arena for moral strife? With little metaphysical speculation but with much moral confidence the Confucian moralists answer all these questions in the affirmative and the Chinese people as a whole acquiesce. Many of the characteristics of the individuals, their patience, their industry, their ever cheerfulness, are the results of this

① See Sacred Books of the East, Vol. 27, pp. 364-366.

confidence, and much of the history of the nation reflects this, too, in its continuity, its underlying stability in spite of its superficial turbulence, its steady onward progress underneath its apparent conservatism and sluggishness, if not stagnation. Such is China and such is Confucianism. China is thoroughly Confucian because Confucianism is so typically Chinese. Confucianism cannot be classified as a religion. It has, however, religious elements in it and it includes religious institutions too. Nor is it merely an ethical system, although it is preponderantly so. It is the culture of the Chinese people.

Chapter Ⅳ Buddhism and Its Cultural Effects in China

The Confucian Moral Philosophy and Religion

In the pre-Confucian literature, the Shih Ching or Book of Odes and the Shu Ching or Book of History, there is to be found a distinct conception of a deity who is the ruler of the universe. This is no monotheism as some writers in the West would try to make out. Shang-ti, while he is considered the noblest of the gods, as is Zeus among the Greek gods, is only one among many. But there is little doubt that ancient Chinese regarded him as the ruler in heaven as the emperor was the ruler on earth. Shang-ti is a personal god.

In the sayings of Confucius, as recorded in the Analects, this classical conception of Shang-ti becomes obscure. The term heaven comes into more frequent use. Confucius never used the term Shang-ti at all. We find the term used in the Works of Mencius only once and that only in passing. Like Confucius he used more frequently the term heaven.

Still later when we come to the Doctrine of the Mean, about one hundred years or more after Mencius, the idea of a personal god almost entirely disappears. There are in the whole book as it is, some fifteen references to the spiritual aspect of the universe, but only once the term Shang-ti is used, when the passage makes a casual reference to an ancient rite. The more impersonal term t'ien, or heaven, is used where one might expect the use of the term Shang-ti. The more naturalistic term t'ien-ti, heaven and earth, is more frequently found in the Doctrine of the Mean, whereas it is not found in the Analects and rarely in the writings of Mencius. This is particularly striking when we remember that Mencius and the unknown author of the Doctrine of the Mean definitely belonged to the more spiritualistic wing of the Confucian

School, the tradition of which was later carried on by Tung Chung-shu of the second century B. C. and still later on by the Sung philosophers of the eleventh and twelfth centuries of our era. But naturalism even in the life of such a man of noble character as Confucius only leads to despair.

The last scene of Confucius' life is found in the Li Chi or Book of Rites. The following is quoted from Book II as translated by James Legge: "Confucius rose early (one day) and with his hands behind him, and trailing his staff, moved slowly about near the door, singing—

'The great mountain must crumble;
The strong beam must break;
The wise man must wither away like a plant.'

Having thus sung, he entered and sat down opposite the door. Tzu-kung had heard him, and said, 'If the great mountain crumble, to what shall I look up? If the strong beam break, (on what shall I lean)? If the wise man wither like a plant, whom shall I imitate? The Master, I am afraid, is going to be ill.' He then hastened into the house. The Master said, 'Ch'i, what makes you so late? … Intelligent kings do not arise; and what one under heaven is able to take me as his Master? I apprehend I am about to die.' With this he took to his bed, was ill for seven days, and died."① Confucius died almost broken-hearted. Judged by his own aspirations, his early career was a failure. And he saw no hope in the future.

How different and how much more optimistic was Gautama's death! The Buddha was in his eightieth year and was about to die. His disciple, Ananda, was aware of this and wept. Buddha said to him, "'Enough, Ananda, do not grieve, nor weep. Have I not already told you, Ananda, that it is in the very nature of all things near and dear unto us that we must divide ourselves from them, leave them, sever ourselves from them? How is it possible, Ananda, that whatever has been born, has come into being, is organized and perishable, should not perish? That condition is not possible … You have acquired much merit, Ananda; exert yourself, and soon will you be free from all depravity.'"

① Sacred Books of the East, Vol. 27, pp. 138-139.

"Then the Blessed One [i. e. Buddha] addressed the priests [who had gathered around his death bed]."

"Then the venerable Ananda spoke to the Blessed One as follows:-

'It is wonderful, Reverend Sir! It is marvelous, Reverend Sir! Reverend Sir, I have faith to believe that in this congregation of priests not a single priest has a doubt or perplexity respecting either The Buddha or the Doctrine or the Order or the Path or the course of conduct'.

'With you, Ananda, it is a matter of faith when you say that; but, with The Tathagata [i. e. the Buddha himself], Ananda, it is a matter of knowledge… For of all these five hundred priests, Ananda, the most backward one has become converted and is not liable to pass into a lower state of existence, but is destined necessarily to attain supreme wisdom … And now, O priests, I take my leave of you; all the constituents of being are transitory; work out your salvation with diligence.' And this was the last word of The Tathagata."① How different is this from the scene of Confucius' death! It is calm, serene, confident. Both may be merely tradition, but apparently the stories represent the impressions of later disciples of the general outlook on life of their respective masters. And how superb was the Death on Calvary even compared with the death of Buddha. Confucius declined to discuss death, for he had not thought much about it. When death came, he was not prepared for it. He could see nothing beyond it. ②

When we turn to the writings of Hsün-tzu who represented the more naturalistic wing and who was only some fifty years Mencius' junior, definitely earlier than the Doctrine of the Mean, the naturalistic tendency is more evident. The idea of divine governance in the universe totally disappears and that of impersonal law of nature takes its place. "Heaven has a constant regularity of action," he writes. "Yao [a virtuous king] was not necessary to support its order, nor could Chieh [an immoral king] destroy its order. Respond to it in governing a

① H. C. Warren, Buddhism in Translation, Cambridge, Mass, 1896, pp. 99, 108-109.

② Analects, Book XI, Chap. 11.

country, and success will result; follow it in misgovernment, and calamity will result … How can exalting Heaven and wishing its gifts be as good as heaping up wealth and using it advantageously? How can obeying Heaven and praising it be as good as adapting one's self to the appointments of Heaven and using them? … Therefore, if a person neglects what man can do and seeks for what Heaven does, he fails to understand the nature of things."① Here the Confucian teaching of self-reliance finds its clearest expression.② True, Hsün-tzu's wing of Confucianism was not the wing that developed the Confucian thought in later ages. Chia I and Tung Chung-shu of early Han in the second century B. C. had a more spiritual emphasis, but their influence was not strong enough to bend the Confucian tradition to a development spiritual enough to satisfy the human heart. The Confucian scholars throughout the earlier Han dynasty down to its end, about the beginning of the Christian era, were altogether too much involved in practical politics to add to the teachings of the Confucian school. It is no wonder, then, even when Confucianism was steadily gaining the favor of the Imperial Court, and when the Confucian scholars were becoming more and more dominant in the Chinese field of politics, that the fang shih or magicians with their alchemy, charms, and formulas seeking for immortality should have a following among those in high positions, as well as among the common people. It was in such a situation that Buddhism was being introduced into China.

The Introduction of Buddhism and Its Subsequent Development

When Buddhism was first known in China is still a question in Chinese history. It may have been just a legend that Indians arrived in the capital of China in modern Shensi in the northwest in 267 B. C. to propagate their religion. The Chinese envoy Chang Ch'ien returned in 122 B. C. from the western regions and brought back information about

① Works of Hsün-tzu, trans, by H. H. Dubs, pp. 173-174.

② Ibid., p. 183.

Bactria and neighboring states. It is possible that the Chinese may have heard about Buddhism from him. But it is generally accepted that the religion of Gautama the Buddha was first introduced into China after the middle of the first century of the Christian era. The Emperor Ming-ti of the Later Han dynasty had a dream. In pursuance of the interpretation of this dream, messengers were sent to the West to seek for the new god; and in 67 A. D. a native of central India named Kashiapmadanga, accompanied by others, came to China with the emperor's messengers bringing with them Buddha images and Buddhist literature. Kashiapmadanga and his associates at once set to work on translation, and according to tradition the result was the translation of the Sutra of Forty-two Sections. It is not necessary to inquire into the reliability of this story. Suffice to say that the sutra in Chinese bearing that title, as we have it now, is a much later work. It is certain, however, that Buddhism in China definitely began in the second half of the first century of the Christian era.

The Development of Buddhism in China

For two centuries after that more Buddhist teachers came from the Buddhist countries in central Asia and from India. By that time Buddhism had spread throughout India and Ceylon and had been established in Nepal and Independent Tartary. ① More Buddhist literature was translated into Chinese, but there was little that could be called interpretation of the Buddhist teachings until the third century when a Chinese Buddhist layman named Chu Tzu-hsing left China to go to India in 260 A. D. in search of more Buddhist sacred writings. Some of these he found and sent back to China. Among the translations made from them was the Fan Kwang Pan Yo Ching from the Prajnâ pâramitâ literature, which emphasizes the Buddhist teaching of Sûnyâta, frequently but erroneously rendered "emptiness" or "nothingness" in

① Cf. Joseph Edkins, Chinese Buddhism, London, 1893, pp. 88-89.

English and k'ung in Chinese, but it really means "the impermanence of the self-nature of conditional things". ① The idea of Sûnyâta is so suggestive of the idea of "non-existence", wu, in the Taoist philosophy of Lao-tzu and Chuang-tzu, that for over a hundred years—until the arrival of Kumārajīva in China at the beginning of the fifth century-Buddhism was interpreted persistently in terms of Taoism. With the coming in 401 of the great Indian Buddhist scholar and translator Kumārajīva, whose literary production in Chinese Buddhist literature has been surpassed only by Hsüang-tsang of the seventh century, the Madhyamika or San-lun school of Buddhism was introduced into China and became well-founded by Chi-tsang, who died in the year 623. This school taught that all phenomena are impermanent and therefore have no reality in them. It was another form of the Prajnâ pâramitâ school; and did not flourish long in China. After the eighth century it began to decline and soon disappeared.

Kumārajīva, who died in China in the year 413, translated also the sutra entitled Saddharma Pundarika, "the Lotus of the Good Law," into Chinese. However, there seems to have been an earlier translation of this sutra in the third century. It received much attention from the Buddhist scholar Hui-ssu, but became well established only in the latter part of the century by the efforts of the famous Chih-k'ai (522-597) with its literature properly expounded by Kuan-ting who died in the year 632. This was known as the T'ien-t'ai school from the name of the mountain on which was the temple where Chih-k'ai lived and taught. The sutra is highly metaphysical; its main teaching is that phenomena are real but as perceived by the mind they are unreal. The reality in phenomena is transcendental and therefore unspeakable, for language is entirely inadequate for it. Aside from reality there are no phenomena. It is in the phenomena that reality manifests itself. Yet, losing sight of the reality we see nothing in the phenomena. It is only when we see reality in all phenomena that each phenomenon has its significance. After the T'ang dynasty this school practically disappeared in the tenth century.

① See Yamakami Sogen, op. cit., pp. 7-28.

It was later revived for a short period, but until the present day it has had the attention of only a few scholars.

The great Chinese Buddhist scholar, traveler, and translator Hsüan-tsang (596-664) started from China in 629 to go to the land of Buddha's birth in order to procure Sanskrit books for the edification of the followers of Buddhism in China. He left China from Lanchow in the northwestern extremity of China, passed through a part of Central Asia where the Turks were then settled, and crossed the mountains into India. His journey took him to the area through which the Ganges flows. He lingered long there to master the languages and to learn from the Buddhist teachers as much as possible; he completed the tour of the Indian peninsula, and after seventeen years away from home set out for China across the Indies, bringing with him Buddha relics, Buddha statues, and 178 Buddhist works in Sanskrit. Upon his return home the Emperor, Hsüan-tsung of the T'ang dynasty, ordered him to correct some of the earlier translations done in the fifth century by Kumārajīva. He completed before his death 75 works in 1335 sections, the most notable being the Ch'êng wei-shih-lun, which together with the commentary written by his pupil Kuei-chi (632-682), known in Buddhist history as the Master of the Tz'u-ên temple, has given rise to the Wei-shih or Only-Consciousness school, which is the Chinese form, of the Indian Yogâcâra school. It teaches that all objects in the universe are merely the manifestations of consciousness. It is subjective idealism. Like the T'ien-t'ai school, this school had its best days in the seventh century, and after the ninth century it practically disappeared. There is a feeble revival in the present-day China, attracting the attention of only a few philosophically-minded scholars, the best known being the late Ou-yang Ching Wu.

While Hsüan-tsang and his pupil Kuei-chi were propagating the teachings of the Wei-shih or Only-Consciousness school based on the Indian Yogâcâra, another highly metaphysical school of Buddhism was springing up in China with the composition by Tu Fa-shun (557-640) of the two treatises entitled Fa-chia-kwan or Theory of the Dharmalaka and Wu-chiao-chi-kwan or The Theoretical and Practical Sides of the Five

Doctrines. The teaching of this school was further systematized by Fa-tsang, better known as Hsien-shou. This school is known as Hua-yen in China, a name derived from the Sanskrit work "Buddhavatamsakamahâ vaipuyâ Sûtra," and it traces its origin to Asvaghosha in India as its first patriarch and Nâgârjuna as its second patriarch; its founder in China, Tu Fashun is hailed as the third patriarch.

Its teaching may be summarized as follows: (1) The universe is the manifestation of the One Great Spirit, "One mind in which is included the whole of the universe," as the Sanskrit expression has it. (2) This One mind is infinite and absolute, and theobjective universe is only a reflection of it. The One Mind is called the Dharmakâya, the essence of all Buddhas, and as such it is the object of belief of the true Buddhists. (3) From the point of view of the Dharmalaka, i. e. , the objective world, all things that exist are separate and distinct, subject to the law of individuation, particularization, and, therefore, also to the law of limitation. They exist in time and space and move according to the law of causation, in the social and moral realm as well as in the physical realm. (4) But from the noumenal point of view all things in the objective world, in spite of their distinctions, are one because they all have the same source and are but manifestations of the One Mind, the Dharmakâya. (5) We thus come to the idea of "one in many and many in one". The phenomena of the universe do not exist apart from reality, noumenon, nor does the noumenon exist apart from the phenomena. There is such a strict harmony between noumenon and each of the phenomena that it is impossible to separate the one from the other. Noumenon is the substratum of all phenomena, and every phenomenon is an attribute of the noumenon, as Yamakami Sogen, a modern Japanese Buddhist scholar, puts it. From one point of view we see a world of particulars in which individuality and diversity seem to predominate, yet from another point of view, all distinctions and contradictions vanish in a higher principle of unity. (6) So far we see little difference between the teaching of the T'ien-t'ai school and the Hua-yen or Avatamsaka school. Both emphasize the harmony and concord between noumenon and phenomena, the Dharmakâya and the

Dharmalaka. But the Hua-yen goes further and raises the question of the relation of things to things, of the many to the many, in the objective universe. Its answer is that all phenomena, being the manifestations of the Only Reality, the One Mind, noumenon, are inseparably connected among themselves and are in harmony with one another. All particular existences in the Dharmalaka are manifestations of the Dharmakâya, the Buddha Essence, and they, one and all, therefore perform the work of Buddha. The logical conclusion is that even inanimate things should lead us to the state of enlightenment. It is the Buddhist doctrine of absolute equality among all things, animate or inanimate, the principle of the Oneness in nature. Things do not have the same qualities; they are different on account of different qualities in them. But they are only different members of the same unity each with a different function, all, however, working harmoniously for the manifestation of the Dharmakâya. ①

Since the eighth century this school has had only a small following in China. It is confined to the few who are metaphysically minded. While the Avatamsaka sutra, or Hua-yen-ching, in Chinese is still considered the queen of the sutras, there are not many who read it and fewer still who can grasp its ideas.

The Fate of Philosophical Buddhism in China

Such is the fate of all the more philosophical schools of Buddhism in China. The T'ien-t'ai, the Wei-shih, and the Hua-yen are schools each with a charming though complicated religious philosophy, which well deserve the attention of students of metaphysics. Yet, all these schools fail to elicit from the Chinese any enthusiastic response. It is strange that the Prajnâ pâramitâ school has, on the other hand, not met with a failure equal to that of the other three schools, although philosophically speaking it is the weakest and has really been superseded by the later developments of Buddhist philosophy in China as well as in India. It may be because it had a good start as an early comer at a time when,

① See Yamakami Sogen, op. cit., pp. 287-296.

from the fourth through the sixth century, a lighter type of Taoist philosophy tinged with cynicism was in vogue among the literati in China, and the teaching of the Void, which is a mispresentation of the Buddhist sûnyâta, appeared to be quite similar to it in tone and in spirit. Perhaps its comparative naivete puts it more within the reach of the Chinese mind and makes it more palatable to the Chinese taste. The Chin-kang-ching or Diamond sutra is much read and it must have helped in popularizing the Prajnâ pâramitâ teaching.

Buddhist Schools That Have Succeeded in China

It is the less philosophical Buddhist schools that have retained their Chinese adherents, the Ch'an or the Meditative and the Pure Land or Amitabha schools. The Pure Land school is the less philosophical of the two and it has the largest following of all.

The Ch'an school derives its name from the Sanskrit Dhyâna which means "ecstatic meditation". It ought to be pointed out here that the practise of dhyâna is not peculiar to this school. The Buddhists of all the schools, Hinayanists and Mahayanists alike, believe in it and practise it. Dhyâna, Sîla (i. e. observation of the Buddhist moral precepts), and Prajnâ or wisdom are considered essential to the Buddhist life. The Ch'an school, however, teaches that meditation alone is sufficient to enlightenment. In the nature of every man there is the Buddha-nature. Buddhahood is therefore not to be sought outside of the human heart; it is to be realized in the human heart. Ignorance of this truth is the root of all ignorance; knowledge of it is enlightenment itself. Human nature is originally untainted, impassable, unchanged by even ignorance; it is indestructible. To know this is to attain Buddhahood.

This knowledge may come to us intuitively and suddenly because it is potential in us. This Buddha-nature in our nature can really have no name. The realization of this truth— the truth that Buddhahood is to be sought in our own nature and in it alone—cannot be learned from books. It is not to be found by the study of the sutras, nor by the observation of the precepts of discipline, the Vinaya. It can come only by intuition. When it is caught, it just dawns on us. There it is, and it is unspeakable, entirely beyond words. It is mysticism.

This teaching was brought to China by Bodhidharma from south India who was the founder of the Ch'an school in China and who died in China between 534 and 537. True to his teaching the Ch'an school takes no written book as its standard work. He who catches by intuition the insight into its basic truth has obtained the whole truth essential to enlightenment. According to the Buddhist records, the fifth patriarch, Hung-jên, was about to pass on the patriarchy to his successor who was to be selected on the basis of the gâthâ (poem) the candidate could produce showing his insight into the truth. One of the elders in the temple wrote his gâthâ on the wall and the monks in the temple thought that he had succeeded. His gâthâ was as follows:

> "The body is like the knowledge tree.
> The mind is like a mirror stand.
> It should be constantly and carefully brushed,
> Lest dust should be attracted to it."

Another monk, uneducated in book learning, heard about this and was not satisfied with it. As he could not write himself, he asked someone to write on the wall the following:

> "There is no such thing as a knowledge tree.
> There is no such thing as a mirror stand.
> There is nothing that has real existence.
> How can dust be attracted then?"

This uneducated monk was Hui-nêng (638-713) and he was made the sixth patriarch of the Ch'an school.

Intuition is highly individualistic. When no written record is accepted as authoritative, it is difficult for tradition to be binding. The school was soon split into five sects, two of which split, again, making a total of seven. The surprising thing is that there have been no more divisions of the sects; and even more surprising is the fact that five of the seven died out leaving only two in modern China. As meditation is practised by all Buddhists it is really difficult to say how large a following the school has at present. Few however are those who would test the insight of a Ch'an Buddhist in China today by his instantaneous answer to such a question as "How did you look before you were born?", or, "Why does the dog not have the Buddha-nature?" The true Ch'an Buddhist would take such a question and search his own heart for a satisfactory answer—which is sometimes given by a monk of insight with a hearty laugh saying no word whatever, and you can make anything out of it. This is Ch'an Buddhism. If the answer to an apparently silly question should lead to the insight into the real nature of human existence, so as to dispel all perplexities and anxieties in life by the knowledge that the individual does not exist and that all particularizations are illusions, then you have attained enlightenment by the Ch'an method. When this insight is obtained, further meditation is still necessary, according to Ch'an technique, to allow it to permeate the whole of our existence.

It is evident that the Ch'an school has a philosophy, but unlike the philosophical schools of Buddhism it does not emphasize the study and understanding of philosophy; it emphasizes insight into it by intuition. This is the secret of its success among the Chinese. It is a school that has stood the test of the ages in China.

The Pure Land or Amitâbha school of Buddhism puts even less emphasis upon philosophy. The strength of the school lies in its ability to meet a practical need in the religious life of the people. According to the traditional teaching of Buddhism, Buddhahood can be attained only by accumulated merits. There are six realms (the Buddhist calls them paths) of existence, and they are hell, Pretas or hungry ghosts, brutes, human beings, Asuras or titans, and gods. The gods have their existence in 28 heavens, each different in degrees of blissfulness. These six realms of existence are classified into three worlds: the world of Desire (Kâmadhâtu), the world of Form (Rûpadhâtu), and the world of Formlessness (Arûpadhâtu). The world of Desire embraces the first five realms of existence and the lowest six of the 28 heavens of the gods.

The world of Form consists of the next higher 18 of the 28 heavens of the gods, and the world of Formlessness consists of the highest four heavens of the gods. Every form of existence, the gods not excepted, is subject to the law of birth, old age, and death. Every death means another birth, another incarnation. What form that incarnation takes depends upon the karma of the previous incarnation, its good and its evil, not a balance of the two, but every deed, good or evil, which with all the other deeds goes to make up the karma. It may mean birth into a better realm of existence, an Asura after having been a man, or a god after having been an Asura; or into a lower realm, a brute after having been a man, or a hungry ghost after having been a brute. This process is generally known as transmigration. To be free from this ceaseless process of transmigration is Nirvana. Nirvana is from the Sanskrit root va which means "blowing", with the prefix nir which denotes absence or privation. According to Yamakami Sogen, the Abhidharma-mahâvibhâsha-sastra, now extant only in Hsüan-tsang's Chinese translation, the following derivation, among others, of the word Nirvana is given: vana means "the path of transmigration" and nir means "leaving off" or "being away from". Therefore Nirvana means "the leaving off permanently all the paths of transmigration. "①

This is, however, a slow process. It is what the Buddhist calls the difficult path, although it is the Holy Path. The Pure Land Buddhist maintains that it was not so difficult to follow this difficult path when the Buddha was still on earth. Now that he is no longer here with us, and his entering into Nirvana having taken place so long ago, it is not easy to comprehend even his profound teaching in this defiled world of "men of unclean lips". An easier way must be found and it is revealed by the Pure Land School.

The teaching of this school is contained in three sutras, the so-called larger and smaller Sukhâvatî-vyûha sutras and the Amitâyurdhyâna sutra. ② According to the larger Sukhâvatî-vyûha

---

① Yamakami Sogen, op. cit., p. 31.

② See translation in Sacred Books of the East, Vol. 49.

sutra, there was in the remote past a Buddha named Lokesvararaga; at the same time there was a bhikshu whose name was Dharmâkara. He was a prince but, aspiring to Buddhahood, he abandoned his principality, became a monk, and came to inquire of the Buddha about the glories and splendors of all the Buddha lands. Having been told of these, he asked whether it would be possible for all these glories and splendors to be concentrated in his Buddha land, should he ever succeed in reaching Buddhahood. After he had been assured of this possibility he took 48 vows expressing the deepest desires of his own heart. Unless these vows were all fulfilled he would refuse to become a Buddha. The 18th of these 48 vows was that he would not become a Buddha unless it was possible for any of the sentient beings, except those who had committed any of the five heinous sins, to be reborn into his Buddhaland immediately after death, if only they would desire to be thus reborn and turn to him in faith by reciting his Buddha name even as few times as ten before death. Now he has become a Buddha and, so the Pure Land school reasons, it must be possible for any sentient being to be reborn into the Pure Land, the Buddha land of Buddha Amitabhâ, if it would only turn to Buddha Amitâbha in faith and call on him by reciting his Buddha name even as few times as ten before death comes. Thus, the formula, nan-mo-Buddha-Amitâbha, which are six monosyllabic characters in Chinese meaning "turning in faith to Buddha Amitâbha". This formula has been on the lips of thousands upon thousands of faithful Pure Land Buddhists in China every day. The formula is cut into the rocks on the mountainside, inscribed on stone tablets in the temples, and even written on lamp, telegraph and telephone posts in the cities and on the highways so that perchance people may see and recite it in order to have the benefit of the efficacy of Buddha Amitâbha's 18th vow taken before he became Buddha.

This is simple faith. It involves neither the study of any abstruse book nor the understanding of any difficult doctrine. It means only the will to turn to Buddha Amitâbha and believe in the efficacy of his vows—and it is sacrilegious not to believe it for it would mean to regard the Buddha as a liar. The strength of the school is therefore the naivete of its teaching.

But to be reborn into the Pure Land, the land of extreme blissfulness in the West, is not to enter paradise. The Pure Land is not the final stage. Buddhahood is still tobe attained in the Pure Land, and this depends still upon one's own strenuous endeavor. The only difference between striving towards Nirvana in the Pure Land and striving for the same goal in our world is that the Pure Land being pure, i. e. free from defilement, assures a steady, rapid progress without any danger of backsliding. It is misleading to call this type of Buddhism, "salvation by faith". Faith in the efficacy of Amitâbha's vows, leading one's turning to him and reciting his Buddha name, gets one only birth into his Pure Land where salvation is not yet—if by salvation is meant the attainment of Buddhahood which for the Buddhist is equivalent to entering into Nirvana.

This Pure Land faith is, however, not magic. The efficacy of Amitâbha's vows is there to be appropriated by any being who has faith to call on his name. Faith of the devotee is equally essential. Only when the efficacy of the vow is met by the faith of the devotee is birth into the Pure Land possible.

To complete the picture of Buddhism in China, brief reference to Mantraism must be made. It is a strange and very abstruse form of religion made up of extremely idealistic and materialistic elements. Little is known of its origin or history in India. It seems to have flourished in south India during the last centuries of Buddhist history in that land, when the influence of Hinduism was becoming stronger and stronger on the religion of Gautama. The result was an "all identifying idealism" with a mystic interpretation of the material as well as ideal worlds. Many texts and formulas were produced and were widely prevalent. The most important was Mahâvairocanâ-bhi-sambodhi, brought to China by an Indian by the name of Subhakara-sinha who died in the year 735. According to Professor Anesaki of Tokyo, "the Buddha ··· is nothing but the whole universe, the dharmadhâtu, including its six elements—earth, water, fire, air, space, and consciousness. It is his real body, the dharmâkaya, and it may be divided into two complementary constituents, the mental and the material …. The individualized phenomena are, in this way, nothing but the Buddha's revelation to himself, and at the same time the methods of benediction embracing all beings. The whole is called the Buddha Mahâ-vairochana. The numberless manifestations of his body, such as Buddhas, Bodhisattvas, … etc. make up the whole pantheon of the religion," while the historical Buddha is reduced to naught in this system of mysticism, so much so that his actual personality means little. "With the disintegration of the personal Buddha," says Professor Anesaki, "the Buddhist religion … reached dissolution and all kinds of abuses and superstitions were accepted and justified."①

While in China proper this form of Buddhism has not been much in vogue except the worship of Ti-tsang (Kshitigarbha, meaning "Earth Womb"), the vanquisher of hell and protector of children, represented as descending to the underworld with a shining pearl in one hand to throw light on the darkness and a heavy staff in the other to knock down the gate of hell if necessary, it is widespread in Mongolia and Tibet in the form of Lamaism with its dhâranis or charms, little understood even by the priests and merely mystifying to the people. It is known as the Chên-yen school. Chên-yen or true word, meaning the formulae or charms in the Tibetan language that are unintelligible to the people in China. Originally it meant the esoteric symbols.

Thus whatever success Buddhism has been able to achieve in China has not been achieved by a uniformity of its teaching. It has offered a variety of doctrines and forms of devotion for the Chinese to choose and develop; otherwise it might have died out in China long ago. "Denominations" certainly exist among the Buddhists in China as well as in the land of Buddha's birth, and we cannot trace the decline of Buddhism in India or its limited influence in China to the division of the Buddhist community. Its decline in India had a historical reason, which was the revival of Hinduism and the failure of Buddhism to keep its own

① See Masaharu Anesaki, "Mantra Buddhism" in James Hastings, Encyclopedia of Religion and Ethics, New York, 1912, Vol. IV, p. 840.

identity. Its limited influence in China has been due to the fact that Buddhism cannot make an impact upon the social and political structure of the Chinese. To make a social and political impact upon a nation like China is not its genius. Hence its influence has been limited to art, to certain types of literature, and to thinking which has no social or political significance. Buddhism in China is only a religion for the recluse and speculation for the student of philosophy.

It took Buddhism a long time to get results, but patience and persistence are Buddhist virtues. It was only in 335 A. D. that the Chinese government first gave official permission for Chinese to take the Buddhist monastic vows. That was 268 years after the introduction of Buddhism into China could be definitely dated. We often hear now of the beautiful Buddhist literature in Chinese. Certainly Buddhism has produced a wonderful literature in the Chinese language, but only a few can read it and still fewer can understand and appreciate it. The best translations were done by Chinese Buddhists, Hsüan-tsang and his associates and disciples of the seventh century A. D. , nearly six hundred years after the introduction of Buddhism into China. This literature has won the admiration of many Chinese who have never read it and have known it only by reputation !

Buddhist Influence in China

As to Buddhist influence on Chinese art there is no room for dispute. There Buddhism has made the most notable contribution, not so much in technique as in inspiration, in opening up avenues to the imagination which the indigenous Chinese culture had left unexplored. There are beautiful serene temples on the most scenic spots of woody mountain tops, dedicated to such Bodhisattvas as Kuan-yin or Avalokitesvara on the island of P'u-t'o, P'u-hsien or Samantabhadra on Mount 0-mei, Wên-hsu or Manjusri on Mount Wu-t'ai, and Hua-kuang on Mount Chiu-hua—all of which have become centers of pilgrimage not for the Buddhists alone, but for all Chinese. There are not only the noble traditions of painting and sculpture which owe their inspiration to Buddhism, without which we may doubt whether these arts would ever have reached the heights of development they have reached in China, but there are also the pagodas, originally stupas—more often without the Buddhist relics which they are supposed to enshrine. They add to the beauty and charm of the places where they stand, and strike the eye and win not only the admiration of every visitor but also the heart which is directed to the unseen, so often forgotten in the bustle of life. Extricated from the intricate systems of abstruse philosophy and soaring above all crude superstitions, the best of Buddhist teachings are preached not by word of mouth but by becoming incarnate in art. And the journey-worn pilgrim, the austere mendicant, and the devout woman who counts her numberless nam-mo-o-mito-fu on the rosary beads—these pious souls remind the matter-of-fact Chinese of the values which Confucius neglected. Confucian China can ill afford to forego the Buddhist contributions.

The Cultural Effects of the Introduction of Buddhism in China

We have indicated that it was when the indigenous Confucian culture failed to meet the spiritual needs of the Chinese because of its undue emphasis on its ethico-political ideas at the expense of its already-slim religious element, that Buddhism happened to be introduced into China and found a ready welcome. During the reign of the Han Emperor Wu-ti in the second half of the second century B. C., Confucianism was declared the state system of teaching and from that time on the teachings of the Confucian school became more and more the state dogmas for many dynasties to come. Questions could not be raised regarding the nature of the political system and that of the social structure. It was not until the onrush of western ideas in the twentieth century that the situation changed. In other words, for fully two thousand years the Confucian classics served as the Magna Charta of the Chinese people, socially as well as politically.

But outside of the ethico-political realm the religious quest went on as before, among those in high positions as well as among the masses of the people. The Emperor Wu-ti himself was as much addicted to the search for the Isle of the Immortals, and the alchemy of the elixir of life as was the First Emperor of Ch'in. Such esoteric teachings as those of yang and yin, i. e. , the active and passive principles of the universe, and the mysterious interactions of the five elements—water, fire, wood, metal, and earth— teachings which originally had no place whatever in the Classics—pervaded the writings of several outstanding Confucian scholars of the early Han. We need to mention only Lu Chia, Chia I, and Tung Chung-shu. The Classics were given esoteric interpretations which would have shocked Confucius and Mencius. But the craving for knowledge of the unseen and for oracular guidance in public and private life had to be satisfied. This gave rise to Taoism as a religion which ought to be carefully distinguished from the philosophical Taoism of Lao-tzu and his school. Religious Taoism owes its inception to Chang Tao-ling (34-156 A. D.) who, rather than Lao-tzu, was its real founder. Its beginning is shrouded in obscurity. With the few historical data available we may say that Chang Tao-ling made use of the search for the elixir, the magical practice of charms and spells, the age-long methods of divination, and made a religion of the mixture— taking the more obscure parts of the Taoist writings as his scriptures. This syncretism took place when philosophical Taoism was at its lowest ebb. Buddhism was introduced into China at about the same time. Of its influence on Taoism as a religion, more will be said later. Suffice it to mention here that it gave the Chinese for the first time the idea of religion as a separate institution, and thus furnished an impetus to the organization of the Taoist religion.

The introduction and spread of Buddhism made a significant impact upon Confucian thinking as well.

Confucianism had been rather inactive since the Eastern Han dynasty, which ended in the first quarter of the third century A. D. The great Emperor T'ai Tsung of the T'ang dynasty in the seventh century made an effort to arouse Confucianism to activity again. The text of the Classics was standardized and commentaries were compiled by the best scholars of the time. The Classics were inscribed on stone tablets for the first time and these tablets were set up in front of the Imperial Academy to assure their correct reading. But it was not yet time for a real revival of Confucian learning. The new teachings of Buddhism and the activities of the new Taoist religious movements seemed to engage too thoroughly the attention of the best minds from the third to the eighth centuries of the Christian era. Those who were not interested in these new movements spent their time and energy in pure literature, belles lettres, which developed to a higher level in this period than in any other. The early T'ang was really the Golden Age of Chinese fine arts and literature, but not productive in moral and political ideas along the line of the Chinese genius. One of the interesting features of Chinese thinking at this time was eclecticism, to show the similarity, if not identity, of Buddhism, Taoism, and Confucianism. The first sign of this appeared as early as the latter part of the second century and more of it in the fifth century. Even as influential a writer as Liu Tsung-yüan (773-819) was in favor of eclecticism as a solution of the religious conflicts of the time.

The Confucian reaction to the intrusion of the new religions became articulate first through the efforts of Han Yü at the beginning of the ninth century. The Emperor Hsüan-tsung sent officials in 819 A. D. to escort a bone of Gautama Buddha from Shensi in the northwest to the capital, whereupon Han Yü wrote his famous memorial against the reception of the Buddha's bone. In his essay, "An Enquiry into a Scheme of Life", he launched the first Confucian frontal attack on Buddhism and Taoism. His knowledge of Buddhism and Taoism was not profound and his criticisms were superficial, but he represented the first stir of new life in Confucianism after several centuries of torpor. He harked back to the ancient sage-kings, to Confucius, and Mencius. "What is the religion of the revered beings?" he began by asking. His answer was: "Its literature is composed of the books of Odes, of History, of Changes, the Spring and Autumn Classic; its culture includes ceremonies and music, rubrics and ordinances; its people are scholars, farmers, artisans, and traders; its ties embrace the prince, the minister, the father, the son, the teacher, the friend, the guest, the host, the brother, the husband, and the wife." "Make useful men of these fellows (priests, etc.); burn their books; make dwellings of their residences; make clear to them the teaching of the former kings and instruct them in their methods. Find a livelihood for the celibates and nuns, the orphans, the dependents, and the impotent."① Han Yü wrote as a Confucian disciple, reminding one of Mencius. He showed clearly his Confucian hall-mark by stressing the social significance of the classical teaching. For him the most objectional feature of Buddhism and Taoism was their anti-social teachings. His criticism was that the modern man desiring to cultivate the heart, does it without reference to the empire and the kingdom; he would annihilate social relations.

But Han Yü's reaction to the new religions was only negative; he simply did not approve them. The constructive reaction came with the Sung philosophers of the eleventh and twelfth centuries, the greatest of these being Chu Hsi (1129-1200). We shall not take the time to inquire how much of Buddhism or of Taoism or of both there is in their ideas. Certainly it is an exaggeration to say with Legge that neo-Confucianism of this period is more Taoist than Confucian; or, with Liang Ch'i-ch'ao that it is nothing but Buddhism in a Confucian garb. Undoubtedly both Buddhism and Taoism have contributed to its stimulation, and the Taoist influence was more dominant, but its general tone and emphasis are distinctly Confucian, harking back to the Confucian Classics, particularly the Great Learning, the Doctrine of the Mean, and the Appendices of the Book of Changes, in which Confucian teaching had already in the second century B. C. absorbed much of philosophical Taoism.

Even to mention the names of the Sung philosophers would be impossible within the limits of this chapter. There are scores of them. The important ones are, however, few. The founder of the school was unquestionably Chou Tun-i (1017-1073), but the best known is Chu Hsi. Professor Bruce would have us believe that "present-day Confucianism—that is, the system of ethical and metaphysical conceptions current in China for the

① Evan Morgan, A Guide to Wenli Styles and Chinese Ideals, London, 1912, pp. 76, 78.

last seven hundred years—is rather Chu Hsi's philosophy than that of Confucius."① This is exaggeration, but at least we may say that Chu Hsi was the greatest systematizer of the Confucian teachings.

The paramount problems of the Sung philosophers are the nature of the universe and of man, the evolution of the many from the one, and the ethical implications and ramifications of these problems. The main point in their teaching is to show that the nature of the universe is moral and that human nature is organic to it. From their hands the Confucian moral philosophy receives the support of a metaphysical basis which was first laid in the Doctrine of the Mean in the second century, B. C.

Early in the development of this Sung school there appeared two divergent lines: One was more intuitive, represented by Ch'eng Ming-tao (1032-1085), Lu Hsiang-shan (1140-1192), and Wang Yang-ming (1472-1529); the other, represented by Ch'eng I-ch'uan (1033-1108) and Chu Hsi (1129-1200) was more empirical. The first held that man, the microcosm, is a perfect mirror of the universe, the macrocosm. Their ideas were based on those of Mencius, who said "all things are already complete in us". ②Following this, Lu Hsiang-shan made a most remarkable utterance that "the classics are merely footnotes to my own nature", and later Wang Yang-ming maintained that apart from the mind there is neither reason nor thing, and that for all moral purposes it is enough to bring forth the intuitive knowledge of the mind. When this line of thought was developed by Wang Yang-ming it approached closely the Buddhism of the Ch'an school.

The empirical development of the Sung philosophy culminated in Chu Hsi in the twelfth century. "If we carry our knowledge to the utmost," said Chu Hsi, "we must investigate the principles of all things." He advocated the inductive method, and his method differs from the modern scientific method in the West not in spirit or attitude but in the lack of development in its technique. But we must remember that Chu Hsi lived in the twelfth century in China. For man to live his

① J. P. Bruce, Chu Hsi and His Masters, London, 1923, pp. ix-x.

② Works of Mencius, Book VII, Pt. I, Chap. 4.

moral life and to play his part in the community, an adequate knowledge of his relation to external things and to other persons is essential, according to Chu Hsi. This knowledge comes only from investigation, careful study, and the accumulation of experience. As a result there may come an insight to enable us to penetrate the moral situation. But Wang Yang-ming complains of the tediousness of this slow process and declares it to be humanly impossible. He would resort to intuition.

In the development of Chinese moral ideas, Chu Hsi has been preferred to Wang Yang-ming; empirical knowledge has been preferred to intuition. This shows not only the practical bent of the Chinese mind but also that the Chinese are by temperament Confucian rather than Buddhist or Taoist. To perform our moral task we have not only to look within ourselves, as Wang Yang-ming maintains, but also outwards to our fellow-beings, their actual situations and their needs, and to external things so that in relation to these we may find our place in society and in the world. Have the possibilities and implications of this line of thought been exhausted by Chu Hsi and his successors in China? If not, there is still a future for Confucianism.

Chapter Ⅴ The Taoist Religion and the Religion of the People in China

The Development of the Taoist Religion

In a previous chapter we have already tried to distinguish between Taoism as a philosophy and Taoism as a religion. Lao-tzu is commonly referred to as the founder of Taoism. But leaving aside the question of Lao-tzu as an historical personage and considering Taoism only as a book, we know from history for certain that there had been legends of the Taoist type for centuries before there was any Taoism as a religion. As a religion Taoism began with Chang Ling, known as Chang Tao-ling, in the second century of the Christian era.

The history of Chang Tao-ling is very obscure. The Taoist books are full of legends and, as might be expected, more legends have grown up around the name of Chang Tao-ling than around any other Taoist name. Let us consider four of the Taoist books, all in Chinese, the titles of which may be translated as Biographies of Genii, An Enlarged Edition of the Researches on Spirits, Records of Taoist Friends, and The Book of the Philosopher Embracing Simplicity. In these we do not find agreement even as to the place of birth of Chang Tao-ling, which is an important item in a Chinese biography. The Chinese official history, Tzi Tzu T'ung Ch'ien Kang Mu, of the Sung dynasty, accepts the tradition that he was born in Chekiang, that he practised magic and searched for the elixir of life, and that finally during his sojourn in Szechuan he acquired the secret, when Lao-tzu revealed himself to him. With this, Chang Tao-ling, aged 123 years, ascended bodily into heaven with his wife and two of his followers, leaving his formulas to his son whose name was Chang Hêng.

People like Chang Tao-ling had been known in Chinese history from about the latter part of the third century B. C. to the beginning of the

Christian era as "men with formulas" or fang shih. Only since that period have the same class of people been referred to as tao shih or "men of the Taoist religion".

We do not find any writings from these people until theTai Ping Ching Ling Shu, which seems to have made its first appearance at the beginning of the third century A. D. .

In the records of the Later Han dynasty. (25-220 A. D.) we find that in 184 A. D. , Chang Chio, a descendant of Chang Tao-ling, started an uprising known as the rebellion of the Yellow Turbans. He was a magician, and by his power to cure diseases by magical methods he was able to gather around him a large following, known as troops of demon soldiers. The rebellion was soon suppressed, but one of his followers, by the name Yu Chi, continued to teach his magical formulas in south China. In the official history of the period of the Three Kingdoms (following the Later Han dynasty), we find it recorded that during the reign of the Emperor Shun of the Later Han dynasty a man named Kung Shêng presented to the Imperial Court a book obtained by his teacher Yu Chi, entitled, Tai Ping Ching Ling Shu. This book was the first distinct product of the Taoist religion. The other books claimed by the Taoists were books of Lao-tzu and Chuang-tzu which had little to do with religion directly and were chronologically much earlier than Chǎng Tao-ling. There is in the Taoist religious canon, as we have it now, a book entitled Tai Ping Ching, and this has been identified as substantially the same as the Tai Ping Ching Ling Shu, though in a mutilated form. ① This later work seems to be, however, a product of the seventh century A. D. with later interpolations.

When Chang Chio in the second century A. D. started the rebellion of the Yellow Turbans, he assumed the title of T'ien Shih or Heavenly Teacher, which may have already been used by his forebears and predecessors in the magical religious movement of Taoism. It is the common belief that the Heavenly Teacher has always been on the Mount

---

① See Fu Chin-chia, History of Chinese Taoism (in Chinese), Commercial Press, Shanghai, 1937, pp. 57-76.

of Dragon and Tiger in Kiangsi, but a careful examination of the historical geography of the Chinese provinces and districts seems to indicate that the Mount of Dragon and Tiger became the official abode of the head of the Taoist religion only in 1016 A. D. when the Taoist Chang Ch'eng-sui was honored by the Sung Emperor Chên Tsung. The title T'ien Shih or Heavenly Teacher is hereditary.

Taoism in the North

Thus far this discussion has considered only Taoism in the South. In the north of China there arose in the middle of the fifth century A. D. another Taoist movement. According to the official records of the Northern Dynasty of Wei, there was a Taoist devotee by the name K'ou Ch'ien-chih who during the reign of the Northern Emperor T'ai Wu Ti was practising the Taoist religion, but found no satisfactory result by his therapeutic methods. He was, however, persistent in his search for the elixir of life. One day a deity appeared to him, mounted on a dragon and surrounded by clouds of hundreds of spirits, genii and others in the entourage. This spiritual company halted on the summit of the mount where K'ou Ch'ien-chih was having his abode and announced himself as T'ai Shan Lao Ch'ung (i. e. Lao-tzu). He said to K'ou, "In the past year it was reported to Heaven by the guarding spirit of this mount that since the time of Chang Tao-ling there has been a lack of religious piety on earth, that those who try to follow the good way have had no teachers to instruct them in religion, and that the Taoist scholar, K'ou Ch'ien-chih, of Shan-ku dwelling on Mount Shun was a man of right conduct, living according to the ways of nature, qualified to be a model Taoist, and ought to be set up as the First Teacher of the Religion. I, therefore, come to see you and ordain you, K'ou Ch'ien-chih, as the Heavenly Teacher, giving you the Ping Ching Yuen in twenty rolls, a book on discipline, which has not been taught on earth since the beginning of heaven and earth. Now the time is ripe that you should have this book to proclaim my new discipline and reform the Taoist religion, purging from it the faulty teachings of the Changs, with their levies in rice and money and all the sexual magic which could not be tolerated by the Taoist Way of Purity and Void. You ought to emphasize as of first importance the rules of conduct and discipline, adding to them, however, therapeutic and meditative practices." Later, K'ou Ch'ien-chih received also from Li Pu-wen, an eminent Taoist teacher, books of formulas by which spirits could be summoned at any instant in religious services and by which religious services could be held for the benefit even of one's deceased ancestors. With this, K'ou Ch'ien-chih inaugurated the Taoist reformed movement in North China which received so much favor and support from the Emperor T'ai Wu Ti that in the year 440 A. D. the Emperor changed the title of his reign to that of T'ai Ping Chen Ch'un. This marked a new epoch of the Taoist religion which led to the persecution of the Buddhists in North China. This was the beginning of the division of the Taoist religion into north and south. In the north Chang Tao-ling does not have such an eminent place as in the south. Besides these two Taoist traditions, one in the south and the other in the north, there are other minor movements—the Mao Shan Tao and the Wu Tang Tao, for instance—which do not recognize the authority of Chang Tao-ling or that of K'ou Ch'ien-chih at all. Mao Shan Tao had its origin earlier than that of Chang Tao-ling in the second century A. D., going back perhaps to the time of the first emperor of the Ch'in dynasty in the third century B. C., according to a passage of Ssu-ma Ch'ien's historical writings.

Later Development of the Taoist Religion

Through the centuries we find mutual borrowing and imitation between Taoism and Buddhism. In a previous chapter reference has already been made to the interpretation of Buddhist teaching in terms of Taoist philosophy towards the end of the third century A. D. Although here Taoism means Taoist philosophy and not the Taoist religion, it accounts for the many terms and expressions common to the two systems, as the Taoist religion borrows also from the Taoist philosophy. This process of mutual borrowing and imitation continued between the Taoist religion and Chinese Buddhism when Taoism became more and more a religious system with its own canonical literature, its own theology, its own pantheon, and its own temples and religious organizations and practices. But Taoism has always been a heavier debtor to Buddhism than the latter to it.

In its struggle with Buddhism for supremacy, Taoism, being a native religion, resorted often to court intrigue which most of the time turned out to be in its favor when the word from the mouth of the emperor was law. Its heyday was in the T'ang dynasty. The surname of the T'ang Emperors was Li, and Taoism went back to Lao-tzu as its founder whose name, according to Ssu-ma Ch'ien, was also Li. The T'ang Emperors, therefore, claimed Lao-tzu as one of their direct ancestors and showed special favor to Taoism. In 667 A. D. the T'ang Emperor Kao Tsung honored Lao-tzu with the imperial title of T'ai Shan Hsuan Yuen Huang Ti, the Most High Mystical Emperor. In 737 A. D. the Emperor Hsüan-tsung ordered that the teaching of Taoism be put on the same footing as the Confucian classical learning and that the office of doctors of Taoism be established, making possible the recommendation of Taoist scholars for government appointments every year, a privilege hitherto enjoyed exclusively by the Confucian scholars since the second century B. C. From that time on, certain Taoist books have been known as "true classics".

During the Sung dynasty, from the tenth through the twelfth century A. D. , Taoism had its period of prosperity. The Yüan emperors in the thirteenth century rather frowned upon Taoism. Imperial patronage for Taoism returned with the next dynasty, the Ming, for two centuries and a half, but it suffered restrictions again under the Manchus. As a religion of the people, however, it continued to hold its own. ①

The Taoist Religion Among the People

It is well known that the religion of the Chinese people is a mixture of many elements. For most of the Chinese people religion has to do

① The author is much indebted to Fu Chin-chia's History of Chinese Taoism (in Chinese), for many suggestions in writing this section of this chapter.

with the unseen which is largely unknown, and they do not have the desire to inquire too much into the unseen and the unknown; but for practical purposes they deem it expedient at least to play safe with all the religions; they would do the minimum for all religions. Certainly there is no harm in following this policy. Very few religions require exclusive allegiance. Unless a Chinese takes the vow to become a Buddhist monk or a Buddhist nun, or unless he becomes a Taoist priest by identifying himself with a Taoist temple and by taking ordination to the priesthood, neither Buddhism nor Taoism can be binding on him as far as his religious practice and allegiance are concerned. A man may patronize both religions at the same time without inviting religious censure from anybody. Confucianism is a culture, largely concerned with man's social, political, and moral duties. As long as these are performed in accordance with the established rules, his religious beliefs and practices are his private affair with which no one would wish to interfere. It is a mistake to call this Chinese religious tolerance; it is religious indifference. In the general outlook on life Buddhism and Taoism as religions are fundamentally incompatible. Buddhism regards individual existence as suffering subject to the law of karma, perpetually in the rounds of transmigration, the liberation from which is Nirvana which alone is true blissfulness and the only reality. Taoism as a religion is the search for the elixir of life, to prolong this individual existence of ours with all its enjoyments and privileges and powers, without, however, its limitations, its toils, and its responsibilities. But the ordinary Chinese cares little for these differences, still less for this fundamental incompatibility between the two religions. Confucianism attaches great importance to family life, and both Buddhism and Taoism have celibates, but celibacy is never considered an essential feature of the Buddhist or Taoist life. It is only an expedient measure. There is, therefore, no clash even between these two religions and the Confucian cultural system. When the Buddhist or Taoist assumes celibacy, he ceases to be a member of the family and thereby ceases to be a member of the community too. Then, Confucianism is no more interested in him. It is not true, therefore, to say that most of the Chinese are

Confucianists, Buddhists, and Taoists at the same time. They are Confucianists. Many of them would take advantage of Buddhism and Taoism for whatever facilities they may offer in this life or in the next for themselves or for their deceased relatives and friends. The Taoists have their religions literature, their temples, their celibates to perform services for the benefits of the dead as do the Buddhists, but besides, they have more gods, believe in many more spirits, touch more aspects of man's life, offer charms to cure different diseases, profess to exorcise evil spirits, practice divination, tell fortunes, communicate with the dead, stoop low enough even to enhance the sexual pleasures of man; they are more popular with the masses of the people, who have more demands for their services than for those of the Buddhist monks. As a whole, Buddhism gives the Chinese consolation but Taoism gives them sensuous satisfaction in many and various ways.

The Taoist Canon

In literary production, however, the Taoist cannot rival the Buddhist. In the first place, Taoism does not have the rich and variegated philosophical tradition of Buddhism in India, which has served not only as an inspiration but has also compelled the Buddhist translators and writers to produce a new literature. On the other hand, the Taoist writers have such Taoist philosophical works as those of Lao-tzu and Chuang-tzu to serve as their models, but their instinct has been that of imitation rather than creation, imitation of Taoist philosophical writings and imitation of Buddhist literature. But imitation seldom produces anything great or really worthwhile.

In volume, however, the Taoist canon is quite the equal of Buddhism. Its growth has been remarkable. What it lacks is profundity, not fecundity.

In the Han dynasty, that is before the third century A. D., Taoist works numbered 993 essays in 291 rolls. By the seventh century it had grown to 1, 416 rolls, and by the twelfth century, to 3, 706 rolls. Kubilai Khan of the Mongol dynasty was a patron of Buddhism at the expense of Chinese Taoism. In 1281 A. D. he ordered all the Taoist books, with the exception of the Tao Tê ching, to be burnt, along with the wooden blocks from which they were printed, because he regarded them all to be forgeries. This was a severe blow to the Taoist literature. How effectively this order was actually carried out it is difficult to tell. But the present Taoist canon, published in Shanghai in 1925, consists of 5,845 rolls in 1120 Chinese bound volumes. Much of this "literature" has been the product of the ouija board.

Taoist Temples and the Taoist Priesthood

In China there are as many Taoist as there are Buddhist temples.

The Taoist temples are of two types: there are the kuans, kuan originally meaning "to look". It is said that a Han emperor, Wu Ti, built a temple where the genii might appear for him to look at. The larger temples are called K'ungs which means "palaces". These latter are usually elaborately built, similar in structure to a Buddhist temple, with a Taoist community of priests in it under an abbot.

Usually there is at least one Taoist priest in a smaller temple. This priest takes novices, who receive a Taoist name from him upon their initiation. They tie their hair into a knot over the top of their heads, put on the Taoist dress-robe, stockings, and shoes. Later, when they have been put through a course of training for about one year, they are presented by their own priest to the abbot of one of the larger temples who alone has the right to ordain the novices to the Taoist priesthood. Upon their ordination, the new priests are given their credentials which entitle them to the privileges of Taoist mendicants, to be received as such wherever they may find a Taoist temple.

These priests obey the five rules of a disciple, namely, not to take life, not to indulge in wine, not to use false language, not to steal, and not to commit adultery. They must practise the ten virtues-being filial to their parents, loyal to their emperor and teachers, kind-hearted to all living beings, self-restraining, admonitory to the evil-doer, self-sacrificing in relieving the poor and distressed, rescuing animals from being butchered and keeping them after rescue, promoting public welfare—such as planting trees and building bridges, removing whatever is harmful to man, and, finally, studying the Taoist canon and worshiping the Taoist deities.

The Taoist priests must recite constantly the Taoist classics, formulas, and lists of spirits and genii transmitted to them by their own masters. The mere recitation itself is supposed to have religious efficacy, sometimes understood to have magical power. Such classics and formulas and lists can be transmitted by master to disciple after the latter has been subjected to a rigorous course of discipline, fasting and purification. A vow must be taken upon the transmission not to reveal the secret or transmit it to another person without the greatest care. To do otherwise is sacrilegious.

How do these Taoist priests support themselves? They do it in various ways. Suffice it to mention a few.

First, they hold in their possession, transmitted secretly to them by their masters, certain lists of the names of deities, as we have just stated. The secret is given only with a fee. When a list is received, the recipient carries it on his body, and it has magical efficacy to protect the person from evil influences.

Second, a Taoist priest writes the name of a person, the date and hour of his birth and other particulars, on a piece of paper in the form of an official memorial (which was under the empire submitted by an official to the emperor), and reads it aloud in a religious service, usually held at midnight, to ward off ill fortune to the man for whom the service is held. A fee is paid to the officiating priest.

Third, the Taoist priests qualified to practise magic will have a wooden seal cut according to prescriptions, breathe into it and then place it over a sick person to cure him from all sorts of ailments. These priests practice as medicine men and as such they have their income.

Fourth, they are capable of summoning demons who obey their orders. People who feel that they are being troubled by certain demons go to the Taoist priests to get rid of these demons by paying a fee.

When we remember that the Taoist gods, genii, and other spiritual personages fill over 800 pages of Henry Dore's Researches into Chinese Superstitions, that all these spiritual beings have something to do with the people although not all are feared by them, and that the Taoist priests have the secret of access to them, then we see why the services of these priests are naturally very much in demand.

In the eyes of the simple folk their awe of the priests is very much enhanced by the kind of life they live. The priests are believed to know the secret of prolonging their own span of life by a mysterious kind of physical exercises. They imitate the movements of certain animals and birds, each movement having a peculiar name, which only adds to the mysterious character of the process. They are supposed to be able to conjure up a river on dry land by waving their hands over it, to call into existence a hill by piling a handful of earth on level ground, to cross a stream without a boat, to see what is underneath the ground and at an immense distance, to conceal their bodies from human sight by turning in one way and to appear within sight again by turning in another way; in other words to perform by magic, miracles beyond words and passing human understanding. They meditate in long periods of silence; they know the secret of controlling their breath for the preservation of their vitality; they are in search of the elixir of life which some of them claim they have already found. The common people share these beliefs and consider their priests to be men of extraordinary virtues and powers, and for this reason hold them in awe. Both in its origin and in its practice in China, Taoism has had a demoralizing influence. The wonder is that it has persisted for eighteen hundred years among a people known for their common sense and for their lofty moral code. It is one of the extraordinary phenomena in the religious history of mankind. There is little doubt that Taoism is dying out in China, especially with the spread of modern education, but it may be a long time before it becomes entirely extinct.

The Chinese Almanac

We can get a good idea of the popular religion in China by studying the Chinese almanac which is really more a religious calendar than an agricultural almanac. A very popular version of it, much used in the south of China, consists of three parts. The first may be regarded as an agricultural almanac. It gives the various dates when the farmer may expect a change of season and weather, probably embodying the experience of meteorological changes in the Yellow River valley and in the Honan plain for many centuries and applicable, therefore, only in part to other parts of China's extensive territory. People in other regions, however, interpret the meteorological notes in terms of their local experience. This simply shows that the Chinese do not have a literal mind. These meteorological notes are expressed in the terms taken from that section of the Book of Rites, the Li Chi, entitled the Yüeh Ling, translated by James Legge as "Proceedings of Government in the Different Months". ① Thus we find in that book such entries: "In the first month of spring … fishes rise up to the ice…. There takes place the inauguration of spring." "In the first month of summer …. there takes place the inauguration of summer." "In the second month of summer …. cicadas begin to sing." And the farmer plans his work accordingly. ②

Another part of the almanac has to do with the lucky and unlucky days for various activities. This is distinctly Taoist in nature. Before anything is undertaken, from repairing a stove in the kitchen to the celebration of matrimony, the almanac must be consulted. It is the book most frequently used in a Chinese family and every family invests some money in a new copy for the new year well in advance.

The third part of the almanac is really a calendar of religious festivals and feasts of the gods. In the Chinese lunar calendar there are, except in a leap year when there are thirteen months, 354 or 355 days.

---

① Sacred Books of the East, Vol. 27, pp. 20-21, 249-310.

② According to an eminent classical scholar, Lu Te-ming, writing in the seventh century of the Christian era, the Yüeh Ling was originally a part of the records of Lü Pu-wei, the Lu Shi Chun Chin, which is a collection of quasi-historical notices, bearing the name of Lü Pu-wei as its author but really compiled only under his patronage by an assemblage of scholars representing all schools of thought at the time. Lü died in the year 237 B. C. Who compiled the Yüeh Ling from this work to form a part of the Li Chi is unknown. There is marked Taoist influence in it, although it is in the Li Chi which has been regarded as one of the Confucian Classics since the second century B. C.

On 311 days there is some festival or feast of a god or both. On 144 of these days there are festivals, great and small, and on 230, feasts of the gods. The number of days in each month on which fall such religious celebrations ranges from 10 to 24 out of the 29 or 30 in the month. The mean number is 19. Taking the first six months in the year we find 191 feasts of the gods. Of these gods, 30 are Confucian, 31 Buddhist, and 130 Taoist. The predominating religious influence of Taoism in the Chinese almanac, and therefore among the Chinese people, cannot be doubted. Of course, not every Chinese person will pay attention to all the festivals and feasts of the gods. Each one will pick out those which he or she would observe; those days which are observed generally by the populace are very few. ①

Religion in the Family

It is impossible to find any old Chinese home, except those of the Mohammedans and the Christians—and those of the latter can rarely be called old—where there are not many gods. The gods found in the family vary from region to region. The Chinese are, generally speaking, very religious people. Their family and community life fully vindicates this. People who speak of the Chinese people as being not religious have a strange conception of what religion is.

The ordinary house in the province of Kwangtung, for instance, is so built that in the main hall there is a shrine elevated about midway between the floor and the ceiling. Usually this shrine is divided into three parts. The central portion is for the ancestral tablets of the family, going back five generations counting from the last deceased head of the family. In the compartment to the left of the center, facing the door, are found the names of certain gods inscribed on a large wooden tablet or written on a piece of red paper. What these gods are depends upon the tradition in that particular family. Kuan-yin or Avalokitesvara, generally known in the West as the goddess of mercy,

---

① For English readers, see Timothy Richard, Calendar of the Gods in China, Shanghai, 1906. Some of the views expressed in the Introduction are antiquated.

and Kuan Ti, erroneously called the Chinese god of war[1] are usually among the five so-called "Great Gods". Hua Kuang, Hsüan Tan, and the god of wealth make up the rest of the five as a rule. Here in a family shrine we find deities representing Confucianism, Buddhism and Taoism, all honored for qualities valued by the Chinese.

These gods are worshipped on the seasonal festivals, such as the New Year Day, the Dragon Boat Festival on the 5th day of the 5th moon according to the lunar calendar; the Mid-Autumn Festival on the 15th day of the 8th moon, by the same calendar; on the day of the Winter solstice; and on the feast days of the gods in the family shrine. At new moon and full moon more incense is burnt and more oil poured into the lamps than on the ordinary days, but there is no special ceremony. The head of the family, if he is a man of special religious piety, will prostrate himself before the family shrine on such occasions. More often, however, the women folk simply display the food and wine and rice on a table in front of the shrine, light the lamps or candles and the incense, with perhaps a string of fire-crackers to mark the occasion, and that is all.

It is in the life cycle, however, that we find the religion of the Chinese family most in evidence. Not much by way of religious rite is performed on the birth of a child, for the family wants to be fairly sure that the child will live and therefore waits a few days; the celebration comes when the baby is a month old. It is then an occasion for thanksgiving as well as for feasting, and the receiving of presents from friends, relatives and neighbors. Eggs with the shell colored in red are sent to all who may be interested in the birth of the child. When the child is one year old, when it is sick, when the boy or girl is betrothed

---

① Kuan Ti, or Kuan Yü, a hero idealized by the popular storybook entitled San Kuo Yen Yi, dramatizing the history of the Three Kingdoms in the period of roughly 221-265, B. C. is honored by the Chinese not because of his military achievements, of which he had few, but mainly because of his loyalty to his prince and sworn-brother and his uprightness as a man. It is a gross mistake to call him "the god of war". The Chinese have never had such a god in their religious history. It is a pity that the error has gone into the literature written in the European languages by Westerners as well as by ill-informed Chinese, and it has stuck tenaciously.

to marry, and when the wedding takes place, are always occasions for religious activities. Whenever anything of significance happens to the family, even when there is a celebration of the anniversary of a birthday, the dead ancestors are informed, for they are still concerned and interested though unseen. The gods must be honored and their help solicited. A funeral is a religious affair. The spirits that may have thronged the house when death came must be sent away with the assistance of the patron gods of the family, and the journey of the newly deceased to the other world must be made easy and safe. How can anyone infer that the Chinese are not religious?

The Religious Life of the Local Community

Outside the family circle the Chinese live most intimately in the local community, which is usually a village or a small town where everyone knows everyone else. If the town is too large for such intimate social relationships, or if it is a large city, the populace is divided into neighborhood communities in which people may share in some kind of common life.

In every community, large or small, there are temples of various gods. There is almost invariably the temple of Kuan Ti, one of Kuan-yin, one of the god of wealth, perhaps one of Hsüan Tan, a Taoist god whose function is to ward off the evil spirits from the locality. T'u Ti or the local deity usually has no temple; he has to be content with a humble little shrine on the roadside or a structure of rough stones at the corner of a street. There are temples of deities peculiar to that locality, and temples may have been built to local heroes of the past. There are, of course, the Buddhist and Taoist temples where the Buddhist monks or the Taoist priests have their abode, but they are as a rule on a hill top, on the side of a mountain, or in some woody spot away from the community. To these temples people go for pilgrimage and for worship on special occasions. Temples of the god of literature, of the god of the eastern mountain, of the jade emperor and of Ch'êng Huang, are found only in the capital city of the province, or perhaps in the district city. Ancestral temples are found everywhere but they belong to a different category, being considered a part of the clan structure rather than as religious temples.

Every year, when the feast of the god in a popular temple comes round, the local community raises enough funds to present theatricals on a stage built in the space in front of the temple. No admission fee is charged, because the show is for the enjoyment of the people as well as for the honor of the god. A large number of people will gather, not only from the local community but from neighboring communities as well. It is a time for social intercourse and exchange of good will, as well as relaxation and merry-making. The New Year, the Dragon Boat Festival, and the Mid-autumn Festival are generally celebrated in the same way. The country folk in China have no holidays on Sundays. Their time for relaxation must be made up by these festivals and feasts of the gods. For many it is not just so many holidays. They get a real religious feeling out of it all. Look at the people dressed in their best, men and women, old and young, incense sticks in their hands, all flocking to the temple to do the god honor. Religion means something to them. And they are willing to pay the expenses too.

How Are the Religious Ideas Disseminated?

The people pay the expenses of maintaining the temples, defraying the cost of the incense and the candles burnt, the theatricals performed, very often for more than one day, and the feasting that is always a feature of the occasion. In raising the funds they talk about their god, what he did in the past and what he still means to the people. The theatricals dramatize the divine history. The idol in the temple characterizes him. The tablets and the scrolls call to mind his traits and his relation to the people. These are the materials and the methods of religious education in China. There is sometimes storytelling. But this is not formal; it is rather casual, one man talking to another at the feast they are participating in, or in the temple, or while they are walking along the path to the place of worship. The religious ideas are more often instilled into the mind by what the people see in the temple, by the proverbs and common sayings current in the everyday language of the people, and by what they read in the story books which were originally intended for amusement rather than for religious instruction.

In the popular literature of the Chinese there are a number of story books which have in the ages past exerted great influence upon the religious thinking of the Chinese masses. I quote briefly what I have written in another connection on a very popular collection of short stories called the Liao Chai Wonder Stories.

Although it is exaggerating to say that "the porter … the boatman … and the chair-coolie … no less than the man of letters … may be seen poring with delight over the elegantly narrated marvels of the Liao Chai,"① yet it is certainly true that no Chinese who reads intelligently at all can possibly remain ignorant of this wonderful collection of fascinating short stories. For our present purpose, the work is important, not for its elegant style or its place in the history of Chinese literature, but for the fact that it reflects vividly and faithfully some of the popular beliefs and convictions characteristic of the average Chinese. The stories are chiefly about the unseen and the supernatural, not entirely according to the author's conception of those matters, but to a large extent according to the thinking of the people for whom he was writing. Most of them were not the author's own stories: "I am rather animated," writes P'u Sung-ling, the author, in the preface, "by the spirit of Su Tung-p'o who loved to hear men speak of the supernatural. I get people to commit what they tell me to writing and subsequently I dress it up in the form of a story; and thus in the lapse of time my friends from all quarters have supplied me with quantities of material."

Of the different types of stories told in the Liao Chai, three classes are the most numerous.② The first of these three classes is intended to illustrate the operation of the principle of retributive justice, the second class tells of the departed spirits with their abodes underground, and the third is made up of narratives of werefoxes and of spirits of flowers and

① H. A. Giles, Strange Stories from a Chinese Studio, Vol. I, p. XXXI, 2 Vols., London, 1880.

② Giles has not translated all the stories.

trees.

Retributive justice is certainly one of the most ancient and the most fundamental religious concepts of the Chinese. That the good or their descendants will receive rewards and the evil, punishments, is a deeply rooted conviction ever since very ancient times. The virtuous man may live and die in suffering and disgrace, his posterity will reap the reward of his merits. The remarkable thing is that this conviction has survived all the hard experience of life, never shaken as it was among the Jews. The Book of Job has no counterpart in Chinese literature. Every tragedy ends in the vindication of the good and the chastisement of the evil. The Indian idea of transmigration of souls introduced into China through Buddhism makes the problem simpler and removes some of the practical difficulties involved in retributive justice. But it is the Confucian notion of retribution that has prepared the soil for the Indian doctrine of karma and thus smooths the way for the introduction of Buddhism.

The Chinese idea of the departed spirits as believed by the popular mind and recorded in the Liao Chai stories is that after death the soul goes to an underground world where it will stay until the time of its next transmigration, which is determined by the infernal authorities according to a calculation of merits and demerits. These departed spirits may revisit this world and even enter into intimate relationships with the living. A ghost mistress is the subject of more than one story in the Liao Chai. As a rule these spirits who return are rather friendly, not more to be dreaded than human beings, if they are properly treated. Ghosts have to obey the universal principles of morality and of social decency as much as men. They, too, have to respect fate and can no more interfere with the deserts of men according to their deeds than we can. They may be bribed in the performance of their duties as human public officials can be, but are not immune from the consequences. They may show their gratitude for kindness received and are permitted to become agencies for redressing their own grievances, but only within limits set up by the accepted principles of justice. In other words, a ghost can harm an enemy only in equitable revenge and can help a friend only insofar as he deserves help. In short, the Confucian moral code applies in the underground world as it does with us in this.

The stories of the werefoxes constitute a special feature of the Liao Chai. It is a common belief among the Chinese, particularly in the northern provinces, that foxes by pursuing a certain method of spiritual cultivation could acquire the power of assuming human forms at will, and in this way enter into relationships with human beings. Sometimes these werefoxes would be rather mischievous and play all sorts of mean tricks upon men. But as a rule they are amenable to reason and are subject to the same feelings and affections as we ordinarily are. Other species of animals and even plants may acquire the same power as the foxes. Very often they mingle with men in society and enjoy their company and friendship. Such, then, is the popular belief.

This kind of belief is basic with the Taoists. For them the world is fundamentally one. The same tao or principle pervades the whole universe. While man is the culmination of all forms of existence within the realm of nature, there is no impassable barrier between him and the other creatures. Further, the lower animals as well as man are capable of transcending the limitations of their particular form of existence. When this is achieved, they become immortals, free from all the bounds of nature. But as immortals they are not to be non-moral. The same moral principles are still binding upon them, even upon the lower animals as soon as they have transcended the line of their own species and entered into the realm of spirits. Indeed, only by developing morally are they able to make spiritual progress. An immoral act, however seemingly insignificant, will surely mean a serious setback to the elixir-seeker in the search for the life of absolute and ever-lasting freedom and bliss. A grave offence may annul all the achievements and necessitate a fresh start from the bottom again. Morality is all-important in Chinese religion, even as it is popularly conceived. We would suggest that this moral emphasis is due to the wholesome influence of the Confucian tradition.

It is owing to the influence of the Confucian tradition, too, that Taoism with all its fantastic ideas has not led to fanaticism in thought or practice. Both as a modifying factor and as a sobering influence, the Confucian tradition exerts itself in the domain of the real religion of the masses in China.

Chapter Ⅵ Interpretation of Christianity in Terms of Chinese Culture

Chinese Culture Confronting the Christian Church

The Christian Church in China is confronted with a culture which is the product of a long historical development and is deeply rooted in the soil of the country. It has all the characteristics by which the Chinese people are known. It is practical. Its arts are arts for the everyday enjoyment of the people. Its philosophy is predominantly ethical and political rather than metaphysical and epistemological. The emotional side of life is not neglected, but the man of culture, the true gentleman in China, is the man who can bring his emotions under the control of reason. He must not be excitable. In every situation he must remain calm, serene, and self-composed. He may not be able to change his circumstances; he may not even seek to change them. But he must not allow the changing circumstances to master him. He must be his own master, and he knows that this is possible only when his inner self has been cultivated and disciplined.

The average Chinese is open to the suggestion of new ideas. But his first reaction to a new idea is apt to be that of skeptical reservation. He would want to check it with experience, either his own or that of the nation. Yet he is not stubbornly conservative. When the old idea fails to produce results, he would try a new one. He is a pragmatist, but only in practical matters, not in philosophy.

Life for him is life in society. He knows nothing about the individual in the abstract. Abstract problems can attract little of his attention. For this reason, he is not prone to radicalism or fanaticism of any sort. He is more apt to choose and follow the middle-path. He would play safe.

His religion is also a practical and social affair. As such it is subject to community control, more in its outward expression than in its thinking and teaching. The religious life of the Chinese has little organization except as an integral part of the social structure and hardly distinguishable from it. Because Buddhism and Taoism as religions take the individual out of society, religious beliefs are regarded as private personal preferences beyond the purview of the community. The moment, however, such beliefs affect the social life or the duties of the individual in society, the state or the community considers it right to interfere.

The Proper Missionary Attitude towards Chinese Culture

In order that the Christian missionary enterprise may succeed in China, it is of paramount importance that it should assume the right attitude towards the culture of the Chinese. Destructive criticism only antagonizes. Let us hope that this kind of attitude is already out of date. Up to about forty years ago it was common among the missionaries in China who studied the Chinese classics to criticize these teachings, to make observations on the Chinese customs, and to ridicule them. The consequence was that the Chinese who were won to Christianity were largely Chinese who knew little of the Chinese classical learning or who would value a bowl of rice more than their ancestral culture.

Nor would we recommend the comparative method. Comparison takes cultural elements out of their context and misrepresents them. Cultural elements are like features of the human face. When any facial feature is singled out it may easily become a caricature. This does not mean, however, that we are not interested in certain points of resemblance. But such points are useful only as the points of first contact and we must use them with the greatest caution. The same term may be found in two religious systems but has a different meaning in each. The term I in Confucian ethics, for instance, is often translated as righteousness, and righteousness in "the Kingdom of God and his righteousness" appears as I in the Chinese Bible, but there is a world of difference between the two ideas. To explain this difference would mean a careful exposition of Confucian ethics on the one hand and of Christian theology on the other.

There are also points of contrast between Christianity and Chinese religious and ethical teachings. To cite one instance Chinese culture is fundamentally humanistic. It does not follow from this that the supernatural elements are to be slighted in our presentation of the Christian message to the Chinese. They may need just that which is lacking or weak in their own culture.

Certain Important Points in the Method of Presentation

It ought to be borne in mind that the Christianity we seek to present to the Chinese is many-sided. Different groups of Christians differ in the type of service emphasized—as well as in the theology taught; in the form of worship as well as in the conception of the Church. Let us not go to China to criticize each other or refer to each other in disparaging language, as if we represented different groups. We must learn not only to tolerate each other's differences but also to respect each other's peculiarities. It is unfortunate that the Church is divided while the Body of Christ should be one. But it is not the divided Church that has kept some of the Chinese away from it. There have been sects among the Buddhists and Taoists in China, and there have been schools even among the Confucianists. The astonishing thing to the Chinese is that the Christians do not respect each other when there is really so much spiritual unity among them, even though there may be denominational differences. It is denominationalism rather than denominations that has been a hindrance to the Christian enterprise in China.

Far be it from us to feel complacent about the divided Church. We long for the day when the Church may be one. But unity must not mean uniformity. Uniformity would be fatal to the Christian movement. If the history of Buddhism in China has taught us any lesson at all, it is the fact that variety in its presentation has been its greatest surviving value. No one in the early centuries of Buddhism in China could possibly have forecast that the Buddhist sects destined to survive would be the ones still in existence in the country today. Let us not be dogmatic, then, in deciding that only certain forms of Christianity should be sent to China. The Chinese may find certain forms congenial to their spirit even though we do not happen to approve them ourselves.

We have to recognize the fact also that Christianity is going to China from the West and that the West is not whole-heartedly Christian yet. It may be the duty of the missionary to make a candid analysis of Western culture, or varieties of it, and admit frankly some of the elements in it as being un-Christian. As Frank Rawlinson has put it, "The 'Christian' West has no solutions to offer to China as to the social snarls of race prejudice, war, narcotic addiction, industrial discontent, or the stabilization of family life. "① It is, however, not because the West is already Christian that Christian missionaries go from the Western countries to China; it is because these missionaries realize that the Chinese need Christianity as much as people in the West that they are impelled to go. It has to be carefully pointed out to the Chinese that unless more Chinese and more people of all the other nations in the world accept Christianity and demonstrate to one another how to give a fuller expression to their common Christian faith, Christianity in no nation in the world can find a full expression. It is because the Christian believes that the Christian Church needs all people in the world, as much as all people in the world need the Christian faith, that the world-wide Christian missionary movement is supported and kept going. When this is explained and understood in China the missionary movement will no longer be regarded as Western arrogance and presumptuousness, and the missionary will not be considered as exercising his prerogative of making known what he has in himself and what others lack, but as doing his duty in seeking for a more adequate expression for the Faith which is intended for the whole of mankind, because all share in the same human needs.

The Church in China—The Four-Centre Church

We have already indicated our hope that the Christian Church with

① Frank Rawlinson, Naturalization of Christianity in China, Shanghai, 1927, p. 6.

all its rich heritage from the past, its variety in the form of worship, in polity, in faith and order, in life and work, may be presented to the Chinese for them to choose and to adapt to their own needs in their Christian growth and development. What the future will bring according to the spiritual genius of the people is entirely unpredictable.

We would like to suggest, however, some methods by which Christians in China might adapt to their Christian community living some features of their age-long social structure and some elements of their religious heritage.

The social genius of the Chinese is to be found in the small compact community of intimate personal relationships. It is this intimate social contact that generates the sentiments which cement the group together and give it the sense of solidarity. Sometimes it is the village, sometimes the clan, and very often it is just the neighborhood.

We have to remember that the Christian group will be a small minority in a non-Christian community. Care must be taken to make it possible for such a group to have as much social contact as possible, centred around Christian worship. We call this group the church cell. It should not be large in membership. Perhaps there should be only about one hundred adult members, certainly not more than one hundred and fifty, in approximately thirty to fifty families.

While the church cell is the centre of worship for the people, a church building is not essential to such a cell. The Christians will worship and have their religious meetings in one of the larger houses, of which there may be some in a group like this. Or they may make use of a temple, or some sort of public place. A church building will be erected only when the cell is strong enough financially to do that and to maintain it without any help from outside the group. When this is built, it should be of the architectural style of local ancestral temples, inexpensive in capital outlay and for maintenance. It will serve as the social centre of the cell as well as a place of worship for that cell. All the social activities of the members ought to be centred around it. There the members will have their entertainments, for people from outside the group as well as for each other. It is a clubhouse as well as a church.

There ought to be a family atmosphere in it. It is a place to which people would love to go and go naturally. There they meet God and there they meet their friends.

The cell has no paid ministers. Some of the members ought to have sufficient training to do the work which a minister of the Church usually does. They do it voluntarily in their leisure hours. Two or three voluntary workers may divide the work among themselves. As to their training more will be said later. In order that the cell may be religiously and spiritually alive, ways and means must be found, as we believe they can be found, for as many of the members as possible to get the necessary training and experience and that frequently, and not just once and for all.

Some of the members doing the ministerial work will seek ordination and will be properly ordained according to the practice of the Church to which the cell belongs. They do the work as volunteers by the general consent of the members of the cell. Their ecclesiastical status, however, will be determined according to the polity of the Church of which the cell is a part. There should be no rule, however, against a cell having a full-time paid minister, if such a paid minister is considered necessary and the cell is able to support him. But this should be the exception rather than the rule in the life of the church cell. A minister of religion with a salary regularly paid to him by the community is an institution entirely new to the Chinese, and for many years to come the young Church in China will not be able to bear the burden.

A number of cells in a certain area will contribute towards the support of a centre of Christian social service, the second centre which we would like to see in the Christian life in China. This centre transcends differences of Church polity. It will be "inter-denominational". It is the centre through which Christian life will reach outwards by service towards the surrounding community, largely non-Christian. Its services may take the form of a reading room, a mass-education centre, a clinic, or a school, or all these and others, according to the needs of the community. Workers are paid, although some of them may be voluntary and part-time. This centre of Christian social service does not need to be entirely supported by the cells sponsoring it. It may receive contributions from other sources but only to such an extent as not to jeopardize its Christian motive and character. It may cooperate with neighboring centres of similar character. One of the dangers it must avoid is getting stereotyped, believing that certain things must be done regardless of local needs, or becoming a cog in a complicated organization which will take the life out of it by killing its initiative. It must be a genuine expression of the spirit of service of the sponsoring cells and it must be always sensitive to local needs.

We have in China the Christian colleges, which ought to be the centres of Christian thinking. These seats of Christian learning must be academically as strong as any other seat of learning in the country. They are the places where Christian scholars will find a congenial atmosphere in which to do their corporate thinking, not only on problems concerning the life and work of the Church but also on problems confronting society, the state and the world. The greatest temptation of the Christian college is secularization, to be interested just in things which interest any other institution of higher education, without approaching the problems from the Christian point of view. The Christian seat of learning is not to be content with being only a seat of Christian learning. It must be a seat of all learning with a Christian emphasis.

These Christian centres of learning must be articulated with the Christian movement in the whole country and particularly with the Christian Church in its own region. It must hold the intellectual front of the Christians and ought to keep the Christians intellectually alive and alert all the time. What the research science laboratories in the universities are to many of the industrial establishments in a modern state, the Christian seat of learning in China ought to be to the Christian movement in the country in general and to the local Churches in its own region in particular. Unless this is true, the Christian college in China will have failed in its most important function, that is to be the centre of Christian thinking.

There are, therefore, first the Church cell which is the centre of the people's worship for Christian nurture; second, the centre of Christian social service for Christian life to reach outwards; and, third, the Christian seat of learning, i. e. , the centre of Christian thinking to keep the Church intellectually alive and alert these three. And there must be the fourth, the centre of Christian pilgrimage.

Pilgrimage is a great religious institution. Through it people in the Orient find one of the best and most natural expressions of their religious genius and in it their religious sentiments have one of their best outlets. The Chinese Buddhists and Taoists have their sacred mountains and many other beautiful spots where the famous temples stand. To these places as their spiritual homes the religious people flock. There they get their religious inspiration. There they receive their religious education, and there they have their spiritual satisfaction and rest. To these places people often go seeking pleasure and recreation but come away with a glimpse of what religion is in spite of themselves.

And not only the Buddhists and the Taoists but also the more secular-minded Confucianists have their centres of pilgrimage. It is not only the place of nativity and the tomb of Confucius in Shantung, but also the ancient tombs of the great emperors and founders of the dynasties and the places sacred to the national and local heroes which attract large numbers of Chinese who wish to drink deeply at the fountains of the culture of their ancestors. Every clan has its ancestral tombs and temples to which the devout descendants after long sojourns in distant parts would return with pious sentiments and feel the anchorage of their lives rooted there.

Should not the Chinese Christians have their centres of pilgrimage as well? Can we not have such a centre wherever there are a sufficient number of Christians to maintain one, to which Christians from other places may also come either as pilgrims or only as travelers in transit? We may start with just a few at first, and if they should meet a real need more may be built up in course of time until the country is dotted with them, perhaps one within the reach of three or four districts which correspond to the counties in the United States or Great Britain. Eventually, there may be hundreds of them in the whole country.

Such a centre of Christian pilgrimage ought to be situated on a hill top surrounded by beautiful shade trees or in a woody spot a few miles away from a populous city. The estate on which it is built should be spacious enough from the start so that if the city should later grow around it, it would still keep its quiet and calm and be a place of religious recreation and retreat.

It is here and not in the city that we would build the "cathedral", the most beautiful church in the district. Adjacent would be a cemetery where the leading Christians are buried, and they are buried there only by the popular consent of the Christians representing the surrounding cells. There must be a Christian hotel where Christians may stay by paying just the expenses. There must be a library of devotional literature, books on other religious subjects being found in the Christian college. Last, but not least, there should be a museum of the relics of the famous Christian men and women who belong to that district by birth or who have worked there and contributed to the Christian life.

In this way we build up a Christian shrine to which we hope the Chinese sentiments at present centred around the clan may be gradually transferred, because the spiritual ancestors of the Christians are commemorated there. On the great Christian festivals, Easter and Christmas, and on other festivals to be taken over by the Church and Christianized, there will be religious plays, story-telling, exhibits, fairs, torch-light processions, and what not, to attract the Christians and others for their edification as well as for their recreation. Religious meetings and gatherings will be held there, of course; it will serve as a place of retreat, a resort for religious recreation, a Christian ashram, to use the Hindu term.

The minister in charge of the cathedral church and the whole establishment connected with it must be a spiritual leader of at least middle age. A young man, however brilliant and learned he may be, cannot fill the position. Even new China still has the traditional respect for age. This minister ought to be known for his devotional life as well as for his ecclesiastical learning. He will be assisted by a small but efficient staff to look after the business side of his work so that he may be free from the deadening burden of finance and routine. From time to time he will conduct short periods of retreat to enrich the devotional experience of a group of lay people, men and women, who have similar short courses of training in the Bible, Church history, Christian teachings, and other subjects in the Christian college. Such retreats and courses of training will be held periodically to prepare church leaders for the church cells. From among these people will emerge the voluntary ministers and church workers to whom we have referred.

With a spiritual leader in charge of the centre of pilgrimage we hope to be able to attract to it men of business, of politics, of world affairs, for a few days of quiet leisurely devotion. In the serene environment we may get the Christian men in all walks of life to face, in the presence of God and with the help of an experienced minister, their Christian duties and to realize that they are shouldering their heavy public responsibilities with the support of the prayers and sympathy of their fellow-Christians in the Church, by which they are constantly remembered as its sons. In such an environment it may be easier to say to such people some of the hard things which cannot be said when we go to see them in their offices or their homes. The Church owes to them the sacred duty of fatherly admonition and friendly advice to supplement the less personal preaching from the pulpit. Some of this work has to be done in the church cell, of course, where the more personal relationship exists, but some of it is possible only when we get away for a while from the bustle of life.

As far as denominational connection is concerned, we envisage the possibility of the church cells maintaining the church affiliation most natural to each group. By no means should our church organization in China lead to the formation of a new denomination. The centre of Christian social service and the Christian college must be inter-denominational. In these two centres Christians work together and learn to respect and love one another more. The centre of pilgrimage may have its denominational allegiance as far as its cathedral church and the appointment of its minister in charge are concerned. But its services and facilities ought to be extended to all Christians.

This implies the adoption by all Churches of the principle of open Communion. We see no reason, especially in China, why this should not be done. Looking at the situation of the relation between the Churches quite objectively and as Christians with deep devotion to their own Church but without any prejudices, we would compare two kinds of privilege in the Church with the civil rights and political rights in the nation. For instance, as a citizen of the Republic of China sojourning temporarily in another civilized country, I am accorded all the civil rights which are essential to my existence and for my comfort, the right to all the human liberties under the law of the land, the right to the public facilities such as postal service, police protection of life and property, the right to use water, electricity and the means of transportation, etc. But as an alien I do not enjoy the political rights, such as the right to vote on government issues and the right to elect public officials and to be eligible to election. Why should we not, then, recognize the baptism of all Christians which is the beginning of our spiritual life, and the privilege to participate in Communion which is essential to our spiritual growth? Churches ought to accord to the members of each other these rights, reserving, however, to their own respective members the rights of membership which have to do only with the government of the Church. Interchange of pulpits ought to be quite in order, while the ministration of the sacraments should be limited to the ordained ministers in their own Churches or in Churches fully in Communion with their own. As far as Church polity is concerned we recognize the differences, for until Churches are united they are separate and different although they worship the same God, follow the same Master, accept as authoritative the same Bible, and have the same baptism. It serves little purpose to gloss over their separation and differences, much as we may deplore them. The first step towards Church unity is not to force Churches to come together before they can do so naturally. The first step is to get them to work together wherever and whenever they can, and by working together they will understand each other, and when they understand each other they will learn to respect and love each other. Only when they respect and love each other, can Church union be of any spiritual significance and lasting value. The non-Christian world is not surprised that we worship in different ways and that we have different forms of Church government, for it is human to be different. But it despises us when we followers of the same Master are not spiritually one and do not love or even respect one another.

We have, therefore, the church cell as the centre of Christian worship to foster a real fellowship feeling in a small compact community as the smallest unit of our Church organization. Christian morality will be based on personal relationships, as Confucian morality is so based, but it will have a broader foundation when it rests on the brotherhood of men derived from the teaching of the fatherhood of God, and when we live by the principle that we are members one of another and therefore ought to bear one another's burdens. The intimate living in a small Christian community will help to foster this sentiment and give expression to it more readily.

Moral teaching will take the form of personal admonition rather than preaching in terms of generalities. This becomes more possible when the church minister holds his position, not because of the academic training he has received and the degree he holds, but because of his age, experience, and his recognized standing in the community.

Care is taken, however, that this feeling of fellowship and community solidarity is not confined to the cell. Every Christian must be taught to feel that the cell is only a cell in the Body of Christ which is His Church transcending all limits of denomination, class, nation, race, time and space. The Chinese conception of the family as including all the living and the dead, bound together by the family tie, is to be enriched by the larger conception of the family of God. The teaching of the communion of saints ought to receive greater attention and to have a more significant place in the Church in China.

Doctrinal Presentation of Christianity

Through the four-centre Church we seek to develop Christian living among the Chinese and present Christianity to them in a concrete form.

It is the Church that will stand as the Christian witness among the Chinese people, who for many years to come will remain predominantly non-Christian. Christianity will be judged by the life and work of the Church even more than by the living and thinking of the individual Christians.

The Church lives by its faith in God. Its God is the maker of all things and the judge of all men. We know Him as the maker through the study of His handiwork in nature, and we know Him as the judge through the study of the history of peoples. Through nature and through history He has sought to reveal Himself, to speak to man. His self-revelation culminates in the incarnation of His Word in the person of Jesus of Nazareth, whose life and teaching have taught us that God is not only the creator and sustainer of the universe and the judge of nations in history, but that He is, above all, the Father of all men. He has taught the Fatherhood of God not by His preaching alone but particularly by His living— by living as the obedient Son of God who knows intimately His Father's heart and mind. He lived and died in filial obedience and He conquered death as the Son of the living God, who was able to break all the chains that hold the children of God under bondage because they submit themselves to sin. When men accept Jesus as their master they learn the secret of living as children of God from the revelation of the Divine Sonship of Jesus, and they are henceforth free from the self-seeking egotism which sets up the middle wall of partition between man and man, and they are reconciled to one another through their reconciliation to their Father. They will enjoy once more their birth-right of perfect liberty as members of God's family, as brothers to one another, acknowledging as their common Father the creator of the universe which is their Father's house and in which they have nothing to fear as everything is for their enjoyment and felicity. As head of the great family embracing the whole of mankind, God exercises His will as the supreme authority. Man's duty is to submit to this will. When all men knit their wills together in His will and all their spirits in His spirit, love will prevail everywhere and love will fulfil the Divine law, not as law any longer, but as love. Then God's will will be done and

His reign will be on earth.

Can we present this Christian truth to the Chinese in language intelligible to them? From their Confucian culture they will find it easy to understand the Fatherhood of God and the brotherhood of man. They can easily understand the majesty and authority and loving kindness of the Father. They know what it means to submit to the Father's will and make it their own. When they are told that there is a Will in the universe and that there is a Purpose in history, they will readily grasp its meaning. While they believe in the inner light within the human heart, it is not strange to them that the mysteries of life are revealed to them in the lives of great historical personages who are the spiritual geniuses of the race. The Chinese have never been taught that great truths are communicated mechanically to passive minds. Their historic sense has come from their age-long tradition that discernment of purpose in history is possible only to persons constantly in search of divine light in historical events and movements.

To the Chinese God is indeed a judge, not a father, still less a father always ready to forgive the prodigal son when he returns home penitent. But Buddhism, particularly the Ch'an Buddhism, has taught them that by turning one's life in the right direction and by forsaking the mistaken past a new start on the right path becomes instantly possible. All that is necessary is for Christianity to bring in the new idea of man's personal relationship with God, for personal relationship as the basis of life is the familiar Chinese way of thinking.

The Chinese classical Shang-tiis a deity of strict justice. It would be difficult for the Chinese to accept the teaching of the master of the vineyard paying his workers the same wages without reference to the length of their working time. The common sense of the "natural man" in the Chinese would emphasize justice more than love. Salvation by faith rather than by works would be a hard teaching to the Chinese. But they have accepted the Buddhism of the Pure Land sect which is the most popular sect of Buddhism in China today, and which teaches that turning to Buddha Amitâbha in faith is the only requisite to being born into the Pure Land after death. Birth into the Pure Land is, in other words, a gift from Buddha Amitâbha rather than a reward earned by moral endeavor. The soil is therefore ready in China for the Christian doctrine of the divine grace.

God as creator as well as ruler of the universe is new to the Chinese mind, as many other Christian teachings are naturally new to the Chinese. But Shang-ti is the fountain of man's moral sense. From Shang-ti man receives his moral sentiments. Why should he not receive everything else from God?

There is a strong element of humanism in the Chinese moral and religious teachings, but there is no Chinese teaching that man is the measure of good and evil. The standard of the good and of the true is higher than man. It is the cosmic harmony according to Confucianism. Put the Christian God in the place of ch'eng, which we have proposed to translate as Cosmic Harmony, and the framework of the Confucian moral and religious philosophy may keep its old form but its spirit will be changed; it will have a new life.

Like the Hebrews the Chinese would be more interested in what God does in history and in His relation to man than in God's essence, in the moral attributes of God rather than in His metaphysical attributes. This is a weakness of the Chinese mentality. On account of this the metaphysical foundation of the Confucian ethics has never been strong. Because of this the more metaphysical sects of Buddhism have not succeeded long in holding the allegiance of the Chinese. For this reason we may expect the theological development of Christianity in China to be along the historical and moral rather than the speculative line. But after all, Christianity is fundamentally historical and moral, not speculative, although we admit that knowledge of the divine acts must lead us on to at least a partial knowledge of the divine essence. We must not be surprised, however, if the Chinese will not be led very far in that direction.

Similarly, we may well expect the Chinese to be more attracted by the moral theory than by the objective theory of the Atonement. It is difficult to say whether it is natural for the Chinese to have a keen sense of sin or not. Modesty is one of their virtues, but to be modest is not necessarily to be aware of sin. All moral teaching, however, emphasizes human shortcomings, which lie in the weakness of the human will. At least we may say that sin for the Chinese is not so much an existential fact as a failure of the will. It is moral in nature rather than metaphysical. But our concern in presenting Christianity to the Chinese is not to present to them any theory of sin or of atonement, but to put them in touch with the atoning life of Christ, and let them feel their sin and their redemption from it through Christ. When they have had that experience, we may safely leave the theorizing part of it to the future Chinese theologians. It is the experience and not the theory that is important.

With regard to the doctrine of the Incarnation, we have to begin with the nature of God, who from the beginning has been wanting to communicate Himself to man, to speak to man, to make His will known to the world. His self-revelation culminates in the person of Jesus of Nazareth. There is a danger in presenting bluntly to the Chinese the teaching that God at a certain time assumed human form and walked the earth. In a way it is easy for the Chinese to understand that. There have been Chinese stories that certain gods did that, stories similar to the Greek legends. But such stories tell about a god assuming human form either to deceive men or to overawe them, not to reveal the very nature of the god who in his nature must reveal himself in human form, as the highest revelation to man must be in and through human personality. Some of the Chinese stories tell about a god assuming human form, because he had offended a higher god in heaven and therefore must come down to earth and be incarnated in man as his penalty—by which he might redeem himself before he could ascend into heaven again. If the Chinese should understand the Christian doctrine of the Incarnation in any of these ways, it would be disastrous. Therefore, we should not begin the teaching of the Incarnation with "The Word was made flesh", but with "In the beginning was the Word". When this Johannine doctrine is properly taught and understood the Christian conclusion that "He was made man" becomes inevitable. And we would not emphasize unduly the literal meaning of the word "Incarnation", because in China there is not the gnostic background to militate against, as among the Gentile Christians in the first century. For the Chinese there is no unbridgeable gulf between the heavenly and the human. They have been familiar with the idea that the two belong together, and it would be quite intelligible to them, too, that the human is at its best only when it is one with the Divine. The important point is to tell them the good news of the Divine and the human having actually become one, "without confusion, without change, without division, without separation". Should we bring into our interpretation of Christianity to the Chinese the actual wording of the Chalcedonian formula? No. But we shall probably be surprised that the Chinese with their cultural background will puzzle less over the doctrine of the Person of Christ than theologians in the West because their thinking has been more in terms of the spirit and of the will. But again let us remember that our concern is not so much the explanation of a doctrine to the Chinese as to put them in touch with the Divine Life in Jesus of Nazareth.

The Confucian Classics teach that on the bathing tub of one of the ancient sage-kings these words were engraved: "If you can daily renovate yourself, you must keep on doing so from day to day. Yea, let there be daily renovation." But the Chinese have found it difficult. It will be especially good tidings to them that men have not been left comfortless in their moral struggle. There will be not only the Spirit of Truth to guide them into all truth, but the Spirit of Life will enter into their lives to create in them a new life, only if they will receive the Lord of Life into their hearts, as has been the experience of many men and women in all places and at all times. For the Chinese who believe it possible to appropriate in their individual lives the cosmic virtue, so as to participate even in the ceaseless creative process of the cosmos, it should not be hard to understand the doctrine of the Holy Spirit that God dwells in man and in society, renovating daily the life of man and of society so as to make them conform more and more to His own likeness. This is so congenial to the Chinese moral experience that it is not extravagant to—hope that the Church in China may in due time make a special contribution to the understanding of the Third Person in the

Godhead.

Each of the main Christian doctrines may be presented to the Chinese by finding first some favorable point of contact, by making use of every element that is congenial, taking care to avoid any possibility of misunderstanding, and thus leading them into greater truth than is in their own culture. This method will awaken in them through Christian experience of God's grace the consciousness that "in Christ are hid all the treasures of wisdom and knowledge". These treasures do not contradict the best in their own traditional moral and religious teaching but surpass it by fulfilling it—that is by filling it to the fullest extent, so that when they come to realize this they are impelled one and all to lay down at the throne of the Lamb that is slain their inheritance from the past, and cry out with the saints of all lands and all ages, "My Lord and my God".

Index*

* 本索引中的页码为原书页码。

编后记

本卷内容是韦卓民关于宗教与文化的著述，包括在各种报刊发表的文章、著作和未刊的博士学位论文。跟前面哲学卷内容大多是译著不同，本卷所收篇目都由韦卓民亲笔撰写，最能体现韦卓民本人的学术和思想特征。

有关韦卓民宗教文化及教育方面的著述，最早由在台湾的华中大学校友雷法章、万先法等先生编辑，题为《韦卓民博士教育文化宗教论文集》，1980 年由韦卓民纪念馆编印，在台北出版，同时也出版了英文版。2000 年编者应香港汉语基督教文化研究所约请，编辑出版了《韦卓民基督教文集》。这次编纂《韦卓民全集·第十一卷》，是以前两本文集所收录的内容为基础，补充了韦卓民的博士学位论文和已刊的英文著作。这也是在 1929 年完成后，韦卓民博士学位论文的首次公开出版。

韦卓民关于宗教文化的文稿除《基督教的基本信仰》等少数篇章是用中文写就外，绝大部分都是英文著述。为方便国内读者，本卷收录了上面两本文集中的中文译稿。这里要特别感谢万先法、沈宝环等华中大学等一批老校友所做的翻译工作。华中师范大学英文系的王辉、陈浪和鲁定元也帮助了翻译其他文章。但由于时间和篇幅所限，韦卓民博士学位论文以及《中国文化之精神》等没有翻译成中文，还要请读者谅解。

韦卓民关于宗教文化的论述散见于当时教会各期刊，收集全面颇为不易，一定还有遗漏，只能留待以后弥补。在资料收集过程中，我们得到了华师档案馆、华中大学韦卓民纪念馆、耶鲁大学神学院图书馆等机构工作人员的帮助。韦卓民先生的女儿韦宝芳女士一家，特别是其外孙赵子柳先生，以亲属名义向伦敦大学图书馆申请扫描了韦卓民博士学位论文，这是要特别感谢的。

编　者

2016 年 3 月

出版后记

韦卓民先生(1888—1976),广东珠海人,我国著名的翻译家、哲学家、教育家,曾长期担任华中大学校长(1929—1951年)。韦先生毕业于文华大学,曾留学美国、英国,先后获哈佛大学哲学硕士学位和伦敦大学哲学博士学位,精通英、德、法、俄等多种外语,学贯中西,尤其是在康德哲学、黑格尔哲学、逻辑学、宗教学方面造诣很深。他毕生致力于沟通中西文化,在西学东渐、弘扬中国传统文化方面作出了巨大贡献。整理、出版《韦卓民全集》(11卷)对全面展示、传承韦卓民先生的学术成就,弘扬他的爱国精神和教育思想具有重要的文化价值和现实意义。

华中师范大学有一批富于抢救保护学术珍品责任感的领导和学者,一直在不计得失地付出。如上世纪八九十年代,以章开沅教授为首的校领导组织成立了韦卓民遗著整理小组,与韦先生一同工作过的曹方久(已去世)教授,敬仰韦先生学问与人品的唐有伯、高新民、王宏维等教授,一直在搜集、整理韦先生的遗著。华中师范大学出版社从20世纪90年代起就开始陆续编辑出版韦卓民先生的译著系列及相关研究,出版有“韦译哲学名著研究系列”及关于韦卓民研究的重点图书260多万字,包括《康德哲学讲解》、《康德〈纯粹理性批判〉解义》、《康德哲学原著选读》及《韦卓民学术论著选》等书。其后,由于经费和人手的紧张,仍有约700万字的译稿和文章等未能整理出版。所幸2013年湖北省新闻出版广电局启动了湖北省学术著作出版专项资金资助项目,11卷本的《韦卓民全集》获得资助;一贯重视韦卓民著述出版的珠海市委宣传部对该套书的出版也给予了高度重视和经费上的有力支持;还有马敏、余子侠、高新民、刘家峰等老师也为全集的出版不计名利地做了大量工作。特别要说明的是,韦卓民先生的后人对全集出版给予了无私的帮助,他们承诺放弃稿酬。根据他们的建议,出版社和他们商定全集出版后开付的稿酬,将作为“韦卓民奖励基金”,用于研究韦卓民先生著述的出版及相关的学术活动。在此,对这些一直关心、支持全集出版的所有同仁一并致以诚挚的谢意！

《韦卓民全集》的书稿形式繁多而复杂，除有大量手稿外，还有一些是从图书馆和档案馆拍摄的图片资料；手稿的大部分存放于华中师范大学档案馆，少部分保存在韦先生亲属手中，还有部分资料被收藏在英国和美国的大学图书馆。韦卓民遗著整理小组力求尽量把海内外所藏相关文献搜罗完备，整理出版。此次出版的《韦卓民全集》包括韦卓民生前已公开出版的各类作品和从未刊发的手稿、书信等，总体上分为翻译书稿和研究论著两大类，并按照哲学、逻辑、教育、宗教及文化等板块进行分卷，共11卷。

由于《韦卓民全集》绝大部分为翻译作品，如康德的《纯粹理性批判》、《康德的经验形而上学——〈纯粹理性批判〉上半部分注释》、《判断力批判》及卡斯拉的《康德〈判断力批判〉解义》、《康德哲学原著选读》，斯密的《康德〈纯粹理性批判〉解义》等，都是深奥难懂的哲学著作；加之韦卓民先生生活的年代和当时的行文习惯，书稿中有些说法和表述与现在的语言文字规范及出版规范有较大出入，但又不能按现在的要求径改，只能采取尊重历史、适当变通的原则进行特殊处理，现分述如下：

1. 关于标点符号。书稿中有很多不是分句而使用分号，不必断句而使用逗号，在“与”、“和”等之前使用标点的情况，还有在破折号前使用逗号和句号，以及括号中的内容单独列出并在句末用句号的情形等。这是当时的行文特点及作者的表达习惯，只要不影响对文意的理解，一律保持原貌；但如果导致无法理解，甚至是明显的错误，才按现在的规范予以改正。

2. 对书稿中的有些字词与现在的说法有出入的处理。如把“钥匙”写作“锁钥”、“介绍”写作“绍介”、“终究” 写作“终久”等，都一仍其旧；还有一些不符合现在的用词规范的，如“已曾”、“看成是”、“涉及到”等，只要不影响对内容的理解，亦未作改动。

3. 全集的注释很多，且形式繁杂。有大量简写的，如“A713 即 B741”是指康德《纯粹理性批判》两个不同版本的页码；有很多注项不全的，如“见书之第 12 节”；同一文献资料有多种说法的，典型的如华特生的 The

Philosophy of Kant Explained 一书，韦先生有时简译为《解康德》，有时译为《释康德》，更多的时候译为《康德解》等等。编审人员不宜按照现有的规范统一，注项不全的也因资料有限而没法补充完整。为了尽可能保持原貌，更为避免造成新的错误，只能大致统一。

4. 正文内容的层次复杂，很多并没按现在通行的层次表达形式。同一层次的内容，有用 A、B、C……表示的，也有用 a、b、c……表示的，还有用(1)、(2)、(3)……表示的等，甚至同一层次的内容，其表现形式也不统一。考虑到没有错误，均未径改。

5. 有些表述虽不合适，但明显属于个人的写作习惯。如书稿中经常用“而”表递进关系，还有很多“是……的”句式，但有的“是……”后面没有“的”字等。虽然改了更符合现在的规范，但文中此类表述甚多，考虑到这种表述不影响读者的理解，亦未擅改。

6. 全集中还有少部分英文内容，原稿中同一个英文单词既有英式拼写，也有美式拼写，专用词的大小写亦不统一，同一地名的写法不尽相同，还有作者在书信后的署名写法不尽一致，为了保持作品原貌，亦未全书统一，仅在同一篇章或同一书信中统一。

韦卓民先生行文的特殊性还有不少，书稿的编校需要特别对待之处也很多，在此不一一赘述。

与大多数 20 世纪上半叶人物文集整理出版的难度大一样，《韦卓民全集》书稿的整理、编审难度远远超乎我们的想象。书稿除了少部分成书外，绝大部分都是图书馆和档案馆存放多年的手稿，编校这类书稿的难度有三：一是书稿中有大量非规范的简化字、繁体字、异体字，并夹杂有德文、英文、法文、拉丁文、希腊文等外文，且字迹难以辨认；二是书稿存放时间太久而导致的字迹脱落或模糊不清；三是由于书稿的专业性太强而难于理解。这不仅给书稿的收集整理增加了难度，对编审和校对人员也是极大的挑战。为了使文集尽量保持韦先生写作的原貌，也为了最大限度减少书稿的差错，编校人员反复查阅原件，并多次到图书馆、档案馆通过复印、拍照等方式获得资料进行核对和辨认。这仅仅有负责、敬业的精神和认真、细致的态度是不够的，编辑同人是怀着对韦先生的景仰之情和对学术的敬畏之心来做这套书的。我们有理由相信,《韦卓民全集》的出版将为学术界提供一个全面研究韦卓民先生的最佳文本,也将为西方哲学、教育学和宗教学等的研究提供重要的学术资源。同时,韦卓民作为研究中西方文化的先贤,其全集的刊行也将进一步推动中西方文化的交流与合作,为我国当下的学术发展与文化建设起到积极作用。

本社

2016年3月10日